Jean Ziegler
Der Sieg der Besiegten

Band 1802

Zu diesem Buch

Unserer westlich-industriellen Welt stehen die sozialen und kulturellen Werte der traditionellen Gesellschaften entgegen. Mit ihrer Orientierung an Gegenseitigkeit, an Identitätsbewahrung, mit ihrer Ehrfurcht vor Natur und Leben zeigen sie sich den Prinzipien von Akkumulation und Konkurrenz in unserer Gesellschaft zugleich unter- und überlegen. Die Kraft, die die unterdrückten Völker aus ihrem Kollektivbewußtsein schöpfen, kann industrielle Eroberungsversuche zunichte machen – etwa wenn die Arbeitsplätze im nagelneuen Fabrikkomplex leer bleiben, weil die Menschen an ihrer Form der Subsistenzwirtschaft festhalten. Jean Ziegler ist kein verklärender Nostalgiker. Er beschreibt die Widersprüche, nennt etwa auch die Fanatismen im Kampf gegen die fremde, westliche Kultur; er analysiert das »kulturelle Gefängnis«, das die gleichen Traditionen, die so viel Sicherheit und Sinn gewähren, eben auch bedeuten können. Zieglers faktenreiche Studien machen uns für diese Bruchlinien sensibel, halten unseren Blick offen für die Probleme eines Großteils der Erdbevölkerung, für die die europäische Politik der Abgrenzung und der industriellen Kolonisierung kein zukunftweisender Weg sein kann.

Jean Ziegler, geboren 1936, Professor für Soziologie an der Universität Genf und Abgeordneter im Schweizer Nationalrat, engagierte sich schon mit zahlreichen Publikationen für die Probleme der Dritten Welt. Außerdem bei Piper: »Die Schweiz wäscht weißer« und »Marx, wir brauchen Dich«.

Jean Ziegler

Der Sieg der Besiegten

Unterdrückung und
kultureller Widerstand

Aus dem Französischen von
Elke Hammer

Piper
München Zürich

Die Originalausgabe erschien 1988 unter dem Titel
»La victoire des vaincus« bei Editions du Seuil.

ISBN 3-492-11802-X
November 1993
R. Piper GmbH & Co. KG, München
Lizenzausgabe mit Genehmigung des
Peter Hammer Verlags, Wuppertal 1992
Originalausgabe: © Editions du Seuil, Paris 1988
Deutsche Ausgabe: © Peter Hammer Verlag,
Wuppertal 1992
Umschlag: Federico Luci
Foto: Manfred Görgens
Foto Umschlagrückseite: Eduard Rieben
Satz: Greiner & Reichel, Köln
Druck und Bindung: Clausen & Bosse, Leck
Printed in Germany

Dieses Buch ist dem Andenken meiner Freunde gewidmet:
Cheikh Anta Diop, in Dakar 1986 gestorben.

Kazem Radjavi, in Coppet (Schweiz) am 24. April 1990 von Mördern des iranischen Regimes umgebracht.

Jean-François Fourel, in Nicaragua am 22. Februar 1990 gestorben.

Hector Oqueli, in Guatemala am 13. Januar 1990 von den salvadorianischen Todesschwadronen ermordet.

Guillermo Ungo, in Mexiko am 28. Februar 1991 gestorben.

INHALT

DIE TRENNUNG DER KONTINENTE
Einführung zur Neuausgabe   7

VORWORT: DIE ZUFLUCHT DER SEELE   34

ERSTER TEIL:
Die Absage an das Nichts   59

I. Ein Tempel im Sinai	60
II. Die Fischer von Salamanza	71
III. Macht und Wort	85
Die Macht des Urteils	85
Das sonderbare Abenteuer der Frau Tombikti	89
Der Glaube	92
Die Zensoren	97

ZWEITER TEIL
Die Stimme der Mächtigen   107

I. Die christliche Aggression	108
II. Die Französische Revolution und die weltliche Universalität	125
III. Die Schiffbrüchigen der Kultur	134

DRITTER TEIL
Der tropische Kommunismus   157

I. Ein tragischer Irrtum	158
II. Revolution in Äthiopien	160
Die abgehackten Beine der Ras	160
Lenin in Addis Abeba	173

III. Gorbatschow und die Mullahs. 190
IV. Kuba: Santeiros gegen Kommunisten. 203
V. Die Chouans der Tropen. 210
    Der Schatten der Jakobiner 210
    Die Miskitia-Vendée 218

VIERTER TEIL:
Leben und Tod des Thomas Sankara   235

I. Die Revolutionäre 236
II. Die kollektiven Erinnerungen 247
    Das Polen Afrikas. 247
    Die Söhne des Hengstes. 250
    Die Heiterkeit der Fulbe 270
III. Der Zusammenstoß 283
    Das Elend 284
    Die Frau ist die Zukunft der Menschheit 286
    Das Sehnen nach Geschichte. 316

EPILOG: DIE REVOLTE   349

GLOSSAR   359

Die Trennung der Kontinente
Gefallene und siegreiche Tyranneien

Einführung zur Neuausgabe

Die moralische Kraft eines Volkes, seine Sehnsucht frei zu sein, gleichen dem Vulkan Monotombo in Nicaragua: lange Zeit schläft er, gleichmütig scheint er die Last der Felsen zu ertragen, die ihm den Atem rauben; doch plötzlich erwacht er und schleudert die Flammen seines Aufbegehrens gen Himmel.

Die letzten vier Jahre haben das Antlitz Europas und eines großen Teils der Welt tiefgreifend verändert. In Osteuropa sind die terroristischen und korrupten Regime in sich zusammengebrochen wie wurmstichige Hütten. Die Völker Ungarns, Rumäniens, Bulgariens, Polens, Ostdeutschlands, der Tschechei, Mährens, der Slowakei, Böhmens, Sloweniens, Kroatiens, Albaniens, Estlands, Litauens und Lettlands haben sich gegen die Ungerechtigkeit, die Unterdrückung, die Lüge erhoben. Ihr Sieg gibt den unterjochten Völkern Afrikas neue Hoffnung.

Unter all den Söldnerregimen des sowjetischen Kolonialreichs schien das ostdeutsche das stabilste zu sein: binnen weniger Monate zerbröckelte es. Wunder menschlichen Muts, Geheimnis der freigesetzten Freiheit: am Montag, dem 9. Oktober 1989, demonstrieren in Leipzig Hunderttausende Männer, Frauen und Jugendliche auf dem Ring, der das alte Zentrum der sächsischen Hauptstadt umschließt; Hunderte von Vopos in ihren grünen Uniformen, ihre Hunde an der Leine, die Maschinenpistolen im Anschlag, bereit zum Massaker, versperren die Bürgersteige.

In der grau-rosa Dämmerung skandieren Hunderttausende Stimmen: „Wir sind das Volk!" Die Vopos stehen wie angewurzelt da. Starr vor Entsetzen. Der Zug mar-

schiert vorbei. Auch andere Städte werden von Massende-
monstrationen wie von Sturzbächen überflutet.

18. Oktober: nach neunzehn Jahren unumschränkter
Herrschaft wird der Generalsekretär der SED, Erich
Honecker, von seinen Komplizen abgesetzt; an seine Stelle
tritt ein anderer Apparatschik, Egon Krenz. 4. November:
eine Million Ostdeutscher auf einem Schweigemarsch
durch Ostberlin, in der Hand eine Kerze.

Drei Tage später: die DDR-Regierung tritt zurück.
9. November: im Nieselregen des Morgengrauens gibt die
Mauer, die westliche Grenze des Sowjetreichs, unter den
Spitzhacken und Rammböcken der Bürger nach. Der Weg
ist frei für die Wiedererstehung der fünf Länder des östlichen Landesteils und für die Wiedervereinigung des deutschen Volkes.

Die Völker Afrikas sind von außerordentlicher – gefühls-
mäßiger und intellektueller – Beweglichkeit. In der Mehr-
zahl leben sie in Gesellschaften mit mündlicher Tradition.
Das gesprochene Wort ist für sie das Kommunikations-
mittel schlechthin. Überall in Afrika läuft ununterbrochen
das Radio. Die Dorfbewohner im abgelegensten Busch,
die Nomaden in der Savanne hören Radio. Auf diese Weise haben Millionen Afrikaner den Aufstand in Temesvar
miterlebt, unmittelbar vom Fall der Mauer erfahren, sie
haben, begeisterte Zeitzeugen, an den Umzügen in Leipzig, am Prozeß gegen Ceaucescu, am erbärmlichen Ende
Schiwkoffs teilgenommen. Sie haben das Verschwinden
des blutigen Alptraums im Osten direkt miterlebt. Gleich
einem Ozean, unablässig, unwiderstehlich, brandeten die
Gefühle der kollektiven Befreiung Europas gegen die Riffe
und Ufer des afrikanischen Kontinents.

Ich wiederhole es noch einmal: Der Zusammenbruch der
Diktaturen in Osteuropa, der Zerfall der sowjetischen Ge-
waltherrschaft haben in Afrika ungeheure Hoffnungen geweckt. Die Stasi, die mächtigste, gefürchtetste Geheimpoli-

8

zei des Ostens, war in Afrika mehr als zwanzig Jahre lang tätig: in Zaire, in Mali, in Äthiopien, in Angola und anderswo hatte sie den lokalen Potentaten beigebracht, wie man Dissidenten „verschwinden" läßt und auch die mutigsten Gefangenen zum „Sprechen" bringt, die entschlossensten Gegner zerbricht. Die Unterschiede zwischen dem rumänischen Regime Ceaucescus und dem Mobutus in Zaire sind minimal.

Die Arroganz der Lüge, der Zynismus kraft Regierens, die ausgeklügelte Grausamkeit der Unterdrückung jeglicher abweichenden Meinung[1] eines Hassan II., des Königs von Marokko, eines Mobutu, Bongo oder Arap Moi stehen dem Größenwahn, der Grausamkeit, der Verachtung des Volkes, die Schiwkoff in Bulgarien, Enver Hodscha und nach ihm Ramiz Alia in Albanien sowie Honecker in der DDR dreißig Jahre lang praktizierten, in nichts nach.

Nun, da die Mörder der Stasi außer Dienst und ihre Kollegen in Polen, Ungarn, der Tschechoslowakei und anderswo arbeitslos, die Bürokraten der verschiedenen Einheitsparteien in den Ruhestand geschickt worden waren, zweifelten die Afrikaner nicht daran, daß auch bei ihnen das Ende der Diktaturen nahe sei.

Am 9., 10. und 11. Mai 1990 revoltierten die zairischen Studenten in Lumumbashi. Kurz darauf protestierten im Herzen des Erdölzentrums von Gabun, in Port-Gentil, die Arbeiter und Studenten gegen die permanente Amtspflichtverletzung und die Plünderung öffentlichen Eigentums durch das Regime Omar Bongos. In Treichville (Elfenbeinküste) skandierten Demonstrationszüge von Studenten und Arbeitslosen: „Houphouet ist unser Ceaucescu!" Dezember 1990: in Marokko wurde ein Generalstreik ausgerufen. In Ouagadougou und Bobo-Dioulasso, Burkina Faso, strömten die Schüler auf die Straßen; sie forderten die Entlassung des Mörders von Thomas Sankara, des Hauptmanns Blaise Campaòre.

Aber jeder dieser massenhaften Aufstände, jeder dieser Streiks, alle Demonstrationen und Protestkundgebungen bleiben ergebnislos. Im Osten wagen die Demokratie und die Freiheit ihre ersten zögerlichen Schritte. Die Diktaturen im Süden widerstehen: unterstützt von seinen israelischen und französischen Beratern meistert Marschall Mobutu die Krise; die Schlächter der mit Sondermaschinen nach Shaba eingeflogenen Präsidentengarde greifen sich willkürlich rebellierende Studentenführer heraus und schneiden ihnen die Kehle durch. In Port-Gentil wird, unter den Augen französischer Fallschirmspringer, der Aufstand des Volkes in Blut ertränkt. Das gleiche in Treichville. In Burkina Faso sorgt Blaise Compaòre dafür, daß einige unbesonnene Militärs, Gewerkschaftler und Schüler unter der Folter sterben oder erschossen werden. In Marokko beenden Hassan II. und seine Geheimpolizei problemlos einen Generalstreik, der die Form eines Bettleraufstandes angenommen hatte. 110 Tote – Arbeitslose, unterernährte Jugendliche zum größten Teil – allein in Fès. In den Straflagern von Kelaa-M'Gouna, hundert Kilometer von Ouarzazate entfernt, von Derb-Moulay-Chérif mitten in Casablanca, von Tazmamart, dem „Sterbelager des Atlas", wo in unterirdischen Kerkern seit Jahren Dutzende junger Menschen schmachten, die nie das Tageslicht zu sehen bekommen, treffen neue Wagenladungen Gefangener ein. Die meisten dieser jungen Leute sind zu zehn und mehr Jahren verurteilt.

Regelmäßig veranstaltet das französische Neokolonialreich prunkvolle Hofbälle für seine arabischen und schwarzen Vasallen. Der Präsident der Republik ruft seine afrikanischen Satrapen zu einer großen Messe zusammen, die man französisch-afrikanischen Gipfel nennt. Diese seltsamen Rituale spielen sich entweder in einem der renommierten Badeorte des Mutterlandes oder in der einen oder anderen vom Souverän auf diese Weise geehrten afrikanischen Hauptstadt ab. Die letzte dieser imperialen Zeremonien fand am 10., 11. und 12. Juni 1992 in La Baule statt. Themen waren: Gefahr einer Demokratisierung in Afrika, beunruhigende Freiheitsstürme. François Mitterrand riet seinen Vasallen, auf das Einparteiensystem zu verzichten und Wahlen stattfinden zu lassen. Félix Houphouet-Boigny, Omar Bongo und einige andere riefen daher „freie und allgemeine Wahlen" aus. Sie sorgten dafür, daß die Urnen schon vor der Eröffnung der Wahlen voll waren. Weise Voraussicht. Diese Potentaten wurden mit 75 und sogar 93 Prozent der Stimmen wiedergewählt.

Aber unter der Asche und in den Kerkern schwelt lautlos das Feuer. In den siegreichen Erhebungen in Europa, in den kühnen und erfolglosen Widerstandsbewegungen in Afrika findet sich die Hoffnung der Studenten-Märtyrer von Lumumbashi bestätigt.

In der Morgendämmerung des 20. September 1792, auf den vom Regen durchweichten Feldern und auf den Hügeln rund um das kleine Dorf Valmy, im Tal der Marne, beobachten die von Dumouriez und Kellermann befehligten Revolutionssoldaten die glänzend gerüsteten, endlosen Reihen der Armee des Herzogs von Braunschweig. Das reaktionäre, antirepublikanische, von den französischen Exilanten mobilisierte Europa, angeführt von den preußischen und österreichischen Feldmarschällen, bereitet sich darauf vor, Frankreich zu überrennen. Es geht darum, die Schmach vom August 1792 zu rächen, eine Revolution niederzuschlagen, die vom Atlantik bis in die weiten Ebenen Ungarns die Hoffnung der geknechteten Völker weckte.

Kanonendonner, das Geschützfeuer der Artillerie und aus Zehntausenden Kehlen der eine Schrei: „Es lebe die Nation!" An den Soldaten von Dumouriez und Kellermann, in ihren zerfetzten Uniformen und mit ihren wahllos zusammengerafften Waffen, bricht sich an diesem einen Morgen die Woge der Rache des verbündeten Euro-

11

pas. Von einer Anhöhe hinter den preußischen Linien aus beobachtet ein fünfundvierzigjähriger Mann mit gebeugtem Rücken, grauen Schläfen und fiebrigen Augen, ein Minister des Herzogtums Weimar, die Szene. Hinter ihm steht sein Bedienter, der ihn vor wenigen Augenblicken auf den Armen über die aufgeweichten Wege getragen hat. Goethe ist krank, aber bei klarem Verstand. In seinem Notizbuch vermerkt er: „Von diesem Tag und von diesem Ort nimmt ein neues Zeitalter in der Geschichte der Menschheit seinen Ausgang." Später wird er, im Gespräch mit seinem Freund Eckermann, sagen: „Die französischen Soldaten hätten genausogut rufen können: ‚Es leben alle Nationen!' ... Das ist der tiefere Sinn ihres Rufs."

Die sogenannte Kommandowirtschaft – die bis zum Äußersten getriebene Planwirtschaft –, die Willkürherrschaft, die unter den Funktionären herrschende Korruption, das völlige Fehlen jeglicher Demokratie, folglich auch von Motivation und Einzelinitiative, sind für die absolute Zerrüttung der osteuropäischen Gesellschaften verantwortlich.

Tiefreichende und schmerzliche kulturelle Entfremdung, hervorgerufen durch die gewaltsame Aufpfropfung einer beschwörenden und demoralisierenden Staatsideologie, versteckte Arbeitslosigkeit, Elend, vollkommener Verlust jedweden Sinns für ein gemeinsames Schicksal. Ein geschlossenes System, das Klaustrophobie und Hoffnungslosigkeit hervorruft. Alle diese Zerstörungen wurden den alten, kulturell so reichen Gesellschaften Osteuropas von einer kleinen Minderheit militanter Verbrecher zugefügt, die sich zu diesem Zweck des Instruments des Staatsterrorismus bedienten. Für die Völker Osteuropas bedeuteten die sowjetische Kolonialmacht und ihre lokalen Satrapen in erster Linie, daß sie kulturell verstümmelt, ihrer Geschichte beraubt wurden.

Die Aufstände, Streiks, Kundgebungen und Umzüge im Namen der Freiheit, die wir in den vergangenen drei Jahren miterlebt haben, legitimieren nicht die kapitalistische, marktorientierte Ordnung des Westens. Nicht, um den „freien Markt" mit seinen unvermeidlichen Folgen – Emigration, Hunger, Demütigungen und rassistische Ablehnung – einzuführen, haben sich die Arbeiter von Danzig den mit dem blutroten Stern geschmückten Panzern entgegengestellt. Der Dschungel des Kapitalismus bringt nur Dummköpfe zum Träumen. Die kompromißlosen Dissidenten von Prag, die friedlichen Revolutionäre von Leipzig haben dem Gefängnis, manchmal dem Tod getrotzt für eine Sache und ein Gedächtnis, die früher etwas galten: für die Nation, ihre Wiedererstehung.

Blaise Pascal: „Der Mensch ist ein Nichts, Gottes fähig." Unter „Gott" ist persönliche Verantwortlichkeit, ein erwachendes Bewußtsein, Vernunft, Liebe, freie Wahl zu verstehen. Mit der Gewalt eines Sturzbaches brechen diese uralten, plötzlich geweckten Sehnsüchte in Osteuropa auf und zerschlagen die einstige sowjetische imperiale Ordnung.

Denn heute schöpfen die unterjochten Völker ihren Mut frei zu sein, aus ihren autochthonen Kulturen, ihren kollektiven Identitäten, ihren uralten Traditionen. Das, was wir seit drei Jahren fasziniert miterleben, ist der Aufstand der Nation gegen das Imperium, des Menschen gegen das Tier.

Bleibt noch ein Paradoxon zu klären: in dem Augenblick, da die Völker im östlichen Teil unseres Kontinents hartnäckig daran festhalten, ihre jeweils eigenen nationalen Identitäten wiederherzustellen – die nationalistischen Zentrifugalkräfte sind dabei, die Vielvölkerstaaten Tschechoslowakei und Jugoslawien auseinanderzureißen; sie fordern die Rückkehr zu den ursprünglichen ethnischen und sprachlichen Einheiten –, entäußern sich die Nationalstaaten des Westens freiwillig ihrer Souveränitätsrechte. Voltaire: „Die Nation ist eine auf einem genau begrenzten Gebiet angesiedelte Gruppe von Menschen, die eine politische Gemeinschaft bildet und sich durch das Bewußtsein ihrer Einheit und ihres Willens, gemeinsam zu leben, auszeichnet; Rechtsperson, konstituiert durch die Gesamtheit der Individuen, die einen Staat bilden, aber von diesem verschieden, ist sie subjektiver Rechtsträger der Souveränität."[2]

Das Paradoxon kann deutlicher nicht sein: die Völker Westeuropas, die seit Generationen in Freiheit das erhebende Abenteuer der territorialen Kontrolle gelebt haben, der politischen Gemeinschaft, des Bewußtseins der Einheit, der Souveränität des Staates und des Willens, gemeinsam zu leben, beschließen heute – auf der Grundlage neuartiger gesellschaftlicher Institutionen –, eine umfassende wirtschaftliche, politische, soziale, kulturelle Gemeinschaft zu schaffen, die die Entfaltung einer vor brudermörderischen Konflikten zwischen den Nationen sicheren, dauerhaften demokratischen Zukunft ermöglichen soll. Die Völker im Osten, die eben erst aus der Nacht des Totalitarismus aufgetaucht und in ihrer Identität zutiefst verstümmelt sind, verspüren hingegen ein ganz anderes Bedürfnis: jedes für sich zu den Wurzeln der Vorfahren zurückzufinden, zu den Quellen seiner Einzigartigkeit.

Und die Dritte Welt? Der Kampf um ihre Identität und gegen die jahrhundertelange Entfremdung, den die Völker der Dritten Welt führen, trifft heute auf noch nie dagewesene Schwierigkeiten.

Besonders dramatisch ist die Situation für die schwarzafrikanischen Völker.

Einige Zahlen zur Orientierung: 382 Millionen Männer, Frauen und Kinder leben in 46 Ländern südlich der Sahara (letzte zuverlässige Zahlen: demographischer Jahresbericht der Vereinten Nationen 1983, der sich auf das Jahr

1982 bezieht), 116 Millionen Einwohner in den fünf maghrebinischen Ländern Nordafrikas. Mehr als 5 Millionen Schwarzafrikaner sind 1991 beim Hochkommissariat der Vereinten Nationen als politische Flüchtlinge im Sinne der internationalen Konventionen registriert. Diese Flüchtlinge, die in Lager gepfercht werden oder sich selbst überlassen bleiben, sind die Opfer von Bürgerkriegen, planmäßigen Massakern, rassistischen Völkermorden und der verschiedensten Konflikte. Ein Beispiel: Hunderttausende eritreischer Hirten, Bauern und Städter, die vor den Splitterbomben und dem Napalm der äthiopischen Luftwaffe geflohen sind, vegetierten jahrzehntelang in den Lagern im Ostsudan dahin. In Mozambique verwüstet eine terroristische Organisation namens *Renamo*, die von Südafrika finanziert wird – und merkwürdigerweise bis vor kurzem von deutschen Geheimdiensten unterstützt wurde –, die Dörfer im Osten und Norden; sie jagt Hunderttausende oft verkrüppelter und unter Schock stehender Überlebender Richtung Malawi, Swasiland und Simbabwe. Im südlichen, bewaldeten Sudan tobt seit 1955 ein grauenhafter Bürgerkrieg zwischen den Völkern der Dinka, Shilluk und Nuer gegen die arabischen und nubischen Beherrscher im Norden; Ströme unterernährter, am Rande der Existenz dahinsiechender Flüchtlinge quälen sich über die Straßen. Burundi: die regierende Minderheit der Tutsi (18 Prozent der Bevölkerung) dezimiert in blindem Rassenhaß seit 1972 in regelmäßigen Abständen ihre Landsleute vom Stamm der Hutu (vor allem solche, die eine Ausbildung haben); periodisch fliehen die Überlebenden dieser Massaker nach Ruanda, Tansania, seltener nach Zaire.

1990: die Kru, jene Kulturgruppe, der der ermordete (und mörderische) Präsident Samuel Doe angehörte, fliehen aus ihren Stammesgebieten in Liberia, von der Soldateska der Generäle Taylor und Prince in die benachbarten Gebiete der Elfenbeinküste (wo ebenfalls Kru leben) gejagt.

Im Tschad reißen die Kriegsherren, die alle aus dem Tibesti stammen, in N'Djamena die Macht an sich. Im Dezember 1990 der bislang letzte Umsturz: Idriss Déby und seine bewaffneten Horden verjagen die Goran von Hissène Habré aus N'Djamena; letzterer war acht Jahre zuvor an die Macht gekommen, indem er Goukouni Ouëddëi, den Sohn des Derdeï der Toubou, hinwegfegte.[3] Die Opfer? Mit schöner Regelmäßigkeit sind es die schwarzen Einwohner des Südens, vor allem die Sara, die leiden, hingeschlachtet werden oder nach Kamerun und in die Zentralafrikanische Republik fliehen.

In Ruanda gibt seit 1962 der Stamm der Hutu den Ton an. Die Folgen: Mehrere Hunderttausend überlebende Tutsi fliehen nach Uganda. Oktober 1990: Bewaffnet von Museweni, versuchen ihre Söhne, die verlorenen Gebiete zurückzuerobern, werden aber im Guerillakrieg im Norden des Landes aufgerieben.

In Niger und in Mali leiden eineinhalb Millionen Tuareg unter der blutigen Unterdrückung, der rassistischen Verfolgung durch die herrschenden Schwarzafrikaner; seit 1989 tobt der Guerillakrieg im Adrar des Iforas.

Die Hälfte aller Flüchtlinge auf der Erde, die entsprechend den Konventionen der Vereinten Nationen als solche anerkannt sind, lebt heute in Schwarzafrika.

Die schwarzafrikanischen Völker, im Laufe der Jahrhunderte immer wieder Opfer grauenhafter Katastrophen, sind heute die mobilsten auf der ganzen Welt: von 1526 (der Errichtung des Vizekönigreichs von Bahia in San Salvador durch Tomá de Souza) bis 1888 (als Prinzessin Isabella von Brasilien den Erlaß zur Abschaffung der Sklaverei unterzeichnete) wurden mehr als 20 Millionen Männer, Frauen und Kinder aus ihrer heimischen Umgebung gerissen und von europäischen und arabischen Sklavenhändlern über die Meere verschleppt. Wie viele Migranten sind es heute? Eine erschöpfende Studie zu den innerafrikanischen Wanderbewegungen der Internationalen Organisation für Arbeit gibt folgende Antwort: „Auf der Grundlage eines ziemlich grob geschätzten, aber allgemein angenommenen Verhältnisses zwischen Flüchtlingen und der geschätzten Gesamtzahl von Migranten, das etwa eins zu sechs oder eins zu sieben beträgt, kann man, ausgehend von 5 Millionen Flüchtlingen, vermuten, daß die Gesamtzahl der Migranten sechs- bis siebenmal höher liegt."[4]

Zu den politisch Verfolgten muß man also noch etwa 35 Millionen Männer und Frauen hinzurechnen, die vor dem Elend, dem Hunger, der permanenten Arbeitslosigkeit fliehen, Überlebende regelmäßig wiederkehrender Dürren und ständig sich wiederholender Naturkatastrophen. Diese Migranten ballen sich an den Rändern der großen Städte zusammen: Abidjan, Lomé, Kampala, Dar-es-Salaam, Nairobi, Mombasa, Dakar, Khartum und anderen. Ihre soziale Zusammensetzung ist vielschichtig: traditionelle Wanderarbeiter, Mossi (mehr als eine Million), die aus den zentralen Hochebenen von Burkina zu den Kakaoplantagen in den Waldgebieten der Elfenbeinküste und Ghanas ziehen. Ausgebeutete schwarze Arbeiter aus Gaza (im Süden Mozambiques), die sich in den Uran- und Goldminen der Randberge oder von Transvaal verdingen, damit sie und ihre Familien überleben können. Die Beispiele sind Legion.

Mehr als zehn Prozent der gesamten schwarzen Bevölkerung Afrikas sind heute unterwegs, Männer und Frauen, aus ihrer heimischen Umgebung gerissen, ihrer politischen Rechte beraubt und ohne die geringste soziale Absicherung.

Und was macht die reiche, mächtige, kapitalistische Handelsmacht, das von Forschungslabors, rationalisierten Industrien, umfassenden Kommunikationssystemen übersäte, mit Technologien, mit Geldern im Überfluß gespickte Europa?[5] Es vereinigt sich ... und verbarrikadiert sich! In seinem Schoß wächst ein Monster heran: der Ethnozentrismus.

Es ist nur natürlich, daß die Millionen schwarzer (aber auch maghrebinischer und asiatischer) Migranten, die auf ihrem Heimatkontinent weder eine Lebensgrundlage noch überhaupt eine Hoffnung auf Überleben finden, hierherkommen wollen. Sie rennen gegen Stacheldrahtzäune an, gegen Mauern aus Polizisten, die einen Kontinent abschirmen, der künftig für die Weißen reserviert sein soll.

Seit den ersten Gründungsbeschlüssen von Rom (1957) wird jedes Vertragswerk, jeder neue Schritt auf dem Weg zu einer allmählichen Vereinigung Europas im gleißenden Licht des Fernsehens und unter lauten Fanfarenklängen verkündet, ein Ausdruck lärmender, selbstgefälliger Zufriedenheit.

Der neue Rassismus

7400 Eurokraten sind im Hauptquartier der EG, dem abweisenden Kasten aus Glas und Beton in Berlaymont, im verwüsteten Herzen des alten Brüssel, überaus geschäftig. 1989 haben sie mehr als 3400 Erlasse, Entscheidungen, Verordnungen, *findings* – von Bestimmungen betreffs Qualitätsvorschriften für Toilettenpapier über die Definition von „echter Sangria" bis hin zur Verwendung von Plastikverpackungen (81 Paragraphen) –, die für das Gebiet der Mitgliedstaaten der EG Geltung haben sollen, veröffentlicht.[6]

Aber die sogenannten Schengener Beschlüsse[7] wurden hinter verschlossenen Türen, unter äußerster Diskretion, in nächtlicher Verschämtheit gefaßt. Sie sind von grundlegender Bedeutung für den Polizeistaat Europa. Öffnung der Grenzen, freier Verkehr, dann allmähliche Abschaffung der Zollschranken? Ja – für die Weißen, die Christen, die Europäer. Aber Abschiebung, Visumzwang – allerdings werden Visa nur selten gewährt –, Demütigungen und Kontrollen für die ausgehungerten Männer und Frauen brauner oder schwarzer Hautfarbe, die eine merkwürdige Sprache sprechen und einem fremdartigen Glauben anhängen.

Was für ein entsetzlicher Rückschritt! Selbst die friedliche schweizerische Eidgenossenschaft, die vier verschiedene Nationalitäten umfaßt und lange Zeit ein Modell für die Öffnung zur Welt war, das einzige von den Industrieländern der OECD, das Jahr für Jahr eine aktive Handelsbilanz mit den 122 Ländern der Dritten Welt aufweist, führte im Januar 1991 den Visumzwang für maghrebinische Staatsangehörige ein. Was die Schwarzafrikaner betrifft, so können Sie ganz beruhigt sein: sie erhalten schon seit langem keine Einreise- oder Arbeitsgenehmigung mehr für die Schweiz.

Sehen Sie sich nur einmal das Drama des Soninké-Migranten vom Oberlauf des Senegal, des kabylischen Arbeitslosen, des marokkanischen Hungerleiders an, die 1992 ihr Heil an einem Fließband in Nanterre, in Düsseldorf, in Twickenham oder in Barcelona suchen! Quasi automatische Abschiebung, vielfach Beleidigungen.

Das supranationale, integrierte Computersystem der Grenzpolizeien funktioniert reibungslos. Die Unterbindung der Einwanderung aus außereuropäischen Ländern ist eine große und edle Errungenschaft der EG und des EWR.

Rassismus? Nein. Jeder von seiner Mission durchdrungene Eurokrat wird Ihnen erklären: eigennütziger und legitimer Schutz der im Laufe von vier Jahrhunderten in kolonialen Raubzügen angehäuften Reichtümer, gesunde Weigerung, deren Früchte mit den Millionen Bettlern aus dem Süden zu teilen. Gleichzeitig – glorreiche Konsequenz der Beständigkeit des neokolonialen Systems, mit dessen Hilfe Afrika unterdrückt wird – arbeiten Zehntausende Europäer, ob qualifiziert oder nicht, an der Elfenbeinküste, in Marokko, in Senegal, in Gabun, in Simbabwe, in Zaire und verdienen dort ihr Geld.

Eine Beziehung auf Gegenseitigkeit? Keineswegs. Diskriminierung? Immer.

Roger Bastide spricht von dem „köstlichen Wissen"*, das sich bei der einzigartigen Begegnung zwischen Menschen unterschiedlicher Erfahrung, Kultur und von verschiedenem Gedächtnis überträgt. Neben und unter der Kultur der Gebildeten existiert – mächtig wie ein unterirdischer Strom – die synkretistische Kultur. Sie erwächst aus Rassenmischung, Völkervermischung, durch zufälligen, von den jeweiligen Umständen abhängigen, unvorhersehbaren Austausch, durch nichtbegriffliche Wahrnehmungen eines jeden einzelnen.

Na schön, meine Freunde! Damit ist jetzt Schluß. Die Blicke, die Laute, die Samen und die Gedächtnisse Afrikas und Europas werden sich nicht mehr vermischen – allenfalls aus Versehen. So wie zu Beginn der Kreidezeit vor mehr als 130 Millionen Jahren die heutigen Kontinente auseinanderdrifteten[8], entfernt sich heute Europa von Afrika. Die Eurokraten von Brüssel, ihre Komplizen in den Behörden der Mitgliedsstaaten von EG und EWR, die marktorientierte Rationalität, der abgrundtiefe Egoismus der Weißen, der Europäer und der Reichen, haben so entschieden.

Es stimmt: das Europa von 1992 sucht und findet teilweise seine verlorene Identität wieder. Sie stellt die Homogenität eines kollektiven Bewußtseins wieder her, das lange Zeit zersplittert war. Seit den Kreuzzügen hat Europa keinen solchen Hunger nach kollektiver Identität mehr verspürt. Unter den Mauern von Jerusalem fand zwischen den Europäern und den Arabern 1187 die Entscheidungsschlacht statt. Den Kreuzrittern stand ein aus dem Dorf Tikrit am Oberlauf des Tigris in Mesopotamien gebürtiger außergewöhnlicher Kurde gegenüber: Saladin el-Aijub. Er besiegte die Christen. Ihn umgaben, vereint in einem ge-

---

* *savoir savoureux* – ein schier unübersetzbarer Begriff.

meinsamen Ziel, selbstbewußte Menschen von hoher Kultur. Der kurdische Sultan verkörperte eine wissenschaftliche, technologische und philosophische Zivilisation, die der seiner ungehobelten fränkischen Gegner weit überlegen war. Die Welt Saladins drängte sich als Gegenmacht auf, als siegreicher Widerpart, ein autonomes und strahlendes Zentrum der Kultur gegenüber dem verbündeten Europa mit seinem lärmenden Anspruch auf die Weltherrschaft.

Die Aijubiden-Sultane (Saladin, Širkuh und andere), die im 12. Jahrhundert Ägypten, Mesopotamien, Palästina und Syrien beherrschten, waren offenbar nicht die einzigen Randmächte, die mit Erfolg den universalistischen Bestrebungen der Europäer die Stirn boten. Ein ebenso aufschlußreiches Beispiel aus älterer Zeit ist die sunnitische Dynastie der Abbasidenkalifen in Bagdad. Um die Wende zum 8. Jahrhundert war Bagdad die bei weitem prächtigste, reichste und die in Kunst und Wissenschaft führende Stadt des gesamten Mittelmeerraums. Zwischen 803 (Hinrichtung seines Wesirs, des Barmakiden Jahja) und 809 (Todesjahr) verbündete sich Harun ar-Raschid als gleichberechtigter Partner mit Karl dem Großen gegen seine Rivalen, die Omaijadenkalifen in Spanien.

Jetzt, Ende des 20. Jahrhunderts, ist die Situation eine grundlegend andere: nahezu die gesamte Dritte Welt – und ganz besonders Afrika und der Vordere Orient – ist von völlig orientierungslosen Völkern bewohnt. Aufgesplitterte, instabile Mächte, offen ausgetragene Streitigkeiten, regionale, widersprüchliche Formen des Bewußtseins, zerstückelte Identitäten ... nichts, das sie befähigte, sich erfolgreich dem Kreuzzug der triumphierenden europäischen Warenrationalität entgegenzustellen.

Noch etwas: Im Januar 1992 versammelten sich im Genfer Völkerbundpalast einige Tausend Unterhändler, unter ihnen die kompetentesten der Welt, zu den Abschlußgesprächen der sogenannten Uruguay-Runde: Das GATT (*General Agreement on Tariffs and Trade* = Allgemeines Zolltarif- und Handelsabkommen) ist die für die Förderung eines weltweit möglichst ungehinderten Austauschs von Gütern und Dienstleistungen zuständige multilaterale Weltorganisation. Sein Ziel: so weit als möglich die Zollschranken, die Kontingentbeschränkungen und so weiter abzubauen, die der größtmöglichen Freiheit des Handels abträglich sind. 1989 überschritt das Gesamtvolumen des Welthandels (Geldwert der ausgetauschten Güter und Dienstleistungen) 3 Billionen Dollar.

Im Verlauf der Uruguay-Runde (so benannt, weil sie in früheren Jahren in Montevideo und Punta del Este eröffnet worden war) erlitten nun die 122 Länder der Dritten Welt eine schwere Niederlage. Zum ersten Mal gelang es den Industriemächten – und allen voran der EG –, in das GATT Sanktionen aufzunehmen, das heißt, weltweit verbindlich festzuschreiben, die die Gültigkeit solcher Rechte wie Warenzeichen, Patente, kurz, alle Güter, die sich aus dem Schutz intellektueller Errungenschaften ableiten lassen, gesetzlich anerkennen.

Mit anderen Worten: die wissenschaftliche, technologische Vorherrschaft, die Beherrschung und die Entwicklung wissenschaftlicher Neuerungen, die weltweit in den Händen der europäischen, amerikanischen und japanischen Forschungszentren, Universitäten und Labors liegen, sind jetzt durch internationales Vertragsrecht legitimiert, kodifiziert und sanktioniert.

Es gibt noch vielfältige andere Gründe für die allmähliche Auflösung der uralten Beziehungen zwischen Europa und Afrika. Einige von ihnen wollen wir nennen.

In den Jahren zwischen 1960 und 1980 verlagerten viele europäische Industrien ihre Standorte in die Dritte Welt. Steuerfreie Produktionszonen entstanden: von der Insel Mauritius bis Singapur, Südafrika und Gambia. Vor allem handelte es sich dabei um Industrieanlagen zur Herstellung von Gütern (Autos, Werkzeugmaschinen usw.), deren technologische Entwicklung weitgehend abgeschlossen, das heißt, bei denen nicht mehr mit einer qualitativen Veränderung zu rechnen war. In Europa blieben im wesentlichen die Labors, die Forschungszentren, die modernsten Industrien, kurz, alles was für das Know-how relevant ist.

Der Grund für diese Verlagerung von Produktionsanlagen ins außereuropäische Ausland war offensichtlich: die Industrie ging dorthin, wo die Arbeitskosten (und außerdem die steuerlichen Belastungen) am niedrigsten waren. Beispiel: In Port-Louis (Insel Mauritius) arbeiten die Frauen im Primär- und Sekundärsektor im Durchschnitt 55 Stunden die Woche zu einem dreimal so niedrigen Lohn, wie dem in der Schweiz ausbezahlten; die Schweizer Uhrenindustrie verlagerte daher bestimmte Herstellungsverfahren, bei denen keine qualifizierte Handarbeit erforderlich war, dorthin. Das gleiche galt für die Textilindustrie: in weniger als einem Jahrzehnt wurde der Großteil der St. Gallener und Zürcher Textilindustrie nach Südkorea transferiert. Volkswagen gründete eine Niederlassung in Brasilien.

Heute hat sich die Entwicklung umgekehrt: die Methoden einer extremen Rationalisierung, die neuen Verfahren (die fast vollständig automatisierten Produktionsabläufe werden durch Computer gesteuert), der Einsatz von Robotern in vielen Bereichen tragen dazu bei, daß die menschliche Arbeit, das heißt die Lohnkosten, nur mehr als *quantité négligeable* in die Kalkulationen der Industriebetriebe eingehen. Dafür steigen die Kosten für Interkontinentaltransporte von Gütern. Deshalb werden jetzt die Produktionsanlagen nach Europa zurückverlagert.[9]

Kein einziges Land Schwarzafrikas – mögliche Ausnahme Nigeria – hat einen Binnenmarkt für Konsumgüter geschaffen, der diesen Namen verdienen würde.

Ein weiterer Grund für das rapide Auseinanderdriften der Kontinente: die Rohstoffe der Dritten Welt (außer Erdöl und einigen seltenen Erzen) verlieren rasant an Bedeutung. Jeden Tag werden neue Ersatzstoffe entwickelt. Die Baumwolle aus Ägypten, dem Tschad, aus Nicaragua? Synthetische Fasern ersetzen sie. In der Schweiz verbraucht seit 1988 kein Mensch mehr Rohrzucker. Der Überschuß an Zuckerrüben in der EG ist so groß, daß die europäischen Konsumenten Rübenzucker fast kostenlos bekommen. Besonders hart trifft dies die Länder, die auf den Export von Rohrzucker (oft Monokulturen) angewiesen sind, wie Kuba, Nicaragua, Honduras und Brasilien ...

Ich werde nie vergessen, wie ich 1986 die ständige Industrie- und Landwirtschaftsausstellung in Yokohama (Japan) besuchte: Praktisch alle afrikanischen und sonstigen Agrarprodukte, alle Blumen, Gemüse- und Getreidesorten usw. werden außerhalb des natürlichen Nährbodens gezüchtet, in Quantitäten und Qualitäten, die schlichtweg überwältigend sind.[10]

Es ist kaum mehr zutreffend, heute noch von einer Beherrschung der afrikanischen Wirtschaften durch ausländisches Kapital zu sprechen. Natürlich gibt es da noch das schreckliche Problem des Schuldenbergs, der durch die strukturelle Anpassung hervorgerufenen sozialen Verwüstungen.[11] Aber Fremdkapital wird in Schwarzafrika kaum mehr investiert (abgesehen vom Erdöl- und Erzsektor zum Beispiel in Gabun, Nigeria und Zaire). Die Investoren ziehen sich zurück. Die Instabilität, die niedrige interne Akkumulationsrate der afrikanischen Wirtschaften reizen niemanden, sich in den Bereichen Industrie, Dienstleistungen, Transport und Verteilung zu engagieren. Seit drei Jahren ist der Kapitalfluß von Süd nach Nord wesentlich größer als der von Europa (Amerika, Japan) nach Afrika.

Eine eingehende Untersuchung der Außenhandelsbilanzen der Industriestaaten der OECD zeigt, daß die Handelsvolumina mit den afrikanischen Ländern südlich der Sahara absinken, und zwar bisweilen beträchtlich.[12]

Diese Abnahme des Nord-Süd-Austauschs wird keineswegs durch eine Intensivierung des Süd-Süd-Austauschs kompensiert. 1989 wurden nur 5,6 Prozent des Außenhandels der schwarzafrikanischen Länder auf dem Subkontinent selbst abgewickelt.

1970 hatten die industrialisierten Länder sich verpflichtet, innerhalb von zwanzig Jahren ihren Entwicklungshilfebeitrag auf eine Summe entsprechend 0,7 Prozent ihres Bruttosozialprodukts zu erhöhen. 1990: die Beiträge liegen bei durchschnittlich 0,35 Prozent, das heißt, sie zahlen nur die Hälfte dessen, was sie versprochen haben. Und schon stagnieren die Beiträge oder sind sogar erneut rückläufig.

Als Grund dafür wird der notwendige Aufbau Europas angeführt. Die vom EG-Gipfel der Regierungschefs im November 1990 in Rom festgelegte Strategie ist ehrgeizig: Wiederaufbau der in vierzig Jahren totalitärer Macht und Mißwirtschaft zugrunde gerichteten Wirtschaften Osteuropas, Zusammenschluß der solchermaßen neubelebten Wirtschaften zu einer Zone regionaler Integration, Angliederung dieser Zone an den EWR und endlich: in einer noch unbestimmten Zukunft die Vereinigung sämtlicher peripherer Integrationszonen zu einer EG, die eine wirtschaftliche und politische, kontinentale und supranationale Gemeinschaft werden soll.

Allein die erste Phase wird die EG mehrere hundert Milliarden Dollar kosten.

Das heutige Afrika driftet wie ein Floß in der Nacht ab, auf ein Schicksal neuer und radikaler Einsamkeit zu.

Trotz einiger Sonntagsreden, vor allem von Jacques Delors, interessiert sich der europäische Beherrscher herzlich wenig für den schwarzen Beherrschten. Wohin treibt Afrika? Europa ist das im Grunde genommen gleichgültig.

An einem heißen Sommerabend im Jahre 1888 hat die Prinzessin Isabella, in Abwesenheit ihres Vaters Regentin des brasilianischen Kaiserreichs, im „Ehrensalon" des Palais an der Praça 15 in Rio de Janeiro eben das Dekret zur Abschaffung der Sklaverei unterzeichnet. Der General Rio Branco, überzeugter Anhänger der positivistischen Philosphie Auguste Comtes und Freimaurer, fragt sie sorgenvoll: „Was wird jetzt aus all den schwarzen Familien werden, aus all diesen auf unseren Feldern, in unseren Minen, in unseren Häusern freigelassenen Sklaven?" Isabella antwortet hochmütig: „Ich habe meine Pflicht erfüllt. Ich habe dem Gesetz der Moral gehorcht." Anders gesagt: Was kümmert mich das Schicksal dieser anonymen Masse von Menschen, die von Hautfarbe, Herkunft und Glauben her so völlig anders sind als ich!

Hundert Jahre später argumentieren die Eurokraten von Brüssel nicht anders.

Der Rassismus ist das absolute Verbrechen, die äußerste Form des Hasses. Ein Schwarzer, ein Araber, ein Jude, die gehaßt werden, weil sie schwarz, arabisch oder jüdisch sind, können diesem Haß nicht entkommen, denn sie können – in den Augen der Rassisten und in ihren eigenen Augen – nicht aufhören, schwarz, arabisch oder jüdisch zu sein. Es gibt keine gewaltsamere, keine vollkommenere Absonderung als die rassistische. Sie ist die unwiderrufliche Negation des Menschseins des anderen. Das Opfer wird ganz einfach aus der Gemeinschaft der Lebenden ausgeschlossen, jedwede Ähnlichkeiten mit dem ihm Ähnlichen werden ihm verweigert.

Die heute allgemein akzeptierte Definition von Rassismus hat die UNESCO so formuliert: eine Doktrin, die vorgibt, in den intellektuellen und moralischen Wesensmerkmalen, die einer Gemeinschaft von Individuen zugeschrieben werden, wie auch immer man sie definiert, die unvermeidliche Folge eines gemeinsamen genetischen Erbes zu sehen. Das war und ist zu allen Zeiten der Rassismus des Nazis, des Antisemiten, des Afrikaners aus Südafrika, des Ku-Klux-Klan-Mannes, des Faschisten. Diesen Rassismus muß man immer und überall kompromißlos bekämpfen.

1971 hält Claude Lévi-Strauss im großen Saal der UNESCO in Paris eine Rede über „Rasse und Kultur". Das Publikum ist fassungslos. Der Redner stellt die These zur Diskussion, daß die heftige Ablehnung des anderen, die irrationale Verweigerung des Dialogs zwischen Kulturen – alles Verhaltensweisen, wie sie für Rassisten charakteristisch sind – selbst ein Samenkorn der Hoffnung bergen: die strikte Absonderung kann – meint Lévi-Strauss – die „schöpferische Bejahung einer jeden einzelnen Identität" fördern. Sie kann „den Preis darstellen, der dafür entrichtet werden muß, daß die Wertsysteme jeder geistigen Familie oder Gemeinschaft bewahrt werden und sie die zu ihrer Erneuerung nötigen Ressourcen in ihrem eigenen Fundus finden".[13]

Lévi-Strauss spricht hier natürlich nicht vom Rassismus, so wie ihn die UNESCO definiert. Der Anthropologe spricht von etwas völlig anderem: von dem, was er als „freiwillige Unansprechbarkeit, die Unterscheidung, die sich durch absichtliches Unwissen vollzieht", bezeichnet. Worum geht es dabei? Jeder Mensch, der nicht durch die marktorientierte Rationalität völlig entfremdet ist, bleibt mit den grundlegenden Werten verbunden, die für seine Identität charakteristisch sind und die ihm im Rahmen seiner Sozialisation vermittelt wurden. In bestimmten Fällen kann diese Verbundenheit ihn vollkommen blind für die Werte der anderen machen und ihn folglich – trotz einer ursprünglichen Liebe zum Leben, zu allen Lebewesen – zu einem diskriminierenden Verhalten verleiten, das dem Rassismus nahekommt.

Um zu widerstehen, bleibt dem Opfer ein einziger Ausweg: ganz in sich selber einzutauchen und dort die – historischen und kulturellen – Wurzeln seines ureigenen Seins, dessen autonome Werte auszugraben; auf diese Weise wird es ihm möglich, das ihm abgesprochene Menschsein wiederzuerlangen und sich seiner zu versichern.

Konkret auf Deutschland angewendet heißt das: Der Skinhead, der junge Neonazi, der Asylanten angreift, ist ein Rassist. Mit ihm ist keine Diskussion möglich. Er muß mit allen Mitteln der Vernunft, der Polizeigewalt des demokratischen Rechtsstaates bekämpft werden. Der Skinhead ist – nach UNESCO-Definition – ein reiner, unversöhnlicher Rassist, ein Feind der Menschheit und der Zivilisation. Der in seinem Klassenbewußtsein, in seiner Gruppenidentität verwurzelte deutsche Klein- oder Großbürger, der bayerische Bauer oder friesische Inselbewohner, der sich über die türkische Nachbarsfamilie ärgert, deren Eß-, Wohn-, Lebensgewohnheiten ablehnt, ihre Musik verabscheut, ihren Gruß nicht erwidert und den menschlichen Kontakt zu ihr ablehnt, ist meistens kein Rassist, sondern bloß ein Mensch, den die eigene Sozialisation, die eigenen zu engen Wertvorstellungen vom fremden Mitmenschen abgeschottet haben. Er praktiziert – nach Lévi-Strauss – die »freiwillige Unansprechbarkeit«. Er will nichts vom anderen und seiner Kultur wissen. Damit zwingt er die Türkenfamilie, sich auf ihre eigene Identität, ihr tiefstes kulturelles Erbe zu besinnen, sich gemäß ihrer ureigensten türkischen Wertvorstellungen zu rekonstruieren. Aus dem Bösen kommt somit Gutes, aus der Ablehnung, der Negation wird Eigenständigkeit, Singularität, Widerstandskraft geboren.

Wir erleben die Zeit der Abkoppelung Afrikas von Europa, die Zeit des allmählichen Auseinanderdriftens der Kontinente, Abschottung Europas gegenüber Einwanderern aus Afrika, Verhinderung des kulturellen Projekts einer Rassenmischung, Einschränkung der Handelsbeziehungen zwischen dem Süden und dem Norden, Verlage-

rung des Kapitals von Süd nach Nord mit Hilfe des drük-
kenden, schamlosen Schuldendienstes, Ersetzung der meisten agrarischen Rohstoffe Afrikas durch synthetische
oder künstlich gezüchtete Produkte. Die Weltordnung zerfällt. Kennzeichen dieser Ordnung war die Ungleichheit: 1988 konsumierten 16 Prozent der Weltbevölke-
rung 63 Prozent aller auf unserem Planeten produzierten
Waren.

Es war eine imperialistische, oft mörderische Ordnung
der Ungleichheit, gegründet auf die Vorherrschaft des
Westens und die Unterdrückung Afrikas. Aber diese Ordnung stellte trotz allem die Einheit der menschlichen Gesellschaft auf dieser Erde sicher, selbst wenn es sich – um
mit Sartre zu sprechen – um eine »negative Einheit« handelte.

Heute zerfällt diese Weltgesellschaft. Wie zu Beginn der
Kreidezeit vor 130 Millionen Jahren entfernen sich die
Kontinente voneinander: Lateinamerika, Afrika, einige Inselgruppen, Halbinseln und Wüsten in Asien lösen sich
von Europa und seiner Diaspora in Nordamerika und im
Pazifik. Oder vielmehr: die Kontinente der Dritten Welt
werden wie nächtliche Flöße von Europa zurückgestoßen,
das, nachdem es seine alte Einheit und die Fülle seiner
Macht wiederentdeckt hat, sich künftig nur noch für sich
selbst und vielleicht noch für Japan interessieren wird.

Ein einschneidendes begriffliches und methodologisches
Umdenken erwartet die Forscher an den Universitäten
(Soziologen, Wirtschaftswissenschaftler, Politologen und
andere), die sich der Untersuchung der Nord-Süd-Beziehungen, des imperialistischen Systems, der Strukturen der
Ungleichheit, der weltweiten Schichtung, der Mechanismen der vielschichtigen interkontinentalen Akkulturation
widmen. Einige Untersuchungsgegenstände verschwinden:
Die Weltgesellschaft in ihrer bekannten Struktur löst sich
auf. Das Auseinanderdriften der Kontinente, die Abkoppelung des Zentrums von seinen alten Außenbezirken, der

Rückgang der Akkulturation, die Entstehung neuer sozialer Gemeinschaften, die aus dem Zerbrechen der imperialistischen Ordnung hervorgehen, erfordern, wenn man sie untersuchen, analysieren und, sofern möglich, verstehen will, völlig neue Begriffe und Vorstellungen.

Montag, der 17. Dezember 1990: ein herrlicher Abend während der Trockenzeit auf der äußersten Spitze des Cap-Vert in Dakar. Im Auditorium Maximum der Universität Scheikh Anta Diop drängen sich Hunderte Studenten, Studentinnen, Schriftsteller, Musiker, Gewerkschaftler, Politiker und Politikerinnen, Marabuts und Künstler, die gekommen sind, um an der Schlußveranstaltung der Ersten Biennale afrikanischer Kultur teilzunehmen.

Auf dem Podium die Creme der afrikanischen Intelligenz: Théophile Obenga, Scheikh Hamidou Kane, Joseph Ki-Zerbo, Bakary Traore, Mame Sow, Nfaly Savane, Mame Less Camara, Boubakar Diop und andere. Mit kalter Ironie und Hoffnungslosigkeit faßt Joseph Ki-Zerbo mit leiser Stimme die Arbeit von zehn Tagen zusammen:

„Unsere Vergangenheit ist blind

Unsere Gegenwart ist stumm

Und die Zukunft ist taub."

Niemand in dem riesigen Saal wagt einen Einwand.

Aber alle spüren auch, daß ganz tief im Herzen der Krise eine Hoffnung keimt. Theophile Obenga: „Wenn die Elefanten miteinander kämpfen, ist es das Gras, das leiden muß ... Afrika ist vor eine ganz einfache Wahl gestellt: entweder selber zum Elefanten zu werden oder das Gras auf einem Ödland der Geschichte zu bleiben."

Zu der endgültigen Auflösung des vergifteten Erbes, das der Kolonisator hinterlassen hat, gehört die Überwindung der staatlichen Balkanisierung, der politischen und wirtschaftlichen Zersplitterung Afrikas. *Die Föderation der Vereinigten Staaten von Afrika*, genährt von der uralten

30

panafrikanischen Hoffnung – die auf den Sklavenschiffen mitgefahren ist und die schwarzen Arbeitstiere auf den Baumwollfeldern am Mississippi am Leben gehalten hat, die N'Krumah und die anderen Gründer der OAU (*Organisation de l'unité africaine* = Organisation für Afrikanische Einheit) beseelt hat –, stellt heute den geschichtlichen Horizont für die Afrikaner dar.

Morgen wird die Einsamkeit das unausweichliche Los der Völker Afrikas sein. Aber gerade in der Einsamkeit geschehen die faszinierendsten Abenteuer des Geistes. Obenga schweigt, und niemand in dem großen Saal zweifelt daran, daß Afrika, wenn es sich einmal von den ihm wesensfremden („liberalen", „leninistischen" ...) kulturellen Aggressionen befreit hat, sehr schnell seine alten Erinnerungen wiederfinden, seine ureigenen Identitäten wiedererstehen lassen und seine Werte ausgraben und neu beleben wird.

Für unser von der Instrumentalisierung der Natur und der Menschen, der marktorientierten Rationalität, der Optimierung des Gewinns verwüstetes Europa werden die wiedererstandenen afrikanischen – und andere – Hochkulturen wie Oasen in der Wüste sein, kostbare Heimstätten des Sinns. Der Sieg, den die Dritte Welt über ihre eigene Entfremdung davontragen wird – für Europa wird er ein wichtiger Schritt zu seiner eigenen Befreiung sein.

Jean Ziegler
Genf, Juni 1992

Anmerkungen zur Einführung 1992

1   Es gibt im Scherifischen Reich eine bei Hof zugelassene Opposition, die umschmeichelt und „konsultiert" wird; zu ihr gehören die UFSP, die Kommunisten und einige andere Gruppie-

rungen. S. auch Gilles Perrault, *Notre ami le roi*. Paris, Gallimard, 1990.

2 Voltaire, *Essai sur les mœurs et l'esprit des nations*. Paris, Éditions Garnier, 1982.

3 Die drei Kriegsherren stammen alle aus den endlosen, felsigen Wüstengegenden des Nordens: Hissène Habré ist Goran aus der Volksgruppe (Ethnie) der Amakaze, während Idriss – auch er Goran – zur Gruppe der Zaghawa gehört. (Vgl. Omar Nasser, „Tschad", in: *Le Nouvel Afrique-Asie*. Paris, Januar 1991. S. 16).

4 Sergio Ricca, *Migrations internationales en Afrique*. Paris, Édition L'Harmattan, 1990.

5 Im Jahre 1989 haben die zwölf Länder der EG und die sechs Länder der EFTA zusammen 42 Prozent aller Güter auf unserem Planeten produziert.

6 Zu den einzelnen Beispielen vgl. David Brooks, „How to Stop worrying and love the EC", in: *The Wallstreet Journal*, Ausgabe vom 14. und 15. Dezember 1990.

7 Diese Beschlüsse vom 14. Juni 1985 betreffen „Drogenhändler, Terroristen, Asylbewerber und Migranten".

8 Die ersten großen Abtrennungen waren die Folge der Entstehung des nord- und des südatlantischen Ozeans. Sie verliefen nicht synchron. Afrika hat sich vor etwa 130 Millionen Jahren von Südamerika gelöst, zwischen Europa und Nordamerika schoben sich 20 Millionen Jahre später die Wassermassen des neuen Nordatlantiks.

9 Diese Entwicklung wird besonders deutlich, wenn man die aufeinanderfolgenden Nummern – vor allem seit 1985 – des *World development report* liest, der alljährlich im Auftrag der Weltbank bei der Oxford University Press erscheint.

10 Die japanischen Methoden der Agrarproduktion werden inzwischen auch in Teilen der Vereinigten Staaten und Westeuropas imitiert.

11 Gilbert Blardonne, *Le Fonds monétaire international, l'ajustement et les coûts de l'homme*. Paris, Éditions de la Caisse d'épargne, 1990; Vorwort von Jacques Forster.

12 Ziemlich massiv ist der Rückgang (seit 1987), was die BRD betrifft; etwas schwächer ist er in der Schweiz.

13 Claude Lévi-Strauss, „Race et culture", in: *Le regard éloigné.* Paris, Éditions Plon, 1983. S. 21 ff. (*Der Blick aus der Ferne.* Deutsch von Hans-Horst Henschen und Joseph Vogl. München, Wilhelm Fink Verlag, 1985. S. 14 f.). Im Vorwort zu *Le regard éloigné* (S. 13 ff.) analysiert der Autor selber die Verwirrung, die er 1971 mit seinem Vortrag gestiftet hatte. Vgl. auch: „Race et histoire", in: *Anthropologie structurale.* Paris, Édition Plon, 1958 („Rasse und Geschichte", in: *Strukturale Anthropologie.* Deutsch von Hans Naumann. Frankfurt a.M., Suhrkamp Verlag, 1967. Bd. II, S. 363 ff.).

VORWORT
Die Zuflucht der Seele

Der Reisende Saint-John Perse, ein Kind Guadeloupes, schreibt: „Vernimm, o Nacht, in den öden Höfen und unter den einsamen Bogen, zwischen heiligen Trümmern und dem Zerbröckeln alter Termitenbauten, den großen herrscherlichen Schritt der unbehausten Seele."[1]

Jeder von uns kennt diese gefahrvolle und ungewisse Stunde der Dämmerung: Die Sonne geht unter, die Luft zittert, die Stille breitet sich aus. Jeder denkt an sein eigenes Leben. Er forscht nach dem Sinn, vergebens. Wir wissen nichts über uns selbst, geschweige denn über den anderen. Alles ist unbekannt, alles ist neu. Und dennoch: Ein geheimnisvolles Gefühl der Gemeinsamkeit, ein Wunsch zu teilen, erfaßt uns. Die Seele sucht eine Beziehung, einen Ort zum Ausruhen.

Wenn sich irgendwo für meine Seele eine Zuflucht findet, dann bei diesen Gemeinschaften Afrikas, der Anden, des zentralamerikanischen Isthmus oder des Reconcavo von Bahia, die mich während meiner Irrfahrten (im existentiellen wie auch im physischen Sinn) aufgenommen und angenommen haben, mir ihre Gastfreundschaft haben zukommen lassen, mich gesundpflegten.

Mich verblüfft die Identitätskraft der Völker an der Peripherie. Von woher kommt diese Stärke? Warum sind diese Menschen so solidarisch? Worauf beruht die Frische ihrer Lieder? Die Farbe, die Ausdruckskraft, die Emotion ihrer Musik? Wie ist ihre so ausgeprägte Lebenslust, ihre unausrottbare Zuversicht zu erklären? Von den „Bidonvilles" (Kanisterstadt) Guatemalas bis zu den Bergen Eritreas, von den *calampas* Santiago de Chiles bis zu den regenarmen Dörfern der Republik Kap Verde leben Schwärme von Kindern. Überall, an den schmutzigsten, den allerärmsten Orten erschallt das Lachen einer unwahrscheinlichen Menge von Kindern. Explosion des Lebens! In den afrobrasilianischen Gemeinschaften geschieht praktisch kein Selbstmord, obwohl der Lebensstandard erschreckend niedrig ist.

Woher kommt diese Freude am Leben, dieser tägliche Sieg über Verzweiflung und Tod? In diesen Gemeinschaften ist der Optimismus allgegenwärtig: auf die mitfühlende Frage des weißen Besuchers antwortet der *caboclo*, Bewohner der Bidonville von Fortaleza lächelnd: *„Tudo bem!"* („Alles geht gut!"). *„Tudo bem!"* sagt auch die dreißigjährige Frau, die mager, zahnlos und in Lumpen gehüllt, umgeben von ihren elf Kindern mit den von Würmern aufgeblähten Bäuchen auf der Schwelle ihrer Hütte in den *alagados* von Bahia steht. Der eigensinnige Optimismus des Zuckerrohrschneiders, des *garimpeiro*, des *boia fria*, des *caboclo* von der Caatinga. Der *garimpeiro* in Brasilien ist der Gold- oder Diamantensucher, der auf eigene Rechnung arbeitet, im Schlamm, bei Regen und bei brennender Hitze. *Boia fria* ist ein gängiger brasilianischer Ausdruck und bezeichnet die halbnomadischen, landwirtschaftlichen Tagelöhner, die „kalt essen". Bei Tagesanbruch erscheinen sie auf dem Dorfplatz. Der Werber eines Großgrundbesitzers wählt unter ihnen einige für die Arbeit eines Tages, einer Woche oder dreier Monate aus. Ihr Lohn ist lächerlich. Ihre Frauen, Mütter oder Schwestern bereiten in einem Eßnapf das traditionelle Gericht zu: schwarze Bohnen, die diese Männer kalt essen werden. Der *caboclo* von der Caatinga ist ein indianisch-portugiesischer Mischling, der seinen Lebensunterhalt der Savanne abtrotzt. Kakteen, Hartgräser und krüppelige, trockene Sträucher kennzeichnen sie, die sich über sieben Staaten im Nordosten der Föderativen Republik Brasiliens erstreckt. Die Saharouis leben und kämpfen in der unwirtlichsten Wüste der Welt. Mir ist niemals anderswo eine so feinfühlige Achtung gegenüber dem Reisenden begegnet, eine derart großzügige, diskrete und subtile Gastfreundschaft. Ein Bauer aus den finsteren Bergen von Tarafal (Kap Verde) verdient weniger als das Existenzminimum: Dennoch, das Maisgericht und die paar Mangos, über die er verfügt, teilt er, soweit es die Bedürfnisse seiner Familie und seiner Sippe zulassen. Und mit welcher Sorgfalt kümmert sich ein tigrischer Bauer um den winzigsten Teffhalm![2] Seine Hütte aus Steinen und Schlamm, die auf einem Vorgebirge des äthiopischen Zentralgebirges steht, ist von zwei oder drei Bananenstauden, einem Stückchen Brachland und einem winzigen Teffeld umgeben. Jede Pflanze wird gepflegt wie ein lebendiges Wesen.

Tiefste Ehrfurcht vor der Natur und vor dem Leben; Freude an der Sonne und an den Pflanzen, die auf dem von Trockenrissen durchzogenen Boden gedeihen, Lust an der Kommunikation und Begeisterung für Geselligkeit; glücklich und stolz, als Mensch zu leben ... Die meisten Gesellschaften der Dritten Welt haben über Generationen keine Ausbeutung kennengelernt. Sie haben sie nur in bestimmten Epochen erlitten. Im allgemeinen sind es multikonfessionelle Gesellschaften, auf jeden Fall mit einem ausgeprägten Sinn für Toleranz. Muslime, Juden, Animisten und orthodoxe Christen leben harmonisch zusammen auf den Zentralplateaus und in den südlichen Ebenen Äthiopiens. In den Savannen von Burkina Faso oder in den Dörfern des mittleren Sudan wohnen Katholiken, Muslime, Animisten und Protestanten Seite an Seite, haben teil an der gleichen schweren Arbeit, an den gleichen Freuden und an den gleichen staatlichen Einrichtungen. In unseren westlichen Gesellschaften hingegen, die ein dogmatisches Christentum beherrscht, muß ein jeder das Leiden, das durch das Versprechen einer ewigen Belohnung im Jenseits aufgewogen wird, annehmen. Diese Lehren von der Sünde, vom erlösenden Opfer führen notwendigerweise zu einer gewissen Verachtung des Lebens. Sie zwingen angesichts des Lebens zu einer Erwartungshaltung – Erwartung des Todes, des Unbekannten, der göttlichen Gnade, des Seelenheils. Im allgemeinen verbringen die Christen ihr Leben mit Warten. Die Kirche fordert sie zur Geduld auf, zur Nachfolge und dazu, das Leben zu opfern, wie es der Sohn Gottes tat. Nun aber hat die christliche Religion in Afrika glücklicherweise nicht den gleichen Einfluß ausgeübt wie in Europa oder anderswo. Große Gebiete, in denen Menschen leben, die den verschiedensten Religionen angehören, bewahren eine starke, gemeinschaftliche Identität und sammeln sich um Werte, die denen der Vorfahren gleichen. Den Gehorsam gegenüber dem Gebot des Opfers und die Erwartung, die die monotheistischen Religionen des Westens kennzeichnet, kennen sie nicht – oder nur kaum. Sie leben in einer Immanenz, die Leben und Tod umfaßt.

In den von zahlreichen Religionen getragenen Gemeinschaften Schwarzafrikas und der afrikanischen Diaspora Amerikas ist die Verbindung zwischen Mensch und Natur sehr stark. Der Mensch stellt dort seine Aufgabe, nämlich das Leben auf der Erde zu bewahren, nicht in Frage. Die Riten des Candomble wiederholen unermüdlich den geschlossenen Kreislauf des Lebens, des Todes und der Reinkarnation. Der afrikanische Mensch ist Teil eines Ganzen. Er ist nicht wie der Mensch des Westens, dieses individuell verantwortliche Wesen, gefesselt an die Verpflichtung zu produzieren, geboren, um das Leben zu ertragen – früher imitierte er die Heiligen auf Weisung der Kirche, heute fördert er seinen Gewinn nach dem Gesetz des Kapitals – dem auf diese Weise der Sinn des Lebens geraubt wird und der zur Angst verdammt ist.

Die großen überlieferten Kulturen der Dritten Welt, die in begrenzten oder doch relativ begrenzten Gruppen gewachsen sind, haben in den sozialen Beziehungen die Regeln des Sich-Ergänzens, der Gegenseitigkeit und der Identität bewahrt, die von allen Angehörigen der Gruppe konkretisierbar und nachprüfbar sind. Der Gebrauchswert kultureller Wahlprogramme – welche sogar repressive Mächte benutzen – wird hier der kollektiven Zustimmung unterworfen. Das Interesse des Menschen, sein Leben, sein Tod, seine Wünsche, seine Träume und sein Schicksal sind hier ausschlaggebend.

Wenn das Vorbild der Armut die Armen um die Stifter der monotheistischen Religionen sammeln konnte, dann nicht deshalb, weil in Armut gut zu leben sei, sondern weil dieses Vorbild tatsächlich die einzige Kraft der Genugtuung gegen die Arroganz des Standes und des Vermögens war, ein großartiges Versprechen der Rehabilitierung. Da die bestehenden Autoritäten sich die Opferwilligkeit zunutze machten und die Rehabilitierung ins Jenseits verschoben, entzogen sie der Botschaft der Religionsstifter ihre soziale Bedeutung hier auf Erden. Die ursprüngliche Botschaft aber bleibt aktuell: die Ehrfurcht vor der Schöpfung, die Gott zugesprochen wird, bedingt die Achtung vor den Geschöpfen, dem Leben und der Natur. Das Streben nach höchstem Profit ist unvereinbar mit diesem Gebot. Die soziale Logik, in welche dieser Wettbewerb die Gesellschaften hineinreißt, beherrscht ihre Mitglieder völlig. Sie können sich dem Bemühen um Akkumulation und dem Verteidigen erworbener Gewinne nicht entziehen.

Die merkantilen Industriegesellschaften verfügen über eine Instrumentalität, über materielle Reserven, eine physische Gesundheit, eine soziale Organisierung und über ein wissenschaftliches und technisches Know-how, was ihnen erlaubt, die Welt zu beherrschen. Wo aber wohnt das Glück eines jeden Tages? Ihr Bewußtsein vom Schicksal? Ihre Gemeinschaft mit den Toten? Nirgendwo. Vergeblich sucht ihre Seele eine Zuflucht. In den armen Gesellschaften, die sich vor der Logik der Akkumulation bewahrt haben, erfährt man das Leben ohne den Beistand von Gütern und Geld, im Kontakt mit den anderen und mit der natürlichen Umwelt. Hier sind die Eroberungs- und Herrschaftsziele begrenzt. Die Werte des Lebens herrschen vor. Der Sinn des täglichen Lebens, die Freude am gelebten Augenblick sowie die Würde bilden das Vermögen der bedürftigen Gemeinschaften. Auf diese Weise bewahren die Menschen mit den leeren Mägen, die seit Jahrhunderten die Rohstoffe liefern, an denen sich der Westen und der Norden bereichert haben, noch im bittersten Elend einen Schatz an Symbolen, die das Leben erklären und leiten können.

Jene traditionellen Kulturen sind heute wie Brunnen in der Wüste, *kostbare Heimstätten des Sinns.*

Dieses Buch versucht, folgendes Paradoxon zu erforschen: Es sind die ärmsten Völker, die den verborgenen Sinn des Lebens am sichersten kennen.

Heute sind oft die Reichen die Bedürftigsten. Und die Armen rächen sich an den Reichen durch ein Wissen, dessen Quelle in den intakten, solidarischen und warmherzigen Gemeinschaften entspringt und das die Toten mit den Lebenden vereint.

Die Dritte Welt wird den Westen retten, die Armen sind die Zukunft der Reichen. Die Weisheit geht in Lumpen gehüllt. Während wir schöne, gutgenährte Kinder und die Menschenrechte haben, den Planeten beherrschen und soziale Sicherheit besitzen, hindert uns unsere Angst daran, diese Güter zu genießen. Um die Ausgeglichenheit gebracht, die eine solide kollektive Identität gewährt, nehmen wir zu völlig überraschenden Strategien Zuflucht. Zu Beginn der achtziger Jahre lancierte das Konsistorium der Pfarrer der protestantischen Nationalkirche von Genf eine Plakatkampagne: Die Mauern der Stadt bedeckten sich mit bunten, kostspieligen Plakaten, die hier einen lächelnden Mann im Straßenanzug, dort eine Frau in eleganter Robe zeigten, mit dem in roten Lettern aufgedruckten Appell: „Leben!"

Im Jahr 1990 gibt es in Genf 62 Kirchen, religiöse Gesellschaften und Sekten, dazu eine Unmenge von theosophischen, freimaurerischen, spiritistischen u. ä. Kreisen.

Die Menschen des Abendlandes sind zugeschüttet von Rechtfertigungsideologien jeder Art.

Wir alle pflegen die *Nostalgie des Zusammenhaltes*. Die Solidarität existierte früher bei uns z.B. in den Dorfgemeinschaften, im Viertel; es gibt sie heute nicht mehr, selbst innerhalb gesellschaftlicher Gebilde nicht, die sie lautstark geltend machen (sozialistische und kommunistische Parteien, Gewerkschaften usw.). Unser gestörtes Verhältnis zum Alter, die Weigerung, die verworrene Revolte der Jungen anzunehmen, sind Zeugen für die fehlende innere Sicherheit, welche aufgrund mangelnden Zusammenhalts entsteht.

Was die Menschen des Abendlandes unbewußt suchen, ist eine Steigerung der Lebenskraft. Vergebens.

Wie Zauberlehrlinge werden die Menschen des Abendlandes von ihren Werkzeugen beherrscht. Die merkantile Rationalität hält den Geist umzingelt. Max Horkheimer schreibt:

„Die Maschine hat den Piloten abgeworfen, sie rast blind in den Raum. Im Augenblick ihrer Vollendung ist die Vernunft irrational und dumm geworden. Das Thema dieser Zeit ist Selbsterhaltung, während es gar kein Selbst zu erhalten gibt (...) Wenn wir vom Individuum als einer historischen Kategorie sprechen, meinen wir nicht nur die raum-zeitliche und sinnliche Existenz eines besonderen Gliedes der menschlichen Gattung, sondern darüber hinaus, daß es seiner eigenen Individualität als eines bewußten menschlichen Wesens inne wird, wozu die Erkenntnis seiner Identität gehört."

Und weiter:

„Individualität setzt das freiwillige Opfer unmittelbarer Befriedigung voraus zugunsten von Sicherheit, materieller und geistiger Erhaltung der eigenen Existenz. Sind die Wege zu einem solchen Leben versperrt, so hat einer wenig Anreiz, sich momentane Freuden zu versagen. (...) Gesellschaftliche Macht ist heute mehr denn je durch

Macht über Dinge vermittelt. Je intensiver das Interesse eines Individuums an der Macht über Dinge ist, desto mehr werden die Dinge es beherrschen, desto mehr werden ihm wirklich individuelle Züge fehlen, desto mehr wird sein Geist sich in einen Automaten der formalisierten Vernunft verwandeln."[3]

Diese formalisierte Vernunft drängt sich dem Individuum auf und behauptet sich in ihm durch vielerlei Listen:

„Die Muster des Denkens und Handelns, die die Menschen gebrauchsfertig von den Agenturen der Massenkultur beziehen, wirken wiederum so, daß sie die Massenkultur beeinflussen, als wären sie die Ideen der Menschen selbst. (...) Jedes Mittel der Massenkultur dient dazu, die auf der Individualität lastenden Zwänge zu verstärken, indem es jede Möglichkeit ausschließt, daß das Individuum sich angesichts der ganzen atomisierenden Maschinerie der modernen Gesellschaft irgendwie erhält."[4]

Zweites Paradoxon: der fanatische Individualismus der abendländischen Menschen führt zu einem endgültigen Verlust ihrer persönlichen Identität, der Bedeutung ihrer Eigenart.

Für Horkheimer:

„Die Einmaligkeit des Individuums besteht darin, typisch zu sein. So tendiert das individuelle Subjekt der Vernunft dazu, zu einem eingeschrumpften Ich zu werden, dem Gefangenen einer dahinschwindenden Gegenwart."[5]

Kurz, der abendländische Mensch überlebt nur mehr „durch das älteste biologische Mittel des Überlebens, nämlich durch Mimikry"[6].

Der prometheische Ehrgeiz führt in viele Sackgassen: Die Energie, die unsere Fabriken in Betrieb hält, unsere Wohnungen erleuchtet und wärmt, die Computer und die vielfältigen Haushaltsgeräte funktionieren läßt, stammt zum großen Teil aus Atomkraftwerken, die wahrhafte Zeitbomben sind, aufgestellt am Rande unserer Städte. Ihr

Müll – tödlich gefährlich über Jahrhunderte – vergiftet Ozeane und Gebirge.

In unserer Welt, die dem abstrakten und entfremdeten Gebot der Ware unterworfen ist, wird der Mensch zu einer bloßen, reagierenden Zelle des Handelsprozesses. Seine Identität besteht von nun an in der Tatsache, typisiert zu sein ... Jede Leidenschaft, jeder Gedanke, jede Liebe, jeder Traum und jede Wut, die seiner merkantilen Funktionalität Fesseln anlegt und sie herabsetzt, wird als pathologische Abweichung betrachtet. Die Wirkungskraft der Akkumulation und die Maximierung der Gewinne, die von einer Minderheit gefordert werden, beherrschen den Planeten.

Die Logik der Akkumulation und der Konkurrenz, der Isolierung bringt Widersprüche hervor, welche keine Ideologie mehr beherrschen kann: Gegensätze unter den Völkern, die über Industrie- und fortschrittliche Geldanlagen verfügen, die sich von den billigen Rohstoffen und der Mehrarbeit der unterdrückten Völker nähren. Aber auf gleiche Weise existieren hier bei uns spürbarere Widersprüche: das wöchentliche Massaker, das der Straßenverkehr anrichtet, die nicht rückgängig zu machende Schädigung der Natur durch die Luft- und Wasserverschmutzung. Und schließlich der Widerspruch, der alle anderen beherrscht: der Widerspruch, der von der nuklearen Überbewaffnung der wichtigsten Industriestaaten herrührt, von den etwa 41.000 Atomsprengköpfen, die heute im Besitz der Großmächte sind. Unsere Erde ist von Silos durchlöchert, in denen die Monster mit den Hydra-Köpfen lauern. In den Lüften patrouillieren wie Aasgeier die Stratosphärenbomber mit ihrer tödlichen Ladung. Auf dem Grunde der Ozeane gleiten lautlos und unsichtbar die U-Boote, mit Missiles bestückt, von denen jede in einem Augenblick Hunderttausende menschliche Wesen vernichten kann. Alle diese Wunder der Wissenschaft und des menschlichen Wahnsinns bedrohen unseren Planeten zu jeder Zeit mit der totalen Zerschmelzung.

Die merkantilen Industriegesellschaften proklamieren als zentralen Wert die Steigerung der Akkumulation, des Wettbewerbs und des Risikos. Das beinhaltet ständige Gewalt gegen Mensch und Natur. Den sensiblen Menschen dieser Gesellschaften stellt die Steigerung der Akkumulation und des Konflikts ständig vor angstvolle Fragen: Haben wir das Recht, die Natur zu morden? Ist es zulässig, die Menschen der Länder, die wir beherrschen, auszubeuten, zu töten? Unser Bewußtsein ist gespalten: Wir sind unglücklich. Woher rührt dieser Riß? Aus dem Widerspruch zwischen dem Bewußtsein möglichen Glücks und dem realen Unglück. Das unglückliche Bewußtsein ist der Begleiter all unserer Tage. Es ist heute die letzte Zuflucht für unsere Würde. Gegen die Ordnung der Welt können wir nichts oder nur wenig tun: aber zumindest können wir wissen, sagen und noch einmal sagen, daß „das, was gezeigt wird, falsch gezeigt wird"[7]. Das deutliche Bewußtsein von der absurden Ordnung der Welt ist unsere Würde.

Betrachten wir ein anderes Problem: Wer oder was begründet die *Legitimität kultureller Werte*? Ein wesentlicher Unterschied besteht zwischen den großen traditionellen Gesellschaften Afrikas, Asiens und Lateinamerikas und den Industriegesellschaften Europas, Nordamerikas und des Pazifiks. Eine einzigartige, allumfassende Kosmogonie beherrscht das Kollektivbewußtsein der traditionellen Gesellschaften. Ihre Bedeutungen, ihre Symbole und Bilder sind eindeutig.

Die traditionelle Gesellschaft lebt unter dem starken Einfluß einer homogenen Kosmogonie. Niemand zieht dieses umfassende Wertesystem in Zweifel, jedermann verinnerlicht, rühmt und achtet es, offenbart es in Taten. Diese Kosmogonie legt den Grundstock für die legitimierte Glaubwürdigkeit der kulturellen Praktiken. Den Menschen, die konkret in dieser Gesellschaft leben, bringt diese Homogenität, dieser von Deutungen unberührte Zusammenhalt innere Sicherheit, psychische Ausgeglichenheit und das Freisein von Angst.

Ganz anders sieht die Situation in den Industriegesellschaften des Westens aus. Die ruhige und gelassene Zuversicht des Saharouis, der sein Lager verläßt, des Fischers von Salamanza auf den Kapverden, der vom Meer zurückkehrt, steht im starken Gegensatz zu den erschöpften Gesichtern, den nervösen Gesten, dem Ärger, dem Verhalten der zu jeglicher Kommunikation unfähigen Einzelgänger, die ich in der Metro von Paris und New York oder in den Autobussen von Genf beobachte.

Die Industriegesellschaften leben – um einen Ausdruck von Edgar Morin zu verwenden – unter der Herrschaft der Polyphonie. Ihr kollektives Über-Ich ist ein geborstenes Über-Ich. Ein permanenter Ideenkampf hat sie zerrissen. Auf ihrem Grund wuchern, einem Dschungel gleich, die widersprüchlichsten Ideologien, welche den unterschiedlichsten geschichtlichen Zeiten angehören; Segmentierung des Kollektivbewußtseins; Erschütterungen. Vor der täglichen Flut von Informationen, von Leitartikelanalysen, von manipulierenden Strategien, die von machtausübenden Gruppen angewandt werden, dreht sich dem gewöhnlichen Menschen der Kopf. Er weiß nicht mehr ein noch aus. Woran soll er sein Vertrauen hängen … *Nichts ist wahr … weil doch alles (auch das Gegensätzlichste) wahr zu sein scheint.*

Kollektives Über-Ich in tausend Stücken. Phosphoreszenz der Ideologien, der Argumente, der Legitimitätsnachweise im Westen. Daher die psychologische Unsicherheit der Subjekte, Ratlosigkeit, Neurosen.

In zahlreichen Gesellschaften der Dritten Welt existieren die zwei Geisteswelten übrigens nebeneinander. Beispiel: Brasilien. Der fehlgeleitete Mythos des Prometheus hat sie zugrunde gerichtet, die unaufhörliche Verpflichtung, leistungsfähig zu sein, hat sie erschöpft – in Sorge, aus dem Wirtschaftskreislauf hinausgeworfen zu werden und so einen relativen Wohlstand zu verlieren, erleiden die weißen Mittelklassen schreckliche Ängste. Sie befragen ihre Vergangenheit, ihre Gegenwart. Vergeblich. Ihre Zukunft ist voller Bedrohungen. Die Unruhe ist ihr Schicksal. Sie werden nicht mehr klug aus ihrem Leben. In San Salvador de Bahia, in Rio de Janeiro, in Recife haben die Psychiater Zulauf.

Vor dem Country-Club von Gavea (Rio de Janeiro), dem Nautischen Club von Barra (San Salvador) gleiten die Itamaraty-, Mercedes- oder Cadillac-Limousinen in die erhabene Stille des Nachmittags. Ihre Besitzer sind oft Psychoanalytiker, Psychotherapeuten, Psychiater, tropische Anhänger Freuds, Jungs oder Adlers. Ihre therapeutischen Erfolge? Annähernd null. Aber mit der Angst ihrer Klienten machen sie Geschäfte in Gold. In denselben brasilianischen Städten dröhnen bei Einbruch der Dunkelheit die Trommeln. Die *yawalorixas*[8], die *babalâos*[9], feiern die prunkvollen Kulte der Candombles. Schwer hängt der Geruch von Weihrauch, Schweiß und Staub in der Luft. Unter dem Dach des Barackenbaus bewegt die leichte Meeresbrise die Papiergirlanden und die bunten Lampions. Die Kühle der Nacht hält die Kinder wach. Die *orixas*[10] steigen herab in die Körper der Initianden. Schon bildet sich die Runde. Der Schöpfungsmythos der Sklavennachkommen – *nagõ*-, *jeje*-, *fan*-, *êwê*-[11] usw.-Riten – gibt sich zu erkennen. Auf dem Boden des *terreiro* drängen sich die weißen Bürger, bereit, die ansehnlichen Preise zu zahlen. Die Initianden sind ärmlich gekleidet, laufen oft barfuß. Die Weißen hingegen tragen elegante Kleidung. Dennoch lauern sie gierig wie Ausgehungerte auf die kleinste Geste der *yawalorixa*, der Priester-Königin des Candomble. Von diesen Schwarzen, diesen gedemütigten Subproletariern, von diesen Ärmsten unter den Armen erwarten die Weißen, Beherrscher der Stadt, Rat und Hilfe, ihr Heil.

Donnerstagnachmittag, Tag der Wahrsagung in den meisten Candombles von San Salvador, vor den Barakkenbauten des Matatu-Brotas, der Libertad bilden sich Schlangen: Die Angehörigen des kleinen und mittleren weißen Bürgertums kommen, um die Halskette Ifas zu befragen, den Urteilsspruch der *cauris*[12] zu erfahren. Die *yawalorixa* beruhigt ihre Ängste, zeigt ihnen einen Weg.

Bleibt noch das Problem der Information: Fernsehen, Rundfunk und Presse überzeugen uns täglich von der Beständigkeit des Unglücks. Unsere Generation verfügt über das schnellste und vollständigste weltweite Kommunikations- und Informationssystem, welches die Geschichte je gekannt hat. Es übt auf uns einen quasi totalitären Einfluß aus. Der Maler und Schriftsteller Andreas Freund, in Breslau geboren, erzogen in der Schweiz, Korrespondent der *New York Times* in Paris, ein subtiler Beobachter unserer merkantilen Entfremdung, setzte mich von dem Gesetz über die Strafverfolgung von Konkursen in Kenntnis, das im Staat New York in Kraft ist: Es untersagt den Beamten der Staatsgewalt, aus der Wohnung eines Konkursschuldners das Fernsehgerät zu entfernen. Der Grund: ein Fernsehgerät gehört zum notwendigen Existenzminimum eines Bürgers.

Die Wirksamkeit dieses Systems beruht auf dem reichen Informationsfluß und der ununterbrochenen Produktion von Informationen über Störungen, Katastrophen, Unglücksfälle, Kriege, Vergewaltigungen und Konflikte, die andere erleiden.[13] Dieses äußerst konkurrenzfähige und maßgebliche System wird von Informationen gespeist, die wie Waren gehandelt werden. Die wertvollste Ware ist diejenige, die beim Konsumenten in kürzester Zeit die stärkste Emotion hervorruft.

Das Fernsehen lebt vom Augenblick. Die verschiedenen Ereignisse werden zerlegt und entstellt; kein analytischer Verstand vermittelt sie mehr.

Schluß mit Zusammenhängen, mit komplexen und zweideutigen Beziehungen zwischen den Dingen! Ein Ereignis jagt das andere, in einem atemlosen, verzweifelten Rennen. In der Berichterstattung herrscht das Ereignis bar jeder Kausalität vor, die Nachricht im Rohzustand, die gekünstelte Vielseitigkeit, der Sachverhalt. Richard Labévière und Christophe Devouassoux fassen meine Äußerung zusammen: „Die Zeugen der achtziger Jahre werden von sich sagen können, daß sie die starke Befriedigung gehabt haben, unmittelbar zu erleben, *wie das alles mit dem Belanglosen vereint ihre grandiose aber kindische Herrschaft antraten.* Kritische Etappe auf dem realen Weg des Zweifels, dieser dramatische Augenblick des universellen Bewußtseins verzeichnet die flammende Rückkehr der Meinung, derjenigen nämlich, die dadurch zustandekommt, daß die Dinge, die Ereignisse, die Ideen, die Werte nur sind, weil sie sind. Das ist das Wesentliche. Ein reines Wesen, das auf dem Kamm der Welle der Unmittelbarkeit surft (...) Verzweifelter Triumph der sensiblen Gewißheit. Die Sensation ersetzt das Denken, die Intuition tritt an die Stelle der Vernunft, jedem seine Meinung, unnütz, darüber zu debattieren. Im übrigen gibt es keine Fixpunkte mehr. Eure Überzeugung setzt sich als die einzig mögliche Aussage in der Welt durch. Reine Aussage, nicht konstruiert, sondern gegeben, entnommen dieser oder jener rohen Natur.

Zeit der Infinitesimalverblödung! Das professionelle Gewissen zersplittert in Milliarden nebeneinanderstehender Ichs. (...) Das Paradigma verpflichtet: Von jetzt an ist alles ein *Sachverhalt* in seiner unabwendbaren Klarheit. Ihr könnt euch nicht vorstellen, wie vielgestaltig die Welt ist und weitgehend unbekannt! Aber nicht, daß diese Resonanzen euch erschrecken. Es ist unsere Aufgabe, Aufgabe der Massenmedien, euch mit ihr in Verbindung zu bringen. Was für ein phantastisch außergewöhnliches Abenteuer, denn ihr werdet sehen, daß die so verbindende Berichterstattung sich selbst zerstören wird."[14]

Diese Strategie der Massenmedien ist ganz und gar nicht naiv. Patrick Tort: „Die bedeutende Maschinerie zur Einflußnahme, (insbesondere die audiovisuelle Information, Bildung und Unterhaltung) hat ab 1968 begriffen, welche Rolle sie bei der Restabilisierung einer erschütterten Meinung spielen könnte, nämlich durch einen Angriff auf das Gewissen (...) Die Ausbreitung des Ungewöhnlichen verursacht Gleichgültigkeit. Der Abbau des Schreckens, den der Zuschauer, der denkt, daß er ewigen Schutz genießt, für sich selbst ausschließt, gibt die glückliche und beruhigende Machtlosigkeit zurück."[15]

Dieses Kommunikationssystem ist der Spiegel einer Gesellschaft, in der differenzierte Werte fehlen. Der Spiegel reflektiert nur noch den Schrecken oder die Bedeutungslosigkeit von Zerstörungen. So wird die Welt in der Wahrnehmung des Subjekts Schrecken oder Spiel. Die Konsequenz? Eine permanente Verschmutzung der Seele, das Gefühl der Ohnmacht, die Psychose der Einsamkeit, die Ablehnung des anderen und der Geschichte. Über die Menschen wird ein Trauerschleier geworfen.

Die Menschen in den Gesellschaften der Dritten Welt, von denen in diesem Buch die Rede ist, leben geschützt vor diesen Neurosen und Psychosen. Ihre Kommunikationssysteme bringen andere Berichte hervor. Andere Beziehungen entstehen zwischen ihnen. Wenn der Kapverdier am Abend Bana singen hören geht, richtet sich der Franzose vor seinem Fernseher ein und betrachtet die geschlagenen Frauen. Der ständige Anblick von Versagen und Störungen läßt in uns den brennenden Wunsch nach Unwissenheit auftauchen. Dieser Wunsch ist stark. Viele zerbrechen daran und versperren dem Wirken der Vernunft endgültig den Weg.

Der westliche Mensch erlebt auf dramatische Weise das Problem der Ware. Als Warenproduzent wird der Mensch selbst zur Ware, wenn er arbeitet; zum Ausschuß, wenn er nicht mehr arbeitet. Seine Werte? Er schöpft sie aus dem Umkreis der Ware. Seine Identität wird ihm durch seine Warenfunktion geliefert. Er zweifelt an sich, wenn er kein guter Produzent, kein guter Konsument ist. Verläßt er diesen Umkreis, ist er nichts mehr.

Das ist das Grunddrama der Arbeitslosen, der Alten, der Randgruppen und noch allgemeiner all jener, die „Pech" haben.

Aber derjenige, der integriert bleibt, erlebt ein ähnliches Geschick. Denn er muß jeden Wert, der nicht mit der merkantilen Rationalität übereinstimmt, aus dem Weg räumen – oft gelingt es ihm nicht –, und das, obwohl er seine Träume bewohnt, seine Sehnsucht quält.

Die überaus komplexe Warengesellschaft mobilisiert alle meine Kräfte. Ich erschöpfe mich darin, ihrer Rationalität zu entsprechen, leistungsfähig zu sein in meiner Funktion, identisch dem Verhaltensmuster, das mir auferlegt wird. Wie kann ich unter diesen Umständen die Werte, an die ich aufgrund meiner innersten Erfahrung, meiner persönlichen Gewohnheit und meines Sehnens glaube, bewahren? Wie die Schönheit beschützen in einer Welt, die sie mordet oder die Solidarität, wenn der Wettbewerb gebietet, wie den Zusammenhalt, angesichts des chaotischen Aufflackerns von Bedeutungen, die sich, den wechselnden Machtverhältnissen unterworfen, verändern?

Diese Aufgabe zehrt mich auf. Ich sehne mich nach dem Abbau der Konflikte.

Die Logik der Akkumulation, der Konkurrenz, des fanatischen Individualismus, der Einsamkeit und der feindlichen Auseinandersetzung steht im krassen Widerspruch zu den Grundwerten der Gesellschaften der Dritten Welt, die in diesem Buch beschrieben werden sollen.

Ich erfahre die beiden Welten körperlich. Jede Rückkehr aus Afrika oder Brasilien ist schmerzhaft: bereits am Ausgang des Flughafens von Cointrin erlebe ich den Schock. Aber noch sind die menschliche Wärme, die Lebensfreude, die Geselligkeit, die Schönheit, die Sympathie meiner Gastgeber in mir lebendig. Drei, vier Tage irre ich in den Straßen Genfs umher, unfähig zu arbeiten, meine Auf-

49

zeichnungen zu ordnen. Tage und Nächte der Ratlosigkeit. Dann tauche ich langsam und schmerzhaft wieder ein in die Welt der merkantilen Rationalität, der genau festgelegten Rendez-vous', des grausamen Wettbewerbs, der Auseinandersetzung, der fortwährenden Verständnislosigkeit dem anderen gegenüber, der Einsamkeit.

Dichterische Hirngespinste eines an den Grenzen seiner soziologischen Irrfahrten angelangten Autors, der in seiner vergangenen mühevollen Arbeit vergebens eine Antwort auf seine innersten Fragen sucht, die ihn rasend machen? Nein. Ich bin Materialist. Die offensichtliche kulturelle Überlegenheit so vieler Gemeinschaften der Dritten Welt über die hartherzigen, unmenschlichen und blinden Gesellschaften der Industriewelt stellt aufregende politische Probleme, im strengen Sinn des Wortes. Ohne die Anerkennung der geistigen Vorrangstellung der beherrschten Völker versteht man nichts, weder etwas von den komplexen Nord-Süd-Beziehungen noch von der negativen Dynamik, die der augenblicklichen Weltordnung innewohnt.

Der Sieg der Besiegten ist nah.

Aber es genügt nicht, die intellektuelle, geistige Überlegenheit so vieler Werte der traditionellen Gesellschaften des indianischen Amerika, Afrikas und Asiens anzuerkennen. Ein weiteres Problem taucht auf: Die meisten dieser Gesellschaften sind abhängige, ausgebeutete, von den Mächten des Zentrums ökonomisch beherrschte Gesellschaften. Das endemische Elend, der Hunger, die permanente Arbeitslosigkeit, die Epidemien und die Verzweiflung richten große Teile ihrer Bevölkerungen zugrunde. Nun sind aber die meisten Kulturwerte der autochthonen traditionellen Gesellschaften ungeeignet für die industrielle Instrumentalität, die Technologie, die modernen Produktionsmethoden, deren Integration jedoch unerläßlich ist, um eine beschleunigte ökonomische Entwicklung zu gewährleisten.

Die erste entscheidende Frage jeder Revolution eines Volkes der Dritten Welt ist deshalb folgende: Wie können die alten positiven Werte der Übertragbarkeit, der gegenseitigen Ergänzung und der Sicherheit in den neuen, multiethnischen und demokratischen Instanzen verankert werden?

Ich erinnere mich an eine Julinacht des Jahres 1969. Zu Studienzwecken hielt ich mich zum ersten Mal in der afrikanischen Diaspora Brasiliens, in San Salvador de Bahia, der Stadt des Erlösers an der Allerheiligenbucht auf. Allein zog ich, fasziniert von den Stimmen der Nacht, in ein Bistro in der Oberstadt auf dem Terreiro de Jesus. Ein Fernsehapparat über der Theke verbreitete dürftige Feuilletons des TV Globo. Plötzlich wird die Sendung unterbrochen. Ein Sprecher erscheint im hellen Anzug mit Krawatte. Mit bewegter Stimme kündigt er an, daß die Menschheit (zumindest der Teil, der im Besitz eines Fernsehers ist) in wenigen Augenblicken miterleben kann, wie der erste Mensch seinen Fuß auf die Oberfläche des Mondes setzen wird! Die Geräusche im Bistro verstummen plötzlich. Die Unterhaltungen hören auf. Feierliche Stille. Einige Sekunden noch ... und wie ein ungeheurer weißer Wurm schiebt sich das Bein Armstrongs aus der Kabine von Apollo XI, sucht Halt auf der ersten Sprosse der Aluminiumleiter, steigt langsam hinab und stellt sich auf den Mond. Im Hintergrund des Cafés ertönt ein donnerndes Gelächter! Ein riesiger Schwarzer, Dockarbeiter im Hafen, ruft der kleinen vor der Theke versammelten Menge zu: „Eh, Ihr da unten, Ihr Dummen! Sie haben Euch ganz schön reingelegt, die Amerikaner! Glaubt Ihr, daß Shango – und wäre es auch nur für einen Augenblick – zulassen würde, daß ein Weißer seine Flosse auf den Mond legt?"

Im *nagô*-Schöpfungsmythos ist der Mond der Herrschaftsbereich des *Shango*, *Orixa*-König, Gott der Unwetter und des Blitzes. Die Kosmogonie des Candomble *nagô* (Yoruba), seine Riten zur Besessenheit, seine Wahrsagungsspiele, seine Gemeinschaft gegenseitiger Hilfe verleihen den schwarzen Sub-Proletariern von Bahia eine unvergleichliche Würde. Bei Tage gedemütigt, ausgenutzt, diskriminiert und verachtet, wird der initiierte Dockarbeiter des Nachts ein geachteter, verehrter und geliebter Mensch. Der Candomble ist seine Zuflucht. Er überträgt ihm eine Identität, stärker als der Fels.

Ein anderer Ort, anderes Erinnern: Ich befinde mich in Mesopotamien (Irak) im Südwesten der antiken Stadt Babylon, am Rande der Straße Bagdad–Basra, dort, wo Euphrat und Tigris sich vereinen und als Schatt-el Arab weiterströmen in endlose Sumpfgebiete. Die Schweizer Firma Sulzer errichtete auf Rechnung der Baath-Regierung die größte Papierfabrik des Mittleren Orients. Ein Palast aus Beton und Glas, ausgestattet mit ultramodernen Maschinen und elektronischer Steuerung. Der Rohstoff: Tausende von Tonnen Schilfrohr, die jedes Jahr in den Sümpfen des Euphrat und Tigris wachsen. Die Arbeitskräfte: die *„Moor-Araber"*.

In den Sümpfen wohnt eine Bevölkerung mit tausendjähriger Zivilisation. Seit der Zeit des alten Reiches Ur (5. Jtsd. vor Chr.) flechten diese Männer, Frauen und Kinder die langen und biegsamen Halme des Schilfrohrs. Auf den kleinen Inseln errichten sie Bauwerke von raffinierter Schönheit. Sie bauen Flotten von Kähnen und Flößen. Kurz, es wäre schwierig, auf der Erde Menschen zu finden, die mit dem Schilfrohr besser umzugehen wüßten als die *„Moor-Araber"*. (Es sind übrigens keine Araber, sondern Sumerer, Nachfahren der ehemaligen Bewohner Urs[16]). Da sie außerordentlich geschickte Arbeiter sind, hat die Papierfabrik die Handwerker, Fischer und Flußschiffer der Sümpfe angeworben. Ihr Lohn ist relativ hoch. Dennoch verweigern sie die Arbeit in der Fabrik. Ihre Kultur ist eine umfassende, ihre Wirtschaft eine Subsistenzwirtschaft. Zwei oder drei Tage lang kommen sie in die Fabrik, kassieren einen Lohn oder auch zwei … und kehren wieder zurück auf ihre Inseln.

Der Besuch in der Fabrik geht zu Ende. Die kleine Gruppe irakischer und europäischer Techniker, die mich begleitet hat, zerstreut sich. Plötzlich packt mich der Direktor, ein junger Schweizer Ingenieur aus Winterthur, dessen Kompetenz und pädagogische Fähigkeiten ich bewundere, am Arm. Zorn bricht aus ihm heraus, Verzweiflung, er befindet sich am Rande einer Depression. Er spricht Schweizerdeutsch mit mir: „Können Sie sich das vorstellen, es ist unmöglich, meine Fabrik richtig in Betrieb zu setzen?! Ich habe alles versucht: Zwang, Korruption, Schmeichelei, Beschimpfung. Resultat gleich null!"

In der Tat: Abendkurse, Programme zur intensiven Alphabetisierung, Razzien, die die Miliz des Baath-Regimes durchführte … es war nichts zu machen. Die „Moor-Araber" lehnen die industrielle Rationalität ab, gleich ob sie kapitalistischer oder sozialistischer Natur ist. Gewinne zu machen, zu sparen und Arbeitnehmer zu sein, das sind Werte, die sie zurückweisen. Als ich 1981 die Fabrik besuchte, produzierte sie unter 14% ihrer realen Kapazität. Inzwischen haben iranische Mörserbomben sie verwüstet.

Letztes Beispiel:

Ich denke an einen seltsamen Zwischenfall, den ich in Begleitung von Abel Goumba, dem demokratischen Oppositionschef während der aufeinanderfolgenden Diktaturen von Jean Bedel Bokassa, David Dacko und André Kolingba, in der Zentralafrikanischen Republik erlebte.

In einem Genfer Restaurant mit Namen le Mazot, dessen breite Glasfensterfront auf die Rue du Cendrier hinausgeht, wählte Abel Goumba instinktiv einen Tisch sehr nah beim Fenster. Alle Passanten konnten ihn sehen, er konnte jedermann sehen. Nun war Goumba aber, und er ist es noch, einer der am meisten von Attentat und Meuchelmord bedrohten Leader der Dritten Welt. Um die Sicherheit meines Gastes besorgt, zog ich ihn erschreckt in den Hintergrund des Restaurants. Goumba zögerte, dann brach er in Lachen aus: „Noch ein Schlag meines Unterbewußtseins! Das geschieht mir immerzu …" Ich verstand nicht. Angesichts meines Erstaunens berichtete Goumba folgendes: „Bei mir zu Hause im Dorf, als ich noch ein Knabe war, aß die gesamte Familie auf der Erde hockend vor unserer Hütte, die Blicke auf den Pfad gerichtet, der an den Feldern vorbeiführte. Jedesmal, wenn ich meinen Kopf in die Kalebasse tauchte und mit gesenktem Kopf aß, gab mir meine Großmutter eine gewaltige Ohrfeige! Und sie sagte zu mir: Heb' die Augen, schau auf die Straße! Wie kannst du sonst einen Notleidenden sehen, der vorübergeht, mit dem du deine Speise teilen solltest?"

Welche Lehren sollte man aus diesen drei Beispielen ziehen? Das, was uns als sehr positiv in den afrikanischen, arabischen und afro-brasilianischen Kulturen begegnet, sind die Werte der Solidarität und gegenseitiger bedingungsloser Hilfe, die sich auf die erweiterte Familie, auf den Clan und auf die Volksgruppe ausdehnen und die darüber hinaus ein allgemeines Verhalten zur Teilungsbereitschaft begründen.

Mein Buch ist jedoch keine nostalgische Abhandlung. Es feiert auch nicht theoretisch moralische Werte oder Verhaltensweisen, die sie verkörpern und die gleichsam die verlorengegangene Erinnerung an ein vor Zeiten verschüttetes Paradies sein würden. Dieses Buch möchte eine „Waffe" für die Emanzipation der Völker, für die Vermenschlichung der Menschen sein.

Wenn Abel Goumba seinen Feinden entwischen will, wenn er überleben will, dann muß er seine Gewohnheiten warmherziger und spontaner Geselligkeit – die Veranlagung vererbte ihm seine Großmutter aus dem Dorf am Ufer des Schari – ändern. Es gibt für die Araber aus den mesopotamischen Sümpfen oder für den schwarzen Dockarbeiter aus Salvador keinen technologischen Fortschritt, keine wachsende soziale Mobilität und keinen Ausweg aus dem tausendjährigen Elend, ohne daß bestimmte kulturelle Werte, die doch im Fundament ihrer Identität liegen, neu interpretiert und aktualisiert werden.

Wenn man nach dem kulturellen Widerstand der unterdrückten Völker fragt, ist nichts einfach. Unter der Last der Unterdrückung tauchen aus der Urtiefe des Erinnerns dunkle Blitze auf. Der Kampf gegen die fremde Kultur und gegen die Entfremdung erzeugt manchmal die niederträchtigsten Fanatismen. Ayatollah Khomeini, dessen Revolution im Februar 1979 dem terroristischen und prowestlichen Schah-Regime ein Ende setzte, schickte von 1980 bis 1988 – im Namen Allahs – Tausende von Kindern in die Minenfelder des Schatt-el Arab.

In der Begegnung zwischen der elektronischen Gesellschaft und den traditionellen uralten Gesellschaften herrscht eine *beständige Doppeldeutigkeit.* Die industrielle elektronische Instrumentalität eröffnet den Weg zu materiellem Wohlstand. Gleichzeitig führt sie zu Verhaltensmustern und schafft Vorstellungen, die die Sicherheit gewährenden Werte der traditionellen Gesellschaften abtragen und zerstören. Der Triumph der Modernität der Warengesellschaft und die Zerstörung der uralten Gesellschaften ist deshalb gleichzeitig eine tragische Entwurzelung und eine Befreiung.

Die bemerkenswerten traditionellen Kulturen, reich an Wissen und an Überlieferung, bringen vollständige und kostbare Kosmogonien hervor. Aber sie sind zu gleicher Zeit *kulturelle Gefängnisse.* Der junge Bambara aus Mali, der sein Dorf verläßt, um dem Trugbild Abidjans nachzujagen, durchlebt das Exil und ungewöhnliche Seelenqual, erfährt aber zugleich auch Befreiung und Kulturaneignung und Eingliederung in die Welt. In der Zerstörung der bemerkenswerten Traditionen zeigt sich nicht nur das Werk eines aufgezwungenen oder verinnerlichten Eurozentrismus. Für den afrikanischen (indianischen, saharouischen, arabischen, bretonischen, baskischen) Menschen liegt darin auch die Übung einer Freiheit.

Der erzwungene oder freiwillige Eintritt in die industrielle Zivilisation wird immer unter diesem doppelten widersprüchlichen Aspekt erlebt. In dem Buch *Oppression et Liberté*, dessen Erscheinen posthum der tätigen Freundschaft Albert Camus' zu verdanken ist, spricht Simone Weil von der *„barbarischen"* Doppelsinnigkeit der Umwelt[17].

In dem Augenblick, als ich die Redaktion dieses Vorwortes beendete, erfuhr ich vom Tode François Perroux'. Das ungeheure Werk dieses beispiellosen Gelehrten wird von folgender Frage beherrscht: Wie können die materiellen Bedürfnisse der Menschen befriedigt werden, wie ihre ökonomischen Produktionskräfte entwickelt und gesteigert werden, und wie kann ihre Arbeit so effektiv wie möglich organisiert werden, wobei die unveräußerliche Eigenart jeder Erzeugergemeinschaft und die grenzenlose Entfaltung ihrer besonderen Gaben geachtet werden?

Dort, wo altüberlieferte, im Kampf um Entwicklung engagierte Gemeinschaften erfolgreich sein würden, ihre traditionellen Werte der Solidarität zu mobilisieren – wobei sie umgewandelt und angepaßt werden –, sah Perroux die Geburt *„neuer Gesellschaften"* voraus, exemplarischer, ausgeglichener Gesellschaften, reich an Lehren für die gesamte Menschheit. Zeit seines Lebens lehnte Perroux den unbegründeten Widerspruch ab zwischen der Leistungssteigerung der ökonomischen Produktionskräfte und dem Identitätsverlust sowie der Instrumentalisierung der Erzeuger.[18]

Unser Buch versucht, mit Hilfe einer Anzahl empirischer Studien, die schwierige Geburt dieser „neuen Gesellschaften" zu erforschen.

Der Sieg der Besiegten? Dieser Titel ist sicher zu dogmatisch: die Schlacht ist noch lange nicht gewonnen. Ich spiele nicht den Propheten, die Geschichte allein wird richten.

Im absurden Charakter unserer Existenz liegt das Risiko. Leben, um zu sterben ... ist das nicht empörend, unannehmbar, absurd? Deshalb muß man täglich das Glück erschaffen – kollektiv und individuell – für sich und für die anderen, leben, um besser zu leben, damit die Existenz auf Zeit, gemessen am Tod, den größtmöglichen Sinn erhält.

Heute entstehen in der Dritten Welt neue, unvermutete und niemals zuvor erlebte Gesellschaften. Die Werte, die sie hervorbringen, der Sinn, den sie dem Dasein geben, eröffnen dem menschlichen Abenteuer neue Horizonte. Für uns Menschen des Westens bekommen diese Werte Dimensionen einer letzten Zuflucht und Rettung.[19]

Anmerkungen zum Vorwort

1 Alle Zitate von Saint-John Perse, Auszüge aus *Anabase* und *Exil*, die in diesem Buch vorkommen, sind dem *Dichterischen Gesamtwerk*, Heimeran Verlag, München, 1. und 2. Band entnommen.

2 Eine Getreidepflanze mit kurzem Halm, aber gehaltvoller Ähre. Hauptsächliches Ernteerzeugnis – zumindest auf den Hochebenen – der amharischen und tigrischen Bauern Äthiopiens.

3 Max Horkheimer, *Zur Kritik der instrumentellen Vernunft*, Fischer Athenäum TB, Frankfurt a.M., 1974, S. 124f.

4 ebd. S. 146/149f.

5 ebd. S. 135.

6 ebd. S. 136.

7 ebd.

8 Priester-Königin der Initiationsgemeinschaft yoruba'scher Herkunft, Candomble genannt.

9 Priester der Wahrsagung aus denselben Gemeinschaften.

10 Götter des Yoruba-Olymps.

11 Aus Westafrika stammende Völker.

12 Kauris: weiße Porzellanschnecken, aus Calaba am Golf von Guinea importiert. Halskette Ifas: Halskette aus Kauris, die dem Gott Ifa (dem Gott der Wahrsagung) geweiht ist.

13 Vgl. z.B. die Statistiken, die die Sendungen der beiden österreichischen Fernsehkanäle betreffen (1979-1982), die von Kurt Luger und seinen Mitarbeitern am Institut für Publizistik und Kommunikationswissenschaften der Universität Salzburg (Österreich) veröffentlicht wurden, insbesondere in *Österreichische Zeitschrift für Politikwissenschaft*, Wien Nr. 2. 1986.

14 R. Labévière und C. Devouassoux, *Éloge du dogmatisme*.

15 Patrick Tort, *Être marxiste aujourd'hui*, Paris, Aubier, 1986.

16 Wielfred Thesiger, *Les Arabes des marais*, Paris, Plon, „Terre humaine", 1983.

17 Simone Weil, *Oppression et Liberté*, Paris, Gallimard, Sammlung „Espoir", geleitet von Albert Camus, 1955. Vgl. auch Jean-Claude Guillebaud in der Zeitschrift *Traverses* (Sept. 1987), der ebenso den grundlegend widersprüchlichen und schmerzvollen Charakter des zeitgenössischen kulturellen Abenteuers hervorhebt.

18 François Perroux distanziert sich radikal von Marx, der in seiner Kontroverse mit Vera Zassoulitch vergeblich versucht, dieses Problem zu lösen; siehe insbesondere den Brief von Vera Zassoulitch vom 16. Februar 1881 und die Antwort von Marx vom 8. März in Karl Marx' Gesamtwerk.

19 Ich schulde Juan Gasparini und Muse Tegegne, meinen Assistenten am Département de sociologie für ihre Dokumentationsarbeit tiefen Dank; Micheline Bonnet, Arlette Sallin und Anne-Marie Gay für ihre Reinschriften der nacheinanderfolgenden Versionen des Manuskripts, Juliette Kahane für die erneute Lektüre und die Korrektur des gesamten Textes; Jean-Claude Guillebaud, Erica Deuber-Pauli, Andreas Freund und Richard Labévière für ihre unentbehrlichen Ratschläge und ihre Kritik.

ERSTER TEIL

DIE ABSAGE AN DAS NICHTS

I

Ein Tempel im Sinai

Der östliche Sinai ist wahrscheinlich die trostloseste Gegend unseres Planeten: Granitfelsen, Hochebenen, soweit das Auge reicht, schroffe Bergspitzen, hier und da ein verkrüppelter Busch, ein Sandtal, das Felsenmeer. Nomadenlager gibt es hier selten, Dörfer allenfalls an der Küste. Und dann der Wind! Man hört ein permanentes schrilles Pfeifen zwischen den Felsen, die aus dem Sand herausragen. Erosion zerfrißt Berge, formt seltsame Gesichter in den Stein. Vereinzelt ein Erzberg. Unten in der Tiefe des Sandtals eine Herde wilder Ziegen, ein Esel mit grauem Fell, Schlangen.

Doch birgt diese Trostlosigkeit Wunder. Ich rufe mir einen kalten Dezembermorgen in Erinnerung: Wir hatten gerade die Nacht hinter uns gebracht, warm eingehüllt in unsere Decken direkt auf dem Stein, in der Tiefe des Wadi-al-Akhdar. Unser Führer gehörte dem Volk der El Bedaa an, „Die vom Ursprung". An den Felswänden des Berges Sinai in der Ferne brachen sich die ersten Strahlen einer weißen Sonne. Der grüne Tee brennt in meinem Hals; einige ungeschickte Übungen, um die Beine wieder gelenkig zu machen und die vor Kälte steifen Arme, dann setzen wir uns in Bewegung. Der Pfad schlängelt sich zunächst durch einen Wald zerstörter Steinsäulen, stürzt dann hinab in eine Schlucht und steigt endlich schwindelerregend steil eine Bergwand hinauf. Fünf Stunden Fußmarsch. Gegen Mittag erreichen wir plötzlich eine rechteckige Hochebene, glatt wie eine Wasserfläche. Und dort erhebt sich wie eine Herausforderung an das Nichts der Tempel *Sarabit-al-Khadem*. Eine aufgelassene Türkismine, einige zur Erde gestürzte Stelen. Und dann in ihrer großartigen Anordnung die Fassade, der Säulengang, das unversehrte Dach des Tempels – der Ausdruck stiller Schönheit gelungener Werke. In der Ferne sieht man das Meer.

An der äußersten Grenze der bekannten Welt, an der Ostgrenze ihres Reiches, haben die Pharaonen im Angesicht des Felsenmeeres, dort wo alles Leben aufhört, im dritten Jahrtausend vor unserer Zeit von ihren hebräischen Sklaven dieses marmorne Monument errichten lassen. Hymne an die Schönheit, eigensinnige Bejahung des Lebens. In den Türkisadern des Felsgesteins reflektiert die Sonne wie in einem Spiegel. Ich habe den Eindruck, über ein Sternenfeld zu schreiten. Zum Tempel gehören zunächst zwei Kapellen zu beiden Seiten der Mine: die erste ist der Göttin Hathor geweiht. Sie wurde unter der Regentschaft des Pharaos Snofru gebaut, des Begründers der 4. Dynastie, der die Hoheit Ägyptens auf den Sinai ausdehnte.[1] Wunderbare, in rosa Stein gemeißelte Flachreliefs schmücken ihre Wände. Mit Blick auf die Hathorkapelle entdeckt man eine andere geweihte Stätte, die die Statue des Kriegsgottes Sopdu birgt. Während der gesamten ersten zwölf Dynastien wurde Sopdu als der Beschützer der Ostgrenzen Ägyptens betrachtet. Hinter den Kapellen reihen sich Räume aneinander, in denen Altäre stehen, jeder einzelne von einer Steinmauer umgeben. Im Allerheiligsten des Tempels, das mit prächtigen Reliefs geschmückt ist, die die trockene Luft der Wüste seit fast fünftausend Jahren bewahrt, erhebt sich der Altar von Sesostris I., dem gefürchtetsten, gewalttätigsten Pharao der 12. Dynastie.

Mir kommen die Sätze Martin Heideggers in den Sinn, mit denen er seine *Holzwege* einführt: „Der Tempel und sein Bezirk verschweben aber nicht in das Unbestimmte. Das Tempelwerk fügt erst und sammelt zugleich die Einheit jener Bahnen und Bezüge um sich, in denen Geburt und Tod, Unheil und Segen, Sieg und Schmach, Ausharren und Verfall dem Menschenwesen die Gestalt seines Geschickes gewinnen. Die waltende Weite dieser offenen Bezüge ist die Welt dieses geschichtlichen Volkes. Aus ihr und in ihr kommt es erst auf sich selbst zum Vollbringen seiner Bestimmung zurück.

Dastehend ruht das Bauwerk auf dem Felsgrund. (...) Dastehend hält das Bauwerk dem über es wegrasenden Sturm stand und zeigt so erst den Sturm selbst in seiner Gewalt. Der Glanz und das Leuchten des Gesteins, anscheinend selbst nur von Gnaden der Sonne, bringt doch erst das Lichte des Tages, die Weite des Himmels, die Finsternis der Nacht zum Vorschein. Das sichere Ragen macht den unsichtbaren Raum der Luft sichtbar. Das Unerschütterte des Werkes steht ab gegen das Wogen der Meerflut und läßt aus seiner Ruhe deren Toben erscheinen." Und weiter: „Das Tempelwerk eröffnet dastehend eine Welt und stellt diese zugleich zurück auf die Erde, die dergestalt selbst erst als der heimatliche Grund herauskommt. Niemals aber sind die Menschen und Tiere, die Pflanzen und die Dinge als unveränderliche Gegenstände vorhanden und bekannt, um dann beiläufig für den Tempel, der eines Tages auch noch zu dem Anwesenden hinzukommt, die passende Umgebung darzustellen. Wir kommen dem, was IST, eher nahe, wenn wir alles umgekehrt denken, gesetzt freilich, daß wir im voraus den Blick dafür haben, wie alles sich anders uns zukehrt. Das bloße Umkehren, für sich vollzogen, ergibt nichts.

Der Tempel gibt in seinem Dastehen den Dingen erst ihr Gesicht und den Menschen erst die Ansicht auf sich selbst. Diese Sicht bleibt so lange offen, als das Werk ein Werk ist."[2]

Heidegger fragt: „Was stellt das Werk als Werk auf? Insichaufragend eröffnet das Werk eine WELT und hält diese im waltenden Verbleib."

Die Kultur eines Volkes ist zuerst das: die Absage an das Nichts, die Auflehnung gegen das unausweichliche Ärgernis des Todes. Der hartnäckige, vergebliche Anspruch auf die Ewigkeit.

Die Kunstwerke, die Worte von Dichtern, die behauenen Steine oder die gemalten Bilder machen die Kultur eines

Volkes erlebbar. Angesichts des Chaos der Tage stiften sie Beständigkeit. Angesichts des Nichts schaffen und regeln sie eine Welt der Schönheit, der Vernunft und des Sinns. Der *waltende Verbleib* dieser Welt widersetzt sich dem nächtlichen Chaos, der Unordnung und dem Nichts.

Aber was bedeuten dann die Demarkationslinien zwischen Volkskultur und etablierter Kultur, zwischen befreiender, fortschrittlicher Kultur und Kultur der Herrschaft? Zwischen dem, was der Tempel Sarabit-al-Khadem aussagt und dem, was ein Kirchenfenster von José Venturelli, ein Fresko von Diego de Rivera oder ein Gedicht von Nazim Hikmet bedeuten? Im äußersten Osten des Sinai sind im Laufe von vier Jahrhunderten Tausende von Männern und Heranwachsenden in den Türkisgruben und auf den Baustellen der Pharaos umgekommen. Al-Khadem ist auf den Gebeinen der Sklaven erbaut. Diego de Rivera, Venturelli und Hikmet hingegen nähren den Aufruhr, stärken den Willen zum Widerstand, erleuchten den Horizont der Freiheit. Sarabit-al-Khadem verherrlicht die ungeteilte Macht des Königs. Hikmet bezeugt die unbeugsame Würde des Menschen – aus der Zelle seines Gefängnisses heraus.

Indessen sind die Dinge unendlich viel komplizierter: wenn der Pharao regieren und sein Gesetz verfügen kann, dann deshalb, weil die Schönheit, die er benutzt, die Symbole, die er schafft, sich bei allen durchsetzen. Der Pharao nimmt die Arbeit der Menschen völlig in Anspruch und reißt den Gewinn daraus an sich, um alles, was ihm das Regieren möglich macht, zu schaffen. Er fordert diese Ergebnisse als natürlichen Anspruch seiner Macht. Nun können Schönheit und sinnlich wahrnehmbare Eindrücke beim geistigen Verarbeiten der Schönheit von allen über den Weg des Genießens wahrgenommen werden. Der Pharao kann sich die Fähigkeiten der besten Handwerker zunutze machen, damit sie den Eindruck der Schönheit in imposanten, verblüffenden Werken vor aller Augen erstehen lassen. Die Geschichte dieser Werke ist somit ebenso Geschichte der Macht, wie Geschichte der Arbeit von Menschen, die sie geschaffen haben.

Die vornehmste Frage, die sich uns stellt, ist demnach folgende: *Was ist die Kultur?*

Die Kultur ist nicht zu trennen von der gesellschaftlichen Praxis: von der güterproduzierenden Wirtschaft, von der Liebe, dem Leben, dem Tod. Die Kultur sammelt den Sinn der Erfahrung und gibt der Erfahrung Sinn. Sie bringt diesen Sinn durch Kodifizierung zur Entfaltung: Die kulturellen Elemente erlangen durch die Tatsache, daß sie in einem Kodex überlieferter Werte Platz finden, einen quasi absoluten Charakter. Weitere Elemente können auftauchen und werden sich dem Korpus einfügen.

Wie kann der Kulturbegriff nun in soziologischen Fachausdrücken definiert werden?

Die Kultur kann ganz allgemein als die Gesamtheit aller Werte, die sie bilden, begriffen werden. Diese Behauptung – die in vieler Hinsicht von der einfachen traditionellen Unterscheidung zwischen Kultur und Natur abweicht – zieht eine Reihe von Fragen nach sich: Was ist ein Wert, sein Inhalt, sein formeller Ausdruck? Wer produziert ihn? Wer bestimmt ihn? Wer verbreitet ihn? Wo ist sein Erscheinungs- und Aktionsfeld? Wie ist es um seine Dauerhaftigkeit bestellt? Wie entwickelt er sich? Wie stirbt er? Welche Beziehungen zwischen den Werten sichern den Zusammenhalt oder den Verfall einer Kultur? Der erste Teil dieses Buches versucht, solche Fragen nacheinander zu klären.

Erste Frage: Was ist ein Wert?

Sobald man den Begriff des Wertes zur Sprache bringt, assoziiert man ihn mit einer Qualität, die dem geläufigsten Sinn dieses Wortes innewohnt. Anders ausgedrückt: der Wert ruft immer eine positive Assoziation hervor. Dieser

Qualitätsbegriff ist jedoch äußerst vage! Seine Anwendung bringt uns keinen Zollbreit weiter. Wenn die Qualität ein Wert ist und der Wert Qualität bedeutet, wer erkennt dann die eine oder den anderen als solche(n)? Qualität zu erkennen, nur weil man ein vornehmer Mann ist, hieße, den geschlossenen Kreis der kulturellen Herrschaft wieder zu erzeugen. Die bürgerlichen Kunstgeschichtstheoretiker sind – da sie sich genau diesem Spiel hingeben – der lebendige Beweis für die ununterbrochene Reproduktion dieses geschlossenen Kreislaufes. Befragt man sie über das Wesen der Qualität, so produzieren sie lediglich Tautologien! Ein Beispiel: Bernard Berenson, ein amerikanischer Gelehrter und Kunstkritiker von weltweitem Ruf, schreibt in seinem prachtvollen Palast in Florenz: „Die Wahrnehmung der Qualität muß wie eine Gabe Gottes von Beginn an vorhanden sein. Sie muß allerdings, um wirksam zu werden, über Jahre hinweg durch die Erziehung geschult und verfeinert werden. Nur die Personen, die diese Gabe besitzen und dementsprechend erzogen werden, können zu dem innersten Heiligtum der Musen vorstoßen." Und weiter: „Die Qualität läßt sich nicht definieren, sie wird wahrgenommen." Und noch einmal Berenson: „Ein Mann von Wert erkennt immer den Wert."[3]

Richard Offner wiederholt ihn wenig später: „Ich denke ernsthaft, daß der Suchende folgendes mit der Mehrheit der denkenden Menschen gemein hat, daß er weiß – dank einer Art Kantscher Intuition – wann er recht hat oder zumindest, wann die allgemeinen Tendenzen seiner Schlußfolgerungen die richtige Richtung nehmen."[4]

Die Wahrnehmung der Qualität? Eine Gottesgabe! Das Erkennen eines Wertes? Eine Kantsche Intuition! Alle diese Wege sind offensichtlich Sackgassen. Angehäufte Tautologien versperren die Wege.

Nur die ökonomische Metapher erlaubt es uns weiterzukommen. In dem Augenblick, als die Soziologie, als Karl Marx geboren wurden, fand sich keine Kultur, die in der

Praxis der Kulturgeschichte einen radikalen Bruch bewirken und die Annäherung an kulturelle Phänomene mit einer nachprüfbaren und unanfechtbaren wissenschaftlichen Basis ausstatten konnte. Aber die marxistische Vorstellung vom wirtschaftlichen Wert läßt die gestellte Frage entsprechend besser einkreisen: Wie der wirtschaftliche Wert ist auch der kulturelle immer an Veränderung gebunden. Der eine wie der andere ist ein gesellschaftliches Produkt. Der kulturelle Wert wird folglich, wie der wirtschaftliche Wert, von gesellschaftlichen Akteuren im Rahmen der Machtstrukturen bestimmt.[5]

Ich weise hier auf das im Entstehen begriffene Werk Pierre Bourdieus hin, das mit der Denkart der Substantialisten radikal bricht und damit Perspektiven auf unerforschte Landschaften eröffnet.[6]

Wenn der Wert ein gesellschaftliches Produkt ist, analog – auf symbolischer Ebene – dem wirtschaftlichen Wert, dann ist seine Analyse und somit jede kulturelle Analyse ein Gegenstand der Soziologie. Was ist die praktische Konsequenz dieser Aussage? Es wird uns von nun an unmöglich sein, vom Wert an sich zu sprechen, die Werte zu verabsolutieren, sie aus der Geschichte entkommen zu lassen, kurz: an ihre ursprüngliche Autonomie zu glauben, indem wir ihnen einen Platz in einem Himmel zuweisen, der frei ist von gesellschaftlichen Instanzen, welche sie legitimieren könnten.

Präzisieren wir nun die Frage nach dem Inhalt der Werte. Die Menschen produzieren notwendigerweise Werte, die den Sinn ihrer Existenz bilden. Es gibt keine angeborenen Werte, die im voraus und für alle zukünftigen Zeiten Sinninhalte festlegen, sie werden ihnen erst nach und nach von den menschlichen Gesellschaften verliehen. Diese schaffen die Sinngebung entsprechend ihrer Existenz und nach ihren Bedürfnissen, von denen sie glauben, daß es die ihrigen sind. Die Werte sind Auffangbecken der Sinne.

Wir werden später auf ihre Beständigkeit zurückkommen und darauf, in welchem äußeren Rahmen sich ihr Bedeutungswandel vollzieht.

Die in den Werten enthaltenen Bedeutungen werden demnach von der Praxis geschaffen. Nun geht aber ein entscheidender Teil der gesellschaftlichen Praxis aus der psychologischen, biologischen, neurophysiologischen Veranlagung der Akteure hervor. Sehen, schmecken, fühlen, hören, plaudern, sich bewegen, berühren, wandern, körperlich und psychisch empfinden, denken, sich vorstellen, schaffen, träumen, lernen und geistigen Gestalten Form geben – um zu kommunizieren, zu beschwören, zu verführen, zu überzeugen oder für jedes andere gesellschaftliche Vorhaben – bilden den Reichtum der natürlichen Dispositionen, die von der gesamten Menschheit geteilt werden.[7]

Das Glück und das in Ausübung dieser Dispositionen empfundene Wohlbehagen – die Fortschritte der Biochemie erlauben heute, es wissenschaftlich zu messen – haben den Werten seit Anbeginn der Geschichte den unaussprechlichen Teil ihrer Inhalte geliefert: Ich betrachte das Licht, die Farben, den Schatten der Vulkanfelsen von Bahia das Gatas (Kap Verde), und ich sage: „Wie schön." Dutzende anderer Menschen verspüren am selben Ort die gleiche Ergriffenheit. Mit Bahia das Gatas verbindet sich infolgedessen ein ästhetischer Wert. In Liedern und Gedichten wird dieser Ort zum Symbol. Er erscheint in den Touristenprospekten, sein Wert bildet dabei einen wesentlichen Bestandteil des Erbgutes der Kapverdischen Inseln.

Auf diese Weise schaffen die Erfahrung und die Freude des Auges den Inhalt der Schönheitsvorstellung. Dennoch hat das Schöne, dieser universale Wert, den man inmitten all der gesellschaftlichen Strategien politischer und religiöser Herrschaft, wirtschaftlicher Beziehungen oder sozialer Unterschiede wiederfindet, seine Geschichte. Wenn die Bezeichnung des Schönen auch in allen Sprachen existiert, so variieren Gestalt und beschriebene Wirkung doch außerordentlich. Das äußere Erscheinungsbild überlebt die Veränderungen der ästhetischen Bedeutungen, die mit der sozialen Geschichte korrespondieren.

Alle Gegebenheiten der lebendigen Wirklichkeit sind bedeutungsvoll: von der Notwendigkeit, das Neugeborene zu empfangen, bis zum Unbekannten, zum Tod, zum Nichtverstehen ferner Konsequenzen unserer Handlungen. Die Menschen übertragen beständig das, was sie praktisch erfahren, in symbolische Begriffe dank ihrer kulturellen und natürlichen Dispositionen, dank ihrer körperlichen und geistigen Veranlagung. Das, was sie praktisch erleben, läuft durch den Filter ihrer Kultur. Anders ausgedrückt: Sie beurteilen die täglichen Erfahrungen ihres Lebens nach Maßgabe ihrer bereits geschaffenen Werte. Im Verlauf dieser unaufhörlichen Entwicklung symbolischer Produkte, untrennbar von der gesellschaftlichen Praxis, entstehen neue Sinngebungen, wachsen neue Werte.

Die Anzeichen für das Näherrücken einer Sozialgeschichte der Ideen, der Literatur, der Religionen, der Moral, der Kunst, die sich erst vor kurzem zeigten, erhellen diese Fragen. Man erinnert sich: Keiner der großen Denker des 19. Jahrhunderts hat wirklich die Kultur bedacht. Ich will sagen: die Kultur als einigendes Band für die Homogenität einer Zivilisation und als Ort, an dem die Indikatoren für die Berechtigung einer Zivilisation in Kraft treten. Für Friedrich Wilhelm Hegel und seine Schüler reduziert sich die Kultur auf die Ideologie.

Was die idealistischen Denker angeht, so schreiben sie nur einzelnen „Genies" die Erfindung neuer Bedeutungen zu.

Erst während der ersten Jahrzehnte des 20. Jahrhunderts hat sich das Herannahen einer wirklichen Sozialgeschichte der Kultur manifestiert. Ohne das verknüpfende Denken, das einzelne „Genies" leisten, zu verkennen, untersuchen ihre Begründer die Zusammenhänge, die das Auftauchen und das Wirken neuer Werte begünstigen. Sie analysieren die Kollektiverwartungen, die neue Werte und neue Sinninhalte hervorrufen.

Es handelt sich vor allem um österreichische marxistische Kunsthistoriker, die – als erste – versuchten, die Kultur als vorrangige Problematik der Humanwissenschaften zu betrachten. Ihre Arbeit beschränkt sich notwendigerweise auf ein Gebiet, wird angeregt von einer begrenzten, besonderen Empirie. Ein Beispiel: Alois Riegel untersucht in seinem Werk *Die spätrömische Kunstindustrie* die Produktion kleiner Kunstobjekte zur Zeit des spätrömischen Reiches; er zeigt die Werte auf, die sich während der Produktion der Objekte verändern.[8] Erwin Panofsky beweist in seinem Meisterwerk *Die Perspektive als symbolische Form*, das der Analyse der Malerei der Renaissance gewidmet ist, daß die Perspektive nicht nur einfach eine optische Transkription, sondern ein eigenes Gesetz ist, das den Malern des 15. und 16. Jahrhunderts erlaubt, sich den herrschenden Gesetzen der scholastischen Welt zu entziehen. Sein Kollege Friedrich Antal, der zunächst in Budapest im Umkreis Karl Mannheims arbeitet, untersucht dieselbe kulturelle Wirklichkeit, dieselbe Epoche, jedoch unter einem anderen Gesichtswinkel. Sein Buch Die florentinische Malerei und ihr sozialer Hintergrund[9] geht den Beziehungen nach, die zwischen der Sozial- und Klassenstruktur der Republik Florenz und der Revolution der Maler der Renaissance bestehen. Arnold Hauser, ein weiterer wichtiger österreichischer Marxist, versucht eine allumfassende Analyse: er veröffentlicht insbesondere *The Philosophy of Art History*, dann *Soziologie der Kunst*.[10]

Die meisten dieser Gelehrten Zentraleuropas waren aufgrund ihrer jüdischen Abstammung und/oder ihrer politischen Einstellung gezwungen, vor dem aufkommenden Nazismus aus ihren Ländern zu fliehen (Wien, Budapest). Sie haben den überwiegenden Teil ihrer Werke erst sehr spät veröffentlicht. Die Aufnahme war katastrophal! Diese Pioniere der zeitgenössischen Soziologie der Kultur blieben zunächst gründlich mißverstanden, schlimmer, sie wurden verleumdet, diffamiert und manchmal sogar lächerlich gemacht.

Sir Kenneth Clark, Papst der Kunstgeschichte im England der fünfziger Jahre, konstatierte trocken: „Sie (Panofsky, Hauser usw.) reduzieren die Kunst auf eine niedere, zweckdienliche Sache." Er verleiht der geistigen Verfassung, die in den Humanwissenschaften jener Zeit herrschte, sehr treffend Ausdruck: für die meisten der anerkannten Autoren waren die Fragen der kulturellen Produktion nur untergeordnete historische Fragen.[11]

Dennoch setzte sich langsam das neue Wissen um diese Problematik durch. Georg Lukács hatte in seinem Wiener Exil (1919-1930) die österreichischen Marxisten häufig aufgesucht. In *Die Seele und die Formen* und vor allem in *Balzac et le Réalisme français* legte er den Grund für eine Sozialgeschichte der Literatur. Sein französisch-rumänischer Schüler Lucien Goldman erweiterte und vertiefte diese Überlegungen in *Le Dieu caché* und in *Sociologie du roman.*

In Frankreich brachen weitere Forscher, im allgemeinen marxistischen Denkursprungs, mit dem sie umgebenden bürgerlichen Positivismus oder der stalinistischen Orthodoxie. Sie erweiterten die Bresche und schufen bahnbrechende Werke: die Spezialisten des Klassischen Altertums Pierre Vidal-Naquet, Paul Veynes, Jean Pierre Vernant, Marcel Detienne usw. Die Quellen, die sie untersuchten, waren so lückenhaft, daß sie gezwungen waren, die Politik, die Institutionen, die Kunst, die Mythen, die Wirtschaft, die Literatur usw. zusammen zu betrachten, um eine Analyse über die Wirkungszusammenhänge der antiken Welt zu wagen. Wir wollen an dieser Stelle das lückenhafte Erinnern an neue und bedeutende Werke unterbrechen, die sich bemühen den Wertbegriff und die darüber an den Schulen ausgetragenen Streitigkeiten zu erläutern. Wenden wir uns nun dem empirischen Studium

der sozialen Mechanismen zu, die in bestimmten ausge-
wählten Gesellschaften unverwechselbare und strahlende
Werte entstehen lassen.

II
Die Fischer von Salamanza

An ihrem Beginn sind die kulturellen Institutionen, Bedeutungen und Symbole immer die Produkte einer begrenzten verbindenden und konkreten Sachlage. Sie versuchen, konkrete Probleme, die sich konkreten Menschen
stellen, im Imaginären zu lösen. Sie geben einer Praxis
Sinn, Ordnung und Perspektive. Dem Kollektivsubjekt
dieser Praxis verleihen sie eine einzigartige Identität, ein
reflexives Bewußtsein und eine Geschichtsperspektive. Sie
strukturieren die alltäglichen Handlungen und machen sie
sinnvoll. Indem sie das tun, bringen sie sie zur Entfaltung,
sozialisieren sie und lassen sie für den äußeren Beobachter, wie für die Akteure selbst, verständlich werden. Sie
wandeln sie aufgrund der Autorität der Vorfahren oder
der sozialen Institutionen in absolute Werte um, die dau-
ernden Bestand haben. Um diese Mechanismen der Produktion symbolischer Güter – auf dieser ersten grundlegenden Stufe – besser zu verstehen, greife ich zurück auf
einen konkreten Fall: die Fischer von Salamanza.

Die zwölf Inseln des Archipels Kapverden liegen mitten
im offenen Atlantik, ungefähr 455 km von der Westküste
Afrikas entfernt auf dem 16. Grad nördlicher Breite und
dem 24. Grad westlicher Länge. Faktisch handelt es sich
um zwei Inselgruppen, ungefähr 300 km voneinander entfernt. Die erste Gruppe mit der Hauptinsel São Tiago und
Praia, der Hauptstadt der Republik, bilden die Inseln Sot-
to Vento (unter dem Wind). Die zweite Gruppe vereint
die Inseln Sopra Vento (über dem Wind): São Vincente
mit seiner Hauptstadt Mindelo, die großen Vulkaninseln

São Antão, São Nicolau usw. gehören zu dieser noch weiter von der afrikanischen Westküste entfernten Gruppe. Salamanza liegt an der Ostküste der Insel São Vincente.

Die Nachmittagsbrise bauscht, leicht wie ein Atemhauch, die Segel der hölzernen Boote. Es sind schöne farbenprächtige Konstruktionen, auf denen je vier bis sechs Fischer hinausfahren. Die Sonne glitzert auf dem Wasser. In diesem Monat, im Juli, ist der Südatlantik ein ruhiges Meer. Fahl vor Hitze vereinigt sich der Himmel am fernen Horizont mit dem Meer. Korallenriffe wachsen im Wasser empor, ihre dunklen Massen erzeugen ständig sich ändernde Schatten auf den Wellen. Schroffe Felsabhänge begrenzen die Bucht im Westen: ein dichter Dauernebel hüllt den Gipfel des Monte Verde ein. Eine fast 500 Meter hohe, steile Felswand stürzt, bewachsen von Kakteen und rotblühenden Blumen ins Meer. Eine Barke nach der anderen erscheint am Horizont – winzig zuerst, dann sehr schnell größer werdend. Geschickt lenken die Kapitäne ihre Boote durch die Riffe, sechzehn zähle ich bereits. Nacheinander laufen sie auf den Strand vor der Fischfabrik auf, die die Portugiesen hinterlassen haben und die nun nur noch aus Ruinen besteht, mit eingefallenen Dächern und gepflasterten Höfen, über die Skorpione laufen. Die Hitze ist mörderisch.

Die Fischer fahren um vier Uhr morgens aus. Sie fischen mit der Angel: Thunfisch, Seebarben, Rochen, Seezungen, Steinbutt. Manchmal beißt ein *tubarão* an, ein Hai mit scharfen, gebogenen Zähnen. Das sind schwere Stunden des Kampfes.

Extreme Armut herrscht: die Fischer, vierzig Jahre alt und schon zahnlos, Heranwachsende mit lachendem Blick – sie alle in Lumpen gehüllt. Die meisten laufen barfuß, nur wenige tragen Plastiksandalen. Die Körper sind von Unterernährung gezeichnet. Am Ufer, im Schatten der Ruinen, warten ihre Frauen und Kinder. Sobald der Kiel eines Bootes den Sand berührt, stürzen sie vor und ziehen unter lautschallenden Rufen die schweren Bootsrümpfe aufs feste Land. Dort werden die Fische mit erfahrenen Griffen unglaublich schnell sortiert und verteilt. Einige werden an Ort und Stelle zerteilt und ausgenommen: die Kinder tragen sie in kleinen Schüsseln auf ihren Köpfen ins Dorf Salamanza, das fünf Kilometer entfernt versteckt im Bergtal liegt. Der Agent des Bootseigentümers behält die Hälfte des Fangs ein und verlädt sie in einer alten Peugeot-Camionette. Der restliche Fisch wird den Frauen und jungen Mädchen anvertraut. Kunstvoll in Weidenkörben angeordnet, die trüben Augen gen Himmel gewandt, nehmen die roten, violetten, schwarzen, rosa, silbernen, nachtblauen oder hellgrünen Fische, die Aale, Krabben und Langusten ihren Weg zur Stadt. Mindelo, wichtiger, uralter Hafen, eine obligatorische Etappe auf dem Weg zwischen Lissabon und Rio de Janeiro, Mindelo, die Hauptstadt der Insel São Vincente, liegt etwa drei Stunden Fußmarsch entfernt. Die Frauen und jungen Mädchen tragen Kleider in lebhaften Farben. Sie heben die schweren Körbe empor auf ein zusammengerolltes Tuch, das auf ihrem Haarknoten ruht. Der Zug setzt sich in Bewegung ... eine lange, endlos sich schlängelnde Reihe brauner Körper, schlanker Hälse, schöner aber ausgezehrter Gesichter, umrahmt von schwarzem Haar. Der Zug entfernt sich landeinwärts, schwarze Basaltpflastersteine bedecken den Weg. Die Frauen klettern den steilen Pfad hinauf und gelangen auf die Straße, die nach Mindelo führt.

Vier Stunden Hinweg, vier Stunden Rückweg. Das Eheleben bei den Fischern von Salamanza ist auf ein Minimum reduziert: Wenn die Frau von ihrem Marsch in die Stadt zurückkehrt, schläft der Mann – erschöpft von der unmenschlichen Härte seiner Arbeit. Wenn der Mann sich um drei Uhr morgens erhebt, um nach einem langen Fußweg die Bucht und das Boot zu erreichen, schlafen Frau und Kinder noch. Einziger Augenblick der Wiederbegegnung ist der frühe Nachmittag, wenn das gesamte Dorf die Spitzen der weißen Segel am Horizont erwartet. Aber dann, welch eine Fröhlichkeit! Welch ein Ausbruch der Freude! Welch eine Würde auch in der Erwartung ... und endlich, welch eine Solidarität. Gemeinschaftlich ziehen sie die schweren Boote an Land. Die Hitze läßt die Luft flimmern. Ein beißender Schweißgeruch entströmt den bis zum äußersten angespannten Körpern. Traditionelle Brüderlichkeit unter Nachbarn, innerhalb des Clans. Täglicher Sieg über den Tod: die zerbrechlichen Nußschalen kehren von weit jenseits der Insel São Nicolau zurück. Sie kehren beladen heim: in diesen Juli- und Augusttagen des Jahres 1986 allerdings nur mit bescheidenen sechzig bis siebzig Kilo Fisch je Boot. Aber sie bringen zu essen, sie bringen Fische, die, sind sie in Mindelo verkauft, einige Escudos einbringen, von denen man im ENA (Empresa nacional de alimentacão) zwei bis drei Kilo Mais kaufen kann. Die Familien aus Salamanza essen ein wenig Fisch und viel *ca-chupa*: eine Maissuppe, die tägliche (und oft einzige) Kost der überwiegenden Mehrheit der Bauern, Arbeiter und Angestellten in der Republik Kap Verde.

In den ersten drei Monaten des Jahres fegen Orkane über den Südatlantik. Von der nahen Sahara tragen düstere Wirbelstürme Wolken von Sand herüber, die den Himmel verdunkeln und die Menschen blind machen. Entfesselt tobt das Meer und läßt die Boote tanzen. Manchmal kentern sie, die Männer fallen ins Meer und werden von den Haien zerrissen.

Die *ca-chupa*: das Maß allen Reichtums, allen Elends. Der Lebensstandard einer Familie, der Glanz oder die Traurigkeit eines Tages, die Pracht eines Festes, die Angst vor dem folgenden Tag werden an der Menge der Hühnerknochen, an den Gemüsestückchen, an den Süßkartoffeln gemessen, die in der *ca-chupa* schwimmen. Die reichen Bürger (ihre Zahl ist gering auf Kap Verde) kennen die dickflüssige, wohlschmeckende *ca-chupa* mit wenig

Wasser. Die Armen nehmen am Morgen eine wässerige Suppe zu sich, in der einige Körner Mais schwimmen. Am Abend wärmen sie sie wieder auf: jetzt vermischen sich Fischköpfe und eine Kartoffel mit den Resten vom Morgen.

Sogar der Name *ca-chupa* erinnert an den täglichen Kampf gegen den Hunger. Mindelo mit seinen niedrigen hellblau, pastellgrün und rosa getünchten Häusern, seinen weißen Lagerhäusern, mit seinem *alfandega* (Zollamt) und mit seinen *armaçems* (Magazine) für die Seeleute, in denen Seile, Lampen und Öle verkauft werden: die Stadt gleicht, wie eine Schwester Santa Teresa, dem alten Kolonialviertel von Rio de Janeiro, der Altstadt von Bahia oder der meerzugewandten Seite von São Luis de Maranhão (Brasilien).

Im Laufe des 19. Jahrhunderts war die Hafenstadt von großen englischen Transatlantikgesellschaften besetzt. Die Briten durchquerten den Südatlantik mit ihren neuen Dampfschiffen: für sie gehörten die spanischen Galeonen und die portugiesischen Karavellen in die Steinzeit. Die britische Krone, das Kapital der Hauptstadt, die Kaufleute und die Piraten des erwachenden Imperialismus streckten ihre Finger nach den reichen Plantagen Brasiliens aus, nach den jungen Industrien Uruguays, den Schlachthäusern von Buenos Aires, den Salpeterminen der chilenischen Wüste und dem Kupfer und Zink Boliviens. Liverpool–Mindelo–Valparaiso ... war damals eine gefragtere Verbindung als Paris–New York in unserer Zeit. In Mindelo versorgten sich die Dampfschiffe mit frischem Wasser, Gemüse und Fleisch, vor allem aber mit Kohle. Riesige Kohlenberge unter freiem Himmel schlossen die Bucht von Mindelo ein.[12] Die kapverdischen Arbeiter – Bauern, deren Land durch die Trockenheit unfruchtbar geworden war, Fischer ohne Boote und Händler, von englischen Waren ruiniert – standen in den Diensten der Handelsgesellschaften: eine anonyme Herde ungelernter Arbeiter.

Einmal am Tag erhielten diese Lasttiere, die zusammen-
gekauert entlang der Uferstraße hockten, aus der Hand
der Gesellschaft eine nahrhafte Suppe. Jeder reichte den
Helfern des Fuhrwerks, das im dichten Dunst der ein-
geräucherten Kais daherrollte, seinen Eßnapf aus Blech.
Die englischen Aufseher aber waren ungeduldig. Man
durfte – um einiger Löffel Suppe willen – keine kostbare
Arbeitszeit verlieren. Sie ließen ihre Pfeife ertönen und
brüllten: „*Catch up! Catch up!*" (Nehmt den Eßnapf!
Nehmt schnell!). Die Zeit der Suppenverteilung, der einzige erfreuliche Augenblick des Tages (oder der Nacht: die
Dampfschiffe wurden auch nachts im flackernden Licht
der Schiffskessel beladen). Die ausgestreckte Hand mit
dem Eßnapf, das Brüllen der Aufseher hat sich für alle
Zeiten in das kollektive Gedächtnis Mindelos eingegraben:
das *ca-chupa* (das „catch upa") ist zum Synonym für Nahrung geworden.

Auf den Kapverden gibt es nicht so spektakuläre Son-
nenuntergänge wie in der Karibik. Es gibt auch keine
Touristen (ausgenommen einige furchtlose Wanderer, die
ein Charterflugzeug der elsässischen Gesellschaft Le Point
oder der Agentur Nouvelles Frontières manchmal auf
einer Insel so flach wie ein Brett, der „Insel des Salzes",
absetzt. Im Küstenfahrzeug oder im kleinen Flugzeug verteilen sich dann diese Fremden in den vulkanischen
Hochtälern, an den endlosen Stränden, auf den dürren
Hochebenen oder in den Mais- und Bananenplantagen der
bekanntesten Inseln). Der Sonnenuntergang auf São Vincente? Eine goldene Scheibe, die sich langsam über der
westlichen Meerenge senkt, um endlich hinter der düsteren
Bergkette von São Antão zu verschwinden.

An allen Augustabenden hängt der Himmel schwer von
schwarzen Wolken. Der Gipfel des Monte Verde bleibt
unsichtbar, solange sich die Wolken um ihn herum türmen. Wind kommt auf. Buntgefiederte Vögel lassen sich
in den Lüften wie auf den Wellen des Meeres treiben. Der

Duft wilder Blumen, die am Hang des Berges wachsen, vermischt sich mit dem Geruch der Ziegen, die zwischen den Felsen umherstreifen. Der Mond geht auf, der Meeresspiegel in der Bucht senkt sich schnell. Jeden Abend befrage ich Luis dos Santos Araujo, einen ehemaligen Fischer von fünfzig Jahren, der das Haus, das wir bewohnen, hütet, am Strand: *„Vai chuver?"* („Wird es endlich regnen?") Jeden Abend antwortet Luis mir mit kalter Wut: *„Tenha de chuver!"* („Der Regen muß kommen!")

In den Nächten und Morgenstunden beobachten die Fischer, die Maurer, die Bauern, die Frauen und Kinder vergeblich die Gezeiten, den Mond, die Wolken und den Himmel, der sich langsam aufklärt.[13] Seit Jahren hat es auf den Kapverden nicht geregnet, der Boden ist hart wie Stein. Beim geringsten Windhauch wirbeln Staubsäulen empor. Die Ziegen ernähren sich von trockenen Zweigen, scharren in der Erde. Die schwarzen Schweine verschlingen Müll, wühlen Wurzeln aus. Die Menschen? Sie toben und hoffen, sie belagern den Altar der kleine Kirche von Salamanza, beten, zünden Kerzen an, schwören, lästern Gott … und warten. Nichts kommt, kein Tropfen, nicht einmal Tau fällt. Am Morgen ziehen die schwarzen, regenprallen Wolken langsam fort vom Land, hin über den Ozean. Ein offener Himmel, blank wie eine neue Münze, folgt dem Dunkel. Eine leichte Brise weht, die Sonne strahlt, das Meer wiegt die Boote im Rhythmus der Wellen, aber kein Regen! 1986, das zwölfte Jahr ohne Regen auf den Kapverden.

Die Bucht, an der wir wohnen, trägt einen seltsamen Namen: Bahia das Gatas (Katzenbucht). Die etwa 150 Familien des Dorfes Salamanza und die vier Familien, die direkt am Kap leben, denken, daß der Name von einer Haiart herrührt. Schwarze, braune, lachende und lärmende Gören baden in den Hafenbuchten des Kaps, schwimmen im klaren Wasser, das die Korallenbänke durchsickern lassen. Sie werden regelmäßig Opfer von Haien:

Nicht selten sieht man Krüppel und Amputierte unter ihnen. Die Leute von Salamanza stehen den Haien zwiespältig gegenüber: Einerseits schätzen sie sie, weil sie ihnen als außergewöhnliche Erwerbsquelle für *ca-chupa* dienen. Die Flossen der kapverdischen Haie werden zerschnitten, gemahlen, in Dosen gefüllt und nach Singapur, Taiwan und Südkorea verschickt. Überall dort, wo es reiche Chinesen in der Diaspora gibt, werden die kapverdischen Haiflossen als Aphrodisiakum hoch geschätzt. Gleichzeitig aber werden die Haie gefürchtet, mit vollem Recht. Von daher rührt die Ambivalenz der Erfahrung. Unter allen Haiarten sind die Katzenhaie die interessantesten, aber auch die ungewöhnlichsten: Während der Flut überwinden sie die hohen Korallenbarrieren und lassen sich in das Becken gleiten. Bei Ebbe verharren sie unbeweglich ganz nah am Ufer, einige Zentimeter unter der Wasseroberfläche. Man könnte meinen, sie sielten sich in der warmen Sonne wie die Katzen.

Zu Bahia das Gatas zählt man vier Häuser, die ständig bewohnt sind. Darunter befindet sich ein großes und schönes Gebäude aus Holz, an allen vier Seiten von einer Veranda umgeben, die ehemalige Sommerresidenz des portugiesischen Gouverneurs. Sie gehört heute dem Staat. Wir bewohnen das Haus dank der Freundschaft des Kommandanten Herculano Vieira, Minister, in Mindelo residierend, und dank Nelson Santos, Regierungsdelegierter. Ein wenig abseits auf dem Kap liegt der Repräsentationspalast der portugiesischen Administration: ein Gebäude aus grauem Stein mit Säulengängen, das nun vom salzigen Meereswind zerstört ist. Es ist leer und erinnert mich an den verlassenen Palast des ehemaligen Kaisers von Äthiopien, Haile Selassie, mit seinen im Wind klappernden Fensterläden in Massaua am Roten Meer.

Luis' Hütte liegt etwa fünfzig Meter von der Residenz entfernt. Sie besteht aus zwei kleinen dunklen Räumen, im ersten leben Luis und die drei Söhne (acht, vierzehn und fünfzehn Jahre) seines Bruders, der auf See blieb. Im zweiten drängen sich eine schöne, aber etwas verwirrte Schwester von Luis sowie ein verrückter, friedlicher Mann, von dem niemand so recht weiß, woher er kommt, dazu die drei Töchter der Schwester, kleine Frauen, ganz dünn, sehr schwarz mit rot-, blau- und gelbglänzenden Bändern in ihren krausen Haaren, und zwei achtjährige Knaben, die unter einem Vordach hausen. Sie arbeiten als *aquadeiros*, Wasserträger bei einer nahegelegenen Baustelle. Weitere Bewohner dieses Grundstücks: fünf schwarze Schweine (eins davon warf am Tag unserer Ankunft sieben rosa Ferkel), Ziegen, Hühner, Enten, zwei Hunde und ein Jagdhundwelpe. Die mageren Ziegen (an die zwanzig) im grauen Fell werden wie Göttinnen geliebt: sie geben ein wenig Milch für die Kinder. Wie können sie in dieser Wüste noch schwarze Kaffeebohnen zustandebringen? Luis: „Sie fressen *ca-chupa* wie wir." Die Schweine verschlingen die Fischgräten. Luis, der einzige Lohnempfänger, den ich am Kap und im Dorf Salamanza traf, verdient 4800 kapverdische Escudos im Monat (60 DM) aus Gnade und Barmherzigkeit der Stadtverwaltung von Mindelo.

Luis mit seinem Leinenhut, der einstmals weiß gewesen sein muß, ist ein kleiner hagerer Mann mit dunkler Haut, verhaltenem Lächeln, tiefliegenden, nachdenklichen Augen. Er hat mich Dinge gelehrt, die ich niemals aus einem Buch erfahren hätte: über die Fahrten auf dem Meer, die Orkane und die Haie über den Monte Verde, die Geister, die in seinen Felswänden hausen, die Schatten, die sich nachts in der Bucht erheben, über den wandernden Mond, die schwarzen Wolken, über das Leben in Salamanza, die verzweifelte Emigration, die Rückkehr und die Ängste. Luis ist ein Privilegierter: Er bekommt Lohn, während die Fischer – abgesehen von den wenigen Fischen, die sie nach Hause bringen und ihrem Ertragsanteil vom Verkauf des Fangs, wenig genug – praktisch nichts verdienen. Ich habe es bereits gesagt: Die Boote sind im allgemeinen

Eigentum der Großhändler in Mindelo. Ein Boot stellt eine beträchtliche Kapitalanlage dar, 3500 DM, eine Summe, die für jeden Fischer, gleich welcher Gruppe er angehört, unerreichbar ist. Der Eigentümer nimmt sich durch Agenten die Hälfte des Tagesfangs. Die andere Hälfte wird von den Frauen der Fischer auf dem Markt in Mindelo verkauft, die verdienten Escudos verteilt man unter den Familien.

Trotz der in den Monaten Januar, Februar und März wütenden Orkane fahren die Männer unter Lebensgefahr hinaus. Oft bringen sie dann nichts heim. Die einzige Glücksperiode ist der Monat August, wenn in weiter Ferne vor São Vincente die Thunfische vorüberziehen.

Ein wenig abseits von den Booten arbeiten die Steinhauer in den Felsen. Es sind junge Männer, meist sehr schwarzhäutige, die geradewegs dem Mittelalter entsprungen zu sein scheinen! Mit gewaltigen Eisenstangen als Hebel brechen sie Blöcke aus den Felsen. Danach schwenken sie Hämmer mit langen Stielen über ihren Köpfen und lassen sie auf die herumliegenden Felsbrocken niedersausen. Wenn das Getöse endet, sinkt der Staub nieder, und man sieht die Erde übersät von Steinsplittern. Ein penetranter Schweißgeruch erfüllt die Luft. Die Steineklopfer lassen sich nun unmittelbar auf dem Boden nieder. Mit kleineren Hämmern zerteilen sie mit schnellen, präzisen Schlägen die abgesprengten Felsbrocken. Unter ihren erfahrenen Händen entstehen Pflastersteine – einer so gleichmäßig wie der andere –, die sie am nächsten Tag der Straßenbaubehörde für 25 Centavos pro Stück verkaufen werden. Nach kurzer Zeit erheben sich wohlgeordnete Haufen schwarzer Pflastersteine in der Wüste. Die Halbinsel ist mit sonderbaren, düsteren Pyramiden bedeckt, und unter dem Mondlicht zaubern diese Basaltgebilde unheimliche Schattenfiguren auf der Boden.

Die Fischer von Salamanza heißen Herculano, Amilcar, Cesar, Hamilton, Jungo, Alcidio. Keiner behauptet, sein

Handwerk zu lieben. Alle hassen das Meer. Statt Romantik: die permanente Gefahr, die Ausbeutung, das Elend. Sie fahren praktisch jeden Morgen bei Tagesanbruch hinaus. Und wenn ein Unwetter sie daran hindert, verbringen sie den Tag damit, ihre langen Leinen mit den verschiedenartigsten Haken zu reparieren. Die Republik Kap Verde besitzt ein riesiges Seegebiet, wahrscheinlich das größte, das eine Republik mit weniger als 350.000 Einwohnern jemals besessen hat! Sie fordert für sich die internationale Anerkennung der 200-Meilen-Zone. Theoretisch gehören ihr die Reichtümer ihrer Hoheitsgewässer, nur, sie kann sie nicht verteidigen. Die japanischen, sowjetischen, spanischen und bretonischen Schiffsfabriken und die marokkanischen und mauretanischen Fischerboote richten sie zugrunde. Das was übrigbleibt, kommt den autochthonen Fischern zu. Eine lächerliche Beute: Die Kapverden besitzen weder Kreuzer noch Schnellboote. Ihnen fehlt zudem das notwendige internationale politische Gewicht, um von Zeit zu Zeit in einer Moskauer, Pariser, Rabater oder Madrider Kanzlei Einspruch einlegen zu können. 70% der jährlichen Einkünfte des laufenden Haushalts der Kapverden stammen aus internationaler Hilfe. Wie also sollte man seine Stimme gegen die unentbehrlichen Wohltäter erheben?

Obwohl die überlebenden Guerillakommandanten der PAIGC (Afrikanische Unabhängigkeitspartei von Guinea und den Kapverdischen Inseln) aus den Wäldern Guinea-Bissaus im September 1974 auf den Kapverden die Macht übernahmen, übt die katholische Kirche einen großen und reaktionären Einfluß auf die Denkweise der Inselbewohner aus. Die Geburtenkontrolle wird wie eine schwere Sünde angeprangert. Die Folge: Die Familien in Salamanza haben mindestens zehn bis zwölf Kinder. Auf dem Kap, abseits vom Dorf, hatte sich in den zwanziger Jahren ein Fischer namens Deogracias mit seiner jungen Frau niedergelassen. Er war von der Nachbarinsel São

Antão herübergekommen. Heute zählt sein Clan mehr als 50 Personen! Deogracias und seine Frau hatten zehn Kinder. Zwei starben jung, zwei sind auf den Kapverden geblieben, die anderen sind in alle Welt emigriert. Drei Söhne sind Matrosen in den Häfen von Rotterdam und New York, zwei Töchter Hausangestellte in Rom, der Benjamin ist Vorarbeiter im Pariser Banlieue. Diese Söhne und Töchter haben wiederum 38 Kinder in die Welt gesetzt. Heute ist nun aber in Europa und in den Vereinigten Staaten eine Wende eingetreten. Die Emigration kommt plötzlich zum Stillstand. Die Reeder entlassen ihre Matrosen, aus dem gesamten Ausland kehren die Kapverdier auf ihre heimatlichen Felsen zurück.

Amilcar, Alcidio, Herculano und Cesar sind Männer, die zumindest genauso hart und entschlossen sind wie ihre punischen, römischen oder griechischen Homonyme. Ihr Leben indessen hat nichts mit einem Märchen oder Mythos zu tun: Alcidio muß neun Kinder ernähren ... er hat nur noch einen Arm. Er arbeitete auf demselben Boot wie sein Bruder, auch dieser hatte neun Kinder. Im Februar 1986 fährt der Bruder mit zwei anderen Fischern hinaus. Das Boot gerät in einen Orkan, das Segel zerreißt, der Mast bricht, zehn Meter hohe Wellen verschlingen die Männer. Seitdem kümmert sich Alcidio ums Überleben der achtzehn Kinder und zwei Frauen. Die unerschütterliche und klare Solidarität des Volkes von Salamanza macht dieses Wunder möglich.

Die Fischer von Salamanza legen Zeugnis ab von einer außergewöhnlichen Brüderlichkeit. Sind sie vielleicht höhere Wesen, exotische Heilige und von Geburt an jedwedem Egoismus abhold? Keineswegs, aber ihre Lebensweise und der niedrige Entwicklungsstand ihrer Produktionskräfte würde ihr Leben ohne eine immer gegenwärtige gemeinschaftliche Solidarität unmöglich machen. Der Fischfang auf hoher See ist nur auszuüben in gegenseitiger Ergänzung und in der Übertragbarkeit von Funktionen.

An Land besteht das gleiche Problem: Mindestens zwanzig Personen, Männer, Frauen und Kinder, sind notwendig, um ein schweres Holzboot in Bahia das Gatas auf den Strand zu ziehen. Der Grund für diese gleichsam automatische Solidarität: Da jede Art von sozialer Sicherung fehlt und keine Geldreserven vorhanden sind, würde der Tod eines Ernährers auf hoher See die ganze Familie vernichten, sie zum Hungertod verurteilen.

Ein anderes Beispiel – aus einer anderen Gesellschaft – für diese gemeinschaftliche Solidarität, die die Not diktiert: Die Völker der Wüste praktizieren im allgemeinen unbeirrt eine wohldurchdachte Gastfreundschaft, welche den europäischen Besucher in Erstaunen versetzt. Ist das ein Zeichen für die moralische Überlegenheit der Tuareg oder der Saharouis, der nomadisierenden Viehzüchter, Händler, Krieger? Die Antwort ist wiederum negativ. Bei den Saharouis der Westsahara finden wir außerordentlich komplexe Riten für den Empfang eines Fremden.[14] Zunächst wahrt man Distanz, dann nähert man sich dem Fremden mit einem Willkommensritual, das leicht eine halbe Stunde dauern kann. Diese entwickelten Riten entsprechen einer doppelten Notwendigkeit. Ein Wort zur Großzügigkeit und zum spontanen, aber geordneten Charakter des Empfangs: Niemand kann sich in der Wüste bewegen, noch kann er überleben, ohne absolut sicher zu sein, an einer Wasserstelle oder im ersten Zelt, auf das er stößt, empfangen zu werden. Jede Aufnahmeverweigerung bedeutet Durst, Krankheit oder Tod. Und nun zu den durchdachten Riten: Der unbekannte Reisende stellt für jeden Nomaden eine Gefahr dar. Unendlich weit dehnt sich das Gebiet der Nomaden aus. Im Unterschied zum seßhaften Bauern, der genau Bescheid weiß über die Identität, den Charakter, die psychologischen Besonderheiten und die Vorhaben seiner Dorfnachbarn, kennt der Nomade die Persönlichkeit und die Absichten der Menschen, die mit ihm die Berge, die Dünen und die endlosen Ebenen teilen, nicht. Sein Nachbar ist ein Unbekannter für ihn. Hin und wieder kreuzen sich ihre Wege zufällig. Ihn verbindet keinerlei Vertraulichkeit mit ihm. Von daher erklärt sich die Notwendigkeit, den Fremden lange zu prüfen, ehe man ihm Zutritt zum eigenen Zelt gewährt. Man muß Zeit gewinnen und Distanz wahren. Die komplexen Begrüßungs- und Empfangsriten – die sehr verschlüsselt sind und den Neuankömmling auf gebührende Distanz halten – dienen diesem Ziel.

Nun! Auch wenn ich Gefahr laufe, die Anhänger der Rousseauschen Lehre von der originären Gutheit des Menschen zu enttäuschen, behaupte ich, daß das vorbildhafte Verhalten des Alcidio weder auf seine schöne Seele noch auf seine spontane Liebe zu den Waisen und der Schwägerin zurückzuführen ist, sondern auf die unausweichlichen Notwendigkeiten einer Sachlage. Ebenso gehorchen die großzügige, subtile Gastfreundschaft der saharouischen Familie, die langen, komplizierten Empfangsriten, die die Begegnungen von Fremden in der Wüste regeln, durchaus nicht der überlegenen Moralvorstellung heroischer Wesen, sondern ausdrücklich den bindenden Notwendigkeiten, dem Determinismus einer konkreten Sachlage. *Es existiert eine marxistische Anthropologie.*

Aber da bleibt ein kulturelles Geheimnis: Aus einer materiellen Notwendigkeit werden moralische Werte geschaffen, an denen jedes Individuum, jede Gruppe festhält.

Doch die Dinge sind noch komplizierter. Der obligate, quasi unantastbare Charakter der gegenseitigen Solidarität der Fischer von Salamanza, der Gastfreundschaft der Saharouis aus der Hammada von Tindouf und dem ehemaligen Rio de Oro, grundlegende Werte sozialer Beziehungen, an die jedes Mitglied der Gemeinschaft glaubt und gebunden ist, birgt einen *unbeschreiblichen Rest*: die Fähigkeit, zu lieben und sich dem anderen hilfreich zuzuwenden. Dieser Rest entgeht der soziologischen Analyse. Er gehört zum Geheimnis des Menschen, zu seiner Freiheit.

III
Macht und Wort

Die Macht des Urteils

Die Wertsysteme, die Kulturen definieren sich folglich als kollektive, soziale Produktionen. Bei diesen Produktionen spielen die sozialen Akteure eine wesentliche Rolle. Sie variiert abhängig von den Mitteln und der sozialen Stellung der Akteure. Diese bewegen sich zwischen der Autorität, die ihnen die Macht oder das Talent verliehen haben, und ohnmächtiger Unterwerfung; sie durchlaufen dabei sämtliche Formen von Erwartung, von aktiver Aufnahme und Verbreitung. Was die Widersprüche angeht, die das Auftauchen neuer Werte immer begleiten, so partizipieren auch sie auf dialektische Weise an deren Definition.

Aber wird nicht jeder, der will, kulturell Handelnder? Um es zu werden, muß man über Autorität und soziales Prestige, kurz: über Glaubwürdigkeit verfügen.

Nicht jedes Werturteil zieht Folgen nach sich; Beispiele: Zwei Autofahrer auf der Place de la Concorde in Paris schnauzen sich an. Der eine beleidigt den anderen: „Du Dummkopf!" Der andere widerspricht. Mit welcher Konsequenz? Mit keiner. Als hingegen im Jahre 1830 der Bei von Algier den französischen Konsul ohrfeigt, steht das Schicksal eines Landes von fast 2 Millionen km^2 auf dem Spiel ... Der einfache Mann von der Straße, der sagt: „Picasso? Ein unfähiger Maler! Mein Sohn zeichnet besser als er", hemmt die Karriere des außerordentlichen Künstlers nicht im geringsten. Wenn aber der Galerist und Kunsthändler Kahnweiler zu Beginn dieser Karriere das gleiche Urteil gefällt hätte, wäre Picassos Leben sicherlich anders verlaufen.

Claude Lévi-Strauss, Gelehrter und Erforscher der Familienstrukturen der Bororo-Indianer am Amazonas, verleiht diesem Volk, das sich unter den Augen der internationalen Gelehrtenmeinung als Schöpfer exemplarischer Werte auszeichnet, Anerkennung und Größe. Lévi-Strauss erforscht die Verwandtschaftsbeziehungen, die Mythen, die semiotische „bricolage", die Ernährungs- und Jagdpraktiken, die sexuellen Gewohnheiten usw. dieser Menschen, die wunderbarerweise vor der weißen Habgier bewahrt blieben. Das Urteil, das dieses Volk über sich selbst abgibt, ändert er nicht, wohl aber den Blick, mit dem die Außenwelt dieses Volk betrachtet. Er verschafft den Werten der Bororos Geltung. Er zeigt, wie ihre Kosmogonie – wenn sie sich auch gründlich von jedem bisher bekannten Begriffssystem der westlichen Sozialwissenschaften unterscheidet – ein vollkommen kohärentes, homogenes, sinntragendes Denksystem hervorbringt. Lévi-Strauss entwickelt daraus seine Theorie: Er stellt das wilde Denken der Amazonas-Indianer der analytischen Vernunft der europäischen Völker gegenüber.[15] Er reißt alle berühmten, tradierten Institutionen Frankreichs mit sich, diese üblichen Produzenten von Werturteilen. Seine soziale Stellung sorgt für die Wirkung seiner Meinung.

Ein anderes Beispiel: Roger Bastide (1898-1974) war Nachfolger von Claude Lévi-Strauss in der Leitung der französischen Universitätsdelegation in Brasilien. Lange Jahre war er Professor an der Universität von São Paulo. Als wahrer Begründer der Soziologie in Brasilien bemühte er sich, eine der am meisten verachteten, am wenigsten bekannten und vom nationalen Leben ausgeschlossenen Populationen zu verstehen: die Nachkommen der schwarzen zwangsverschleppten Sklaven, die vor allem im Norden und Nordosten des Landes leben.

Innerhalb weniger Jahre brachte Bastide es fertig, das Bild, das die herrschenden brasilianischen Klassen – bürgerliche Eliten und Regierung – von den Gesellschaften der afrikanischen Diaspora hatten, völlig zu verändern. Ein böser Rassismus gegen Schwarze hält sich noch heute in Brasilien. Aber Bastide gelang es, einen neuen Forschungsgegenstand einzubringen, diesen Gegenstand aufzuwerfen und die symbolischen Kräfte und bewunderungswürdigen kulturellen Schöpfungen zu zeigen, die diese afrobrasilianischen Gemeinschaften bergen. Bastide war ein wunderbarer Mensch: ein französischer Hochschullehrer einer inzwischen ausgestorbenen Gattung. Er war fröhlich, zurückhaltend, gelehrt, bescheiden und ein Feind der Massenmedien. Sein Werk – dessen Ausstrahlung nicht auf dem Geschrei und den Manipulationen der Medien beruht – wirkt weiter, wandelt das Bewußtsein und klärt die Menschen in Brasilien und Europa auf. Eines Tages fragte ich Bastide in einem rumpelnden Autobus, der uns auf der Küstenstraße von Vitoria, Hauptstadt des Bundesstaates Espirito Santo, gen Norden nach Ilheus, dem Zentrum der Kakaoregion im Staat Bahia bringen sollte, wie er es zustandegebracht habe, seine Zuhörer in São Paulo von der Bedeutung der Werte zu überzeugen, die die Candombles von São Luis und von Salvador hervorbringen. Die Hitze im Autobus war unerträglich. Verschiedenartigste, penetrante Gerüche zogen durch die Luft, dazu herrschte ein höllischer Lärm. Ganz plötzlich erwachte Bastide aus der Benommenheit, die uns beide befallen hatte. Hinter den dicken Brillengläsern blitzten seine Augen lustig und voller Ironie: „Wie ich sie überzeugen konnte, diese distinguierten Nachkommen der Sklavenhalter? Aber das ist ganz einfach: Ich war der Universitätsprofessor, ich war weiß und vor allem Franzose!"

Sicherlich sagte Bastide an jenem Tag nur die halbe Wahrheit. Wie gewöhnlich bagatellisierte er die Überzeugungskraft seines gewaltigen und einflußreichen Werkes, gewonnen aus klarer Darstellung, Gelehrsamkeit und geduldiger Prüfung der Quellen. Jahr um Jahr hatte er sich tiefer in das Leben der schwarzen Gemeinschaften von Maranhão, von Pernambuco, von Alagoas, von Sergipe und von Piaui hineinversenkt. In Begleitung einer kleinen

Schar von Studenten, die ihn glühend verehrten, sammelte er – dank eines außergewöhnlichen Klimas des Vertrauens – Überlieferungen, geheime Mitteilungen und Befragungen der Yawalorixas, der Babalâos und Yawos, erfuhr vieles über ihre täglichen Sorgen. Eine hartnäckige Legende hält sich, Bastide hätte gegen Ende seines Lebens das Lager gewechselt, sich von einer Mutter von São Salvador (die Mae Minhinina) initiieren lassen und wäre Sohn des Shango geworden. Er hat darüber niemals mit mir gesprochen, so kann ich diese Legende weder bestätigen noch entkräften. Alles was ich weiß, ist, daß bei der Beerdigungszeremonie, die in der amerikanischen Kirche am Ufer der Seine abgehalten wurde, Trommeln ertönten und Würdenträger des Candombles nach dem *nagô*-Ritus der Nachkommen der nach Brasilien deportierten Yorubas die Messe lasen.

In dem heißen Autobus, der, erfüllt von Pfannkuchendüften und den Gerüchen von lebenden Hühnern und Schweiß, über die Straße ratterte, die über die Hügel am Atlantischen Ozean entlangführte, hatte Bastide trotz allem in einem wesentlichen Punkt die Wahrheit gesagt: Als weißer Professor mit dem Prestige französischer Kultur ausgezeichnet, war er imstande gewesen, den hereditären Rassismus seines Auditoriums weißer Bürger wirksam zu bekämpfen.

Daraus schließen wir: Die soziale Stellung des Sprechenden begründet die Gültigkeit seines Wortes.

Das Durchsetzen und die Verbreitung neuer Werte sind zurückzuführen auf eine Gewalt besonderer Art, die symbolische Gewalt.[16]

Dieser Begriff bezeichnet Waffen, Instrumente, Werkzeuge, die auf symbolischer Ebene ähnlich wirken wie jene auf materieller Ebene, nämlich auf das gleiche Ziel hin, auf Beherrschung. Diese symbolischen Waffen haben, wie die materiellen Waffen zur Beherrschung, ihre Geschichte, ihre Institutionen und ihre Wächter. Zu ihren wachsamsten Hütern gehören die Schule, die Presse und die Massenmedien.

Jedes Werturteil – ob Geschmacksurteil, religiöse Meinung, moralisches Urteil, intellektuelle Entscheidung usw. – enthält notwendigerweise auch jene Gewalt. Aber die Wirksamkeit des Urteils und die Macht der Gewalt, die es birgt, hängen von demjenigen ab, der es ausspricht. Um mit einem Wert richtig umzugehen, um ihn zu kontrollieren, um sich als Hüter, als Kritiker oder als Verleumder aufzuspielen, kurz: um angehört zu werden, muß man über Autorität, soziales Ansehen, über Glaubwürdigkeit, ja sogar über einen Zwangsapparat verfügen. Ich insistiere: ohne fundierte Autorität legitimer Wertindizien zerbröckelt das kulturelle Gebäude.

Das sonderbare Abenteuer der Frau Tombikti

Dort, wo das soziale Gewebe fast ganz zerstört ist, wo die Gesellschaft ihren inneren Zusammenhalt verliert, wo die Autorität diskreditiert wird, hört das Kollektivbewußtsein auf zu existieren, und die einzigartige Identität eines Volkes löst sich auf. Für diesen Degradierungsprozeß liefert das gegenwärtige Afrika manches Beispiel. Ich führe nur ein einziges an: Guinea-Bissau, ein kleines Land von 36.125 km², zwischen dem Senegal und Guinea-Conakry an der atlantischen Küste gelegen.

Nachdem Amilcar Cabral, Hauptbegründer und Führer der bewaffneten Befreiungsbewegung PAIGC, von Agenten der portugiesischen politischen Polizei am 23. Februar 1973 in seinem Hauptquartier in Conakry ermordet worden war, beendeten seine Nachfolger die militärische Befreiung seines Landes erfolgreich. Bereits im April 1974 richten sie wirtschaftliche und politische Institutionen der neuen multi-ethnischen Gesellschaft ein, für die die befreiten Süd- und Nordzonen das Vorbild liefern. November 1980: Ein Militärputsch, von Bernardo Vieira angeführt, zerstört die demokratischen Institutionen des Landes. Die soziale, ökonomische und politische Situation des Landes verschlechtert sich rasch. In dem Maße, wie die sozialen Strukturen 1974 von den Siegern errichtet wurden, lösen sie sich auf, die Bewohner ziehen sich auf das zurück, was sie kennen und auf das, was sich ihnen als Soforthilfe anbietet: die Familie, der Clan, der Stamm.

Frühjahr 1985: In einem Dorf im Zentrum des Landes, wo sich die Reisfelder der Balantebauern ausdehnen, sieht sich eine junge Frau namens Tombikti mit dem Problem ihrer Sterilität konfrontiert. Sie möchte Kinder haben, wird aber nicht schwanger. In der Balantetradition kann eine Frau, die keine Kinder bekommt, nach Ablauf von drei Jahren ihren Ehemann verlassen, das Dorf wechseln. Wenn sie nach einer weiteren Frist von drei Jahren immer noch nicht niederkommt, wird ihre Unfruchtbarkeit offiziell verkündet, und ihr sozialer Status verändert sich; sie wird ausgestoßen. Die unfruchtbare Tombikti aber lehnt sich gegen das Verdikt des Ältestenrates auf. Sie zieht sich in den Wald zurück und kehrt erst nach sechs Monaten wieder, im weißen Gewand, mit Kräutern geschmückt – schwanger! Den verblüfften Eltern, Nachbarn und Dorfbewohnern erklärt sie: „Ich habe direkt mit Gott gesprochen." Ihr Name, so teilt sie mit, sei von nun an: Yang-Yang.

Nun ist aber bei den Balante, einer der ältesten und mächtigsten Zivilisationen Westafrikas, niemandem gestattet, ohne die Vermittlung des Ältestenrates mit Gott zu sprechen. Yang-Yang beging damit Gotteslästerung, aber sie macht sich nichts daraus. Sie zieht kreuz und quer durch das Balanteland, sie redet, macht Prophezeiungen. Überall wo sie auftaucht, strömen die jungen unfruchtbaren Frauen ihr zu, scharen sich um sie und begleiten sie. Junge Balante schließen sich ihr an: sie verkaufen die Wunderkräuter, die Yang-Yang von ihren

90

Begegnungen mit Gott aus dem Wald mitgebracht hat. Die jungen Leute sind traditionsgemäß bewaffnet (die Initiationsprüfungen sind bei den Balante besonders hart: sie müssen sich offen einem Feind stellen und einen Ochsen stehlen als Bedingung für ihren Eintritt ins Erwachsenenalter).

Das Politbüro der regierenden Einheitspartei in Bissau (PAIGC) schickt eines seiner Mitglieder, Carmen Pereira, um der Bewegung Einhalt zu gebieten. Carmen Pereira war eine der Heldinnen an der Seite Amilcar Cabrals im Befreiungskrieg gegen die Portugiesen. Zum Teil gelang es ihr, die jungen Leute zu entwaffnen. Ein weiteres Mitglied des Politbüros schaltet sich ein, Kommandant Paulo Correia, Vizepräsident des Staatsrates (zweiter Mann im Staat), auch er ein Kriegsheld mit ruhmreicher Aura. Correia ist ein Balante. Er sagt: „Die jungen Leute haben das Recht, Waffen zu tragen. Das verlangt die Tradition."

Staatskrise. Handelt Präsident Bernardo Vieira kopflos (oder hinterlistig: es bietet sich ihm die Gelegenheit, die Balante-Führer kaltzustellen)? Vieira gehört zur Volksgruppe der Pepel. Im Oktober 1985 läßt er 82 Personen inhaftieren, alle Balante. Viele von ihnen sind ehemalige Befreiungskämpfer. Während der Trockenzeit sterben sieben an den Folgen der Folter. Juli 1986: Ein militärisches Sondergericht verurteilt die sechs wichtigsten Balante-Führer zum Tode, unter ihnen Paulo Correia. François Mitterand, der Papst, Mario Soares und eine große Zahl afrikanischer Staatschefs erbitten Gnade für die jungen Menschen. In der Morgendämmerung des 23. Juli 1986 werden die sechs Verurteilten standrechtlich erschossen.

In den traditionellen Gesellschaften Afrikas, der Indios Amerikas usw., die unter dem starken Einfluß homogener, allumfassender Kosmogonien leben, verblassen die Werte, zerfallen oder weichen dem Chaos oder wertlosen Symbolen, wenn sich die rechtmäßige Autorität spaltet und in eine Phase der Auseinandersetzungen tritt.

Der Glaube

Kein Wert kann sich ohne das *wechselseitige Handeln der Macht und des Glaubens* durchsetzen. Die Autorität stiftet den Wert und setzt ihn durch, der Glaube nimmt ihn an und sanktioniert ihn. Der Prozeß kann ungestüm oder friedlich verlaufen. Im Hinblick auf die Partei, die sich gegen die Veränderungen stellt, rechnet er ebenso wie von Seiten der passiven Elemente der Gesellschaft immer mit Zwang. Ich betone: Die Autorität allein genügt nicht, um neue Werte einzuführen. Auch der Glaube ist nötig, selbst in dem Fall, wenn die Autorität allem Anschein nach über sämtliche Machtbefugnisse verfügt und brutalste Gewalt ausübt. Ohne Glaube entstehen keine Werte, die Bestand haben.

Ich führe Beispiele an.

1. Januar 1492: Der Großwesir Al-Mulih handelt im Namen des Sultans Boabdil, König von Granada, mit den Abgesandten des Königs Ferdinand von Kastilien ein Übergabeabkommen aus. Ein vier Jahre währender Krieg geht zu Ende: Granada hat bereits Gibraltar, Ronda, Alhama, Marbella und Malaga verloren. Überall weichen die muselmanischen Truppen zurück. Granada ist umzingelt. Um seine Zerstörung zu verhindern, verhandelt der Sultan mit den katholischen Königen. Eine der Hauptklauseln des Abkommens: Innerhalb einer dreijährigen Frist können alle Muselmanen, die es wünschen, freiwillig mit ihren Familien, mit Hab und Gut das christliche Granada verlassen. Für die Verbleibenden wird die Freiheit des Glaubens garantiert. Al-Mulih unterzeichnet, einige Notabeln aus Granada stellen sich als Geiseln, die kastilischen Truppen rücken in die Stadt ein. Es gibt weder Plünderungen noch Massaker. Aber Ferdinand hält sein Versprechen nicht: Die Richter und Henker der Inquisition quartieren sich fast umgehend in Granada ein (wie übrigens auch in allen anderen Städten des ehemaligen

Sultanats). Zuerst werden die Juden grausam verfolgt und unter Zwang getauft; weigern sie sich, so foltert man sie und verbrennt sie in aller Öffentlichkeit bei lebendigem Leib auf dem Scheiterhaufen. Selbst diejenigen, die die Taufe akzeptieren, sind nicht sicher vor der katholischen Furie: Die Inquisitoren stellen ständig neue Untersuchungen an und verbrennen auch konvertierte Juden, denen es an Eifer bei der Ausübung des christlichen Glaubens mangelt. Im Herbst 1498 setzen die grausamen Verfolgungen gegen die Muselmanen ein. Die christliche Religion mit ihren neuen Werten wird ihnen unter Androhung von Folter und Tod aufgezwungen. Die Moscheen werden verwüstet, die Scheichs hingerichtet. Zehntausende von Muselmanen akzeptieren die Taufe, lassen sich bekehren. So entsteht eine neue Kategorie von Christen: nämlich die, welche sich beim Gebet gen Mekka wenden! Vorgetäuschte Konversion, Anerkennung der neuen Werte nur zum Schein. Sobald sich diesen neuen Christen eine Gelegenheit zur Flucht bietet, begeben sie sich über die schmalen Pfade der Sierra auf gefährlichen Umwegen zum Meer und gelangen wieder in die muselmanischen Königreiche des Maghreb. Dort nehmen sie unverzüglich ihre ursprünglichen Riten und Werte wieder auf.[17]

Ein weiteres Beispiel beweist anschaulich, daß die Autorität allein nicht genügt und daß kein Wert sich ohne die Zustimmung und den Glauben derer durchsetzt, für die er bestimmt ist. Die portugiesischen Vizekönige von Brasilien besaßen eine fast unbegrenzte Gewalt über die Körper und Seelen der afrikanischen Sklaven. Sie zwangen sie zur Konversion, zur Annahme der neuen Werte des katholischen Glaubens. Aber in ihrem Innern lehnten die schwarzen Sklaven den neuen Gott und die fremde Kultur ab. Auch wenn die neue Autorität sie zugrunde richtete, ihr Glaube ließ sie Widerstand leisten. Denn er blieb den ehemaligen Symbolen verbunden und wies die neuen Werte zurück. Die afrikanischen *yawalorixas* und *babalãos* ersannen einen subtilen Trick: Sie schufen Beziehungen zwischen den afrikanischen Göttern und den christlichen Heiligen. Scheinbar unterwarfen sich die schwarzen Priester des *nagô*-Kults den weißen Heiligen, zelebrierten ihre Riten und respektierten ihren Kalender. Aber wenn sie vor einer Statue der Heiligen Jungfrau in der Kirche von Recife knieten, von Bahia, Alagoas oder Ouro Preto, dann verehrten sie in Wirklichkeit die Göttin Yemanja, die Göttin des Meeres und der Flüsse. Santo Jérôme wurde benutzt, um die Fortführung des Olodumarekultes zu verschleiern, Santo Sebastian, den des Olorun der *Orixas*, Santa Barbara war Jansan, Santa Iphigenia tarnte Oxunmare; der Gesalbte des Herrn endlich, Christus, diente dazu, die sorgfältig erdachten Riten zu verbergen und die Verehrung, die dem *Orixa*-König entgegengebracht wird, der von den Gemeinschaften der afrikanischen Diaspora Brasiliens wechselweise Orisanla oder Oxala genannt wurde (und wird).

Um zu zeigen, wie dieser Glaube wirkt, der der Autorität widersteht und so die Gültigkeit der neu auferlegten Werte annulliert, gebe ich ein Beispiel von einer Zeremonie in San Salvador de Bahia. Diese Zeremonie fand jedes Jahr am zweiten Donnerstag im Januar in der Kirche des Nosso Senhor o Christo de Bomfin statt, welche sich auf einem Kap über der Halbinsel im Norden der Bucht erhob. Bei Tagesanbruch beluden sich die weißgekleideten Frauen und jungen Mädchen der *nagô*-Candombles, die dem Gott Shango angehören, aus ganz Salvador mit ihren großen Tonkrügen. In einer langen Reihe stiegen sie hinunter zum Hafen und füllten ihre Krüge am heiligen Brunnen der Nossa Senhora de Concepçao da Praia. Daraufhin formierten sich die *yawalorixas*, die *babalãos*, die *yawos*,[18] die Bewerber, die Eltern, Freunde, Kinder, Händler, Musiker, Soldaten, Studenten, Bürger und Neugierige zu einer lärmenden Prozession. Sie folgte den Mädchen des Shango, die im Gleichschritt die auf ihren

Köpfen schwankenden Wasserkrüge nach Bomfin trugen. An der kilometerlangen Strecke längs des Meeres hatten die Händler ihre Holzbuden aufgestellt, die Bauern aus Reconcavo verkauften ihren Zuckerrohrsaft, andere boten widerlich stinkende Tabakrollen feil. Jedermann trank reichlich *cachaça*. Auf den Plätzen der Unterstadt tanzte man, in der Oberstadt hingegen erstarb jegliche Betriebsamkeit. Die Fahnen der verschiedenen Handelsgesellschaften bewegten sich in der Sommerbrise. Gendarmen, Feuerwehrleute, Matrosen und Offiziere der Armee hatten ihre schönsten Uniformen angelegt. Jede Statue war mit Blumen geschmückt, und die Frauen trugen ihre auffallendsten Kleider. Am folgenden Sonntag fand eine andere Zeremonie statt, die „Reinigung von Bomfin". Die Töchter der Heiligen versprengten vor einer aufmerksamen Menge das geheiligte Wasser über den Altar, die Statuen, den Boden, die Bänke, die Mauern und über die gewaltige Eingangstreppe der Kirche. Mit Bürsten und Tüchern, nicht selten mit den eigenen bloßen Händen reinigten sie liebevoll unter dem gerührten Blick der katholischen Bischöfe, Prälaten, Pfarrer, Mönche und Gouverneure die uralten Steine. Es schien, als ob sich die *yawos* dem Christ-König unterwarfen, in Wirklichkeit zelebrierten sie den Vorvätergott der Yorubas.

Noch ein Beispiel: 1965 fanden die Archäologen in einer zerfallenen Kirche aus den ersten Jahren der spanischen Kolonisation auf der Halbinsel Yucatan, nicht weit von Xinxenixa, eingemauert in den Sockel des katholischen Hochaltars die aus Alabaster skulptierte Figur des heiligen Frosches der Maya. Die Konquistadoren, deren Autorität unbegrenzt war, zwangen zu fremder Religion, zu fremden Werten. Diese Werte wurden im geheimen von den Maya-Bauern abgelehnt. Während sie sich in der Kirche von Xinxenixa sammelten und sich vor dem Altar verneigten, verehrten sie in Wahrheit das Symbol ihres überlieferten Glaubens.

Folgende Regel gilt auf allen Ebenen kultureller Aktivität: Wie auch immer der Wert beschaffen sein mag, er wird nur dann wirksam, wenn die, welche mit ihm umgehen, an seine Gültigkeit und an seine Rechtmäßigkeit glauben. Guy de Boschère, scharfsinniger Analytiker der ersten kulturellen und politischen Emanzipationsbewegungen Zentralafrikas erinnert an einen Vorfall:[19]

Am 30. Juni 1960 erlangt der ehemalige Belgisch-Kongo die Unabhängigkeit. Abgesehen von vier Universitätsreferendaren verfügt die neue Republik über fast keine Kader. Unter den Führern der unterschiedlichen nationalistischen und regionalistischen Bewegungen (Nationale Kongo-Bewegung von Patrice Lumumba, Allianz der Bakongo-Abako von Joseph Kasavubu usw.) breitet sich ein merkwürdiger Glaube aus: Diese Männer assoziieren das Tragen einer Brille mit dem Besitz von Wissen, Macht und Intelligenz, da sie während der Verhandlungen über die Abtretung der Macht festgestellt hatten, daß fast alle ihre klugen belgischen Gesprächspartner Brillen trugen. Sie bestellten deshalb bei den Optikern von Brüssel und Leopoldville Unmengen von Brillen. Nun ist die Sehkraft der jungen kongolesischen Führer im allgemeinen ausgezeichnet. Daher fertigten ihnen die Optiker Brillen mit gewöhnlichem Fensterglas an, die Gestelle versilbert, vergoldet oder ganz einfach aus Kunststoff. Bei der ersten Sitzung der neubegründeten Nationalversammlung erhebt sich ein Abgeordneter und liest seine Rede ohne Brille vor. Der Präsident unterbricht ihn: „Der verehrte Abgeordnete vergaß, seine Brille aufzusetzen." Der Abgeordnete hält ganz verwirrt inne, durchsucht seine Taschen und setzt seine Brille auf. Dann fährt er zur allgemeinen Zufriedenheit mit seiner Lektüre fort. Schlußfolgerung: Damit eine politische Rede voll zur Geltung kommt, muß man sie durch metallgerahmte Gläser verlesen.

Die Zensoren

Das letzte Problem: Es besteht eine *progressive Autonomisierung der Bedeutungsfelder*. Dieses Problem betrifft fast ausschließlich die Industriegesellschaften.

Keine dieser Gesellschaften, auch nicht die am stärksten unterdrückten, sind völlig homogen oder nur einfach von Gruppen- oder Klassenhierarchien gekennzeichnet. Diese Hierarchien werden komplizierter. Wie? Durch das Auftauchen von Aktivitätsfeldern, die versuchen, im Vergleich mit traditionellen Befehlsinstanzen, autonom zu werden. Ein solches Feld kann sich durch seine spezifischen Interessen definieren. Der Bereich eines Aktivitätsfeldes ist nicht rückführbar auf den eines anderen Feldes. Das Phänomen wurde mit äußerster Klarheit von Pierre Bourdieu vor allem in seinem Buch *Question de sociologie* analysiert. Bourdieu schrieb scherzhaft: „Man wird aus einem Geographen keinen Philosophen machen".[20] Und weiter: „Jede Interessen-Kategorie impliziert die Gleichgültigkeit gegenüber anderen Interessen, anderen Anlagen, die auf diese Weise dazu verurteilt sind, als absurd, sinnlos oder uninteressant angesehen zu werden."[21]

Einige Beispiele aus dem künstlerischen Bereich: Ein Mensch, der eine Mauer, die ein Maurer gerade an der Dorfstraße errichtet hat, mit einem Kreuz versieht, schafft damit noch nichts künstlerisch Sinnvolles. Wenn er es hingegen im Verlauf eines Happenings, das gebührend von einer Galerie, einer Künstlergruppe oder einer Fachzeitschrift angekündigt wurde, auf die jungfräuliche Leinwand zeichnet, wird das gleiche Kreuz zum sinnvollen Zeichen, zum kulturellen Produkt. Und wenn der Installateur in meinem Badezimmer eine neue Badewanne einbaut? Der künstlerische Wert ist gleich null. Marcel Duchamps stellt in den vier Wänden der Galerie Maeght ein Bidet auf. Ein kulturelles Ereignis von höchster Bedeutung. Tausende von Fahrzeugen werden täglich – leider auf der ganzen Welt zermalmt. Wenn der Bildhauer César fabrikneue Karossen in riesigen Pressen zusammenfalten läßt, reißen die Museen und Sammler sie ihm aus den Händen, stellen sie aus, montieren sie auf Sockel und handeln mit ihnen, kurz, man bescheinigt ihnen einen künstlerischen Wert. Das künstlerische Umfeld erschafft den Künstler, ebenso die Galeristen, die Kunstkritiker, die Kunstgeschichtsprofessoren und manch andere Instanzen mit minderer Vergütung.

Das fortschreitende Sich-Etablieren des künstlerischen Werkes als autonomes Gebiet – um bei diesem Beispiel zu bleiben – besitzt wie jede andere Autonomisierung seine eigene Geschichte: eine Geschichte langwieriger und erbitterter Kämpfe, offener und hinterhältiger Schlachten, eine Geschichte voller Niederlagen und Siege. Im Verlauf des 14. Jahrhunderts gewinnt der autonome Kunstsektor langsam erste Konturen. In der europäischen Renaissance – hauptsächlich in der italienischen – taucht der intellektuelle Anspruch einer frühkapitalistischen, aus Industrie-, Bank- und juristischen Kreisen stammenden Bourgeoisie auf, welche die pedantische Kontrolle über die Produktion ihrer Symbole durch die Prälaten nicht länger erträgt. Intellektuelle verbünden sich mit Künstlern. Um sich allmählich der kirchlichen Zensur zu entledigen, geben sie vor, die antiken Werte und die Symbole, Bilder und Figuren, welche diese ausdrücken, wiederzuentdecken. In Europa sind die von den griechischen und römischen Zivilisationen hinterlassenen Werte niemals völlig in Vergessenheit geraten; es hat immer einige Denker, Bildhauer, Männer der Wissenschaft gegeben, die auch Kontakte mit dem antiken Erbe, mit der Weisheit der Antike unterhalten haben. Aber die Götter, die Gesetze und die Kosmogonien des griechischen und römischen Universums sind durch das germanische Recht und durch die Kirche geächtet worden.

Man gab sich also daran, einen zerbrochenen Spiegel wieder zusammenzusetzen. Die griechischen Götter kehren in der Dichtung des Jahrhunderts wieder: Petrarca, Pico della Mirandola, Ronsard, Du Bellay schaffen Schritt für Schritt einen autonomen Bereich für die Künste, mit eigenen Themen und Bildern. Da die Theokratie des Mittelalters in vieler Hinsicht totalitär ist, löst sie sich auf, geht zugrunde. Man wohnt einer unvergleichlichen Neugeburt der Kultur bei. Die Künstler – Maler, Bildhauer, Graveure, Glasfenstergestalter usw. – sind nicht mehr einfache Handwerker. Die Musiker beenden ihr Dasein als bloße Lobredner und Komponisten geistlicher Musik. Die Dichter befreien sich von der Zwangsjacke, welche ihnen die von der Mythologie der Kirche diktierten Themen auferlegen. Die Schöpferischen, die Künstler, erheben sich selbst zu Richtern des Geschmacks, zu Denkern ihres eigenen Werkes. Im Bündnis mit den Intellektuellen und den Gelehrten entstehen autonome Räume.

In der Tat handelt es sich um einen komplexen historischen Prozeß. Ich erläutere es am Beispiel des Malers Giotto. Zu Beginn des 14. Jahrhunderts entwickelt Giotto in seinem Florentiner Atelier eine neue Malweise. Er malt Bilder, mit denen er sich einer Fiktion der Realität nähert. Während die gesamte Malerei vor ihm ausschließlich starre Bilder hervorgebracht hat, dazu bestimmt, die theologischen Wahrheiten der herrschenden Kirche auszudrücken, malt Giotto wirkliche Gesichter! Seine Muttergottesbilder bekommen Leben, nehmen menschliche Züge an. Auf dem Hintergrund seiner Bilder erscheinen Landschaften, in denen man die Toskana wiedererkennt. Giotto wird überallhin berufen: er hat Schüler in Padua und in Rom. Eine neue Schule entsteht. Die Maler der nachfolgenden Generation versuchen, ihn zu imitieren. Man stellt Veränderungen fest, eine Rückkehr zum Vergangenen. Die von Giotto eingeleitete Revolution bleibt bedroht: In Siena leisten die Vertreter einer aristokratischen Malerei Widerstand. Aber obgleich sie die alten Hierarchien bewahren, beleben sie sie auch. Sehr bedacht vermeiden die Maler von Siena zu triviale Bilder.

Giotto entspricht einer Erwartung. Welcher? Der der Befreiung, die in einer entstehenden bürgerlichen Klasse lebt, die bei ihren kommerziellen, finanziellen und intellektuellen Aktivitäten nicht länger die Zwangsjacke der Moral, der kommerziellen und fiskalischen Dekrete, der politischen Restriktionen monokratisch etablierter Regime erträgt. Den Prozeß beherrscht eine subtile Dialektik: Die bürgerlichen Geldgeber wollen nichts mehr von einer statischen Malerei wissen, die nicht ihre praktischen und intellektuellen Erfahrungen von der Welt und den Dingen ausdrückt.

Giotto ist mit einer außergewöhnlichen Arbeitskraft begabt. Schritt für Schritt bricht er, unendlich behutsam, mit dem rigiden Kanon der scholastischen Malerei. Die Öffentlichkeit fühlt sich befreit. Begeistert nimmt sie die Werke Giottos auf. Deshalb wagt sich Giotto noch weiter vor. Andere Künstler folgen seinen Spuren. Die Bewegung verstärkt sich. Ganz allmählich entwickelt sich der Geschmack der Öffentlichkeit, festigt sich. Die Nachfrage steigt: Die moderne Malerei ist geboren.[22]

Heute hat jede kulturelle Aktivität in den modernen Industriegesellschaften ihren eigenen Bereich. Die Kultur hat ihre Autonomie errungen. Die neue Arbeitsteilung, die während der italienischen Renaissance entstand, besteht bis zum heutigen Tage fort. Das kulturelle, symbolische Schaffen – in den Bereichen Malerei, Philosophie, Literatur, Musik, Photographie, Film, Theater, Rundfunk, Choreographie, Fernsehen usw. – wird nicht mehr einer äußeren Instanz (Staat, Kirche, Geldgeber usw.) unterworfen. Das Werk selbst bestimmt den Plan und folgt seinem eigenen Entwurf.

Durch die Segmentierung des sozialen Feldes in ebensoviele relativ autonome Bereiche wie es Aktivitäten des Menschen gibt, stellt das Schaffen von Werten und Wertsystemen ein komplexes Gebilde dar, welches den Wettbewerb und die sozialen Kämpfe läutert und die Instrumente symbolischer Herrschaft vervielfacht.

Hier herrschen die Kritiker als Autoritäten. Erneut bietet die Kunst eines der besten Beispiele für ein begrenztes autonomes Gebiet. Diejenigen, die heute auf diesem Gebiet die Macht in Händen haben, neigen dazu, die Werte zu etablieren und zu stabilisieren, während die Newcomer – Schaffende oder Kritiker – eine Vorliebe fürs Umstürzlerische entwickeln, da sie ja Neues bringen (oder erwarten). Aufgrund von Gesetzen bestimmen zu können, d.h. zu unterscheiden zwischen Kunst und Nicht-Kunst, jenen Künstler hochzuloben oder dem anderen seine Qualität abzusprechen, das ist Gegenstand erbitterter Kämpfe zwischen den Protagonisten dieses Sektors, den Kritikern, Galeristen, Kunsthistorikern, Museumskonservatoren, Professoren und Verlegern.

Bei der Ausübung ihres Metiers lassen sie Werte wie per Dekret entstehen und zwingen sie anderen auf, dem vielseitigen Kulturbereich, einer Öffentlichkeit, die ihren Aktionen Beifall zollt. Diese Öffentlichkeit versteht im allgemeinen die Regeln nicht oder kaum.

Mit anderen Worten: Die Kunst des Westens ist eine elitäre Kunst. Befangen im autonomen, begrenzten Bereich, spricht sie nur eine Minderheit an: als Inhaber der Fähigkeit, ein ästhetisches Urteil zu formulieren, Künstler zu bejubeln oder herabzusetzen, ein Werk zu ächten, zu würdigen oder ihm eine bestimmte Richtung zu geben, Kunstgeschichte zu machen.

Ebenso wie das moralische Urteil jahrhundertelang die individuelle Entwicklung der Menschen, die herrschenden familiären Werte begrenzen und das Leben der Heranwachsenden vergiften konnte, genauso beraubt heute das Geschmacksurteil die große Öffentlichkeit ihrer ästhetischen Entwicklung und einer authentisch gelebten Kultur.

Es besteht ein immenser Unterschied zwischen dieser den Industriegesellschaften eigenen Situation und dem Entwicklungszustand der meisten Gesellschaften der Dritten Welt. *In den meisten traditionellen Gesellschaften* des schwarzen oder arabischen Afrika und des indianischen Amerika *existieren quasi keine autonomen Bedeutungsfelder.*

In den heutigen Industriegesellschaften lassen die Verselbständigung der Kulturpraktiken und damit die Segmentierung des Sozialfeldes nicht mehr zu, daß die von der Kultur hervorgebrachten Werte der Zustimmung der Verbraucher bedürfen. Diese verstehen weder die Grundlagen und die Mechanismen noch den Entwurf. Dagegen *überlebt kein Wert in den traditionellen Gesellschaften der Dritten Welt ohne die beständige Bestätigung durch die Verbraucher.* Ich betone: In den merkantilen Industriegesellschaften ist der Gebrauchswert eines Symbols, eines Bildes, einer Theorie fast unbedeutend. In den afrikanischen und indoamerikanischen Gesellschaften ist die Situation gerade umgekehrt. Ihre Kulturwerte entsprechen der Erwartung, dem tiefen Wunsch der Menschen, daher leben sie, wachsen, entfalten sich und erhalten allgemeine Referenz. Oder aber sie stehen in keiner Verbindung und sterben. Der Friedhof für Riten, Theorien und Symbole in diesen traditionellen Gesellschaften ist geräumig.

Indessen existieren sowohl in den traditionellen Gesellschaften der Dritten Welt als auch in den Industriegesellschaften überall Referenzinstanzen, Kontrollorgane für die Werte, denen es obliegt, Urteile abzugeben. Aber die Referenzinstanzen im Westen unterscheiden sich merklich von denen in der Peripherie.

Wichtig ist mir folgendes: In den Industriegesellschaften, in denen das Sozialfeld segmentiert ist, beherrschen die Zensuragenten die autonom gewordenen vielfältigen Kulturbereiche. In den traditionellen Gesellschaften der Dritten Welt dagegen ist das soziale Feld verhältnismäßig homogen. Eine Segmentierung der Werte findet nicht statt. Eine einzige Kosmogonie, in der eine Vielzahl von Kosmogonien ineinandergefügt sind, organisiert das ökonomische, politische, kulturelle, religiöse usw. Leben der Gesell-

102

schaft. In jedem Augenblick erlebt das Individuum die Totalität der Bedeutungen des ungeteilten Sozialfeldes. Sogar Traum und Trance sind eingebettet in dieses einzige Feld. Eine gelebte Totalität, welche die Lebenden und die Toten, die Naturkräfte und die Kräfte der Kultur vereinigt, beherrscht das Dasein des Sahel-Bauern aus Burkina, des saharouischen Viehzüchters aus der Senke von Rio de Oro und des Fischers von den Küsten Mindelos.

Diese Einheit der Bedeutungen, dieses ungebrochene Feld und diese in Harmonie verinnerlichten Werte sind das Fundament, auf dem sich die unverwechselbare Identität, die geistige Ausgeglichenheit, die Selbstsicherheit und die außergewöhnliche Lebensfreude der Menschen aus dem Sahel, aus der Sahara und von den Kapverden aufbauen.

Anmerkungen zum 1. Teil

1 Snofru unternahm während der Epoche des Alten Reiches, 4. Dynastie (2700-2550 v. Chr.) Feldzüge nach Nubien, Libyen und in den Sinai.

2 Martin Heidegger, *Holzwege*, Gesamtausgabe Band 5, S. 29f., V. Klostermann, Frankfurt a. M., 1977.

3 Bernard Berenson, in *The Study and Criticism of Italian Art*, London, 1901.

4 Richard Offner, in *Studies in Florentine Painting*, New York, 1927.

5 Über die unterschiedlichen Formen des ökonomischen Wertes bei Karl Marx vgl. *Das Kapital*, 1. Abschnitt, Kapitel 3: „Die Form des Wertes" im Gesamtwerk.

6 Vgl. insbesondere: *La Distinction*, Ed. de Minuit, 1979; „Le marché des biens symboliques" in *Année sociologique*, 1971; „Champ intellectuel et projet créateur" in *„Les Temps modernes*, Nr. 2, 1966.

7 Jacques Ruffié, *Le Sexe et la Mort*, Paris, 1986.

8 Die Riegelsche Methode ist von Enrico Castelnuovo wieder aufgenommen und verfeinert worden in *Arte, Industria, Rivoluzzioni, Temi di storia sociale dell'arte*, Turin, 1985.

9 Durchgesehene und erweiterte Ausgabe, erschienen auf englisch London, 1948, unter dem Titel *Florentine Painting and its Social Background*, S. auch Anm. 11.

10 Der größte Teil des Hauser-Werks ist in England bei Routledge and Kegan Paul in London herausgegeben worden. Ausnahme: *Soziologie der Kunst*, Beck, München, 1974.

11 Zu den nach dem 2. Weltkrieg von den österreichischen marxistischen Kunsthistorikern ins Leben gerufenen Debatten vgl. Enrico Castelnuovo, „L' histoire sociale de l'art, un bilan provisoire", in *Actes de la recherche en sciences sociales*, 1976.

12 Wenn auch zwischenzeitlich von Dakar und den Häfen der Kanarischen Inseln entthront, bleibt Mindelo heute noch ein wichtiger Ankerplatz für die Schiffe, die von Europa nach Brasilien oder zu den Antillen fahren: 1500 m Kais, Warenumschlag (ohne Erdöl) jährlich 400.000 Tonnen, Angaben stammen vom *capitão do porto* (Hafendirektor) José Manuel Pires-Ferreira.

13 In Bahia das Gatas gibt es vier Gezeiten in 24 Stunden.

14 Zur Beschreibung dieser Rituale vgl. Jean Ziegler, *Retournez les fusils!, Manuel de sociologie d'opposition*, Paris, 1981.

15 Claude Lévi-Strauss, *La pensée sauvage*, Plon, 1962.

16 P. Bourdieu und J.-C. Passeron, *La Reproduction, éléments pour une théorie du système d'enseignement*, Paris, 1970

17 Amin Maalouf, *L'éon l'Africain*, Paris, 1986.

18 *Yawo*: Frau oder junges Mädchen, Initiierte im Dienst der *Orixa*, Yorubagötter.

19 Guy de Broschère, *Autopsie de la colonisation*, Paris, 1967.

20 Pierre Bourdieu, *Question de sociologie*, Paris, 1980.

21 ebd.

22 Über diesen komplizierten Prozeß vgl. Friedrich Antal, „Studien zur Gothik im Quattrocento" in *Jahrbuch der Preußischen Kunstsammlungen*, 1924; derselbe: „Gedanken zur Entwicklung der

Trecento- und Quattrocento-Malerei in Siena und Firenze", in *Jahrbuch für Kunstwissenschaft*, 1924. Auch: M. Miess, *Painting in Florence and Siena after the Black Death*, Princeton University Press, 1951.

ZWEITER TEIL

DIE STIMME DER MÄCHTIGEN

I
Die christliche Agression

In seinem Roman *Ajvanhu* läßt Juryj Rychten seinen Tschuktschen-Helden sagen: „Ich habe niemals verstanden, wie man Land, das von Menschen bewohnt wird, entdecken kann. Demnach scheint Semjon Dreschnjew den Isthmus zwischen Asien und Amerika entdeckt zu haben. Und wir? Und die Eskimos? Unsere Vorfahren wußten doch sehr wohl, daß sich der Isthmus dort befand! Das ist so, als ob ich nach Jakutsk ginge und verkündete, ich hätte diese Stadt entdeckt. Damit würde ich den Jakuten aber Kummer bereiten."[1]

Jede Kultur – sei es die der Fischer von Salamanza, die der saharouischen Nomaden oder der Fulbe-Hirten (Peul) von Burkina – läßt sich nur durch die Geschichte erklären. Alle symbolischen Systeme, die wir hier zu begreifen versuchen und deren geheimnisvolle Kraft uns in Erstaunen versetzt, sind zuerst und vor allem *Kulturen von Besiegten*, oder anders ausgedrückt: Kulturen des Widerstands. Die Werte, Bedeutungen und Symbole, die sie aufbauten, wurden zuerst von dem Bulldozer Kolonisation mißachtet, eingeebnet, abgetragen und teilweise zerstört. Man kann es nicht oft und deutlich genug sagen: Die Eroberung der Übersee-Kontinente, die Versklavung der Völker schwarzer, brauner, gelber und roter Hautfarbe, die Plünderung ihrer Reichtümer waren nur möglich durch die Versklavung ihres Geistes. Dem Aufbau der ideologischen Eroberungsmaschinerie geht – in der europäischen Geschichte – die Gründung von Eroberungstruppen, von Expeditionskorps, von Kriegsflotten, Finanzierungsplänen und Kommunikations- und Handelssystemen voraus, die – ab der Mitte des 19. Jahrhunderts – die Welt zusammenschließen.

Die afrikanischen, indianischen, melanesischen und arabischen Kulturen, die heute unsere Bewunderung erregen und deren Widerstand gegen die Waren-Rationalität uns mit Hoffnung erfüllt, sind somit das Produkt eines alten und komplexen Prozesses. Ich will gleich jetzt einige Worte zum Grundziel dieser Dialektik sagen: Das Entstehen und Aufblühen sowie die gegenwärtige Forderung nach universeller Gültigkeit der europäischen Werte, die von den ununterbrochen herrschenden Klassen unseres Kontinents erschaffen, gefestigt und durchgesetzt wurden ist eine lange, widersprüchliche und überaus komplizierte Geschichte. Ich kann hier dazu kaum mehr als einige Anhaltspunkte liefern.

Die in Europa entstandene Auffassung über die unilineare Entwicklung der Gesellschaften und ihren symbolischen Ausdruck hat sich Schritt für Schritt weltweit verbreitet. Sie hat heftige Opposition hervorgerufen. Sie agiert mit antinomischen Paaren: christliche Kultur gegen heidnische oder barbarische Kultur; westliche Zivilisation gegen asiatische Zivilisation; entwickelte Gesellschaften gegen unterentwickelte oder sich entwickelnde Gesellschaften; klassische Kunst gegen primitive, naive oder Volks-Kunst; zivilisiertes, rationales Verhalten gegen periphere Obskurantismen; zivilisierte Völker gegen barbarische Völker usw. Diese antinomischen Paare haben etwas gemeinsam, nämlich, daß der erste Begriff regelmäßig mit allen positiven, an Erfolg geknüpften Werten versehen wird. Der zweite Begriff hingegen ist durchgängig negativ belastet.[2]

Was steckt hinter diesem Diskurs? Wozu dient er? Er versucht a priori, die allmähliche Ausdehnung der ökonomischen, politischen und militärischen Macht der herrschenden europäischen Klassen zu legitimieren, die ununterbrochen die Welt des Mittelalters und der Renaissance bestimmte und bis in unsere modernen Zeiten andauert. Diese Strategie begleitet alle Etappen der sogenannten Entdeckung der Dritten Welt: die ersten christlichen Kreuzzüge gegen die Araber des Orients, die iberischen

Eroberungen der Amerikas, die koloniale Aggression gegen Afrika, das Etablieren des gegenwärtigen imperialistischen Systems. Eine normative Strategie, die eine besondere symbolische Waffe hervorbringt: die Vorstellung von der kulturellen Überlegenheit der Mutterländer. Diese symbolische Waffe ist ein mächtiges Herrschaftsinstrument. Seine Wirksamkeit beruht auf der Tatsache, daß es seine eigene Stärke mit der Gewalttätigkeit anderer Herrschaftszusammenhänge verbindet, nämlich militärischen, ökonomischen, politischen, finanziellen und sozialen. Dabei wird diese verschleiert mit dem Anspruch, sie begründe sich auf universelle menschliche Werte. Auf diese Weise strukturiert eine dualistische Klassifizierung die gesamte weltweite Gesellschaft. Sie schafft mythische Kategorien. die die zugehörigen, konkreten historischen Situationen überleben, welche sie haben entstehen lassen.

Diese Klassifizierung wird von einem großen Teil derjenigen, deren Kultur, Werte und Identität sie negiert, verinnerlicht und für legitim gehalten. Sie ruft bei den beherrschten Völkern ein Sehnen nach Selbstverstümmelung hervor. Jean-Paul Sartre:

„Es ist noch nicht lange her, da zählte die Erde zwei Milliarden Einwohner, das heißt 500 Millionen Menschen und eine Milliarde 500 Millionen Eingeborene. Die ersten verfügten über das Wort, die anderen entliehen es. Zwischen jenen und diesen dienten käufliche Duodezfürsten, Feudalherren und eine aus dem Boden gestampfte falsche Bourgeoisie als Vermittler. In den Kolonien zeigte sich die Wahrheit nackt; die Mutterländer bevorzugten sie bekleidet; der Eingeborene mußte die Mutterländer lieben.

(...) Die europäische Elite begann, eine Eingeborenenelite aufzubauen. Man wählte Jünglinge aus, brannte ihnen die Prinzipien der westlichen Kultur auf die Stirn und stopfte ihnen tönende Knebel in den Mund, große teigige Worte, die ihnen an den Zähnen klebten; nach einem kurzen Aufenthalt im Mutterland schickte man sie verfälscht nach Hause zu-

rück. Diese lebenden Lügen hatten ihren Brüdern nichts mehr
zu sagen; sie hallten nur noch wider. Aus Paris, London und
Amsterdam lancierten wir die Wörter: Parthenon! Brüderlichkeit! und irgendwo in Afrika, in Asien öffneten sich Lippen:
... thenon! ... lichkeit!"

Die kulturelle Überlegenheit der Mutterländer ... Aus welcher Geschichte wird diese Vorstellung genährt? Auf welche Art und Weise schmiedet Europa diesen Begriff, der
als Herrschaftsinstrument dienen wird? Genauer gesagt,
Europa schmiedet dieses Instrument nicht expressis verbis.
Die Vorstellung entsteht als Nebenprodukt einer endoge-
nen Entwicklung. In welchem Moment? Gerade in dem
Augenblick, da die Ideen mit universellem Anspruch entstehen. An erster Stelle unter ihnen: die von der Kirche im
4. Jahrhundert ersonnene Vorstellung einer universellen,
obligatorischen und zwingenden Religionsgemeinschaft.
Mit anderen Worten: Unsere Auffassung von der kulturellen Überlegenheit greift zurück auf die Gründung der Kirche als einem Ort der Macht, als Institution. Eine Institution, die, seit sie existiert, von Exklusivität und radikaler
Intoleranz gekennzeichnet ist. Diese Ideologie mit univer-
salem Anspruch, die ihre Überlegenheit über all die anderen behauptet, dient im Verlauf des Mittelalters zum er-
stenmal als Rechtfertigung für die militärische, politische
und ökonomische Expansion der führenden europäischen
Klassen. Kreuzzüge werden proklamiert: *gegen die Araber
auf der Iberischen Halbinsel, gegen die Sachsen, gegen die
Araber in Palästina, gegen die Slawen.*[4]
Mit dem Vierten Kreuzzug tauchen Widersprüche auf:
Die Schiffe, mit denen die Ritter des Abendlandes sich auf
die Fahrt begeben, gehören der Serenissima Repubblica di
Venezia. Sie schlagen eine überraschende Route ein. Als
die Flotte sich auf der Höhe der Insel Chios befindet, än-
dert sie die Richtung: Statt ihre Route zu den östlichen
Ufern des Mittelmeeres weiter zu verfolgen, wendet sie

111

sich den Dardanellen zu. Im Frühjahr 1204 nehmen die Kreuzfahrer Konstantinopel ein: Sie plündern die Stadt, metzeln ihre Bewohner nieder, kurz, sie verhalten sich wie in einem „heidnischen" Land. Dann verwüsten sie auch die Provinzen des Byzantinischen Reiches in Kleinasien. Unter dem Kommando des Souveräns des neugeschaffenen Lateinischen Kaiserreiches, Baudoin von Flandern, stürmt ein Teil der Kreuzfahrerheere vorwärts nach Ostthrakien. Nun ist Konstantinopel aber die Hauptstadt eines christlichen Reiches. Die Kreuzfahrer lassen die Masken fallen. Plötzlich offenbaren sich die wirklichen Gründe der Kreuzzüge: Plünderung, Ausbeute, territoriale Expansion, militärischer Ruhm, sogar um den Preis feindlicher Zusammenstöße unter Christen. Die ideologischen Rechtfertigungen des Bernhard von Clairvaux, Innozenz III. und Gregor IX. zerplatzen.

Der Kirchenapparat meistert diese Widersprüche ohne Schwierigkeit. Er verfügt über die großartige Einrichtung der Konzile. Regelmäßig verkünden, stärken und „legitimieren" diese Versammlungen aufgrund immer neuer Theorien – eine noch subtiler als die andere – die exklusive Universalität der Werte, welche der Apparat transportiert. Bereits im 4. Jahrhundert hatte Kaiser Konstantin, Erbe des universalen kaiserlich-römischen Anspruchs, der Stärke des Monotheismus die symbolische und materielle, schon beachtliche Stärke der Staatsgewalt hinzugefügt. Die Kirche erbt die imperiale Idee. Aus dieser Verbindung des kaiserlich-römischen Erbes und des christlichen Monotheismus entwickelt sich ein Gefüge von ungeheurer Macht. Karl V. führt im Namen des Heiligen Römischen Reiches Deutscher Nation Krieg gegen die Türken. Die letzten Fragmente dieses Reiches verschwinden erst im November des Jahres 1918. In seinem holländischen Exil unterzeichnet Wilhelm II. seine Abdankungsurkunde zum letzten Mal mit der (fast) zweitausendjährigen Formel: *„Das Heilige Römische Reich Deutscher Nation."*

Europa wird in dem Augenblick, als sich ihm eine mächtige „Peripherie" entgegenstellt, zum „Mutterland". Über lange Zeit ging es in der übrigen Welt auf. Im 7. Jahrhundert aber errichten die Araber eine ernsthafte Barriere gegen das Heilige Römische Reich Deutscher Nation. Sie bemächtigen sich des südwestlichen Mittelmeeres und schneiden Europa damit den Kontinentalweg nach Asien sowie den Landweg nach Afrika ab. Nun sind diese Wege jedoch die Straßen des Goldes, der Gewürze und der Tuche. Ganz plötzlich stockt die Ausdehnung der Universalität und der Überlegenheit der geistigen und kulturellen Werte der Kirche und des Heiligen Römischen Reiches Deutscher Nation. Die Überlegenheit ist ins Wanken geraten: Nicht nur die Handelsstraßen sind abgeschnitten, sondern gleichzeitig wachsen an der Peripherie der christlichen Welt wundervolle Zivilisationen heran. Die Araber errichten Cordoba, Sevilla, Granada. In Damaskus, in Bagdad und in den iberischen Kalifaten schaffen Gelehrte und Künstler von großer Ausstrahlungskraft – gebürtige Maghrebiner, Andalusier und Juden – bedeutende Werke, die auch den Westen erleuchten.

Die christlichen Intellektuellen sind von der arabischen Wissenschaft fasziniert. Dank arabischer Vermittlung entdeckt Europa Aristoteles, Parmenides und die antiken Wissenschaften wieder, welche die Kirche als heidnische zurückgedrängt hatte.

Doch das Mutterland reagiert. Es beginnt, seine normative Überlegenheit und die dogmatisch gesicherte Universalität seiner Werke zurückzuerobern. 1225 kommt im Schloß Roccasecca (bei Aquino) südlich von Neapel ein Kind zur Welt, das später den Namen Thomas von Aquin tragen wird. Er wird der Theoretiker der Rückeroberung. Unermüdlich studiert er die Quellen, verfaßt die *Summa theologica*, schafft eine neue Totalität, dazu bestimmt, den rigorosen Rationalismus der aristotelischen Wissenschaften mit der Irrationalität des Glaubens zu versöhnen. Er stellt Gesetze auf und bremst dadurch den Fortschritt der Erkenntnis und der Forschung. Die Scholastik schließt jede Wissenschaft, jede freie Schöpfung aus. Die *docta ignorantia*, Bedingung für jede freie Forschung, das Gegenteil der scholastischen Denkwelt wird bekämpft. Außerhalb der Kirche keine Wissenschaft. Ein Beispiel für das Funktionieren dieser dogmatischen Universalität von Vorstellungen, die das scholastische System erdacht und ausgearbeitet hat: Galileo Galilei. Der Astronom, Mathematiker und Physiker, gebürtig aus Pisa, entdeckte im 17. Jahrhundert das Gesetz des Isochronismus der kleinen Pendelschwingungen. Galilei beschrieb das Trägheitsprinzip und das der Komposition von Bewegungen. Er verbesserte das Fernrohr, erfand das Thermometer. Sein Festhalten an dem Weltbild, wie es Kopernikus vertrat (eine Erde, die um die Sonne kreist), brachte ihm ein, daß er auf Weisung des päpstlichen Hofes in Rom von seinem Professorenposten verjagt wurde. Dieser Hof verwarf in der Tat die Analysen des Kopernikus. Galilei jedoch ließ sich nicht entmutigen. 1632 veröffentlichte er alle ihm zur Verfügung stehenden Erkenntnisse, um die Richtigkeit der Theorie des Kopernikus zu beweisen. 1633 wird Galilei vor das Inquisitionstribunal zitiert: Unter Folterqualen und Todesandrohung schwört er auf Knien all seinen wissenschaftlichen Theorien ab. Mit anderen Worten: Die herrschende Glaubenslehre der Epoche hindert Galilei zu lehren. Sein Widersacher (Folterer und Peiniger), Kardinal Bellarmin, selbst ein Gelehrter großen Formats, konnte seine statische Version des natürlichen Universums triumphieren lassen. Ein Weltbild, das die hierarchische, unbewegliche Organisation des sozialen Universums und folglich die Allmacht der Papstgewalt legitimierte.[5]

1273 fallen die letzten noch in Palästina besetzten Territorien. Akko wird von den Arabern wieder eingenommen.

Tamerlan und die Usbeken verlassen Samarkand, Buchara. Sein Urenkel Babur erobert Nordindien und einen Teil Chinas.[6] Die Araber Afrikas ziehen hinab gen Osten, Westen und Süden. Die Osmanen erreichen Thrakien, bald darauf nehmen sie Byzanz ein. 1270 stirbt Ludwig IX., der Heilige, König von Frankreich, in Tunis.[7]

Europa ist innerhalb seiner Grenzen eingeschlossen, intellektuell durch die Scholastik, politisch durch die andauernde Ausbreitung der arabischen und türkischen Völker. Heftige Erschütterungen ereignen sich in seinem Innern, Machtkämpfe werden ausgetragen.

Die Herren Frankreichs und Englands machen sich die Küstengebiete Aquitaniens streitig, ein hundertjähriger Krieg verwüstet den Kontinent. Überall führt der Feudalismus Krieg gegen die Krone. Allerorten in Europa tobt der Krieg.

Eine sonderbare Dialektik greift um sich: Je tiefer Europa in seine Bürgerkriege, in seine blutigen ideologischen Auseinandersetzungen verstrickt ist, desto stärker blüht die periphere Welt auf, erobert neue Räume und behauptet ihre Identität. Diese Situation wiederholt sich noch einmal 1939-1945, als der Krieg zwischen den europäischen Industriemächten in den Kolonien die Entwicklung von Bewegungen zuläßt, welche die kulturelle Emanzipation und nationale Befreiung anstreben.

Gegen Ende des 15. Jahrhunderts bricht Europa erneut zum Angriff auf, nimmt seine Eroberungszüge wieder auf, um zu expandieren. Das 15. Jahrhundert ist ein ökonomisch relativ blühendes Jahrhundert. Heftige soziale und ökonomische Forderungen treten zutage, in mehreren Ländern erheben sich die Bauern. Doch werden sie überall von der Aristokratie mit Unterstützung des entstehenden städtischen Bürgertums niedergeworfen. Langsam stabilisieren sich die Staaten, regionale Gleichgewichte werden geschaffen – viel Blut wird vergossen. Die Herzöge von Savoyen werden in die Flucht geschlagen, in ihre Täler und Schluchten zurückgedrängt. Karl der Kühne will, ausgehend von Burgund und Flandern, ein Königreich errichten, das mit dem Königreich Frankreich konkurrieren kann. Die Krieger der Schweizer Eidgenossenschaft, die der König von Frankreich bezahlt, schlagen das burgundische Heer in Murten (1476), vernichten seine Nachhut in Grandson (1477) und töten Karl den Kühnen (1478) in Nancy. Ferdinand von Aragonien und Isabella von Kastilien liefern den muselmanischen Emiren auf der Iberischen Halbinsel erbitterte letzte Schlachten. 1492 fällt Granada.

Die Epoche der „Entdeckungen" kündigt den *Höhepunkt der universalen Theorien an*: Kapitalien, militärische Macht und politische Vorstellung werden durch den endgültigen Sieg der katholischen Kräfte über die iberischen Emirate befreit. Christoph Kolumbus, ein Genueser Abenteurer und – der Überlieferung nach – Liebhaber der Königin Isabella von Kastilien, erhält den Befehl über eine Flotte von drei Schiffen.[8] Am 3. August 1492 verläßt er Europa. Am 12. Oktober desselben Jahres entdeckt ein Schiffsjunge des Admiralsschiffes *Santa Maria* am Horizont die Küste der Insel Guanahani, die zum Archipel der Lucayos gehört.

Eine neue mächtige Kosmologie stellt sich unverzüglich ein: Christophoros, der Name des ruhmreichen Admirals, bedeutet Christusträger. (Kolumbus ließ es geschehen, er war ein entschiedener Agnostiker!) So erläutert Alejo Carpentier, Kolumbus zitierend, diese neue Kosmologie:

„... ich legte der Königin dar, daß, ebenso wie die Bewegungen des Himmels und der Gestirne von Ost nach West verliefen, auch die Weltherrschaft von den Assyrern auf die Meder, von den Medern auf die Perser und danach auf die Mazedonen und danach auf die Römer und danach auf die Gallier und Germanen gekommen sei und zuletzt auf die Goten, die Begründer dieses Königreiches. Also war es richtig, daß wir nach Westen blickten, sobald wir die Mauren aus Granada vertrieben hätten, was nicht mehr lange würde auf sich warten lassen, und daß wir die traditionelle, von der Bewegung der Gestirne gelenkte Ausweitung der Reiche fortführten, wodurch wir die wahrhaft großen Imperien Asiens erreichen würden – denn die Reiche, die die Portugiesen bis jetzt auf ihren Schiffsreisen nach Osten entdeckt hatten, waren doch nichts anderes als Brosamen. Es versteht sich, daß ich mich dabei auf die prophetischen Verse Senecas berief:

... Venient annis saecula seis quibus Oceanus vincula rerum laxet et ingens pateat tellus Thetisque novos detegat orbis nec sit terris Thule („... kommen werden spätere Weltjahre, Zeiten, da das Ozeanische Meer die Bande der Dinge lockert und ein großes Land sich auftut und ein neuer Seemann wie jener Tiphys, der Steuermann Jasons, eine neue Welt entdeckt und die Insel Thule nicht länger der Länder letztes sein wird.')

Meine königliche Zuhörerin unterbrach mich selbstgefällig, um aus dem Gedächtnis einige Verse der Tragödie zu zitieren: ,*Haec cum femineo constitit in choro unius facies praenitet omnibus.'* Ich warf mich vor ihr auf die Knie und wiederholte diese Verse. An sie, behauptete ich, scheine der große Dichter gedacht zu haben, als er sagte, daß ,die Gesichter der anderen' – aller Frauen der Welt – ,verdunkelt wurden von dem Glanze des ihren, wenn sie sich erhob im Kreise der Frauen.' Mit einem kleinen wonniglichen Zucken der Wimpern hörte sie mich an, hob mich vom Boden auf und setzte mich an ihre Seite, und zu zweit fügten wir aus dem Gedächtnis Stück um Stück die schöne Tragödie zusammen ... Und unter dem Antrieb einer Kühnheit, deren ich mich nicht für fähig gehalten hätte, sprach ich an diesem Tage, als wäre ich ein anderer, Worte aus – ich werde sie in meiner Beichte nicht wiederholen –, deretwegen ich die königlichen Gemächer erst verließ, als im Lager das Wecken geblasen wurde. Und seit dieser seligen Nacht gab es nur noch eine Frau für mich auf dieser Welt, die noch immer auf mich wartete, um sich endlich ganz zu runden."[9]

Kolumbus umrundete die Erde, gelangte ins Lexikon, aber ruinierte sich selbst.

Die beiden ersten Reisen bringen ihm den Ruhm ein: Er bringt Papageien mit, exotische Pflanzen, Indianerschmuck und berichtet über bis dahin unbekannte Dinge.[10] Indessen sollen sich die enormen Investitionen bezahlt machen. Die Gläubiger werden ungeduldig. Kolumbus und seine Männer entdecken feinen Goldschmuck auf den Köpfen und an den Ohren der Indianer, aber keine Minen. Um endlich zu erfahren, wo sich diese verfluchten Minen befinden, legt der große Admiral die Dörfer in Asche, prügelt die Indianer, foltert und mordet sie. Ohne Erfolg. Die Indianer bleiben stumm oder verweisen ihn an geheimnisvolle Vermittler. Eine persönliche Katastrophe. Obwohl die Suche immer wahnwitziger wird, stoßen Kolumbus und seine Mitfahrer auch im Verlauf der beiden nächsten Reisen nicht auf das Gold, von dem seine königlichen Geldgeber träumen. Die ungeheuren Investitionen machen sich nicht bezahlt: Ungnade droht. Auf seiner dritten Reise (1498) erreicht Kolumbus Trinidad und betritt danach an der Orinoco-Mündung den Kontinent. 1502-1504: Auf seiner vierten und letzten Reise ist Kolumbus erschöpft, wird krank, die Angst würgt ihn. Und immer noch kein Gold. Trotz Folter und Massaker liefern die Indianer keinen nützlichen Hinweis. Kolumbus verfällt auf eine List: In seinen Briefen beschreibt er die friedliebenden Indianer als Kannibalen, als Wilde, als seelenlose Wesen ohne Gesetze. Eine Meinungsänderung um 180 Grad! Während der ersten drei Reisen hatte Kolumbus diese folgsamen Untertanen des Königs gelobt. Die Kehrtwendung ist erforderlich: Da Kolumbus auf klingendes Metall verzichten muß, entscheidet er sich, seine ungeduldigen Gläubiger mit menschlichem Gold zu bezahlen.

Am 7. Juli 1503 – in Jamaika – offenbart er seine Entscheidung in einer Notiz in seinem Tagebuch: Er bittet die katholischen Könige um die Erlaubnis, mit indianischen

Sklaven handeln zu dürfen. Keinen Zweifel daran hegend, daß die Antwort positiv ausfällt, treibt er (bei der nächsten Station Hispaniola) unter Peitschenhieben Hunderte von indianischen Jungen und Mädchen, Männern und Frauen an Bord von zweien seiner Schiffe.

Zurück in Spanien, verkauft Kolumbus auf dem Markt von Sevilla einen ersten Posten der indianischen Männer, Frauen und Kinder. Mit dem Erlös dieser ersten menschlichen Ware in der Tasche, begibt er sich auf dem Landweg zum königlichen Hof. In einer Herberge im Norden Andalusiens weckt ihn mitten in der Nacht ein Bote des Königs: Seiner Bitte um Genehmigung des Handels wird nicht stattgegeben. Er soll die bereits verkauften Sklaven zurückkaufen! Er soll ihnen zusammen mit denen, die sich noch angekettet in den Lagerhäusern Sevillas befinden, unverzüglich die Freiheit wiedergeben. Die katholischen Könige hatten eine Kommission von Kanonisten, Theologen und Juristen einberufen, um zu erfahren, ob der Handel mit Indianern zulässig war. Der Beichtvater am Hofe, der außergewöhnliche Fray Bartolomé de Las Casas, ein erklärter Feind der Eroberer und ihrer wilden Methoden, hatte die weisen Gesetze der Indianer gelobt, ihre Menschenwürde und ihre Neigung, getauft und geachtet zu werden.

Kolumbus war ruiniert. Die katholischen Könige hatten dem Mönch recht gegeben.

Kolumbus hatte kein Glück gehabt! Weniger als siebzig Jahre nach seinem Ruin änderte sich die Doktrin erneut, eine „gesunde" profitorientierte Ideologie trat an die Stelle der humanistischen Beweggründe Las Casas'. 1589 veröffentlichte der spanische Jesuit José de Acosta in Sevilla eine *Natur- und Sittengeschichte Indiens.* Minuziös beschrieb er darin die erst kürzlich von den Spaniern und Portugiesen eroberten amerikanischen und antillischen Gebiete. Acosta inventarisierte in bewundernswürdiger Weise Fauna und Flora, die geologischen Reliefs, die kli-

119

matischen Verhältnisse, die geographischen Gestalten, die Völker, ihre Verhaltensweisen, ihre Kosmogonien, ihren Umgang mit dem Tod, ihre Ernährungsgewohnheiten, ihre sexuellen Bräuche usw. Sein Buch hatte auf der Stelle Erfolg. Übersetzungen in die meisten europäischen Sprachen und zahlreiche Auflagen folgten einander. Hier nun, was dieser großartige Gelehrte über die Männer, Frauen und Kinder sagte, denen er in den Amerikas begegnete und deren Verhaltensweisen er – sehr begabt – beschrieb: „Die Indianer sind Götzendiener. Sie kennen die Schrift nicht, Geld ist ihnen gleichgültig, und sie sind nicht beschnitten (...). Es scheint uns, daß die Angelegenheiten der Indianer nicht mehr Beachtung verdienen als ein Wildbret, das man zu unserem Nutzen im Wald gefangen hat."[11]

Der spanische Hof wechselte die Politik: Von jetzt an wurden in allen *encomiendas*, in denen sich Indianer aufhielten, die Zwangsarbeit in den Minen und in der Landwirtschaft praktiziert und die Versklavung realisiert.

Diese Eroberung neuer, unermeßlich großer Kontinente hat keineswegs zur Folge, daß die ideologische Kontrolle nachläßt. Ganz im Gegenteil! Die kulturelle Überlegenheit des Mutterlandes, die Universalität seiner europäischen Werte behaupten sich und werden auf jedem Quadratmeter des eroberten Bodens durchgesetzt. Wer trägt die Verantwortung? Eine Institution, die sich die Heilige Inquisition nennt oder mit ihrem offiziellen, unverfänglicheren Namen: das Tribunal der Kirche. Seine Bevollmächtigten, Untersuchungsbeamten, Folterknechte, Richter, Henker und Beichtväter reisen mit auf den Karavellen und Galeonen der Könige Portugals und Spaniens. Die Heilige Inquisition hatte sich bereits früher im Mutterland bewährt. Papst Innozenz III. hatte sie nach Okzitanien geschickt, um hier die aufrührerischen Albigenser zu bekämpfen. Die angebliche Häresie hatte solide finanzielle Grundlagen: In

Toulouse kämpfte eine geschickte Bourgeoisie gegen das Einbehalten von Geldern, gegen exorbitante Steuern, gegen die Handelsrestriktionen und gegen Monopole und Hoheitsrechte jeder Art, die der König von Frankreich mit Unterstützung der Kirche Roms ihr aufzuerlegen versuchte. Die Häresie der Albigenser lieferte die legitimierte Theorie dieses Widerstandes. Der Graf von Toulouse hatte mit den Albigensern gemeinsame Sache gemacht. 1233: Gregor IX., Nachfolger von Papst Innozenz, schuf eine besondere Justiz, die zur Aufgabe hatte, Hexenglauben, Abtrünnigkeit und Magie auszurotten.[12] Die Ausübung dieser „richterlichen" Gewalt vertraute er, unter anderen, dominikanischen Patres an.

Diejenigen, welche der Inquisition Widerstand leisteten, und die, deren zu lau praktizierte Konversion Verdacht erweckte, wurden Folterungen unterworfen, zum Tode verurteilt oder bei lebendigem Leib verbrannt. Im Namen des Evangeliums wurde der Papst zum großen Kantor des Universalismus. Dank der Soldaten des Königs von Frankreich und dank des Eifers der Inquisitionsrichter hatte er leichtes Spiel: Die Bewohner Béziers' wurden meuchlings ermordet, Toulouse wurde eingenommen und verwüstet. Zu Tausenden wurden die häretischen Albigenser – Männer, Frauen und Kinder – verbrannt, wurden ihnen die Kehlen durchschnitten, wurden sie verbrüht, gerädert und enthauptet.

Seit Ende des 15. Jahrhunderts breiteten sich die Inquisitoren und ihre Tribunale der Kirche auch jenseits der Meere aus: in Afrika und insbesondere in Amerika und auf den Antillen.[13]

Ich erinnere mich an einen Nachtspaziergang im Jahre 1981 in der alten Stadt Cartagena de las Indias. Dieser Hafen am Karibischen Meer, nicht weit von der Mündung des Magdalena-Flusses gelegen, ist heute kolumbianisch. Eine prachtvolle Kolonialstadt, fast völlig unversehrt. Die Hitze war erdrückend schwül. Schweißgeruch

121

und Düfte von Blumen und Gewürzen erfüllten die Luft. Überall auf den Terrassen plauderten Männer und Frauen oder dösten vor sich hin. Eine vom Meer herüberwehende Brise ließ die breitgefächerten Wedel der Palmen leicht erzittern. Das Firmament war sternenübersät. Ich befand mich auf der Suche nach Spuren von Pedro Claver auf den Kais und in den Lagerhäusern des alten Hafens. Denn hier war es geschehen, daß der außergewöhnliche Jesuit, ein Weggenosse des Ignatius von Loyola, mit der spanischen Macht gebrochen, sich zum Bettler gemacht und sein Leben den Sklaven gewidmet hatte. Er wollte das Leiden der kranken, verstümmelten, erniedrigten, oft auch tödlich verwundeten Sklaven, die die königlichen Schiffe in die schmutzigen Lagerhäuser am Fuß des Forts von San Felipe entluden, lindern. Pedro Claver, der Beschützer der Schwarzen, war ein tatkräftiger Gegner der Inquisition in Cartagena. Ich fand das von Alejo Carpentier in *Die Harfe und der Schatten* beschriebene Viertel nicht. Ich stieß hingegen auf den weißen, prunkvollen Palast der Inquisition in hervorragendem Zustand.

Cartagena war das Herz des spanischen Kolonialreiches auf dem südamerikanischen Festland. Hier konzentrierten sich die Reichtümer des Landes: die Bodenschätze, wie Gold, Silber, Kupfer und Zinn, und die landwirtschaftlichen Güter, wie das Zuckerrohr, die man den Böden, den Bergen und den Menschen der Vize-Königreiche von Neu-Granada und Peru abgepreßt hatte. In den unzähligen Lagerhäusern von San Felipe stapelten sich diese Schätze, wurden inventarisiert, danach auf die Schiffe der Flotte verladen und in die Bucht von Havanna gebracht. Von da aus überquerten die spanischen Schiffe im Schutz der Kriegsflotte, der Großen Armada, zweimal jährlich den Atlantik, wobei sie den Piraten zu entkommen suchten und gegen die englische Flotte kämpfen mußten, um endlich die reiche Beute der Kolonien sicher nach Cadiz zu überführen. Nur zögernd – erst 1610 – hatte sich die

Inquisition in Cartagena eingefunden. Dennoch, hier haben die Inquisitoren Heldentaten vollbracht ... und zahlreiche Erfindungen. Zum Beispiel diese: In der südlichen Seitenmauer des Palastes, die auf eine enge und dunkle Passage führte, befand sich eine Öffnung, eine Art Briefkasten, in den anonyme Denunzianten ihre Mitteilungen gleiten lassen konnten. Der Name des Kastens: *buzon de la indomania* (Mund der Verdammung). Heute ist Cartagena eine kleine karibische Stadt, die unter der Last der Hitze vor sich hindöst, in einer Landschaft von unglaublicher Schönheit. Damals war sie eine reiche, lebhafte, blühende Stadt. Eine erfolgreiche Bastion des kolonialen Kapitalismus, wo die Fäden internationaler Geschäfte zusammenliefen. Ihr Sklavenmarkt – in ganz Amerika berühmt – stand denen von Olinda, Havanna oder New Orleans in nichts nach.

Unter den kolonialen Clans, den Handelshäusern, den Politikern, Reedern und verfeindeten Bankiers herrschten unbarmherzige Animositäten. Jeder legte es darauf an, den anderen zu schwächen. Ein wilder Liberalismus regierte die Stadt. Ein jeder – ob Wechselagent, Militär, Zivilverwalter, Plantagenbesitzer, Financier oder Spekulant – verfügte über seinen Dominikaner, Richter, Untersuchungsbeamten, Bevollmächtigten oder einfachen Beisitzer beim Tribunal. Um seinen Konkurrenten finanziell zu ruinieren oder zumindest zu schwächen, genügte es häufig, eine Denunziation in den *buzon* zu werfen, die dessen Sklaven betraf. Hingekritzelt auf einen Zettel, beschuldigte man die Diener des Rivalen der Gotteslästerung, des Fetischismus oder der schwarzen Magie. Die Schergen der Inquisition inhaftierten diese Arbeiter und unterzogen sie der Folter. Fast alle, konfrontiert mit den anonymen Anschuldigungen, gestanden nach Stunden der Qualen fast alles, was die heiligen Väter wissen wollten.[14] Sie wurden hingerichtet, entweder starben sie durch Erdrosselung oder in den Flammen der Scheiterhaufen. Ein besonderes Verfahren verhalf der Kirche dazu, das Geständnis der Getauften zu erwirken: Nach dem Geständnis hatten die zum Tode Verurteilten das offizielle Versprechen, daß sie ins Paradies eingehen würden; denjenigen aber, die nicht geständig waren, standen Höllenqualen bevor. Tausende von Sklaven fanden so den Tod in Cartagena.

Später gelangten die Inquisitoren, von einem unersättlichen Machthunger getrieben, in leitende Positionen der Kirchenhierarchie der Neuen Welt: Der in Mallorca geborene Toribio de Lima, Inquisitor Philips II., errang die Schlüsselstellung eines Erzbischofs von Lima. Die Predigt und der Scheiterhaufen halfen ihm, die Bewohner der ehemaligen indianischen Andenreiche niederzuzwingen.

Vorläufiges Resümee: Der weltweite Universalismus und die absolute Überlegenheit der europäischen, christlichen Werte, so wie sie die Kirche formuliert hat und wie sie von den königlichen Autokratien eingesetzt wurden, schaffen unter den Völkern der Erde eine subtile Hierarchie. Die Besitzer der Kultur sind die führenden europäischen Klassen; unter ihnen rangiert das Arbeitervolk des Kontinents; dann folgen die Indianer, zum Schluß die Afrikaner. Alle unterstehen dem einen Gott und ein und demselben Stellvertreter Christi, dem Papst. Alle müssen getauft werden und sich der Autorität der Kirche unterwerfen, der Herrschaft der gleichen Hierarchien, den gleichen Symbolen und Werten.[15]

Ich unterstreiche: Die kulturelle Überlegenheit Europas hält nicht stand angesichts Chinas – das Marco Polo im 13. Jahrhundert verblüffte –, auch nicht angesichts der Araber, deren Wissenschaft, literarisches Genie, Architektur und Lebensweise die europäischen Intellektuellen in ihren Bann ziehen, wohl aber Afrika und vor allem Amerika gegenüber. Im 16. und 17. Jahrhundert entwickeln sich – dank der Ausplünderung der beiden Kontinente – die europäischen Wirtschaften und die Technologien. Der

Reichtum der führenden europäischen Klassen resultiert aus dem Zusammenstoß mit einer bedürftigen Welt. Die Verschmelzung von christlichem Universalismus und dem Akkumulationswillen begründet die kulturelle Überlegenheit der kolonialen Mutterländer und ihrer Angehörigen.

II
Die Französische Revolution und die weltliche Universalität

1789 bricht die feudale Gesellschaftsordnung zusammen, ihre Kosmogonie und ihre Werte schwinden. An ihre Stelle tritt eine neue Universalität, das System einer umfassenden Ich-Interpretation, rigider, brutaler und arroganter als das vergangene: Die großen französischen und Genfer Rationalisten des 18. Jahrhunderts vertreten eine neue Wesenheit des Menschen. Im Gegensatz zu den Kanonisten, Theologen und Scholastikern des vorangegangenen Regimes gehen die Enzyklopädisten so vor, daß sie weder auf metaphysische Dogmen zurückgreifen noch mit dem Kirchenbann drohen. Ihre Methode ist empirisch-rationalistischer Natur: Sie behaupten, die Welt zu kennen, ihre Konflikte zu inventarisieren und die gelebte Wirklichkeit der Menschen mitzuteilen. Dieser unerträglichen Welt setzen sie die Welt des Seins, des Wahren und Schönen entgegen. Pierre Goldmann: „Manche Richter erfinden eine Verbindung zwischen dem Wahren und dem Guten, dem Sein und dem Ideal, dem Sein und dem Sein-Müssen: die Revolution ist die Erfüllung des Seins, sie ist demzufolge die Bewegung des Guten."[16]

Jean-Jacques Rousseau schreibt: „Jeder, der dem allgemeinen Willen den Gehorsam verweigert, soll von dem ganzen Körper dazu gezwungen werden: das hat keine andere Bedeutung, als daß man ihn zwingen werde, frei zu sein."[17]

Der Historiker Jean Starobinski, ein subtiler Kenner des Zeitalters der Aufklärung, kommentiert die Geburt dieses neuen Totalitarismus:

Rousseau eröffnet dem irrationalen Elan ein Feld neuer Andacht. Das von seinem transzendenten Ziel abgewichene, jedoch in seinem Opfer- und Liebeselan unangetastete religiöse Gefühl wird die Politik heimsuchen und erschüttern (...) Welche Vorsicht Rousseau auch immer walten läßt, er – der weder eine vom Staat getrennte Religion will noch eine Religion der neuen Nation – kommt letztlich dahin, alle vorhandenen Kräfte der Anbetung des Schreckens und des Opfers auf die Gemeinschaft und ihr politisches Schicksal zu lenken. Er hat als erster einen neuen Einsatz für die religiösen Energien vorgeschlagen, welche die rationalistische Kritik vom Christentum getrennt und verfügbar gemacht hatte. Zukünftig wird die Idee von der Freiheit nicht mehr der Vorstellung eines friedvollen Glücks entsprechen, sie wird an Kräfte appellieren, die sich nicht im Zaum halten lassen und die sich bis an die Grenze des Unmöglichen entfalten werden. Ihrem Elan ausgeliefert, wird die Liebe zur Freiheit weder den Exzeß noch die Maßlosigkeit fürchten, selbst auf die Gefahr hin, ihr eigenes Verderben herauszufordern. Jede Art der Beschränkung wird ihr unerträglich sein. Wir erkennen eine Leidenschaft in der Art und Weise, wie sie den Tod provoziert und sich auf das Nichts einläßt, wenn sie nicht alles erreicht. Die Revolution wird auf ihre Fahnen schreiben: Freiheit oder Tod. Und sie wird ihre Märtyrer haben. Und ihre großen Inquisitoren.[18]

Und noch einmal Starobinski:

Das Heilige birgt zwangsläufig das Tragische in sich. „Der Engel Freiheit", von erhabenen Flammen umlodert, erfährt Anbetung, die ebensogut Schrecken heißen könnte: Die Instrumente seines Kultes werden die Maibäume sein und ebenso die Schafotte. Die göttliche Gestalt, die das Volk auf die Barrikaden führt, schreitet den Lebenden und den Toten voran.[19]

Gegen die feudale Kosmogonie und gegen das absolute Königtum verbreitet die Französische Revolution die Universalität der Menschenrechte.

Gegen die Irrationalität einer Welt, die zwangsläufig durch dieselbe Religion, durch dieselbe Hierarchie geeint ist, macht sie die Freiheit nach Wahl, das individuelle Glück und das Bürgerrecht geltend. Eine illusorische Forderung! Es genügt, das Werk Maximilien Robespierres zu betrachten und die blutige Sarabande des Thermidors, um zu begreifen, daß der Totalitarismus und die Schreckensherrschaft, welche die Ideologie der Freiheit herbeiführte, aufgrund mancher ihrer Ansichten eine vielleicht noch schrecklichere Welt schaffen als die, welche die alten religiösen Delirien hervorbrachten. „Keine Freiheit für die Feinde der Freiheit"[20], verkündet Robespierre im Nationalkonvent von der Bühne herab.

Keine politische Revolution ist siegreich, wenn sie nicht zuerst die kulturellen Bedeutungen, die das vorangegangene Regime begründet und legitimiert haben, zerstört. Die Französische Revolution macht da keine Ausnahme. Der revolutionäre Vandalismus ist eine wohldurchdachte Strategie: Die Sansculotten (extreme Republikaner), die Bettelarmen stecken die Archive und die Besitzurkunden in Brand, sie legen Feuer an die Schlösser, Kirchen und Kapellen, sie stürzen die Glockentürme um, sie zerstören – allgemein gesprochen – sämtliche bedeutsamen Anlagen der Krone. Gleichzeitig aber entsteht ein bis dahin unbekannter Nationalstolz: das Volk, Kollektivsubjekt seiner eigenen Geschichte, besinnt sich auf das Werk seiner Hände. Im vollen Bewußtsein, wertvolle Monumente zerstört zu haben, schafft es – nur wenige Jahre nach dem vandalischen Feuersturm – Mechanismen der Bewahrung, der Restauration! Eine amtliche, festgesetzte Denkmalspflege wird ins Leben gerufen. Ihre Aufgabe: das nationale Vermögen an bedeutenden Gebäuden und Kunstwerken zu restaurieren. Dieses paradoxe Verfahren – zerstören/restaurieren – ist sehr komplex. Betrachten wir einen konkreten Fall: Die Abtei von Cluny, am Rande Burgunds in einer grünen Talmulde gelegen, wo die Eichen rauschen, galt bis zum Bau der Kathedralen des 12. und 13. Jahrhunderts als die bedeutendste Kirche der Christenheit. Als einflußreiches, blühendes, internationales Zentrum einer Mönchsgemeinschaft bildete Cluny während des Mittelalters einen Ort der Wallfahrt, der Gelehrsamkeit und der kulturellen Ausstrahlung. Dann bricht die Revolution aus. Ein Kaufmann aus Mâcon, den Glaubensdingen wenig zugeneigt, jedoch mit Freunden gesegnet, die den lokalen Komitees des öffentlichen Wohls zu schmeicheln verstehen, wirft ein Auge auf die Kathedrale, die Bibliothek, die Klostergebäude, die Gehöfte und Ställe. Die Revolutionsregierung in Paris, die mittlerweile die Kongregationen aufgelöst und das Kirchenvermögen enteignet hat, beschließt, Cluny als Nationalbesitz zu verkaufen. Der Mâconer Kaufmann steht in den Startlöchern: In einem kurzen Sprint besiegt er seine Rivalen aus Dijon, Mâcon, Beaume und Bourges und wickelt unverzüglich den Kauf ab. Die romanische Kathedrale, Juwel des Westens? Die Glockentürme, die Kirchenschiffe, die Seitenkapellen, die die gespeicherten Erinnerungen von Jahrhunderten bergen, was geschieht mit ihnen? Der Bürger aus Mâcon wird sie als Bausteine seiner Karriere mißbrauchen. Die beinah tausendjährigen, vom Rauch der Kerzen geschwärzten Steinblöcke, die Unmengen von Weihrauch werden dazu dienen, in Saône-et-Loire, in Burgund oder im Franche-Comté die Residenzen anderer, erst kürzlich reich gewordener Bürger zu schmücken. Nun wohnen aber in der Umgebung der Abtei Cluny Familien, deren Vorfahren im Schatten der Kathedrale gelebt haben. Diese Familien erheben Protest, sie schreiben nach Paris, schicken Abordnungen. Paris reagiert und ordnet die sofortige Einstellung des Zerstörungswerkes an. Dann beschließt sie die Restaurierung der Ruinen.[21]

Das neue Nationalbewußtsein entsteht sehr schnell. 1792: Eröffnung des Musée des monuments français. Ein Museum in Paris (heute im Trocadéro), Museen in der Provinz. Im allgemeinen werden sie in ehemaligen Klöstern untergebracht. Beispiel: Das prachtvolle Museum von Toulouse befindet sich im Augustinerkloster. Die Revolutionsregierung richtet wieder Ausbildungsstätten für Ingenieure und Architekten ein: die Schule der Schönen Künste, das Polytechnikum. Ihre Aufgabe besteht darin, die vorhandenen kulturellen Güter zu prüfen und zu inventarisieren, Schöpfer neuer Güter auszubilden und Modelle zu kopieren und zu verbreiten. Die Revolution bemächtigt sich bedeutender königlicher Manufakturen, der Gobelinmanufaktur und der Porzellanmanufaktur von Sèvres.

Jede Macht trachtet danach, die Produktion kultureller Güter unter Kontrolle zu haben. Sie kann es subtil bewerkstelligen – wie es die kapitalistische Macht heutiger Bourgeoisien tut, die die meisten Zeitungen, Verlage, Kunstgalerien usw. kontrolliert – oder brutal und dumm, wie es Kommissar Schdanow unter Stalin ausführte, der Künstler und Schriftsteller, die ihm nicht gefielen, nach Sibirien deportieren ließ.

Die Französische Revolution sah sich einer besonderen Situation gegenüber: Bis zum Ende des Königtums hatten zwei Instanzen parallel die Kontrolle über die Produktion kultureller Güter ausgeübt. Auf der einen Seite stand die von Richelieu unter Ludwig XIV. gegründete Akademie der Schönen Künste, auf der anderen Seite gab es die Handwerkerzünfte, die Aufgaben wie Regelungen über Ausbildungen oder die Aufnahme neuer Mitglieder übernahmen.

Genauer gesagt: Unter dem Königtum waren die Zünfte und die Akademie Feinde gewesen. Richelieu hatte die Akademie gegründet, um das Monopol der Zünfte zu brechen und um in Frankreich ausländische Künstler vom Format eines Leonardo da Vinci in Fontainebleau arbeiten zu lassen. Die Akademie und die Zünfte waren also bis zum Sturz der Monarchie zwei mächtige Institutionen. Sie hatten mittels der Verwaltung von Bestellungen, von Auszeichnungen und Preisen Kontrolle über Geschmack und ästhetische Kategorien ausgeübt.

Die Revolution schafft diese beiden Institutionen ab. Sie ersetzt sie durch freie Künstlervereinigungen, die in Sektionen unterteilt sind. Tausende von Künstlern schreiben sich dort ein. Diese Vereinigungen geben Orientierungshilfen durch sozialen Druck und durch Empfehlungen. Die Regierung legt einen Katalog von Themen vor, deren Behandlung sie wünscht. Neue Gegenstände wie Jakobinermützen, Volksszenen, Freiheitsbäume, Heldentaten im Krieg, aber auch alte Themen rehabilitierte sie, wie Stilleben, Arbeiter- und Tierszenen, die „Seestücke", Ansichten des Meeres, ländliche Szenen, Landschaften, historische Allegorien und Porträts. Jacques Louis David überwacht die Einrichtung dieser Vereinigungen. In den Gobelinmanufakturen und in der Porzellanmanufaktur von Sèvres wirkt sich die soziale Kontrolle ebenso aus: Die Motive, die den Arbeitern in der Teppichweberei und in der Porzellanherstellung „empfohlen" werden, sind die Freiheitsbäume und die Jakobinermützen. Die Kontrolle geht noch weiter: Die Leinwand- und Rahmenhändler unterlagen einem Reglement, das ihnen die Abmessungen ihrer Erzeugnisse vorschrieb und damit auch die Dimensionen der Bilder.

Die Kontrolle über die Produktion der kulturellen Güter vollzog sich also auf doppelte Weise: durch Ausschluß und durch Empfehlung. Für jede Art schöpferischer Tätigkeit werden Kataloge aufgestellt: Malerei, Webkunst, Bildhauerei usw. Diese Verzeichnisse enthalten die Bilder, Themen, Symbole und Zeichen, welche, da sie im Gegensatz zu den Interessen des Volkes stehen, untersagt sind. Parallel dazu existiert für jede Kategorie Künstler gleichermaßen ein Empfehlungsregister. Diese Register indizieren die Werte, die zu rühmen ratsam war: die römische virtus, das Kriegsheldentum, die Männlichkeit, der republikanische Mut, die Liebe zu den im Wind flatternden Fahnen, die Göttin der Vernunft. Da sich die Erste Republik für eine späte Neuauflage der Römischen Republik hielt, empfahl sie nachdrücklich die Horatier sowie Brutus als Bildgegenstände. (Der neue allegorische und metaphorische Apparat bietet später Napoleon Bonaparte ein bequemes Gefälle für seinen Rutsch in die persönliche und imperiale Diktatur).

Die neue, von der Französischen Revolution erschaffene Universalität ist demnach zuvörderst kulturell, ehe sie politisch ist. Die Revolution setzt das Schöne und das Wahre fest. Sie verbreitet sogar ihre Vorstellung vom Tod! Mitten in Paris läßt sie auf dem Hügel Sainte-Geneviève ein Pantheon errichten, das die Asche von Menschen verschiedener Länder aufnehmen soll, welche sie als Inspiratoren und Begründer ihrer neuen Kosmogonie betrachtet.

An der Seite bedeutender Franzosen ruhen in diesem schäbigen Tempel ein Genfer (Rousseau) und ein Züricher (Pestalozzi).

Allem Anschein nach schafft die Französische Revolution den europäischen Ethnozentrismus ab. Sie definiert die Rechte, Freiheiten und Pflichten der Gattung Mensch tatsächlich mit europäischen Begriffen. Ihre Empfehlungen werden aus der europäischen sozialen Realität und Lebensweise entlehnt. Der allgemeine Wille, der aus dem allgemeinen Wahlrecht hervorgegangen ist, wird mit der Würde eines einzigen, universellen und unkündbaren Trägers aller Werte ausgestattet.

Um welchen allgemeinen Willen handelt es sich? Um wessen Willen? Die Mitglieder der konstituierenden Versammlung, Anhänger der individuellen Freiheiten und der Gleichheit vor dem Gesetz, verkünden im ersten Artikel der Allgemeinen Erklärung der Menschenrechte: „Die

Menschen werden frei und gleich an Rechten geboren und bleiben es ..." Jedoch nur eine Minderheit der konstituierenden Versammlungsmitglieder denkt daran, diese Gleichheit auch auf schwarz- oder gelbhäutige Menschen auszudehnen. Nach fünf Jahren lautstarker Debatten schafft der Nationalkonvent endlich am 4. Februar 1794 die Sklaverei ab, erhält das Kolonialsystem allerdings aufrecht![22]

Victor Hughes, ein kleiner, zerbrechlicher Mann, der mit Ausschußwaren handelt, ein Freimaurer und autodidaktischer Philosoph, ist ein glühender Bewunderer Robespierres. Er wird vom Konvent zum Bevollmächtigten der Republik in Amerika ernannt. Auf seinem Admiralsschiff transportiert Hughes, in Begleitung einer Abteilung der Nationalgarde, nicht nur die Allgemeine Erklärung der Menschenrechte, sondern auch die erste Guillotine. Mit den Köpfen von Widerspenstigen und Wankelmütigen führt er die Universalität der neuen kulturellen Werte in den Überseegebieten ein.

1847: Auf Drängen der Liga der Gerechten von Brüssel setzt Karl Marx, unterstützt von Engels, ein Manifest auf. Das 1848 veröffentlichte *Kommunistische Manifest* wird zum Erkennungstext, zur programmatischen Plattform der wichtigsten Tendenzen in der entstehenden Arbeiterbewegung. Marx ist der geistige Erbe Robespierres. Das *Manifest* unterscheidet sorgfältig zwischen „zivilisierten Nationen" und „barbarischen Nationen". Die ersteren sind die natürlichen Herren der zweiten.

1907: In der Liederhalle von Stuttgart versammelt sich am Sonntag, 18. August, der Antikoloniale Kongreß der Zweiten Internationale. Jean Jaurès, Karl Kautsky, Emile Vandervelde, Eduard Bernstein, Paul Singer, Lenin, Rosa Luxemburg und 884 weitere Delegierte aus 25 Ländern drängen sich in dem überhitzten Saal. Am Ende achttägiger stürmischer Debatten, heftiger Konflikte und Versöhnungen von kurzer Dauer gelingt es Jean Jaurès, eine

Resolution durch Abstimmung zur Verabschiedung zu bringen. Bis in die sechziger Jahre hinein wird sie die Haltung der sozialistischen und kommunistischen Parteien und der europäischen Gewerkschaften gegenüber kolonisierten Völkern bestimmen. Hier der Wortlaut:

> Der Kongreß erklärt, daß die sozialistischen Abgeordneten die Pflicht haben, sich unbeugsam in allen Parlamenten der Methode der schrankenlosen Ausbeutung und der Knechtschaft, die in allen bestehenden Kolonien wütet, zu widersetzen. Sie sollen Reformen fordern, um das Los der Autochthonen zu verbessern, um über die Wahrung ihrer Rechte zu wachen, jede Art der Ausbeutung und Knechtung zu verhindern und mit allen zu Gebote stehenden Mitteln an der Erziehung dieser Völker zur Unabhängigkeit zu arbeiten.[23]

Die Universalität der europäischen kulturellen Werte impliziert eine unilineare Sicht von der Entwicklung der Nationen. Was bedeutet die Erziehung der Völker, die in Stuttgart postuliert wird? Die schrittweise und freie Evolution der Afrikaner, Asiaten und Lateinamerikaner zu „vernünftigen" Seinsformen (Jaurès), zu Institutionen gemäß den Lehren der Französischen Revolution, kurz: zu einer schrittweisen Assimilation und Integration in das soziale, intellektuelle und politische Vorbild Europas.

16. September 1810: Miguel Hidalgo läutet die Glocken der Kirche von Dolores (Mexiko), um zum Aufstand gegen den spanischen Besatzer aufzurufen. Der antikoloniale Aufruhr breitet sich wie ein Steppenbrand aus. Das unermeßlich große Mexiko befreit sich. Die autochthonen Stadtoligarchien und -bourgeoisien von Guanajuate, Mexiko, Laredo und Santa Cruz verjagen die Spanier, richten sich in den Regierungspalästen ein, lassen jedoch die kulturellen Einrichtungen des Landes unversehrt. 1821 werden Guatemala, Nicaragua, El Salvador, Honduras und Costa Rica unabhängige Republiken.

Die politischen und kulturellen Theorien des National-konvents liefern den Bourgeoisien Amerikas die Legitima-tion für ihren Aufstand gegen die Mutterländer. Nach ih-rem Sieg werden die in Paris proklamierten Werte zum Leitstern ihrer neuformierten Kreolenkultur. Robespierre ist der Gott Simon Bolivars. Die Begründer der Ersten Bra-silianischen Republik – Ruy Barbosa, Joaquim Nabucco u.a. – sind leidenschaftliche Schüler von Auguste Comte.

Der Befreier Chiles, Bernardo O'Higgins, trägt in der Satteltasche seines Reittiers ein einziges Buch mit sich quer durch die Anden, den *Gesellschaftsvertrag* (*Contrat social*) von Rousseau.[24]

Das, was für Lateinamerika ab der ersten Hälfte des 19. Jahrhunderts gilt, trifft gleichermaßen auf zahlreiche afri-kanische Länder mit Beginn der sechziger Jahre zu. Auch hier herrschen nach Erreichen der formellen Unabhängig-keit die Werte der Mutterländer weiterhin vor.

III
Die Schiffbrüchigen der Kultur

Die meisten der führenden Klassen im heutigen Afrika, die von der ehemaligen Kolonialmacht installiert, geformt und von ferne beeinflußt wurden, bemühen sich, dem Empfehlungsschreiben Jaurès zu folgen: Ihre Denkweisen, ihre Kleidersitten, ihre Ernährungsgewohnheiten, ihre sexuellen Bräuche, ihr Konsum- und Wohnverhalten und ihre politische Sprache – alles läßt auf einen starken Wunsch nach Imitation und Reproduktion der Werte des Mutterlandes schließen.

Die autochthonen Bedeutungen und Werte, die Famili-enstrukturen, die Solidarität innerhalb des Clans, die Ge-meinschaftskosmogonien und die Verhaltensweisen, die sie hervorbringen, werden verstümmelt, pervertiert und dis-kreditiert. Die traditionelle Kultur wird verleugnet, sie geht in der imitierten Kultur unter. Ihr Vergessen wird organisiert.

In seinem berühmten Roman veranschaulicht Scheich Alioune Ndao in ergreifenden Bildern diese freiwillige Ergebung in mutterländische Verhaltensweisen, in diese Selbstzerstörung der autochthonen Identität.

Hier eine Szene aus dem Alltagsleben eines (imaginären) senegalesischen Ministers. Der Minister Goor Gnak begibt sich zu Kodou, der ersten seiner vier Frauen:

- Goor, und diese Reise? (Kodou beugt die Knie – eine Geste der Ehrerbietung).
- Gut gegangen, Gott sei Dank. Und während meiner Abwesenheit?
- Es gab nichts, worüber wir uns zu beklagen hätten. Eigentlich habe ich dich heute nicht erwartet. Du hättest direkt zu deiner vierten Frau gehen sollen. Wenn du übermorgen zurückgekommen wärst, o.k., aber heute?!
- Ich bitte dich, laß mich entscheiden.
- Na gut, was möchtest du essen?
- Wenn es nicht zu spät ist, würde ich gern eine Schale *daxin* genießen. Niemand weiß, daß ich zurück bin, deshalb besteht keine Gefahr, daß ich Besuch bekomme.
- Mach dir keine Sorgen, ich werde den Tisch hinten auf der Veranda decken, weil du ja nicht überrascht werden willst, wenn du *daxin* ißt.
- Mach dich nicht lustig, hörst du? Unsere Gesellschaft lebt vom Klatsch.
- Ich weiß, aber ein Minister braucht sich nicht zu schämen, ein traditionelles Gericht zu essen, eine nahrhafte Speise. Wenn ich sehe, wie du nur heimlich afrikanisch zu essen wagst, wirst du mir mehr und mehr fremd.

Scheich Alioune Ndao setzt seinen Bericht fort:

Es ist eine allgemeine Tatsache bei wichtigen Leuten, daß sie bestimmte Gerichte nur heimlich essen. Es ist nicht nötig, daß ein Besucher, der unverhofft kommt, einen Minister, einen Abgeordneten oder einfach einen Intellektuellen dabei entdeckt, wie er eine Speise aus dem Busch genießt. Man soll sich bemühen, zivilisiert zu essen, d.h. den importierten Produkten ihre wirkliche Bedeutung zukommen zu lassen, im Lebensmittelgeschäft einzukaufen und nicht bei Sandaga oder bei Tilène ...

Aber da ja die menschliche Natur stärker ist als dumme Vorurteile und die Kindheit immer wieder die Oberhand über den jüngst erworbenen sozialen Glanz gewinnt, geben die wichtigen Leute manchmal dem Dämon der Versuchung nach. Es gibt Speisen, denen das Merkmal der Armut anhaftet, Speisen, deren Grundlage getrockneter Fisch, einfache Bohnen, alltägliche Gewürze oder billiger Reis sind – sie erwecken an manchen Tagen, ohne daß man weiß, warum, einen unwiderstehlichen Heißhunger. Dann essen bedeutende Leute sie in einem abgeschlossenen Raum, der sie vor Blicken, Überraschungen und möglichen boshaften Kommentaren schützt.[25]

Nehmen wir ein anderes Beispiel: Ich erinnere mich an einen weit zurückliegenden Abend im Juli des Jahres 1972 in Lagos. Ich war bei einem gebildeten Yoruba geladen, einem feinen, kultivierten Mann in hoher verantwortlicher Stellung im Ministerium für Auswärtige Angelegenheiten von Nigeria. Die im südlichen Vorort gelegene Villa war prunkvoll, der Salon geschmackvoll möbliert, angefüllt mit Büchern. Kleine Yoruba-Plastiken von großer Schönheit schmückten die Ausstellungsfächer hinter den Scheiben der Edelholzschränke. Ein Wolkenbruch schlug gegen die Fenster. Im Garten hüllten dichte Nebel die Akazienbüsche und Palmen ein. Eine Dunstwand schob sich vor den Ausblick auf die Lagune. Aus dem Rasen, auf dem Abertausende von Regen- und Tautropfen wie winzige Sterne blinkten, stiegen weiße Nebelwolken auf. Jedesmal, wenn ein neuer Gast durch die Terrassentür trat, drang der Duft feuchter Erde in den Salon.

Mein Gastgeber wirkte an jenem Abend sehr melancholisch. Die Regenzeit behagte ihm sichtlich nicht! Aber

plötzlich ging ein Strahlen über sein Gesicht: „*You know,
in a few days, very fortunately, I am going on home leave.*"
Was wollte er damit sagen? Ganz einfach das: Dieser
hochverantwortliche Schwarze eines seit 1962 unabhängigen afrikanischen Staates, Erbe einer der reichsten kulturellen Traditionen unseres Planeten, würde mit der ganzen
Familie auf Kosten der Republik nach London reisen, um
dort seinen Jahresurlaub zu verbringen. Dazu berechtigte
ihn das Statut seiner Abteilung, welches sich ganz offensichtlich seit der Zeit, als in den Büros von Lagos hervor-
ragende britische Funktionäre ihres Amtes walteten, nicht
verändert hatte!

James Baldwin nennt diese pathetischen, anziehenden,
unglücklichen Gestalten in seinem *The fire next time* „Neger mit weißer Seele". Sie, die in Afrika Geborenen, phan-
tasieren ein Leben lang über die für sie unerreichbare
weiße, europäische oder amerikanische Identität.

Wieviele „Neger mit weißer Seele" sieht man in den Bars
der Ebene von Abidjan, auf dem Albert-Boulevard von
Kinshasa! Wieviel imitiertes Konsumverhalten in Kampala, Nairobi, Duala, Bangui und Lagos! Der Wortschatz
der politisch relevanten Klassen Kameruns, der Elfenbeinküste, des Kongo ist der selbstgefälligen Terminologie der
Absolventen der École nationale d'administration von Paris zum Verwechseln ähnlich. Es gibt keine „intellektuelle"
oder „literarische" Pariser Mode, so kurzlebig und nichts-
sagend sie auch sein mag, die nicht augenblicklich in den
Salons von Lomé, Duala oder Dakar wiederholt wird und
sich nachhaltig auswirkt.

Der periphere Kapitalismus mit seinen imitierten Kon-
sumbräuchen (materieller und symbolischer Art) verdirbt
heute den größeren Teil des schwarzen und des südlichen
Maghreb-Afrika.

Kennen sie diese schönen Villen auf der Corniche von
Dakar, die prachtvollen Residenzen in der Ebene von
Abidjan, die Golfplätze und Schwimmbäder von Librevil-

137

le? Die klimatisierten Mercedes-Limousinen? Die Luxus-Restaurants auf dem Cap des Azilées, bis auf den letzten Platz besetzt mit eleganten Schönheiten, sorgenvollen Apparatschiks und mondänen Ministern? Die Kioske von Dakar, die unter den Lieferungen vor *Jours de France, Chateaux de France, Cavaliers de France, Chasseur français* zusammenzubrechen drohen? Die führenden Kreise, die regelmäßig und en famille ihre Ferien in der Normandie, im Haute-Savoie oder an der Côte d'Azur verbringen? Sie möchten den letzten Klatsch aus dem 16. Arrondissement oder von Saint-Germain-des-Prés erfahren, die pikantesten Anekdoten vom Palais Bourbon? Machen Sie es sich auf der Terrasse des Hotels Teranga gemütlich und belauschen Sie Ihre Nachbarn am Nebentisch aufmerksam. Die brillantesten Analysen der französischen Innenpolitik liefern die politisch denkenden Leute, die Intellektuellen Senegals.

Die Gewalt der verinnerlichten mutterländischen Kultur wirkt auf vielfache Weise: im Geschmacksurteil, in intellektuellen Entscheidungen, in normativer Urteilskraft.

Die neo-kolonialen Eliten von Rabat, Dakar, Abidjan, Duala, Lagos, Bamako, Nairobi, Khartum, Lomé usw. setzen sich oft aus Männern und Frauen zusammen, die scharfsinnig, geschult und außergewöhnlich intelligent sind und nicht weniger kritisch und energisch. Weshalb also ihre Selbstverstümmelung? Ein tiefer Glaube an die Überlegenheit der mutterländischen Kultur begründet ihr Handeln. Woher rührt dieser Glaube? Welche Quellen nähren ihn?

Die kulturelle Überlegenheit resultiert aus dem Aufeinanderprallen einer technologisch machtvollen und einer technologisch unzureichend ausgestatteten Gesellschaft. Ferner befriedigt die Wirkungskraft der Akkumulation, die der mutterländischen Kultur innewohnt, den Machthunger und das Verlangen nach individuellen Privilegien, wovon die Führungsmannschaften der neo-kolonialen Staaten in so hohem Maße umgetrieben werden. Schließlich eignet sich die mutterländische Kultur mit ihrer Akkumulationskraft fast alles an, was in den Kulturen der Peripherie an Hervorragendem zu finden ist.

Im 17. Jahrhundert teilt sich der befreite brasilianische Sklave Alejandrinho, ein schwarzer Bildhauer, talentiert wie Michelangelo, auf ganz selbstverständliche Weise in den Formen und Konzepten, in der Sprache der Herren mit. Unzählige seiner Skulpturen befinden sich in den Staaten Minas Gerais und Goias. In Congonhas, Ouro Preto und Diamantina, den märchenhaften Hauptstädten der reichsten Provinzen Brasiliens, schmücken die aus dem Stein geschlagenen Engel, Dämonen, Kardinäle, Propheten und Könige des genialen Buckligen die Kathedralen, die Paläste, die öffentlichen Plätze und Brücken.

Heute werden die Salsa-Musik der nach Kuba deportierten Yorubas, die Morna-Musik von den Kapverdischen Inseln und die Reggae-Musik der aufständischen Schwarzen aus dem Zentrum Jamaikas von den Mutterländern integriert, aufgegriffen, widerrechtlich vereinnahmt: Die multinationalen Kassetten- und Schallplattenfirmen, die Impresarios und Arrangeure aus London, New York, Paris und Genf gewinnen jedes Jahr mit der uralten Klage der Schwarzen bequeme Reichtümer.

Stets wachsam, sprungbereit, finanzstark, gierig und gerissen nehmen die Agenten der mutterländischen Kultur das Leben der Kulturen aus der Peripherie in sich auf. Sie eignen sich die großartigen Landschaften der Sahara, des Indischen Ozeans, des Corcovado oder des Tadj Mahal an und verkaufen sie an die Touristen. Sie kaufen die Maler, die Dichter, die Schriftsteller und die Handwerker. Das kulturelle Vermögen Afrikas, Asiens und des indianischen Amerika wird von den ethnographischen Museen verschlungen, verdaut und wiedergekäut. Die Frauen, die geschichtlichen Anlagen oder die Ernährung ... die Wirkkraft der Akkumulation läßt kein Produkt der Dritten Welt aus.

Der Glaube an die kulturelle Überlegenheit des Mutterlandes kann ohne Gewalt nicht fortdauern. Genauer: Die Tatsache, daß sie vorhanden ist, impliziert die Gewalt gegen die Interessen der Gemeinschaften, die sie beherrscht. Die Effektivität der Akkumulation kann sich tatsächlich nicht alle Werte der präkolonialen, autochthonen Gesellschaften zu eigen machen. Sie kann sich nicht der Wirkung der Ausgeglichenheit, der sozialen Gerechtigkeit, der ethnischen Harmonie, der gerechten Verteilung der Güter und der friedlichen Handhabung von Konflikten bemächtigen. Da es diese Werte nicht anhäufen kann, muß es sie, auf die Gefahr hin, die eigene Überlegenheit zu verlieren, zerschlagen. Die mutterländische Kultur zerstört daher das Wesen der peripheren Gesellschaften.

In etlichen Gesellschaften der Dritten Welt sind heute die mutterländischen Kulturen das Vorbild eines Vorbilds. Sie sind absolutistisch. Da, wo sie von der führenden neokolonialen Klasse verinnerlicht werden, unterdrücken die mutterländischen Kulturen die autochthonen Werte. Importierte Schulprogramme verdrängen bzw. zerstören die Mechanismen der Übertragung von Initiationswissen. Moderne Kliniken und ungeeignete, kostspielige Arzneimittel bringen die kognitiven, therapeutischen Funktionen der traditionellen Medizin in Mißkredit. Unzählig sind die Beispiele von Repression, von Selbstverstümmelung.

Ich fasse kurz zusammen: Die kulturelle Überlegenheit des Mutterlandes beruht auf dem Glauben. Aber gleichzeitig auf einer Evidenz: Je mehr sich die mutterländische Kultur zu eigen macht, desto stärker setzt sie sich durch.

In den meisten frankophonen Staaten und Gesellschaften Schwarzafrikas dauert der *Kolonialpakt* über die erreichte formelle Unabhängigkeit hinaus fort. Dieser Pakt besteht auf wirtschaftlichem, politischem und vor allem auf *kulturellem* Gebiet. Ich wähle das Beispiel einer besonders faszinierenden, widersprüchlichen und an Kulturen und Geschichten reichen Gesellschaft, die *Senegals*. Wirtschaftlich ist Senegal heute noch völlig vom Ausland abhängig: Sein Haupterzeugnis ist die Erdnuß. Sie ist für den Export bestimmt, insbesondere nach Frankreich. Senegal muß 65% (1990) seiner Nahrungsmittel einführen. Auf politischem Gebiet gestaltet sich der Kolonialpakt folgendermaßen: Bis zum Jahr 1990 heißt einer der mächtigsten Männer des Landes Jean Collin, französischer Staatsbürger, geboren am 19. September 1924. Diese rätselhafte Gestalt, deren politische Intelligenz und taktische Effizienz furchteinflößend sind, ist seit der ersten Regierungsbildung im Jahr 1957 in Dakar präsent. Mit Beginn der Unabhangigkeit und bis zum heutigen Tage übt Collin, ein wahrer Prokonsul – in unterschiedlichen Funktionen als Innenmistister, Generalsekretär der Regierung, Staatsminister usw. –, Kontrolle über die Verwaltung und vornehmlich über die Sicherheitskräfte aus.[26] Aber der Kolonialpakt, der Senegal an das ehemalige Mutterland bindet, besteht vor allem auf kulturellem Gebiet.

Zwischen den drei Abhängigkeitsebenen – Wirtschaft, Politik, Kultur – waltet eine komplizierte Dialektik. Die kulturelle Abhängigkeit schwächt die Verwaltungsstrukturen, andererseits ist der neo-koloniale Staat weder in der Lage, eine nationale Wirtschaft zu organisieren, noch fähig, den kulturellen Bruch zu vollziehen. Vetternwirtschaft, Korruption und Verfall der traditionellen Kulturwerte nähren sich gegenseitig. Sie verbünden sich, um jeglichen authentischen nationalen Aufbau zunichte zu machen. Betrachten wir nacheinander diese unheilvollen Kräfte. Die *Vetternwirtschaft (Nepotismus)* entsteht und verbreitet sich ausgehend von einer Dysfunktion der Werte, welche die Gesellschaft regieren. Viele Staatsführer und Funktionäre der bürgerlichen Gesellschaft müssen eine große Zahl von Cousins, Brüdern, Schwestern, Glaubensgenossen und Clanangehörigen ernähren – im wahrsten Sinne des Wortes. Die Werte der altüberlieferten Kultur schreiben für die Praxis von z.B. Ernennungen, Verteilung von Beamtenstellungen usw. zwingend ein solidarisches – familiäres oder clangebundenes Verhalten vor. Sehr viele Notabeln haben dadurch wahre Alpträume.

Die zeitgenössische afrikanische Literatur liefert Beweise dafür. Hören wir Goor Gnak zu, dem senegalesischen Notabeln in dem Roman von Scheich Alioune Ndao:

> In unseren Gesellschaften fällt es nicht leicht, den Dingen Rechnung zu tragen. Der Abgeordnete für die Region trägt den Schlüssel für die Zukunft in seinen Händen. War mein Sohn unverschämt gegenüber seinem Professor, verwies ihn das Disziplinargericht wegen mangelnden Fleißes von der Schule? Mein Abgeordneter muß den Minister bedrängen, Druck auf den Direktor ausüben, damit er den Bengel zurücknimmt. Vielleicht bin ich nach Dakar gekommen, um mich mit einem Problem in den Verwaltungsstuben zu beschäftigen? Wenn mir das Geld für die Rückfahrkarte fehlt, lenke ich meine Schritte zur Residenz meines Abgeordneten in der Hauptstadt. Wenn sich der Gewählte meiner Ortschaft jemals meinem Gesuch entzöge, würde ich mich beeilen, überall herumzuschimpfen, daß er ein schlechter Aktivist sei, ein Egoist und ein *toubab*. Man schreckt nicht vor einer Intrige zurück, die man durch Gerüchte und Geschwätz schürt.[27]

In demselben Roman kommt eine großartige Frauengestalt vor, Kodou. Sie erlebt das Drama des Verlassenseins, des Elends:

> Kodou wußte, daß Einflußnahme auf die Entscheidungen der Partei allein von Dakar aus möglich war. In der Südostregion, aus der sie stammte, konnte sie nur auf irgendwelche Honoratioren bauen. Sie sah, daß die Partei sich auf das Geld der Großhändler stützte und sich auf das Gebet der wichtigen Marabuts und den Eifer ihrer Anhänger verließ. Die einzige Kraft schöpfte Kodou aus diesem bäuerlichen Milieu, dem sie ihre eigensinnige Arbeitsauffassung, ihr leidenschaftliches Streben und ihre unerschöpfliche Geduld verdankte; Verzagt-

heit kannte sie nicht, sie verstand es, sich selbst davon zu
überzeugen, daß sie einen Lichtschimmer am Ende des Tun-
nels sah.[28]

In Senegal praktiziert die machthabende Partei, ein akti-
ves Mitglied der Sozialistischen Internationale seit den
Zeiten Präsident Senghors – aus Furcht vor Transparenz –
ein System, welches den „Klientelismus", den Nepotismus
legalisiert. Senegal ist ein Land mit ungeheuren Erdnuß-
kulturen (900.000 t im Jahre 1986). Der Anbau einheimi-
scher Nährfrüchte wird vernachlässigt. Das Land muß
den Hauptteil seiner Nahrung einführen. Die Wolof, Soninke, Tukulör und Diola essen überwiegend Reis, der aus
Kambodscha oder Thailand kommt. Er stammt aus internationalen Hilfsfonds oder aus Einkäufen der Regierung.
Nun liegt die Reisverteilung in den Stadtvierteln, Marktflecken, Dörfern und Weilern aber in den Händen der sozialistischen Partei. Jeder Abgeordnete erhält monatlich
sein Kontingent, das er unter seinen Vertrauten, Freunden
und Verwandten verteilt.

Eine zweite Geißel, eng verknüpft mit der kulturellen
Entfremdung, ist der wirtschaftliche Entwicklungsrück-
stand. Anstatt, daß sich der neo-koloniale Staat auf die
autochthonen Ingenieure, Architekten, Wirtschaftsexper-
ten und Soziologen verläßt, um Pläne zu verwirklichen,
die den Dimensionen des Landes angepaßt sind, stürzt er
sich in gigantische Unternehmungen, deren Konzepte und
Ausführungen ausländischen Konstruktionsbüros, ausländischen Laboratorien und Konsortien anvertraut werden.

Senegal ist ein herrliches Land, vielgestaltig in seinen
Landschaften, von überraschender, großartiger Schönheit.
Seit etlichen Jahrhunderten leben hier Völker in ihren
überlieferten Kulturen, Kulturen von erstaunlichem
Reichtum und bewunderungswürdiger Komplexität. Die
senegalesische Gesellschaft nun aber, das Produkt eines
langwährenden, konfliktreichen Integrationsprozesses und

ambivalenter Akkulturationsphasen, die 1962 ihre staatliche Unabhängigkeit erwarb, praktizierte über einen langen Zeitraum eine Enticklungspolitik, die zahlreiche Fehlschläge erlitt. Ich erinnere mich an eine Reise in den Norden des Landes im November des Jahres 1985. Auf der Halbinsel von Dakar stieg die weiße Sonne der Trokkenzeit langsam am Himmel empor. Die dichten Morgennebel lösten sich auf. Unser Peugeot rollte auf der Asphaltstraße, die von Dakar nach Rufisque, nach Thiès und nach Louga führt. Am frühen Nachmittag näherten wir uns der semiariden Savanne, die sich von Moa bis Yang-Yang und von Saint Louis bis nach Podor ausdehnt. Einige zig Kilometer jenseits der bezaubernden Stadt Saint Louis bietet sich unseren Augen ein groteskes Schauspiel: Mitten im Busch erhebt sich zwischen Kakteen und hohen Gräsern ein Universitätskomplex mit seinen Sporthallen, den Speise- und Schlafsälen aus Beton und Glas. Nahebei befinden sich die ultramodernen Fakultätsgebäude, die Hörsäle und die Labors. Ein wenig abseits gelegen das Rektorat und die anderen Verwaltungsgebäude. Alle diese Bauten, die zweifelsohne jeden europäischen, nordamerikanischen oder japanischen Professoren oder Studenten entzücken würden, sind aus Material erster Güte errichtet worden. Der architektonische Stil, der Großzügigkeit in seinem Entwurf und exquisiten Geschmack im Detail offenbart, verlangt Bewunderung ab. Doch außer Ziegen und Ratten bewohnt niemand diesen Campus! Die Türen schlagen im Wind, durch die zerbrochenen Fensterscheiben fliegen Tauben ein und aus und hin und wieder auch ein Geier. Die Universität trägt den schönen Namen von Gaston Berger, eines aus Senegal gebürtigen Gelehrten. In den siebziger Jahren von französischen Architekten und Unternehmern schlüsselfertig geschaffen, beliefen sich die Anfangskosten nur auf die geringe Summe von 35 Milliarden Francs CFA. Dieser Bau, der offiziell dafür vorgesehen war, die Universität von Da-

144

kar zu entlasten und die wirtschaftliche und soziale Entwicklung der Nordregion zu gewährleisten, diente in Wahrheit einem anderen Ziel: Man wollte die unruhigen Studenten aus der Hauptstadt entfernen, die 1968 mit ihren Forderungen und Demonstrationen das Regime Senghors in Gefahr gebracht hatten. Mit ihren ultramodernen Türmen, ihren prunkvollen Empfangssälen, den Statuen und Wandteppichen, mit ihren geräumigen Nebengebäuden, ihrem Krankenhaus, ihren Elektrizitätsanlagen, dem Kanalisations- und Straßennetz hat diese riesige Universität niemals gearbeitet. Weder ein Student noch ein Lehrender oder ein Verwaltungsangestellter hat je seinen Fuß hierhin gesetzt. Doch in Dakar, in Saint Louis und in Paris haben sich leichterworbene Reichtümer angesammelt – dank der Kommissionen, der fetten Pfründe und anderer Gefälligkeiten, die nahezu überall in der Dritten Welt die gewöhnliche Folge dieser Pharaonenwerke bilden.[29]

Die Abenddämmerung war soeben hereingebrochen. Der Duft von Blumen und wilden Kräutern erfüllte die Luft. Im Westen versank eine rote Sonne im Meer, warf ihre letzten Strahlen an einen transparenten Himmel, über den sich langsam die Nacht senkte. Unser Peugeot machte eine Kehrtwendung und schlug den Rückweg ein, die Straße nach Saint Louis. Als wir die große, von Faidherbe konstruierte Brücke erreichten, die die Flußmündung überspannt, veranlaßte uns unser Führer, ein Intellektueller und hitzköpfiger Patriot aus Dakar, aus dem Wagen zu steigen. Auf das Brückengeländer gestützt, betrachteten wir in der Ferne ein weiteres Wunderwerk neokolonialer sogenannter Entwicklungsstrategie: die Anlagen des Fischerhafens, die von Ingenieuren und Unternehmen aus Polen erbaut wurden. Saint Louis ist das Zentrum eines alteingesessenen Fischervolks. Mehr als 10.000 Fischer arbeiten entlang der gesamten Küste, Fischer von erstaunlicher professioneller Fähigkeit und außergewöhnlichem Wissen und Mut. Nicht selten bleiben die Besatzungen,

145

die auf großen gemeinschaftlichen Pirogen hinausgefahren sind, zwei oder drei Wochen auf hoher See. Ursprünglich war dieser ultramoderne Hafen für sie bestimmt, für die Vermarktung ihrer Erzeugnisse und zur Erleichterung ihrer schwierigen Lebensumstände. Wie steht es heute um die Lagerhallen, Kühlräume, Kais und Büros des Hafenkomplexes? Sie sind leer und verlassen! Die Kühlanlagen, sie zählen zu den modernsten und kostspieligsten der Welt, rosten friedlich unter dem tropischen Regen vor sich hin. Der Hafen mit all seinen Einrichtungen, seinen Lagerhäusern und Fahrzeugen hat niemals gearbeitet. Skelette sind geblieben – eine sinnlose Riesenverschwendung, die zig Milliarden Francs CFA verschlungen hat.

Stromaufwärts ist mit Hilfe vieler Ingenieure, Techniker Facharbeiter und gigantischer Maschinen aus aller Welt der Staudamm von Diama errichtet worden. Er soll verhindern, daß das Meereshochwasser ansteigt und das Flußsystem versandet und versalzt. Ein unbestreitbar eindrucksvoller technischer Erfolg. Ich suchte den Staudamm in Begleitung eines französischen Ingenieurs auf, eines temperamentvollen Sozialisten, der aus Gap (Hautes Alpes) stammte. Ein feines Kapillarnetz von Flüssen, Bächen und Tümpeln durchzieht das Flußdelta des Senegal. Durch die Entsalzung dieser Wasserläufe wird eine Fläche von 44.000 km^2 fruchtbar, größer als die Schweiz (und überdies: In der Schweiz ist nur ein Drittel des Nationalgebietes bewohnbar!). Diese Landmasse ist der Landwirtschaft im Jahre 1985 auf einen Schlag gewonnen worden. Zum Segen für die senegalesischen Bauern? Zum Nutzen für die Zehntausende Menschen der Flußregion – die Soninke, Wolof und Tukulör – die als Auswanderer in Frankreich unter dem Rassismus leiden und niedrige, demütigende Arbeiten verrichten müssen? Weit gefehlt! Dieser neugewonnene Boden ist in erster Linie für die Spekulanten, die höheren Beamten und Offiziere, kurz: für die Staatsbourgeoisie Dakars und auch Nouakschotts bestimmt (da ja auch ein Teil des neugeschaffenen Landes auf mauretanischem Gebiet liegt). Wie funktioniert dieses subtile System von Amtsmißbrauch? Ein hoher Beamter aus Dakar verschuldet sich zu günstigen Konditionen bei einer Staatsbank. Mit dem geliehenen Geld erwirbt er bei dem Staatsbüro ein oder mehrere Grundstücke, zwischen 20 und 40 Hektar groß. Für die schwere Arbeit auf seinen entstehenden Plantagen verpflichtet er landlose Bauern aus dem Norden oder Senegalesen, die aufgrund der kritischen Arbeitsmarktlage in Europa in ihr Land zurückkehren mußten. Und die landlosen Bauern, die zurückgekehrten Emigranten und die ganz bescheidenen Eigentümer aus dem Norden, die sich seit Jahrzehnten von diesem Staudamm für sich und für ihre Kinder die Chance auf ein besseres Leben erhofften? Vergessen, ausgestoßen und in ihr Elend zurückgeworfen. Als ich einen hohen Beamten, der mir in den luxuriösen Büros der OMVS (der Organisation zur Erschließung des Senegalflusses) über den Weg läuft, mein Erstaunen darüber mitteile, antwortet er mir mit einem charmanten Lächeln: „Sie begreifen nichts! Wir stehen vor einem schrecklichen Problem: Unsere Bauern sind nicht in der Lage, eine Fläche zu bewirtschaften, die größer ist als ein Hektar. Aus diesen für uns ausschlaggebenden Gründen der Produktivität können wir ihnen – leider – dieses neugewonnene Land nicht anvertrauen."

Beschäftigen wir uns mit dem letzten Übel, dem der Korruption! Es ist nicht leicht einzukreisen. Die senegalesische Staatsbourgeoisie ist eine der aktivsten, ja der fähigsten ganz Afrikas. Sie setzt sich aus Männern und Frauen zusammen, die oft sehr kultiviert und anregend sind und eine beeindruckende universitäre und berufliche Bildung besitzen.

Die Korruption läßt sich keineswegs auf das Problem der Habsucht oder individueller Privilegien reduzieren. Hören wir noch einmal Scheich Alioune Ndao:

Für den Mann von der Straße ist ein guter Minister ein Demagoge. Einer, der die Kunst beherrscht, die Dinge so zu drehen, daß die Wähler in seiner Region, seine Verwandten und seine Freunde zufriedengestellt sind. Wenn er sich wie ein Minister verhält, der objektiv handelt und seine Vettern, seine Verbündeten, die aktiven Politiker seines Wahlbezirkes und jeden anderen Bürger auf die gleiche Stufe stellt, dann sind die Leute verwirrt. Man begreift ihn nicht. Er mißachtet die Spielregeln. Er wird mit einer gerichtlichen Verfolgung zu rechnen haben. Er ist nicht Minister, um der Nation zu dienen, um die Politik einer Regierung durchzuführen, die dazu berufen ist, für das Wohl aller Bürger Sorge zu tragen. Er ist zunächst und zuallererst Minister um seiner selbst willen, um davon zu profitieren, um seine Eltern und Verwandten, seine Freunde und die Politiker seiner Partei profitieren zu lassen. Niemand verdammt ihn, jedermann versteht ihn. Allein diejenigen, die von der Macht ausgeschlossen sind, werden ein solches Verhalten kritisieren, obwohl sie nicht sicher sein können, daß sie den Forderungen des Clans, der Familie, der Schwiegereltern widerstehen könnten. Es ist nichts Schlimmes daran, seine Situation auszunutzen, um seinen Verwandten zur Seite zu stehen; ideal wäre es, alle Bürger als die eigenen Verwandten zu betrachten.[30]

Übrigens sind Nepotismus und Korruption Phänomene, die – statt, daß die Armen sie in jeder Hinsicht verurteilten – von den Opfern gewissermaßen bestätigt werden. Eine andere Passage in dem Buch Scheich Alioune Ndaos veranschaulicht das: Goor Gnak, (erdachter) Minister der Regierung, ist soeben gestürzt. Er sucht Unterstützung beim Marabut, dem traditionellen Häuptling der Region, deren Abgeordneter Gnak seit Jahrzehnten ist. Doch unwillig lehnt der Marabut ab, beim „Leader" (Staatschef) zugunsten des abgesetzten Ministers vorstellig zu werden. Mit sehr viel Realitätssinn äußert er sich dazu:

Die Bauern unterstützen nur die Leistung. Sie stehen auf der Seite dessen, der ihnen Saatgut, Dünger, Lebensmittel, landwirtschaftlichen Bedarf und einen guten Preis für ihre Erzeugnisse verschafft. Sie betteln nicht, sie zahlen mit ihrer täglichen schweren Arbeit, dem Grundpfeiler für den Wohlstand des Landes. Von höchstem Wert ist für sie das gegebene Wort – daran klammern sie sich. Wir wissen zu würdigen, was Goor Gnak für die Bauern tat, aber es war der Leader, der ihn uns präsentierte. Ein Kind des Landes, das für den Aufstieg seiner ackerbautreibenden Anverwandten arbeiten wollte. Es entwickelte sich ein Hilfswerk ohne Fehler, ein gemeinschaftliches Unternehmen zum Wohl der ländlichen Bevölkerung. Niemand hat etwas gegen Goor Gnak, das Ideal wäre ein vollkommenes Einvernehmen, das würde die Arbeit für jedermann erleichtern.[31]

Die Spielregeln zwischen der Staatsbourgeoisie und den Marabuts, den Führern der großen islamischen Bruderschaften, sind derart kompliziert, daß sie jeder rationalen Analyse zu trotzen scheinen. Hinzu kommen die Strategien des internationalen Kapitals: N'Drouga Kebe, Chef der Holdinggesellschaft Kebe ist sowohl der Finanzier Mobutus als auch der der saudiarabischen Emire. Die französischen Basen von Ouakam liefern dem Staat wesentliche Einkünfte.

Die gesamte komplexe soziale Situation führt zu einer kulturellen Zerrüttung, unter der die klügsten Köpfe der Senegalesen leiden.

Frankreich hat praktisch kein besonderes Interesse an diesem Land. Senegal ist jedoch ein strategisch wichtiges Kernstück seines neokolonialen Einflußbereiches. Im wesentlichen vollzieht sich die Beeinflussung auf dem Umweg über die Kultur: Von Paris finanzierte frankophone Institutionen im Schul-, Presse- und Kommunikationsbereich sind in großer Zahl vorhanden. Vor dem Präsidentenpalast erhebt sich die Statue Faidherbes, des ersten Eroberers des Landes. Bei meinem letzten Aufenthalt in Dakar im August 1986 trug der Bestseller den Titel: *Les Tuniques rouges* (Die roten Waffenröcke). Es handelt sich

dabei um ein prachtvolles Album zum Ruhme der senegalesischen Elitesoldaten – eben die „tuniques rouges" –, die
früher im Dienst der führenden Klassen Frankreichs in
deren Kolonialkriegen die indochinesischen, madegassi-
schen und algerischen Patrioten massakriert haben. Diese
heldenmütigen Krieger bewachen heute in den gleichen
Kolonialuniformen mit gezogenem Säbel und wehendem
Waffenrock den Palast des Präsidenten von Senegal.

Zwei sehr unterschiedliche Erinnerungen. Die erste versetzt uns in den Januar des Jahres 1980: Präsident Leo-
pold Sedar Senghor hatte ganz oben im weißen Palast in
seinen Privaträumen zu einem Diner geladen. Wir – einige
europäische Universitätsprofessoren und Politiker – fanden uns in freundschaftlicher Runde zusammen. Michel
Rocard, Jacques Attali, Roger Garaudy und einige andere
wollten mit dem Präsidenten über die kulturelle und politische Gegenwart des Landes diskutieren. Fast den ganzen
Abend hielt uns Senghor ein meisterhaftes Kolleg von be-
eindruckender Intelligenz und Gelehrsamkeit über die
Rassenkreuzung. Daraus ging hervor, daß die Senegalesen
überhaupt keine schwarzen Afrikaner, sondern den Ägyp-
tern nahestehende Menschen oder vielleicht sogar Franzosen waren.

Ein anderer Ort, ein anderer Rückblick in den September des Jahres 1985. Ich befinde mich in Moskau in der
zweiten Etage der grauen Festung des Zentralkomitees der
kommunistischen Partei der UdSSR. In einem riesigen
Raum, der außer einem langen Tisch, einem Arbeitstisch,
einer Pendeluhr, einem Lenin-Porträt, einigen Holzstühlen
und einem Teppich praktisch nichts enthielt, saß ich Vadim Sagladin gegenüber. Ein kühler Herbstregen prasselte
gegen die Fensterscheiben; draußen war es bereits dunkel.
Vadim Sagladin, stellvertretender Chef der internationalen
Abteilung des ZK-Sekretariats – ein Mann mittlerer Statur, elegant gekleidet, lebhaft –, ist hochgebildet und
spricht ein sehr gepflegtes Französisch. Wir erörtern die

Beziehungen der UdSSR zu den Ländern und den Befreiungsbewegungen der Dritten Welt. Sagladin ist ein Machtmensch mit reicher und vielseitiger Erfahrung im politischen und menschlichen Bereich. Plötzlich hält er inne. Mit einer Stimme, die Neid zum Ausdruck bringt, ruft er aus: „Sie wissen ja, Frankreich versteht in bewundernswerter Weise, seine Kolonien zu halten!"

Weltlose Kulturinhalte, schmerzvolle Entfremdung, Mutlosigkeit und Verwirrung sind die Folgen, unter denen so viele scharfsichtige Senegalesen leiden aufgrund des langsamen Zerfalls des sozialen Gewebes. Kurz vor seinem Tode stattete ich Scheich Anta Diop meinen letzten Besuch ab. Dieser Gelehrte von Weltruf saß in der Universität von Dakar hinter seinem Schreibtisch, auf dem sich Berge von Papier häuften, und empfing mich wie immer mit einer natürlichen und menschlichen Wärme, die ich niemals vergessen werde. Ich legte ihm den Entwurf meines Buches vor. Während wir Abschied voneinander nahmen, sagte mir dieser wunderbare Mensch, der Staatschef hätte sein können, sein sollen, lächelnd: „Du siehst, ich bin heute nichts mehr. Nicht mehr als ein Psychiater für die Kulturschiffbrüchigen."

Wie ist der Selbstverstümmelung zu entkommen? Eine vielschichtige Frage. Auf jeden Fall liegt das Problem nicht ausschließlich in der pervertierten Subjektivität gewisser neo-kolonialer Eliten. Eine Rolle spielen gleichermaßen objektive Widersprüche, die sich aus den technischen Anlagen und aus der Entwicklung der Produktionskräfte ergeben. Ein Beispiel: Auf dem Platz einer traditionellen Fischtrokkenanlage an der Kleinen Küste von Senegal errichtet die Regierung – schlüsselfertiger Import – eine Fischkonservenfabrik. Mit der zerstörten traditionellen Anlage verschwinden traditionelles Know-how, Produktionsverhältnisse und Werte – stirbt eine menschliche Gemeinschaft. Die Produktion konservierter Fische jedoch steigt an.

151

Wie kann man diesem scheinbaren Dilemma entgehen: der Zerstörung von Kategorien, die in der Überlieferung begründet sind oder der Modernisierung des Produktionsapparates? Wo sind die Kräfte der Phantasie, der Erfindung, der Kreativität aufzuspüren, die das von außen importierte zeitgenössische technologische Handwerkszeug mit einer traditionellen Gesellschaft in Einklang zu bringen vermögen? Wie wehrt man sich gegen die Schulprogramme, die ästhetischen Kategorien, gegen Museen und Symbole, gegen Produktions- und Analysemethoden des Mutterlandes?

Eine schöpferische Intelligenz und ein seltener Mut sind vonnöten, um aus der Erfahrung seines Volkes die Werte und Überzeugungen zu schöpfen, die zum Aufbau einer neuen Kultur unentbehrlich sind. Im vierten Teil werden wir den Versuch, eine neue Kultur und eine neue Gesellschaft zu begründen, analysieren, den Versuch, den Thomas Sankara und seine Gefährten in der Zeit vom August 1983 bis Oktober 1987 in Burkina Faso unternommen haben.

Anmerkungen zum 2. Teil

1 Juryj Rychten, *Ajvanhu*, nach der polnischen Ausgabe, Warschau, 1966.

2 Vgl. Erica Deuber-Pauli, „Nord-Sud: modèles metropolitains de suprématie culturelle et construction des cultures nationales dans le tiers monde", in *Revue suisse d'art et d'archéologie* 1984.

3 Jean-Paul Sartre im Vorwort zu Frantz Fanon, *Die Verdammten dieser Erde*, Frankfurt a.M., 1966.

4 Arnin Maalouf, *Les Croisades vues par les Arabes*, Paris, 1983.

5 Die wissenschaftliche Theorie des Galilei war dennoch wirkungsvoll. Mit einigen Jahrzehnten Verzögerung setzte sie sich allmählich im Bewußtsein der Menschen durch, weil sie in einer Wirk-

lichkeit, die nicht der ideologischen Manipulation unterworfen war, bestätigt wurde. Die neue Kosmologie Galileis entsprach den konkreten Bedürfnissen der Menschen seiner Zeit. Seine neue Himmelskarte erlaubte den Seekartographen, genauere Karten zu zeichnen, den Seefahrern, besser zu navigieren und den Kaufmannsbourgeoisien aus Venedig, Genua und Florenz, ihre Handelsrouten weiter auszubauen und neue Kontore einzurichten. Aus diesen Gründen breitete sich die Theorie Galileis trotz des Verbots der Kirchenbürokratie und trotz des Widerrufs ihres Schöpfers weiter aus.

6 *Le Livre de Babur*, Memoiren des ersten Großmoguls des indischen Mogulreichs (1494-1529). *Histoire des Grand Moghols. Babur*, von Jean-Paul Roux, Paris, 1986.

7 Eine Legende weist auf die Beständigkeit des uralten Kulturkonflikts zwischen dem Mutterland und der Peripherie hin, die Muslime von Tunesien überliefern bis zum heutigen Tage eine Erzählung: Ludwig IX., der Heilige, ist nicht 1270 gestorben, sondern an seiner Stelle ist ein Soldat seiner Truppen begraben worden – in der königlichen Rüstung. Der König von Frankreich aber hätte sich, überzeugt von der Überlegenheit des Islam, bekehren lassen und hätte sich in eine Einsiedelei ans äußerste Kap zurückgezogen, das nach Osten hin die Bucht von Karthago begrenzt. Er soll den Namen Sidi Bou-Said angenommen haben, ein muslimischer Heiliger der noch heute verehrt wird und dessen Grab, in der Stadt gleichen Namens gelegen, jedes Jahr wieder zahlreiche Pilger anzieht. Im September 1986 wohnte ich einer solchen Wallfahrt bei, die Inbrunst der Pilger war beeindruckend.

8 Zur finanziellen, politischen und militärischen Organisation der Expedition der *Pinta, Nina und Santa Maria* vgl. M. Mahm-Lot, *Christophe Colomb*, Paris, 1960.

9 Alejo Carpentier, *Die Harfe und der Schatten*, Suhrkamp Verlag, Frankfurt a.M., 1984.

10 Vgl. auch Christoph Kolumbus, Entdeckung Amerikas und Schiffstagebuch des Chr. Kolumbus.

11 Vgl. auch Neuausgabe des Buchs von José de Acosta, Paris, 1979.

12 Gregor IX. ist nicht der Erfinder der Inquisition. Er verwirklichte einen früheren Vorschlag, den die gelehrten Bischöfe und Mönche beim Konzil von Verona (1183) gemacht hatten: Das Konzil hatte den lombardischen Bischöfen befohlen die Häretiker der Justiz auszuliefern, wenn sie sich weigerten, sich bekehren zu lassen.

13 Der Dominikaner-Orden hat sich seit jener Epoche gründlich verändert: Die meisten seiner Priester gehören heute zur Avantgarde des Kampfes für die Gleichstellung der unterdrückten Völker.

14 Es gab unter ihnen auch Ausnahmen. Vor allem jene berühmte Ausnahme des Domingo Bioho, gebürtig aus Calabar (heute Nigeria) am Golf von Guinea. Er widerstand der Folter, verweigerte das Geständnis, wurde in die Zelle zurückgeführt und konnte entfliehen. Später wurde Bioho Anführer der Erhebung der städtischen Sklaven – Dockarbeiter, Hausangestellte – von Cartagena. Die Aufständischen nahmen selbst die Festung von San Felipe ein und massakrierten die Garnison. Vor dem spanischen Expeditionskorps zogen sie sich ins Sumpfgebiet des Magdalenaflusses zurück und gründeten die Freie Republik von Palenque, vgl. Jean Ziegler, *Afrika: Die neue Kolonisation*, Darmstadt und Neuwied, Luchterhand, 1980.

15 Einführung der Sklaverei? Ein sekundäres Problem. Weder die europäischen Königreiche noch die Kirche haben sie erfunden, sondern die arabischen Emire und die afrikanischen Potentaten. Die Seefahrer, die europäischen Kaufleute von den Küsten Afrikas stießen bei ihren Unternehmungen auf sie. Nach den Massakern unter den Indianern und nach den Epidemien, die die beiden Amerikas dramatisch entvölkert hatten, fehlten den europäischen Herren der Zuckerrohrplantagen und der Minen Arbeitskräfte. Die Bankiers und Reeder Spaniens, Portugals, Frankreichs und aus Genf lösten das Problem, indem sie auf eine alte Institution zurückgriffen. Sie rationalisierten und erweiterten den Sklavenhandel.

16 Pierre Goldman, *Souvenirs obscurs d'un Juif polonais né en France*, Paris, 1975.

17 Alle Zitate J. J. Rousseaus sind den *Œuvres complètes* entnommen.

18 Jean Starobinski: *Montesquieu*, Paris, 1953.

19 ebd.

20 Maximilien de Robespierre, *Œuvres complètes*, Paris, PUF, o.J.

21 Die effektiven Restaurierungsarbeiten an den Ruinen begannen erst in den dreißiger Jahren des 19. Jahrhunderts. Karl X. nimmt aus nicht eindeutigen Gründen (Verurteilung des Vandalismus im Namen der Werte der Königswürde) den Restaurierungsplan, den die republikanische Regierung formulierte, wieder auf.

22 Die Sklaverei ist am 20. Mai 1802 wieder eingeführt und endgültig erst 1848 abgeschafft worden.

23 Die Protokolle über Entschließungen, die Grundlagendokumente,
die verschiedenen Interventionen jeder anwesenden Delegation
sind vom Sekretariat des Internationalen Sozialistischen Büros in
Brüssel veröffentlicht worden. Vgl. auch *Geschichte der Internationale*, J. Braunthal, Berlin, Verl. J. H. W. Dietz.

24 Vgl. Alejo Carpentier, *Le Siècle des lumières*, Paris, 1982, und *Le
Concert baroque*, 1983.

25 Scheich Alioune Ndao, *Excellence, vos épouses!*, Dakar, 1985.

26 Mamadou Dia, *Mémoires d' un militant du tiers monde*, Paris,
1985.

27 Scheich Alioune Ndao, s.o., S. 42f., toubab = Europäer.

28 ebd. S. 48.

29 Die Gaston-Berger-Universität sollte Ende des Jahres 1990
schließlich ihren Betrieb aufnehmen: Die ersten Studenten und
einige Professoren nehmen unter etwas ungewissen Verhältnissen
die Gebäude und den Campus in Besitz.

30 Scheich Alioune Ndao, s.o., S. 34f.

31 ebd. S. 79.

DRITTER TEIL

DER TROPISCHE KOMMUNISMUS

I
Ein tragischer Irrtum

Antonio Gramsci: „Es gibt keine politische Machtüber-
nahme ohne vorhergehende Inbesitznahme der kulturellen
Kräfte." Und Henri Lefebvre und Norbert Gutermann
stellen fest: „Abhängigkeit und Entfremdung sind Schwestern."[1] Die wirtschaftliche, politische und militärische Befreiung eines Volkes aus der Dritten Welt, die Wiedergeburt seiner besonderen kulturellen Identität können nur
Wirklichkeit werden durch den radikalen Bruch mit der
dominanten fremdländischen Kultur. Entweder gelingt es
einem Volk der Dritten Welt, seine autochthone vorväter-
liche Kultur zu bewahren, neu zu beleben und zu interpretieren, sie umzugestalten, oder aber es verschwindet als
eigenständiger Gegenstand der Geschichte. Der Sieg der
Besiegten muß organisiert werden. Vorerst ist die Schlacht
unentschieden.

Über welche *Strategien* verfügen diese Völker, um die
Entfremdung aufzubrechen, ihre Autonomie zu erreichen
und ihre Eigenart durchzusetzen?

Welcher Wert muß den überlieferten Werten hinzugefügt
werden? Welche Beziehungen bestehen zwischen dem
Marxismus-Leninismus der Avantgarden und der traditionellen Kultur? Wie können die autochthonen Werte erhalten bleiben? Müssen sie um jeden Preis erhalten werden?
Ist es notwendig, sie alle wieder aufleben zu lassen, sie zu
behüten und zu verteidigen? Oder sollte man vielmehr
einige von ihnen verwerfen? Welche sind schützenswert?
Welche hingegen sollte man bekämpfen?

Der dritte Teil dieses Buches versucht, lediglich eine einzige dieser Fragen zu beantworten: nämlich die nach den
Beziehungen, die die meisten der revolutionären Avantgarden der Dritten Welt mit den traditionellen autochthonen
Kulturen unterhalten, Beziehungen, die immer konflikt-

reich sind und zuweilen von gegenseitigem Mißtrauen und Unverständnis gekennzeichnet sind.

Eine tragische Gefahr lauert hinter den Befreiern, die Kultur des Mutterlandes exportiert ihre eigene Negation. Der Marxismus-Leninismus, eine Frucht der sozialen Kämpfe im Mutterland, stellt für die Avantgarden eine beständige Versuchung dar. Den Marxismus-Leninismus, eine eurozentrische Negation, zu benutzen, um die dominante Kultur des Mutterlandes zu zerstören, hieße, naiv-illusorisch an die kulturelle Befreiung zu glauben.

Ich unterstreiche: Analytische Vernunft und die methodologischen Vorstellungen der marxistisch-leninistischen Theorie sind nützlich und unumgänglich, selbst wenn man das Funktionieren des imperialistischen Weltsystems begreifen will. Aber sie offenbaren sich als reichlich hinfällig, wenn es darum geht, den sozialen Werdegang, die Entwicklung oder die symbolischen Leistungen der bäuerlichen Aufstände zu analysieren oder auch die soziale Funktion der Religion. Nun sind aber fast sämtliche Revolutionen, die momentan in der Dritten Welt stattfinden, bäuerliche Revolutionen. Eine entscheidende Rolle in diesen Emanzipationsbewegungen und bewaffneten Befreiungskämpfen spielen oft religiöse Beweggründe.

Die Fehlleistungen, Unterdrückungen und Perversionen der bäuerlichen Revolutionen in Afrika, Asien und Lateinamerika, die von den städtischen Avantgarden durch eine dogmatische Anwendung des im Ausland aufgenommenen Marxismus-Leninismus hervorgerufen wurden, sind nicht mehr zu zählen. Diese Avantgarden wissen im allgemeinen nichts von den symbolischen Reichtümern, von Bedeutungen und Werten der großartigen vorväterlichen Kulturen ihrer Völker. Da es sich hierbei um ein Zentralproblem des kulturellen Befreiungskampfes handelt, der im Mittelpunkt unseres Buches steht, werde ich im folgenden einen bestimmten Fall analysieren: den der äthiopischen Revolution. Im dritten und vierten Kapitel dieses

Teils erfahren wir von den Mißverständnissen, welche die marxistisch-leninistischen Avantgarden in Opposition zu den religiösen Gemeinschaften und zu den verschiedenartigen sozialen Anschauungen ihrer Völker bringen.

II
Revolution in Äthiopien .

Die abgehackten Beine der Ras

Das Hochland von Äthiopien wird von zwei Plateaus beherrscht, die in den Bergen von Semien zu einer Höhe von mehr als 4.000 Metern ansteigen. Ihr größter Teil aber, d.h. die dicht besiedelten Zonen, liegen in Höhen zwischen 2.000 und 2.500 Metern. Tiefe Einbrüche durchziehen die Plateaus: Von Addis Abeba aus steigt die Straße nach Debra Zeit gen Süden in schwindelerregenden Kurven eine Steilwand von nahezu 1.000 m hinauf, um danach auf eine grünende Ebene voller Vögel zu treffen, das Rift Valley. Enge Täler und Schluchten zerschneiden die Plateaus. Das Rift Valley, ein bedeutender tektonischer Grabenbruch, reiht See an See. Unzählige rosa Flamingos drängen sich an ihren Ufern, die im Frühling von gelben Blumenteppichen überzogen sind. Das Tal trennt die beiden Hochebenen, an deren unteren Rändern sich weite fruchtbare Gebiete ausdehnen. Sie sind nur wenig besiedelt, und die Nomadenvölker wandern hier mit ihren Kamelen und Zebuherden entlang. Die Plateaus sind nur scheinbar eben! Unvermittelt brechen sie auseinander, nach einer Kurve zeigen sich breite Risse auf der Piste. Sie stößt plötzlich auf eine Felswand, dann stürzt sie in eine Schlucht, wie die berühmte, die der Blaue Nil einst schuf.

Äthiopien ist doppelt so groß wie Frankreich und verfügt über ein Straßennetz von 30.000 km Länge (10.500 km Allwetterstraßen, davon 3.000 km Asphaltstraßen). Außerdem existieren zwei Eisenbahnlinien: Eine führt von Massaua nach Bisha, die andere, strategisch bedeutender, verbindet die Hauptstadt des ehemals französischen Territoriums der Afar und Issa (TFAI), Dschibuti, mit den Plateaus von Shoa und mit Addis Abeba. Das Klima? Es wird von denselben starken Gegensätzen geprägt. Das Tiefland ist ein heißes und relativ trockenes Gebiet, auf den Plateaus hingegen fällt der Regen – in normalen Zeiten – in zweijährigem Turnus, und die Temperaturen sind verhältnismäßig mild. 85% der 46 Millionen Äthiopier leben auf den Plateaus, die dennoch nur 44% des Staatsgebiets einnehmen. Man muß diese am Hang angelegten Kulturen gesehen haben, diese winzigen, an die Bergflanken geduckten Höfe und diese kleinen, von Menschenhand geebneten Terrassen, auf denen der Teff wächst, um den Mut, die Beharrlichkeit und die schwere Arbeit der Bauern würdigen zu können. Ich bewundere diese Bauern und Viehzüchter zutiefst: 90% der landwirtschaftlichen Erzeugnisse (und der schwachen Industrie) stammen von diesen Plateaus, 70 Millionen Tiere – ein Viehbestand, der vom Zebu bis zur Ziege reicht – werden hier mit jahrtausendealter Erfahrung aufgezogen. 1987 lebten nur 5 Millionen der 46 Millionen Äthiopier in den Städten.

Mit China und Ägypten gehört Äthiopien zu den ältesten Ländern der Welt: Im ersten Jahrtausend v. Chr. überqueren Einwanderer aus Südarabien das Rote Meer und lassen sich zunächst in den Küstenbereichen und dann auf dem Hochplateau im Norden nieder. Ihre Begegnung mit den autochthonen Völkern führt zur Geburt einer mächtigen Zivilisation, die sich in einer Sprache und einer Schrift manifestiert, welche noch heute in den Riten und Dokumenten der Kirche überleben: dem Ge'ez. Das Königreich von Aksum, das in den ersten Zeiten der Christianisierung entstand, wetteifert mit dem Römischen Reich und Persien. Im 4. Jahrhundert wird das Monophysitische Christentum Staatsreligion, das Mönche aus Alexandria einführen, die hier auch die ersten Klöster errichten.

In Lalibela werden prächtige Kirchen aus dem Felsen gehauen. Mitten im Tanasee, in der Provinz Gondar, dort, wo der Blaue Nil entspringt, birgt ein altes Kloster die Bundeslade, die Gott Abraham übergeben hat und die von Palästina dorthin gebracht wurde. Die Fürstäbte der Klöster Debra Libanos, Debra Tabor, von Wollo und von Aksum in den Gebirgen Semiens sind souveräne Herrscher innerhalb ihrer Festungen. Hinter den Mauern türmen sich unter skulptierten Decken wunderbare Schätze: vollständige Bibliotheken mit aramäischen, hebräischen, griechischen, syrischen und ge'ezischen Werken. Gemälde, Ikonen, Zeremoniengewänder und Kultgegenstände von unschätzbarem Wert mit Diamanten, in Gold und Silber gefaßt.

Mit Beginn des 10. Jahrhunderts dehnt sich der äthiopische Staat allmählich gegen Süden und Westen aus. Seine Expansion vollzieht sich gleichzeitig mit der des Christentums, mit dem Entstehen von Klöstern und mit der Verbreitung der Schrift und der Sprache Ge'ez. Die Koptische Kirche Ägyptens ist die zuverlässigste Verbündete der Kaiser Äthiopiens. (1956 bricht der Kaiser mit Alexandria und erhält das Recht, den Abuna, den Patriarchen der abessinischen Kirche, zu ernennen).[2]

1531 steigt die Fahne des Islam im Osten empor. Der Imam Granye erobert die Provinz Harar. Seine Krieger, die aus dem heutigen Südjemen kamen, dringen auf christlichem Boden weit vor. Heute sind ungefähr 60% der Gesamtbevölkerung Äthiopiens Muslime.

Der Bestand des Staates ist erstaunlich: Die derzeitigen nationalen Grenzen stammen aus der Zeit der letzten Eroberungen des Kaisers Menelik am Ende des 19. Jahrhunderts. Menelik erweist sich auch, gut beraten durch den Schweizer Ingenieur Alfred Ilg, als ein bewundernswerter Diplomat. Er unterzeichnet mit allen wichtigen Kolonialmächten der Epoche Verträge, vornehmlich mit Frankreich, Italien und Großbritannien. Die Unerschütterlichkeit und die Stärke des Staates beruhen auf seiner inneren Struktur: Sämtliche Dynastien, die im Lauf der Zeiten aufeinanderfolgen, entstammen den Hochplateaus, im wesentlichen der amharischen und tigrischen Volksgruppe.

In den Jahrhunderten, die vergehen, haben sich diese Kaiser etwa achtzig fremde Völker untergeordnet: die Oromo, die Afar, die Somali aus Ogaden usw. Sie belegen sie mit dem Ausdruck *shanqallas*, was so viel wie „Neger" bedeutet. Ein ungezügelter Rassismus leitete diese schrittweise Integration der verschiedenen Volksgruppen: Die feudalen Amharen und Tigre verachteten ihre Untertanen zutiefst. Jedoch bewiesen sie mit ihrer Unterwerfungsstrategie eine außerordentliche Intelligenz: Nach jeder neuen Eroberung ließen sie die Struktur des unterworfenen Volkes, die selbst feudalen Charakter trug, intakt. Die Söhne, Brüder usw. der bezwungenen Machthaber wurden als Geiseln an den kaiserlichen Hof geführt, erzogen und assimiliert und nicht selten in die bewaffneten Truppen integriert. Auf diese Weise dienten sie dann dazu – im Namen der herrschenden Macht –, ihr eigenes Volk zu unterdrücken. Könige in den Randgebieten übten ihre lokale und regionale Macht weiterhin aus. Der amharische oder tigrische Kaiser selbst trug den Titel „König der Könige". 1962 fiel Kaiser Haile Selassie in die im Norden Äthiopiens gelegene, ehemals italienische Kolonie Eritrea ein.

Äthiopien war praktisch niemals kolonisiert worden. Siegreich hatte es den Invasionsversuchen der sudanesischen Derwische im Westen widerstanden, den angloägyptischen Truppen im Nordwesten, den osmanischen Expeditionskorps, die auf der Halbinsel von Massaua am

Roten Meer landeten. 1896 vernichteten die Krieger Meneliks mit ihren Assageien, ihren Gewehren und Handgranaten die Artillerie, die Panzerwagen und die Maschinengewehre des italienischen Heeres in den Schluchten von Adua. Erst im Jahr 1936 konnten die Bombenflugzeuge und die tödlichen Giftgase Mussolinis den Mut und die Entschlossenheit Äthiopiens niederzwingen. Aber die faschistische Okkupation dauert nur vier Jahre, und die italienischen Gouverneure, Garnisonen und Siedler haben keine Zeit, sich wirklich auf den Plateaus einzurichten. Sie werden angegriffen, dezimiert und von der Bauernguerilla niedergemetzelt und schließlich von Windgate, dem englischen General, der an der Spitze seiner Truppen aus den Wäldern des Sudan anrückt, vertrieben.

Die äthiopischen Kaiser herrschten über einen sehr stark zentralistischen Staat. Sie verfügten dabei über eine homogene, kultivierte Feudalklasse und eine mobile Militärmacht und praktizierten gegenüber den unterworfenen Völkern (und den eigenen Bauern) eine hemmungslose Ausbeutungspolitik. Die *Ras* (Fürsten), die Lehnsherren und Äbte behielten – je nach Region – bis zu zwei Dritteln der Getreideernte der Bauern für ihren persönlichen Verbrauch und Nutzen ein.[3] Diese exorbitante Abschöpfung trieb überall im weiten Land die Erzeuger in ein abgrundtiefes Elend, während sie den feudalen Klassen die materielle Basis für die Entwicklung einer bewunderungswürdigen Kultur lieferte – im Bereich der Malerei, der Architektur, der Literatur. Die Ideologie der Koptischen Kirche (auch sie feudale Großgrundbesitzerin) spielte eine entscheidende Rolle beim Aufbau des Staates, für seine Beständigkeit und seine Gewalttätigkeit: Sie stellte der Staatsmacht Legitimationsmythen bereit und bot den zahllosen ausgehungerten Bauern hypothetischen Trost und eine zweifelhafte „Erklärung" für ihr Unglück an.

Ich bewahre an das feudale Äthiopien bestimmte Erinnerungen:[4]

Der Regen fällt auf Addis Abeba. Wolkenbrüche! Nach drei Jahren mörderischer Trockenheit ... jetzt die Sintflut! Die äthiopische Hauptstadt – eine Million Menschen leben hier – ist in dem Krater eines erloschenen Vulkans erbaut worden. Hier und da sprudeln mitten in der Stadt heiße Quellen hervor, die in Leitungen gefaßt sind und in öffentliche Badeanlagen führen. Abgesehen von den Händlern des *mercato* (ein riesiger, auf einem Hügel erbauter Markt, der seinen italienischen Namen behalten hat), den höheren Offizieren, den Beamten und ausländischen Diplomaten sind die Bewohner von Addis Abeba ärmlich gekleidet, gehen barfuß oder in abgetretenen Sandalen. Viele von ihnen sind in Lumpen gehüllt; unterernährt, krank oder blind schleppen sich Greise dahin, auf ihren Stock gestützt. Es grenzt an ein Wunder, wenn ein öffentlicher Omnibus vorbeikommt. Unverzüglich stürzt sich die Menge, die manchmal seit Stunden im Regen wartet, auf das klapprige Vehikel.

Auf dem Kamm der Berge, die rund um den Krater zu Höhen bis zu 3.000 m ansteigen, wachsen Eukalyptusbäume. Kaiser Menelik hat sie aus Australien kommen lassen. Während der Regenzeit verwandelt sich das Zentralplateau in eine Landschaft von grenzenloser Schönheit: welch ein Kontrast zwischen der drückenden Last der Wolken, die über den Hügeln hängen und der lichten Farbenpracht der Blumen, der ockergelben, fetten Erde, aus der ein heller Dunst aufsteigt. Vielfältige Düfte erfüllen die Luft. Sobald der Donner zu grollen beginnt und Blitze den Himmel streifen, Zeichen eines nahenden Wolkenbruchs, stürzen die Passanten Hals über Kopf und lachend unters schützende Dach, das ihnen nicht selten eine der zahllosen Kneipen oder eins der Bordelle gewähren, die die Straßen säumen.

Die meisten der vielen Kirchen der Hauptstadt sind inmitten üppiger Parks erbaut worden. Zu beiden Seiten der

165

Allee, die sich vom Eingangsgittertor bis zur monumentalen Treppe hinzieht, und am Kirchenportal sieht man lange Reihen von Bettlern.

Hin und wieder lachen Kinder, Kinder mit streichholzdünnen Beinen und fiebrigen Augen. Hochgewachsene, magere, dennoch schöne Frauen blicken ernst. Greise von vierzig Jahren hocken im Schmutz und ziehen schamhaft ihre alten Lumpen vors Gesicht. Gegen 19 Uhr geht der Tag zur Neige, langsam steigt die Dämmerung von den Bergen herab, breitet sich aus. Im Park der Sankt Georgs Kathedrale erklingt eine Glocke Die Menge der Bettler gerät in Bewegung, wogt hin und her wie ein Wasser, in das der Wind plötzlich fährt. Mühsam erheben sich die Bettler und ihre Kinder, lenken ihre Schritte zu der monumentalen Treppe, dann zum Portal und verschwinden lautlos zwischen den Stützpfeilern unter dem hohen Gewölbe. Aus Tausenden von Mündern erhebt sich sodann ein Gemurmel, ein gemeinsames Gebet. Die Äthiopier sind Menschen, die sich – so arm und bedürftig sie auch sein mögen – durch ein beeindruckendes, würdevolles Verhalten und durch ein ungewöhnliches Scham- und Taktgefühl auszeichnen. Nach beendetem Gebet – es dauert je nach Gegebenheit eine oder zwei Stunden – postiert sich eine Reihe von Priestern vor dem Hochaltar.

Es sind bejahrte Würdenträger mit dünnen Bärten in langen Gewändern aus schwarzer Seide, ihre Schuhe ziert Goldstickerei. Unter ihnen auch einige junge Diakone mit strengem Blick. Noch einmal läutet die Glocke: Die Priester heben langsam das doppelte Kreuz bis in Augenhöhe, wie es der koptische Ritus vorschreibt, dann strecken sie ihre Arme aus und senken sie wieder, wobei sie das Kreuz mit würdevoller Geste der Menge zuwenden, schweigend. Ihr Blick verliert sich über die Menge hinweg im Halbdunkel der Kathedrale. Einige Kerzen verbreiten ein unbestimmtes Licht. Die Menge defiliert in langer Reihe, einer nach dem anderen küßt das Kreuz. Dann legen sie, auf der Höhe des letzten Priesters, die wenigen Cents, die sie im Laufe des Tages erbettelt haben, auf ein silbernes Tablett.

Inzwischen ist die Nacht in die Kathedrale eingedrungen. Die Kerzen brennen nieder. Mit schleppendem Schritt ziehen sich die letzten, ältesten Bettler zurück. Wächter tauchen auf und schlagen mit ihren eisenbewehrten Stöcken auf die Marmorplatten, um die Bewegungen der Nachzügler zu beschleunigen. Schwer fällt das Portal des Heiligtums ins Schloß. Zur Nacht wird es verriegelt. Draußen hat erneut der Regen eingesetzt. Greise, Waisen, ganze Familien begeben sich zur Ruhe. Im Dreck, bei Nebel und Kälte suchen sie einen Platz zum Schlafen. Gruppen von schmutzigen, zerlumpten Kindern scheinen mit der Stadtmauer zu verwachsen, sanft schlummern sie ein. Manch einer hat Alpträume, und manch einer stirbt im Verlauf der Nacht.

Die äthiopische Revolution von 1974[5] ist eine der außergewöhnlichsten bäuerlichen Revolutionen, die die Geschichte je erfahren hat. Durch ihren besonderen Charakter, ihr Selbstverständnis und ihre Strategien widerspricht sie praktisch sämtlichen Regeln des orthodoxen Marxismus-Leninismus. 1974 gibt es in ganz Äthiopien 400.000 Lohnempfänger!

Betrachten wir den Ablauf des Aufstandes etwas näher: Alles beginnt mit der Armee. Im November 1973 rebelliert die in Ogaden, Somalia gegenüber stationierte Dritte Division. Ende Januar 1974: Rebellion der Zweiten Division, die sich in Asmara der eritreischen Guerilla gegenübergestellt sieht. Dann läuft auf einmal alles zusammen ... Im Februar 1974 streiken die Taxichauffeure in Addis Abeba, dann die Lehrer.[6] In der Reihe zahlloser sozialer Konflikte mit zunehmender Heftigkeit ist das der letzte: Die Regierung kann ihrer nicht mehr Herr werden. Sie stürzt. Der Kaiser nominiert ein neues Kabinett, das sich wie das vorangegangene aus Aristokraten hohen Ranges zusammensetzt. Das institutionelle Bild der Gesellschaft nimmt Schaden. Armee-Einheiten, Studenten und die Kaufleute des *mercato* sowie die Angestellten lassen ihren sozialen Forderungen, die sie so lange unterdrückt haben, freien Lauf. Zwei große Demonstrationen hinterlassen im Volksbewußtsein einen besonderen Eindruck: die der bedauernswerten niederen Priester der orthodoxen Kirche, die sich gegen ihre Hierarchie auflehnen, und die der Muslime, welche den bürgerlichen Status uneingeschränkt beanspruchen.

April 1974: Der Kaiser und sein Hof werden im Palast eingeschlossen, von Eliteregimentern bewacht. Die Bischöfe predigen Unterwerfung. Offiziere erteilen Befehle, Minister unterzeichnen Erlasse. Doch niemand gehorcht ihnen. Überdies gibt es keine Autorität mehr: das im Februar gebildete Kabinett hat seine Arbeit nie aufnehmen können. Am 25. April werden seine Mitglieder von der Garnison in Addis Abeba verhaftet.

Mehrmals in der Woche durchqueren endlose Züge von Arbeitern, Angestellten, Studenten, Arbeitslosen und Frauen vom Beginn des Tages bis zum Einbruch der Nacht die Hauptstadt. Mehr als 100.000 sind es, die am 20. April die Trennung von Kirche und Staat fordern und die gleiche Behandlung für alle religiösen Gemeinschaften des Landes.

Man glaubte sich in einer gigantischen Theaterinszenierung. Die Akteure spielen ihre Rollen mit schlafwandlerischer Sicherheit: Die Demonstranten demonstrieren, die Studenten verfassen Flugblätter, die Soldaten organisieren ihre Versammlungen, die Streikenden streiken und der kaiserliche Hof folgt, als ob nichts geschehen wäre, seinem unwandelbaren Ritual. Das Skript ist bekannt, Vorhänge, Beleuchtung und Musik funktionieren. Aber es gibt keinen Regisseur mehr. Die Leute erwarten den Sturm, jeder spürt ihn – bedrohlich – herannahen.[7]

Ende Mai bricht der Orkan los. So wie ein Berg unter dem Druck von Milliarden Kubikmetern komprimierten Gases aufbricht, so explodiert der Bauernstand. Überall besetzen die Bauern, ihre Frauen und Kinder die Ländereien. Die Aristokraten und Grundbesitzer verstecken sich in den Dörfern. Ihre Wohnsitze werden umzingelt und niedergebrannt. Nach uraltem Brauch hackt man den Überlebenden die Beine ab.

Die Bauernrevolution führt sich selbst und organisiert sich selbst, genährt von nahezu zweitausend Jahre dauernder Demütigung und unerbittlichen Haßgefühlen. Sie fegt hinweg über alle Landstriche. 1986 hielt ich mich in den Kooperativen der Provinz Kaffa auf. Von den derzeitig Verantwortlichen der Bauernassoziation erhielt ich die Berichte über die Ereignisse des Jahres 1974. Die Provinz Kaffa umfaßt ein riesiges landwirtschaftlich genutztes Gebiet im Südwesten von Addis Abeba.[8] Der Boden ist schwarz und fruchtbar, das Haupterzeugnis Kaffee.

Mit dem Sturz der ersten kaiserlichen Regierung Ende Februar 1974 hatten sich die Bauern erhoben. Zwei Wochen später gibt es in Sebetta, in Wolliso, Dirre Goura, Wolkitte, Sohoro oder Assendabo keinen einzigen Feudalherren mehr, geschweige denn einen kaiserlichen Beamten. Der Ghibefluß, der von den Hochplateaus zu den Ebenen des Sudan fließt, und der Nil führten Tag und Nacht Hunderte von Leichnamen mit sich. Ausnahmslos hatten sich alle Volksgruppen der Region wie auf ein geheimes Zeichen hin empört: die Oromo, die Kaffa, die Gimira, die Janjaro, die Kulo-Konta ... Alle machten Jagd auf die Grundbesitzer, die Äbte der Klöster, die Mönche, auf ihre Aufseher, auf die Steuereinnehmer und die kaiserlichen Boten. Mit ihren Assagaien und Dolchen metzelten sie Tausende von Repräsentanten des verhaßten Regimes nieder, mit ihren Sensen hackten sie Zehntausende von Beinen ab. Drei besonders mutigen, gut bewaffneten und vorgewarnten Fürsten gelang es, sich dank der

Zahl und der modernen Ausrüstung ihrer Wächter zu retten: Der Gouverneur von Kaffa, Ras Mesfin Silehi entkam einem Hinterhalt, gelangte nach Gimma und verbarrikadierte sich in seinem Palast von Ghibe. Auch den *dedjazmatchs* Tsehayou Inque Selassie, ehemaliger Gouverneur von Kaffa, und Worku Inque Selassie, Gouverneur von Illulabor, glückte es, zur Stadt zurückzukehren. Bei ihnen befand sich außerdem Ras Birru, der in der Provinz Harar 880.000 Hektar Land besaß. Unter all diesen Feudalherren, die in Gimma eingeschlossen waren, galt Ras Mesfin Silehi als der verabscheuungswürdigste. Er hatte nicht nur zahllose Ländereien geerbt, sondern verstand es erfolgreich, im Laufe seiner Regierungszeit das Land zahlreicher Aristokraten von geringerer Bedeutung zu enteignen, wie auch Tausende kleinerer Landstükke, die Kaufleuten oder kleinen Beamten gehörten. Er lebte, solange er regierte, nach der bekannten Devise: „Ich verlange, wohin ich auch gehe, auf meinem eigenen Grund und Boden zu reisen und eine Luft zu atmen, die mir gehört."

Sechs Wochen lang leistete Ras Mesfin mit seinen Häschern, seiner Anhängerschaft und seinen Kurtisanen im umzingelten Gimma Widerstand. Dann wurde die Stadt eingenommen, der Fürst und die Seinen massakriert. Tsehayou Inque Selassie und Worku Inque Selassie hingegen konnten entwischen. Von ihren Wachsoldaten und zahlreichen Anhängern begleitet, verschanzten sie sich im Hügelland der benachbarten Provinz Shoa und führten dort monatelang einen Guerillakrieg gegen ihre ehemaligen Untertanen. Sie wurden im Kampf getötet.

Der Hunger nach Land ist ein nicht zu stillender, ungeheuer heftiger Hunger: Vom Norden bis zum Süden des unübersehbaren Äthiopien griffen die Bauern die Paläste an, töteten die Verwalter und verfolgten ihre Herren. Nur sehr wenige entkamen ihnen. Trotz der Entschlossenheit, der Vitalität und des Mutes dieser alten feudalen Klasse konnte sich niemals eine ernsthafte Konterrevolution organisieren.

Die scheinbar unwandelbarsten aller Strukturen brachen innerhalb weniger Wochen zusammen: sowohl die des Feudalstaates als auch die der animistischen Hierarchien. Ein Beispiel: Ibede Goda, der mächtigste Magier von Kaffa, hatte fast dreißig Jahre lang über Bouga, die zweite Stadt der Provinz, geherrscht. Seine magischen Kräfte als Wahrsager und Richter und sein Bündnis mit den Herren hatten ihm ein gewaltiges Vermögen eingebracht. Er besaß Ländereien, Paläste, Herden und Frauen.

Ibede Goda hatte 120 Kinder und verfügte über eine Privatmiliz. Er praktizierte Menschenopfer, Bauern überließen ihm zu diesem Zweck ihre Kinder. Reich, zynisch und brutal äußerte er: „Ich entreiße den Wolken den Regen, ich gebe dem Boden, den Tieren und den Frauen die Fruchtbarkeit." Von den Reichen und von den Armen, die ihn gleichermaßen fürchteten und umschmeichelten, ihn um Rat fragten und ihn anflehten, ließ er sich auch den geringsten seiner Dienste mit Land, Getreide oder Frauen bezahlen.

April 1974: Studenten aus Addis Abeba halten den Soldaten der Garnison Gimma eine Ansprache. Dann begibt sich unter Führung der Studenten eine aufständische Einheit nach Bouga. Der Palast Ibede Goda wird eingenommen. Wachsoldaten werden getötet, andere können fliehen. Wieder andere verbünden sich mit den Aufständischen. Doch keiner der Soldaten wagt, den Magier anzurühren. Bereits in zehn Meter Entfernung bleiben sie wie gelähmt stehen. Es folgen weitere Erklärungen und erneute Treffen. Mehrmals kehren die Soldaten zurück ... in Schrecken versetzt ziehen sie wieder davon. Schließlich fallen die Studenten, unterstützt von jungen Bauern, über den Magier her, ergreifen ihn und führen ihn nach Gimma. Ein Volksgericht konstituiert sich, doch niemand will den Vorsitz übernehmen. Die Studenten, die das Gefängnis bewa-

171

chen, beobachten etwas Seltsames: Jeden Morgen finden sie am Gittertor des Gefängnisses Rinder und Ziegen angebunden, in der Straße türmen sich die Säcke mit Teff. Ganz offensichtlich fahren die Bauern fort, die Kräfte des Magiers besänftigen zu wollen. In einer Juninacht dringen Studenten in die Zelle ein. Sie erdrosseln Ibede Goda. Seine Magie löst sich auf wie Nebel unter der Sonne.

In der Zeit, als der bäuerliche Orkan über die Lande fegte, waren die meisten Garnisonen der Armee neutral geblieben. Gewaltsam rekrutierte Bauern, Söhne von Bauern, Soldaten und Unteroffiziere weigerten sich, dem Appell der Herren zu gehorchen. Ihre Offiziere, die zum überwiegenden Teil der feudalen Klasse angehörten, befanden sich eingeschlossen in den finsteren Gefängnissen der Kasernen. Dank ihres eigenen Rundfunknetzes kommunizierten die Einheiten untereinander quer durch das ganze Land. Am 28. Juni bildeten sie den „Derg" (amharische Abkürzung: Provisorischer Militärischer Verwaltungsrat). Ihre Delegierten versammelten sich in Addis Abeba. Sie forderten alle überlebenden Feudalherren auf, nach Addis Abeba zu kommen, um über ihre vergangenen Praktiken Rechenschaft abzulegen. Eine Überraschung: Die meisten überlebenden Herren begaben sich dorthin. In Äthiopien ist die Autorität, welche es auch immer sein mag, geheiligt! Die Herren wurden exekutiert.

Am Morgen des 12. September 1974 treffen vor dem Kaiser-Palast ein Leutnant und vier Soldaten ein. Im Park sterben die Löwen, seit Tagen sind sie nicht mehr gefüttert worden. Der Palast liegt verlassen. Ein einziger Diener öffnet das Gittertor. Ein gebrechlicher kleiner Greis in prunkvoller Uniform erwartet die Besucher in seinem Büro. Er hebt die Augen. Mit schüchterner Stimme sagt er: „Sie sind gekommen." Dann eskortieren ihn die Soldaten durch Korridore und Säle, vorbei an Spiegeln über die kostbaren Teppiche zur Terrasse, zum Park, zum Gittertor. Ein kleiner blauer Volkswagen ohne Nummernschild parkt neben dem Bürgersteig. Der Alte wirft sich hinein. Die Soldaten führen ihn in die Untergeschosse des Menelik-Palastes hoch über der Hauptstadt. Am 28. August 1975 meldet die Ethiopian News Agency, daß der 225. Abkömmling des Königs Salomon und der Königin von Saba, der Löwe von Judäa, der König der Könige, Haile Selassie I., Kaiser von Äthiopien, gestorben ist.

Lenin in Addis Abeba

Der Kaiser ist gestürzt, die feudale Gesellschaftsordnung zerstört, der äthiopische Vulkan jedoch erlischt nicht. Zwei Krater bleiben besonders aktiv: der der Bauern und der der Studenten und der progressiven Militärs. Die Bauern: Zwischen 1974 und 1978 wird praktisch das ganze Land neu verteilt, sei es durch wilde Besetzung oder sei es aufgrund von Regierungserlassen.[9] Der uralte Traum aller bäuerlichen Aufstände der Welt wird auf den Hochebenen Äthiopiens Wirklichkeit: alles Land den Bauern, die Früchte des Bodens denen, die ihn bearbeiten. Die besondere Identität jeder Volksgruppe liefert dieser Revolution der „Sansculotten" die kollektiven Motivationen und die analytischen Instrumente.

In der Stadt ist die Situation dagegen viel verworrener. Hunderte von Studenten, die von den Universitäten von Paris, Montpellier, Brüssel, Hamburg, Jerusalem oder Genf zurückkehren, sowie ihre Kollegen von der Universität in Addis Abeba stehen sich in zwei oppositionellen Organisationen gegenüber: die einen gehören der MEI'SON (All Ethiopian Socialist Movement) an, die anderen der EPRP (Ethiopian Peoples' Revolutionary Party). Beide Gruppierungen sind gleichermaßen marxistisch-leninistisch ausgerichtet, fanatisch und gewalttätig. 1975: In Addis Abeba und in den ländlichen Marktflecken eröffnen die Führer und Kader der EPRP den roten Terror gegen die progressiven Militärs und gegen die MEI'SON. Der Einsatz? Es geht um die Führung des revolutionären Prozesses. Die EPRP wird vernichtet: Mehr als 20.000 Opfer bedecken die Straßen von Addis Abeba, von Asmara, von Debra Zeit und von Gimma, sie liegen in den Kellergeschossen der Gefängnisse und auf den Kasernenhöfen. 1976: Die Intellektuellen der MEI'SON spielen sich immer mehr als die Schulmeister der Militärs auf. In den Verwaltungskomitees und den Volksvereinigungen nehmen sie die Plätze der ermordeten EPRP-Mitglieder ein. Die Kraftprobe mit dem Derg wird unvermeidlich: die Intellektuellen haben die Ideen, die Militärs die Maschinengewehre. Die Überlebenden dieses zweiten Massakers schließen sich dem Derg an, werden die zivilen Kader des im Aufbau befindlichen Staates. 1985 entsteht die WEP (Workers Party of Ethiopia), eine marxistisch-leninistische Einheitspartei, die Staatspartei. Sie zwingt den Bauern ihr Gesetz auf, schafft die selbstverwalteten Gemeinschaften ab, gründet Staatsfarmen und leitet ein umfassendes Programm dörflicher Erneuerung ein.

Weshalb und wie wird eine der radikalsten, der erfinderischsten Bauernrevolutionen des 20. Jahrhunderts gezähmt, gebrochen und in ein Einparteiensystem transformiert? Einige Hinweise dazu: Die Führer und Kader der MEI'SON gingen im allgemeinen aus den Feudalklassen oder aus der Großbourgeoisie ·hervor. Ausgebildet an den westlichen Universitäten, sind sie aufrichtig von den universellen Werten und der Effizienz der marxistisch-leninistischen Konzepte überzeugt. Und eben diese waren fast vier Jahre lang die ideologischen Lehrer der führenden, aber weitgehend ungebildeten Militärs. Ihr Dogmatismus siegte über den Erfindungsreichtum, die Intuitionen und die verschiedenartigen Motivationen des Bauern-Volksaufstandes. Zweites Element: 1978 wird zum Jahr der großen Offensive der beiden eritreischen nationalen Befreiungsbewegungen im Norden, der EPLF (Eritrean People's Liberation Front) und der ELF (Eritrean Liberation Front). Da sich die Zentralgewalt von Addis Abeba bereits mit einem weiteren massiven Angriff konfrontiert sah – Somalia und die äthiopischen Somali von Ogaden führten ihn –, fühlte sie sich in ihrer Existenz bedroht. Um die Attacke aus dem Norden abzuwehren, mußten schleunigst ausländische Verbündete gefunden werden. Die Vereinigten Staaten und Israel, langjährige Verbündete der Feudalmacht, weigerten sich, dem neuen Regime Waffen zu verkaufen, woraufhin sich dieses an die UdSSR wandte. Zusammen mit den Kalaschnikows, den Stalinorgeln, den Mig-Jägern und den T 54-Panzern trafen auch sowjetische Offiziere, Kommissare und Berater ein.

Hier nun der erste Artikel der äthiopischen Verfassung:

Die Demokratische Volksrepublik Äthiopien ist ein Staat des arbeitenden Volkes, gegründet auf dem Zusammenschluß der Arbeiter und der Bauern, an dem auch die Intellektuellen, die Revolutionsarmee, die Handwerker und die anderen demokratischen Komponenten der Gesellschaft teilhaben.
Die Demokratische Volksrepublik Äthiopien ist ein Staat, dessen unteilbare und unantastbare Souveränität sich über Land, Luftraum und Hoheitsgewässer, eingeschlossen die Inseln, erstreckt. Die Demokratische Volksrepublik Äthiopien wird die Grundlagen zum Aufbau des Sozialismus legen. Dabei verwirklicht sie die demokratische und nationale Revolution.

Was die kulturelle Identität der neuen Nation angeht, definiert der Artikel 23:

Der Staat wird über die Wahrung des kulturellen und historischen Erbes wachen, über die Ausrottung verderblicher Praktiken, über die Verbreitung der sozialistischen Moral unter den Arbeitern und über die Entwicklung der proletarischen Kultur.

175

Die Päpste, Bischöfe und Äbte des orthodoxen Marxismus-Leninismus haben Mühe und Not, eine der Lehre konforme Definition für die bäuerlichen Aufstände und Erhebungen in der Dritten Welt zu finden! In den vergangenen zehn Jahren habe ich an manchen Konzilen über diese Frage teilgenommen. Am Orient-Institut und an der Akademie der Wissenschaften zu Moskau, im afro-asiatischen Zentrum von Taschkent, am Institut Fernando Ortiz von Havanna und im Zentrum für afrikanische Studien in Maputo wohnte ich völlig sinnlosen Debatten bei. Da sich weder Marx noch Lenin, noch irgendeiner der anderen verehrungswürdigen Begründer der Doktrin jemals auch nur den geringsten Gedanken über den revolutionären Nationalismus der Völker der Dritten Welt, über die Bauernfrage an der Peripherie oder über das Wirken der Kosmogonien der traditionellen afrikanischen Gesellschaften gemacht haben, sehen sich die Verfasser und Exegeten der Vulgata in der Tat quasi unüberwindlichen Problemen gegenüber.[10]

Ist die äthiopische (angolanische, mosambikanische, kapverdische usw.) Revolution eine proletarische Revolution? Offenbar nicht, denn es fehlen ihr – zumindest während der ersten Jahre – die Avantgarde einer strukturierten Partei, die Arbeiterbasis und die sozialistischen Inhalte. Ist sie dann eine antifeudale, bourgeoise Revolution, wie sie die französische und amerikanische Bourgeoisie am Ende des 18. Jahrhunderts erlebt haben? Auch nicht. Es war ja nicht die nationale Bourgeoisie, sondern es waren die Bauern, vereint mit den Studenten und den kleinbürgerlichen Militärs, die sie organisiert und zum Ziel geführt haben. Ich wiederhole es: Das äthiopische feudale Kaiserreich stürzte unter den vereinten Schlägen der ausgehungerten Bauern, der wütenden Studenten und einiger Militärs, die (spät) umgeschwenkt waren.

Marx, Engels, Plechanow und Bloch dachten bei bäuerlichen Revolten nur in Begriffen von historischen Bauernaufständen und sprachen ihnen die historische Fähigkeit ab, eine neue Produktionsmethode und einen neuen Gesellschaftstyp zu schaffen. Die äthiopische Revolution – ein simpler Bauernaufstand? Oh nein! Der Sturz des Kaiserreiches kündigt schlechthin eine qualitativ neue Etappe in der tausendjährigen Geschichte der abessinischen Völker an.

Welchen Stellenwert soll man diesen kolossalen Umwälzungen, die ja die Bauernrevolutionen von Äthiopien, von Angola, von Mosambik, der Kapverdischen Inseln, Mexikos, Guinea-Bissaus, Nicaraguas usw. darstellen, auf der Leiter der unilinearen Evolution der Gesellschaften zuerkennen? Glücklicherweise bietet die formale Logik des Dogmas einen Ausweg an: In der Chronologie der qualitativen Umgestaltungen der Produktionsmethoden, die sich früher abspielten, identifiziert Marx – zwischen der antifeudalen, bourgeoisen Revolution und der proletarischen, antibourgeoisen Revolution – eine intermediäre Revolution: die demokratisch-nationale Revolution. Eine solche findet 1848 in Paris, Wien, Bern, Basel, Rom, Berlin und Leipzig statt.

Ein Trost für die Verfasser: Weder ein rein historischer Bauernaufstand noch eine indiskutable proletarische Revolte – der äthiopische Aufstand wird „national-demokratische Revolution" getauft. Es ist belanglos, daß zwischen den europäischen Erschütterungen von 1848 und den äthiopischen Ereignissen von 1974 überhaupt keine soziologische Ähnlichkeit besteht. In Berlin, Rom, Paris und Bern bot die mit den Industriearbeitern verbündete nationale Bourgeoisie den königlichen oder aristokratischen Truppen die Stirn. In Addis Abeba und Asmara gibt es keine Spur einer nationalen Bourgeoisie, und die Industriearbeiter beschränken sich hier auf einige tausend Angestellte von Brauereien, Textilfabriken und der Eisenbahn. Hunderttausende Bauern von den Hochplateaus als Lanzenspitze der Revolution? Die gelehrten Schreiber, welche mit der Ausarbeitung der neuen äthiopischen Verfassung betraut werden, leugnen ganz einfach ihre revolutionäre Tat.

Auf den Pisten Shoas, entlang den Flüssen Awash und Nil, an den Ufern des Baro (Grenzfluß zum Sudan) bis hin zu den Gebieten der Anuak und der Nuer erheben sich am Eingang jeden Dorfes, jeden Marktfleckens hübsche Triumphbögen aus farbenprächtigen Bändern und aus Zweigen und Blumen hergestellt, „Arbeiter aller Länder, vereinigt euch!", „Der Marxismus-Leninismus ist unser Führer", „Wir schreiten vorwärts mit dem Kameraden Mengistu", „Frieden – wir verwirklichen ihn mit dem Sozialismus". Jeden Morgen bei Tagesanbruch ziehen Scharen von Arbeitern mit ihren Kindern, ihren Frauen, ihren Eseln und Hacken unter diesen Bögen hindurch zu den Gemeinschaftsfeldern oder zu den Feldern der Staatsfarm. Am Abend, wenn eine rote Sonne hinter der dunklen Wand der Eukalyptusbäume verschwindet, sieht man sie wieder unter den Bögen hindurchgehen. Weder am Morgen noch am Abend begreifen sie ein Wort von dem, was über ihren Köpfen geschrieben steht. Erstens können sie nicht lesen (von einigen wenigen Ausnahmen abgesehen), zum anderen sind ihnen die in Amharisch schön gemalten Buchstaben der marxistisch-leninistischen Parolen ebenso fremd wie die Dekrete der Ming-Dynastie einem Bauern in den Schweizer Alpen.

Die *proletarische Kultur*? Die Oromo, die Afar, die Somali, die Tigre, Nuer und Anuak, welche durch jahrhundertelange Kontemplation vor den Ikonen, durch Meditation animistischer Mysterien und durch das muslimische Gebet geformt wurden, sind nur mit Maßen für die Wunder des sozialistischen Realismus empfänglich!

Schwarze, gelbe und rote Plakate schmücken die öffentlichen Gebäude und die großen Plätze in Addis Abeba, dort, wo das Volk immer wieder vorüberzieht. Die Menge betrachtet hier stets dieselben vier Porträts: den kahlköpfigen eigensinnigen Lenin, den steifen Engels, das ironische Gesicht von Marx und den unruhigen lebhaften Blick von Mengistu. Daß ein sich im Kampf befindliches Volk Helden braucht, ist ganz normal. In gewissen Stadien der Geschichte und in gewissen Gesellschaften, die von besonders heftigen Zentrifugalkräften gebeutelt werden, baut sich die Einheit um bestimmte wirkliche Personen, tote oder lebendige, auf. Sie sind leicht zu identifizieren. Ihr Gesicht und ihr Name erinnern an eine bestimmte Botschaft. Also dann, warum kann man nicht aus der reichen Geschichte der autochthonen Aufstände, Kämpfe und Widerstände schöpfen? Einige meiner Gesprächspartner vom Zentralkomitee der WEP antworten lässig: „Die traditionellen Helden unserer vergangenen Schlachten sind alle Ras, Fürsten, Äbte, kurz: Feudale gewesen. Wir können den Massen nicht vorschlagen, sie zu bewundern." Irrtum, Kameraden! Volkshelden sind in der äthiopischen Geschichte im Überfluß vorhanden. Wollen Sie Beispiele?

1936 ist die äthiopische Armee geschlagen, die Soldaten werden niedergemetzelt. Die italienische Luftwaffe, der Einsatz von Kampfgas und Mörsern hinterließen Zehntausende von Toten. Addis Abeba war zugrunde gerichtet. Triumphierend zieht Grazziani, Mussolinis Prokonsul in Ostafrika, in die Stadt ein. Auf dem Menelik-Platz ist eine Tribüne errichtet worden. Grazziani springt von seinem Pferd, erklimmt die Tribüne und beginnt feierlich zu den Soldaten und zu der versammelten Menge zu sprechen. Zwei junge Bauern, Abraham Deboche und Mogas Asgadom, die in die ersten Reihen der Zuhörer vorgedrungen waren, werfen ihre Handgranaten auf die Bühne. Sie zerreißen zwei Offiziere, Grazziani wird verwundet, Deboche und Asgadom sterben erhobenen Hauptes nach entsetzlichen Qualen. Das sind nur zwei unter den Tausenden von Märtyrern und Widerstandskämpfern, die während der italienischen Besatzung ihr Leben für Äthiopien gegeben haben. Doch der Widerstand begrenzt sich nicht nur auf Afrika: 1937 feiert das faschistische Italien den ersten Geburtstag der Eroberung. In Rom schlüpft der immigrierte Arbeiter Zeray Deres durch die taumelnde Menge, die sich zwischen dem Kolosseum und der Piazza Venezia drängt, um dem Vorbeimarsch zu applaudieren. Fahnen, Musik, Marschtritt ... Zeray wartet, bis der Oberbefehlshaber auf seiner Höhe ist, dann durchbricht er die Menge, stürzt auf die Straße und wirft sich mit dem Säbel in der Hand auf den Marschall. Auch Zeray Deres stirbt wie ein Patriot, ohne ein Wort.[11]

Andere Verantwortliche der WEP erklären mir nicht ohne Überlegung: „Unser Land ist jahrhundertelang von der Außenwelt isoliert gewesen. Unsere Leute haben überhaupt kein Bewußtsein für die Einheit der Menschheit, für die unbedingt notwendige Solidarität unter den Völkern. Man muß ihnen die Symbole, die diese Werte verkörpern, vor Augen führen." Ich stimme überein mit dem Kern des Problems. Allein, wie will man es erreichen daß ein Arbeitsloser aus der Provinz Harar, ein Nomade aus den Wüstengebieten des Danakiltieflandes oder ein Fischer von den Ufern des Blauen Nils über die Betrachtung des „Bärtigen von Trier" – dessen persönliche Geschichte, Lebensweise, Denkmethoden Lichtjahre von seiner eigenen Kulturwelt entfernt sind – zu dem weltumfassenden antiimperialistischen Bewußtsein gelangen kann?

Die gleiche Katastrophe im Museum der Revolution: Dort waren es die nordkoreanischen Experten, die rücksichtslos eingriffen. Von der stürmischen Geschichte der ersten Revolutionsjahre blieb eine Reihe von Photos übrig (gefälschten im allgemeinen), Bilder von militärischen Umzügen, von Wäldern roter Fahnen sowie eine legendenbildende Biographie über die Kindheit, die Jugendzeit und die Wunderwerke des erwachsenen charismatischen *chairman*. Sonntags defilieren an diesem Ort Familien mit Scharen von Kindern mit den großen dunklen Augen. Von der unvorstellbar reichen Geschichte ihres Landes erhalten sie hier nur einen seltsamen, entstellten Eindruck.

Der Dogmatismus verdirbt jedoch nicht nur das Volksbewußtsein. Selbst die Führer werden von der Reinterpre-

180

tation ihrer eigenen Geschichte kontaminiert. Zur Veranschaulichung dieser neuen Form von kultureller Entfremdung greife ich auf eine persönliche Erinnerung zurück. Juli 1986: Ich nehme an den lebhaften Debatten über die neue Verfassung teil, in einer schönen weißen Villa unter Mangobäumen in einem nördlichen Vorort von Addis Abeba. Ich bin Gast des Instituts für das Studium äthiopischer Nationalitäten und befinde mich in einem Büro, das mit Photos der Gironde und des ehemaligen Medizinprofessors an der Universität Bordeaux, Yayehyizad Kitaw, heute Direktor des Instituts, geschmückt ist. Um den Tisch versammelt sind Linguisten, Juristen und Soziologen, die an der Identifikation und an der wissenschaftlichen Aufstellung der 82 Nationalitäten arbeiten, die Äthiopien bevölkern. Leidenschaftliche Debatten über diese kulturell unermeßlich reiche Landschaft, über die Geschichte und die kulturelle Wiedergeburt der äthiopischen Nationalitäten. Plötzlich läutet das Telefon. Ernst und feierlich sagt Kitaw zu mir: *„The chairman is waiting for you."*

An der Tür ein Sekretär des Zentralkomitees in blauer Maouniform aus äthiopischer Baumwolle mit durchdringendem Blick, Wachsoldaten. Ein heruntergekommener Wagen. In rasender Fahrt geht es durch die von Menschen wimmelnden Straßen von Addis Abeba. Vor der Umfriedung des grauen Gebäudes des Zentralkomitees das übliche Ballett der Leibgardisten. Lange Flure, Kollonaden, Treppen, Vorzimmer. Zehn Minuten später öffnet sich die Tür: Ich stehe in dem weiträumigen Büro des *Mengistu Haile Mariam.* Von mittlerer Statur, lebhaft, zuvorkommend, mit strahlendem Lächeln und außergewöhnlich lebendigen schwarzen Augen erwartet Mengistu mich auf dem roten Teppich stehend. Ihm zur Seite Kassa Kebede.[12] Schwere rote Vorhänge verhüllen die Fenster zur Hälfte. Schräg über dem Arbeitstisch, der beladen ist mit Transistorradio, Büchern, Dossiers und kleinen Statuen (von zweifelhaftem Geschmack, wie sie die nordkoreanischen, bulgarischen und andere Delegationen bei ihrer Durchreise verbreiten) hängt eine riesige Zeichnung, die einen ironisch, fast menschlich wirkenden Lenin darstellt. Es folgt eine knapp dreistündige Diskussion in uneingeschränkter Offenheit. Mengistu spricht amharisch, der ZK-Sekretär übersetzt ins Englische, ich antworte auf englisch. Da Mengistu aber ausgezeichnet englisch versteht, ist er mir gegenüber ganz klar im Vorteil: Während übersetzt wird, feilt er an seiner Antwort! Draußen läuten die Glocken der orthodoxen Kathedrale in kurzen Abständen mit tiefen, volltönenden, schweren Schlägen. Mengistu hält einige Sekunden inne, um dann mit einer meisterhaften Marxismus-Leninismus-Vorlesung über die Angelegenheiten der Welt und nebenbei über Äthiopien fortzufahren. Einmal läuft es mir kalt über den Rücken, als Mengistu sagt: „Die Bauern neigen von Natur aus dazu, ein kleinbürgerliches Besitzerbewußtsein zu entwickeln. Um diese unselige Neigung auszurotten, müssen wir das Programm zur Kollektivierung der Ländereien und zur Umgestaltung der Streusiedlungen und der versprengten Dörfer beschleunigen." Der natürliche Hang zu Eigentum und der Wunsch, Herr über den eigenen Grund und Boden zu sein? Sie bestehen, sie schlummern auf dem Grund jeder bäuerlichen Seele. Sie bilden den Sinn seines Lebens, begründen den kolossalen Arbeitseifer. Da ich selbst Enkel von Bauern bin und in einem Dorf des Berner Landes aufwuchs, kann ich das bezeugen. Nur, Tatsache ist: Ich halte diesen Instinkt und diesen Wunsch für völlig legitim und nützlich, und ich sage es. Mengistu schaut mich an, wie ein Bischof von Rom es täte, wenn ihm ein Wiedertäufer begegnete!

Eine andere Erinnerung an einen anderen Ort. Vor der Africa Hall von Addis Abeba steht die graue Statue Lenins. Die Hand in der Tasche seines europäischen Anzugs, blickt er in Richtung Flughafen. Die Africa Hall ist Sitz der OAU (Organisation of African Unity). Gegen Abend bedeckt der Schatten der gigantischen Statue die Fassade des Gebäudes.

An einem Juliabend 1986 sitze ich mit einem äthiopischen Freund auf dem Sockel, auf dem sich, majestätisch und bedrohlich zugleich, die erzene Statue Lenins erhebt. Gerade ist der tägliche Gewittersturm heftig und grandios vorübergezogen. Das feuchte Erdreich, die roten Blumen und die Eukalyptusbäume verströmen einen betäubenden Duft. Blitze zucken über den dunklen Himmel. Auf dem Platz packen die Obst- und Gemüse-Straßenhändler, die Pfannkuchenverkäuferinnen und die Bettler ihre Utensilien zusammen. In angeregte, doch leise Gespräche vertieft, machen sie sich auf den Weg zu den Bidonvilles im Norden der Stadt. Mein Freund, erzogen mit den jahrtausendealten Lehren der Amhara-Kultur, hebt seine Augen zur Statue des Russen empor und fragt mich:

– Weißt du, was er in seiner Tasche sucht?
  Ich schüttele den Kopf.
– Kopeken!
  Ich verstehe nicht.
– Wohin schaut er?
– Zum Flughafen, wirklich! Was sagen seine halbgeöffneten Lippen?
– Verdammt! Ich besitze nicht genug Kopeken, um mir ein Ticket nach Moskau zu kaufen!

Ich lache. Plötzlich wird mein Freund ernst. Ein Augenblick Schweigen. Dann sagt er, das Gesicht leichenblaß, die Stimme zittert vor Zorn:

– Eines Tages werden wir die Mittel haben, werden wir ihm das geben, was ihm fehlt, damit er sich aus dem Staub macht.

Wir hätten unrecht, behandelten wir das entscheidende Problem des kulturellen Bruchs, den die revolutionären

183

Nationalisten der Dritten Welt mit den ehemalig herrschenden Bedeutungen zu verwirklichen wagen, auf ironische oder anekdotische Weise. Das vorliegende Kapitel verfolgt nur ein Ziel: nämlich die Komplexität einer konkreten Situation in einem tatsächlichen Land aufzuzeigen. Wir werden später das Abenteuer eines Volkes sehen, das vorübergehend gleichzeitig mit der neokolonialen Kultur und ihrer eurozentrischen Negation, dem Marxismus-Leninismus, gebrochen hat.[13] Das gegenwärtige äthiopische Regime realisierte fundamentale soziale Reformen zugunsten der Ärmsten.[14] Sein Programm zur Gesundheitsvorsorge, Alphabetisierung, Wasserversorgung, Bewässerung und Wiederaufforstung, zum Straßenbau oder zur Rehabilitierung von ehemaligen aussterbenden Industrien veränderte das materielle Leben von Millionen Menschen.

Allein der Aufbau einer alternativen Kultur, einer neuen Identität mit Hilfe des Marxismus-Leninismus bleibt ein problematisches und gefährliches, von Schwierigkeiten bedrohtes Unternehmen. Für die kulturelle, wirtschaftliche und politische Emanzipation der abhängigen Völker ist die universell gültige Theorie – bis sie von der Geschichte widerlegt wird – die des Klassenkampfes: Die unterdrückten Menschen lehnen sich immer und überall auf. Niemals wird der Mensch auf Dauer seine Ketten akzeptieren, welcher Klasse, Religion, Volksgruppe, Region oder geschichtlichen Epoche er auch immer angehört. Unter bestimmten historischen Umständen formieren sich nun aber Avantgarden, die umfassende, objektiv berechtigte Analysen hervorbringen. Diese theoretischen Analysen und die sozialen Widersprüche, die ihnen zugrunde liegen, lassen den Keim zu einem neuen Kollektivbewußtsein und zu einer emanzipatorischen, alternativen Kultur reifen. Dieses neuartige, alternative Bewußtsein läßt eine schnell wachsende Zahl von Beherrschten folgende wesentliche Tatsache begreifen: Ihre individuelle Situation der Erniedrigung, der Ausbeutung und des Leidens, die sie mit vielen anderen Menschen teilen, wird von analysierbaren sozialen Mechanismen beherrscht, welche bekämpft und zerstört werden können. Von dieser Gewißheit ausgehend werden sich die Unterdrückten um ihre Avantgarde herum vereinigen, organisieren und sich bewaffnen.

Die Avantgarde der äthiopischen Revolution (die revoltierenden Militärs, die aus dem Exil und aus dem Untergrund zurückgekehrten Studenten, Arbeiter, Bauern und Beamte), die sich allmählich im Laufe der Auseinandersetzungen der Jahre 1974-1978 konstituierte, läßt sich – ich erwähnte es – vom Marxismus-Leninismus beeinflussen. Die praktischen Erfahrungen und die theoretischen Forschungen von Marx, Engels, Plechanow, Lenin, Luxemburg, Lukács und anderen Autoren der revolutionären Arbeiterbewegung Europas sind sehr lehrreich für alle unterdrückten Völker der Erde. Diese Lehrer bleiben aktuell, denn sie sind Quellen eines großen, schöpferischen Reichtums. Erst ihre mechanische Anwendung und ihre starre Übertragung auf die besonderen kulturellen Situationen der Dritten Welt erzeugen Probleme – Verzerrungen und Störungen treten auf.

Für solche Störungen kann Äthiopien heute anschauliche Beispiele vor Augen führen: Als die Avantgarde – nach langen und heftigen internen Diskussionen, und nachdem sie in alle Welt Delegationen zur Erkundung ausgeschickt hatte – beschließt, die Workers Party of Ethiopia zu gründen, reagiert sie damit auf ein legitimes Bedürfnis, nämlich die Ideologie- und Organisationslücke wieder aufzufüllen, welche durch die Zerstörung der ehemaligen sozialen, an die Feudalität gebundenen Vorstellungen geschaffen wurde. Die WEP nun aber dämpft die brodelnde Unruhe und setzt der natürlichen Kreativität der revolutionären Bewegung ein Ende. Den Vulkan der bäuerlichen Revolten betoniert sie zu, den Fluß der Kreativität der Arbeiter läßt sie austrocknen und das Feuer des studentischen Enthusiasmus löscht sie aus.

Ein weiteres Beispiel: Die Revolution unternimmt außergewöhnliche Anstrengungen, um den autochthonen Kulturen ihre Stimme zu geben. Im Verlauf von mehr als sechs Jahren versuchte ein Fachinstitut, das die besten Ethnologen, Juristen, Soziologen und Wirtschaftswissenschaftler vereinigte, die Siedlungs- und Nomadisierungsgebiete, die Sprachen, die Symbole, die familiären, politischen und Clan-Strukturen, die Produktionsmethoden und die Geschichte der 82 wichtigsten Nationalitäten Äthiopiens kennenzulernen und zu kodifizieren. Der alte Streit war schwerwiegend: Das Kaiserreich hatte die ungeteilte Vorrangstellung der Amhara-Ethnie durchgesetzt. Jahrhundertelang waren aus ihr nicht nur die imperialen Dynastien hervorgegangen, sondern praktisch alle militärischen, politischen und religiösen Führer des Landes (*ras, dedjazmatch*, Generäle usw.). Obwohl die orthodoxe Kirche seit Beginn des 20. Jahrhunderts eine Minorität bildete, unterwarf sie die muslimischen Völker einem wahren ideologischen Terror (und beutete sie wirtschaftlich rücksichtslos aus, da sie nach der kaiserlichen Familie die zweite Großgrundbesitzerin war). Aus den beherrschten Nationalitäten rekrutieren sich einige der kühnsten und einflußreichsten revolutionären Führer.[15] Der subjektive Wunsch der meisten derzeitig Verantwortlichen, das Nationalitätenproblem definitiv und auf einer gerechten, unparteiischen Basis zu lösen, erscheint mir daher real und aufrichtig. *Aber die Existenz der Einheitspartei und damit des Einheitsstaates* bedroht die ungehinderte Sprache der regionalen Kulturen.

Man wird mir entgegnen, daß die neue, am 12. September 1987 (nach dem äthiopischen Kalender: Neujahr 1980) proklamierte äthiopische Verfassung in ihren Artikeln 95 ff. ausdrücklich die Schaffung von Verwaltungsregionen und autonomen Regionen (lokale Selbstverwaltung) vorsieht. Die bedeutendsten Nationalitäten werden, obgleich sie in dem nationalen Shengo (Zentralparlament)

186

vertreten sind, mit einem regionalen Parlament bedacht, in welchem sie z.B. über haushaltsrechtliche Fragen oder über regionale Gesetzgebung entscheiden können.[16]

Die äthiopische Verfassung folgt in diesem Punkt dem sowjetischen Beispiel. Im Gegensatz zur UdSSR ist Äthiopien kein föderativer Staat. Doch versucht es – ich wiederhole – das Nationalitätenproblem mit Mitteln zu lösen, die jenen ähneln, welche Lenin bei der Ausarbeitung der ersten Verfassung von 1922 angewendet hat.

Sind diese Mittel effektiv? Mit Einschränkung. In der leninistischen Theorie garantiert die Einheitspartei der Avantgarde die unverbrüchliche Einheit der revolutionären Bewegung, und der Staat andererseits gewährleistet den Nationalitäten ihre freie Entfaltung. In der Praxis komplizieren sich die Dinge jedoch: In der UdSSR verfügen die wichtigsten Nationalitäten über ihre jeweiligen föderativen Republiken, sie sprechen ihre Sprache, leben in ihren Kulturen. Allein die Wirklichkeit der politischen Macht, auch lokal, liegt im allgemeinen in den Händen der Russen. Der zweite oder dritte Sekretär des lokalen Zentralkomitees ist in praktisch allen kaukasischen, asiatischen und baltischen Republiken (ebenso wie in der Moldauischen SSR und in den autonomen Regionen) immer ein Russe: Er unterhält zum Zentralapparat in Moskau privilegierte Beziehungen. Niemand darf über die äthiopische Erfahrung eine voreilige Entscheidung treffen. Ich meine einfach, daß der Erfolg des gewählten Vorbildes (der UdSSR) nicht sichergestellt ist.

Welche Zukunft erwartet die äthiopische Revolution? Immense Probleme gilt es zu lösen. Das schwierigste und eines der vordringlichsten ist das Ernährungsproblem. Am 25. September 1987 gibt die UNICEF in Genf bekannt, daß die Getreideernte 1987 um 980.000 t geringer ausfallen wird – es hat weder im Juni noch im September geregnet. Es droht eine noch tödlichere Katastrophe als die der Jahre 1983-1985.

187

Ein weiteres Problem: der Krieg, den die Äthiopische Armee seit dreizehn Jahren gegen die Nationalisten Eritreas (Eritreische Volksbefreiungsfront) und die Guerilleros von Tigre (Volksbefreiungsfront von Tigre) führt. Für diesen Krieg gibt es keine militärische Lösung. Er zwingt Äthiopien, eine Armee von 300.000 Männern und Frauen zu unterhalten, die den größten Teil der Haushaltsmittel schluckt und das Land ausbluten läßt. Nun, selbst in normalen Zeiten, wenn die Regen fallen und die Ernten gut sind, gehört Äthiopien zu den ärmsten Ländern der Welt: Das jährliche Pro-Kopf-Einkommen betrug 1986: 110 Dollar. Die durchschnittliche Lebenserwartung liegt bei 41 Jahren (Männer und Frauen). Ohne einen mit Eritrea ausgehandelten Frieden wird es keine wirtschaftliche Entwicklung für Äthiopien geben.

Ein letztes Problem: die Opfer der revolutionären Gewalt. Amnesty international spricht von mehreren Tausend politischen Gefangenen. Seit 1974 hinterließ jede neue Umwälzung in den Gefängnissen, in den Polizeirevieren und in den Kasernen neue Opfer. Bis zum September 1987 gab es für die Eingekerkerten, da eine Verfassung und stabile Institutionen fehlten, keinen juristischen Schutz, und die verschiedenen Polizeikräfte und Geheimdienste handelten nach ihrem Gutdünken, d.h. im allgemeinen auf grausame Weise.[17] Heute gibt es eine Rechtsgrundlage, auf der Richter und Staatsanwälte ihres Amtes walten. Der Oberstaatsanwalt verpflichtete sich, das Dossier jedes einzelnen Gefangenen zu überprüfen. Die einflußreiche Delegation des Internationalen Komitees des Roten Kreuzes in Addis Abeba (etwa 30 Schweizer Delegierte, zweihundert äthiopische Angestellte, vier Flugzeuge, eine Reihe von LKW und Jeeps) bemüht sich, die Genehmigung zu erhalten, um die weit verstreuten Haftorte aufzusuchen. Zu den wichtigsten zählen die Gefängnisse Alem Bekagne (Addis Abeba), Sembel und Haz-Haz in Asmara sowie die Strafanstalten von Gondar, Harar, Nekemete, Bahar Dar und Awassa.

Einfluß und Präsenz der Sowjetunion verringern sich. In einer siebenstündigen Rede, die der neue Präsident der Demokratischen Volksrepublik Äthiopien am 10. September 1987 in seinem blauen Gewand aus äthiopischer Baumwolle hält, erwähnt er die Sowjetunion kein einziges Mal![18]

Eine Hoffnung: Am 9. September 1987 versammeln sich in der Kongreßhalle von Addis Abeba die 835 Frauen und Männer, die als Abgeordnete in das erste nationale *Shengo* gewählt wurden.[19] Sie wählen die Regierungsmitglieder. Am Morgen des 10. September durchquert Tilsfaye Debra-Kidan, der politische Kommissar der Revolutionsarmee, die weite Halle, nähert sich der Präsidententribüne und übergibt dem neugewählten Präsidenten der Republik, Mengistu Haile Mariam, die gelb-grün-rote Fahne des Derg. Mengistu erhebt sich, küßt die Fahne ... und vertraut sie einer Frau aus der Menge an, die sie wegträgt. Dreizehn Jahre provisorischer Regierung und revolutionärer Unruhe sind soeben zu Ende gegangen.

Nach dem Zerfall des sowjetischen Reiches wechselt Mengistu Haile Mariam in den Jahren 1989/90 auf geschickte und zynische Weise seine ideologische Orientierung und seine strategischen Bündnisse: Von nun an sucht Äthiopien das Bündnis mit den Vereinigten Staaten, während die isrealischen Waffenlieferungen ihm erlauben, seinen Ausrottungskrieg gegen den eritreischen und tigrischen Widerstand fortzusetzen.

Im Mai 1991 stürzte die blutige Diktatur endgültig zusammen. Mengistu floh nach Nairobi und lebt heute von seinem gestohlenen Geld auf einer riesigen Farm in Zimbabwe.

Am 28. Mai zogen die meist blutjungen Guerilleros der Ethiopian Popular Revolutionary Democratic Front (die von den Tigraern beherrschte Befreiungsbewegung) in Addis Abeba ein. Ihr Chef, der ehemalige Medizin-Student

Meles Zénoui, präsidiert heute die äthiopische Regierung. Diese hat nach langen, wohltuend demokratischen Verhandlungen und Vielvölkerkonferenzen den hauptsächlichsten Völkerschaften des Landes eine weitgehende innere Autonomie zugestanden.

Der gewalttätige Traum des (von Amharas dominierten) äthiopischen Einheitsstaates, den Menelik entworfen, Haile Selassie durchgesetzt und Mengistu pervertiert hat, ist heute glücklicherweise ausgeträumt. Er verfloß wie blutiger Nebel in der Sonne der Freiheit.

Die eritreische Befreiungsbewegung (EPLF) hat nach einem geduldigen, mutigen Kampf, der 1961 angefangen hatte, 1991 endlich die faktische Unabhängigkeit Eritreas in seinen historischen Grenzen verwirklicht. Im Frühling 1993 soll ein Referendum unter internationaler Kontrolle die völkerrechtliche Souveränität des eritreischen Staates bestätigen.

III
Gorbatschow und die Mullahs

Die religiösen Bekundungen sind bevorzugte Ausdrucksformen der kulturellen Identität eines Volkes. Und gerade angesichts der religiösen Phänomene lassen die kommunistischen Regime – die der Dritten Welt ebenso wie die der Industriewelt – eine hartnäckige totale Verständnislosigkeit erkennen.

Wie Ströme führen die Religionen kosmologische Erkenntnisse, moralische Werte und ästhetisches Vergnügen mit sich. Sie fangen alles auf! Hinter dem Nebel des Aberglaubens aber offenbart der Mensch den Wunsch nach Würde und nach zahllosen wahren Werten, den Drang zu forschen, zu fragen und zu zweifeln, das Gefühl für Ge-

190

meinschaft und die Lust am ästhetischen Genuß. Von all
diesen kulturellen Bedeutungen und Bekundungen berühren diejenigen den Menschen am tiefsten, die aus der Religion hervorgehen.

Was ist eine Religion? Ein symbolisches Gebäude, das
auf der Grundlage spiritueller Werte errichtet wurde? Was
bedeutet die Spiritualität? Ein Ausdruck des Denkens, der
außerhalb möglicher Rationalisierung, mit anderen Worten in der Transzendenz und der verschiedenartigen sozialen Realität eine Erklärung für erlebte Situationen sucht.

Eine beispiellose soziale Funktion übernimmt somit der
religiöse Ritus. Der Ritus ist der *poetische Moment, der
Augenblick der Schönheit und der Zierde.* In der Unbarm-
herzigkeit der Tage wird der Ritus zu einem außergewöhnlichen Augenblick.[20]

Betrachten wir zunächst die Theorie der Religion, so wie
sie von Karl Marx, Lenin und ihren Nachfolgern formuliert wird: eine Eschatologie wohnt der Geschichte inne.
Sie trachtet danach, die mannigfachen Wunschvorstellun-
gen zu konkretisieren. Der religiöse Diskurs kann sich
nicht realisieren, ohne sich selbst abzuschaffen, das heißt,
ohne die Scheinwelt, die ihm zu eigen ist und welche die
Voraussetzung dafür ist, daß die Herrschaft des Menschen
über den Menschen andauert, abzuschaffen. Die religiösen
Vorstellungen, Zufluchtsorte unerfüllter, in der gegenwärtigen Phase des weltweiten Klassenkampfes noch nicht
realisierbarer Wünsche, werden sich in naher Zukunft in
der Klarheit einer Welt auflösen, in der die Beziehungen
der Menschen untereinander und mit der Natur im Bewußtsein eines jeden einzelnen transparent sein werden.
Die einzigen Parameter für die zukünftige soziale Organisation des Planeten werden das Glück des einzelnen und
die freie Entfaltung aller sein. Die religiösen Systeme,
Ausdruck des unerfüllten Wunsches, die alle zu dem „Jenseits" der Wahrheit gehören, werden dann wie durch Zau-
berei verschwinden. Marx: „Es ist also die Aufgabe der

Geschichte, nachdem das Jenseits der Wahrheit verschwunden ist, die Wahrheit des Diesseits zu etablieren."[21]

Welche Wahrheit ist diese Wahrheit, deren lebendige Wirklichkeit kommen wird? Marx: „Die Kritik hat die imaginären Blumen an der Kette zerpflückt, nicht damit der Mensch die phantasielose, trostlose Kette trage, sondern damit er die Kette abwerfe und die lebendige Blume breche. Die Kritik der Religion enttäuscht den Menschen, damit er denke, handle, seine Wirklichkeit gestalte wie ein enttäuschter, zu Verstand gekommener Mensch, damit er sich um sich selbst und damit um seine wirkliche Sonne bewege."[22]

Praktisch alle großen kommunistischen Parteien – die der Industriestaaten ebenso wie die der Dritten Welt – wenden gegenüber den religiösen Systemen und Gemeinschaften eine dogmatische Analyse an: nämlich die von Marx erarbeitete und vom siegreichen (und etwas mechanistischen) Rationalismus gekennzeichnete Analyse des 19. Jahrhunderts. Jedes Kultursystem mit verschiedenartig sozialer und religiöser Substanz (wie die nagô-yoruba Candombles von Brasilien und von Kuba, die afrikanischen Kosmogonien usw.) ist dazu bestimmt, mit dem Fortschreiten des Klassenkampfes und der allmählichen Umwandlung der Produktionsverhältnisse zu verschwinden. Mit anderen Worten: So wie sie heute funktionieren, und trotz der Aufgabe, die sie im antiimperialistischen Kampf der Völker erfüllen, denen sie dienen, erhalten diese religiösen Bedeutungen die doppelte Welt des Imaginären und des Realen, des Erwünschten und des Gelebten aufrecht und verewigen sie. Sie sind sowohl für die, welche sie in der Hand haben, als auch für die, welche sie ertragen, Ursache für die Entfremdung und Trübung des Bewußtseins. Sie müssen bekämpft werden. Marx: „Das religiöse Elend ist in einem der Ausdruck des wirklichen Elendes und in einem die Protestation gegen das wirkliche Elend. Die Religion ist der Seufzer der bedrängten Kreatur, das Gemüt einer herzlosen Welt, wie sie der Geist geistloser Zustände ist. *Sie ist das Opium des Volks.* Die Aufhebung der Religion als des illusorischen Glücks des Volkes ist die Forderung seines wirklichen Glücks. Die Forderung, die Illusionen über seinen Zustand aufzugeben, ist die Forderung, einen Zustand aufzugeben, der der Illusionen bedarf. Die Kritik der Religion ist also im Keim die Kritik des Jammertales, dessen Heiligenschein die Religion ist."[23]

Nun, die Dinge laufen auf ganz andere Weise ab. Je mehr sich ein Volk aus dem Elend befreit, aus dem Zwang und aus der Angst vor dem Morgen, desto intensiver erlebt es sein kulturelles Sein, gewinnt es seine Bedeutungen zurück und bringt seine einzigartigen Werte zur Geltung. Das wiederum bedingt wirtschaftlichen Fortschritt und religiöse Wiedergeburt. Die Religion ist die große Unbekannte des Marxismus. Sie gehört zu den Bereichen menschlicher Existenz, die der historische Materialismus nur sehr oberflächlich erforscht hat. Das, was das Tiefgründigste im Menschen ist, widersteht der Rationalisierung am zähesten, am beständigsten. Und das Tiefste ist eben die Angst vor dem Tod und ihr kompensatorischer und positiver Ausdruck: der religiöse Glaube.

In den Gesellschaften Lateinamerikas, des Mittleren Orients, Asiens und Afrikas spielt die Religion heute eine entscheidende soziale Rolle: Sie bedeutet Quelle der unverwechselbaren Identität, Heimstätte der Kultur, Speicher autonomer Bedeutungen, Zufluchtsort für die Werte der Solidarität, der Wechselseitigkeit und der gegenseitigen Ergänzung. Sie gibt den Menschen psychologische Sicherheit, ihrem Leben einen Sinn. Folglich begehen die kommunistischen Regime gegenüber den religiösen Systemen und Glaubensanschauungen ihre gröbsten Fehler. Statt sie im Kampf um die stufenweise Befreiung der Völker als Verbündete zu gewinnen, machen sie aus ihnen entschiedene Gegner.

Ein religiöses System offen anzugreifen, es zu bekämpfen, ist ein gewagteres Unternehmen, als eine Mauer mit bloßen Händen niederzureißen! Wir wollen nacheinander zwei Beispiele untersuchen, welche, jedes auf andere Weise, die besonderen Probleme veranschaulichen, die sich ergeben, wenn eine marxistische Strategie zur sozialen Entwicklung versucht, religiöse Werte zu unterdrücken. Das erste Beispiel wird der Praxis der sowjetischen Regierung entnommen, das zweite stammt aus der kubanischen Regierung.

Erster Fall: Am Sonntag, 30. November 1986, tickert eine erstaunliche Nachricht über die Fernschreiber der Fernseh-, Rundfunk- und Zeitungsredaktionen: Michail Gorbatschow, der Generalsekretär der Kommunistischen Partei der Sowjetunion, stürzt sich in eine „entschlossene und rücksichtslose" Kampagne gegen die Religion! Ein neuer atheistischer Feldzug wie zu den heroischen und weit zurückliegenden Zeiten der Oktoberrevolulion von 1917?

Kurze Zeit nach dem Sieg der Oktoberrevolution in Petrograd hatte das Zentralkomitee der bolschewistischen Partei seine erste Atheismuskampagne gestartet. Ihr Ziel war die „freiwillige" Schließung aller Kirchen (mit Ausnahme derjenigen, die zu den ausländischen Botschaften gehörten). Die muslimischen Kultstätten hingegen wurden bevorzugt behandelt, da die Beziehungen zwischen den Bolschewiken und den revolutionären Avantgarden der Tataren, Turkmenen, Kirgisen, Usbeken usw. wechselnden Strategien unterworfen waren.[24]

Gorbatschow trägt seinen Angriff bis in die muslimische Welt Zentralasiens vor: nach Taschkent, (vorübergehende) Hauptstadt des ehemaligen Reichs des Tamerlan, dann des Babur. Von dort waren im 15. Jahrhundert die eroberungslustigen islamischen Armeen aufgebrochen, um Nordchina, Indien, Afghanistan und die Türkei zu erobern.

Gorbatschow befand sich gerade auf dem Weg nach Indien, als er am 24. November in Taschkent haltmacht, um hier seinen Kirchenbann auszusprechen. Die ersten, die davon betroffen sind: die schiitischen, die ismailitischen und sunnitischen Muslime aus Kirgisistan, Kasachstan, Usbekistan und aus dem riesigen Transkaukasien. Aber gleichermaßen traf es die orthodoxen Christen der europäischen und sibirischen Republiken der Union. Hören wir Gorbatschow: „Es gilt, einen resoluten und erbarmungslosen Kampf gegen die religiösen Offenbarungen zu führen und die atheistische Propaganda zu verstärken (...) Selbst die geringste Abweichung zwischen Wort und Tat kann in diesem Bereich nicht geduldet werden. (...) Die verantwortlichen Kommunisten, die sich der Nachsicht gegenüber rückständigen Praktiken schuldig gemacht haben oder die an religiösen Riten teilnehmen, werden darüber Rechenschaft ablegen müssen."[25]

Ein erstaunlicher Appell! Ich erinnere mich an meinen ersten Aufenthalt in Usbekistan im September 1985. Ich habe selten eine so schöne Gegend der Welt kennengelernt! Mehr als 300 Traubensorten werden hier auf diesen entsalzten Böden am Aralsee geerntet. Blumen, Granatäpfel, alle Sorten von Früchten überschwemmen den kleinsten Markt eines Dorfes. Die im allgemeinen sehr schönen Frauen tragen fast ausnahmslos Kleider aus schimmernder Seide, auch ein Produkt des Landes. Ihr Teint ist dunkel, die Körper schlank und rank, die Haare sind schwarz wie Ebenholz. Boukhara, Taschkent, Samarkand: uralte Stätten sehr hochstehender islamischer Kultur. Das Land der Usbeken – mehr als 9 Millionen Einwohner auf 150.000 km^2 – ist durch und durch muslimisch: Religiöse Zeitschriften, Kulturzeitschriften, Lehrbücher über Weisheit und Sittsamkeit, Theologiebücher erscheinen in tatarischer, karakalpakischer, russischer, usbekischer, koreanischer, jakutischer, arabischer und türkischer Sprache. Die Republik Usbekistan ist das Herz des sowjetischen Asien, das

195

Herz eines Landes mit alter, großer islamischer Tradition. Hier – in Taschkent, Samarkand, Khiva und Boukhara – erblüht zu Beginn des 9. Jahrhunderts eine der mächtigsten und fesselndsten Zivilisationen der Welt. Spuren sind noch heute überall sichtbar: Moscheen, Religionsschulen, Paläste und Minarette. Im 9. und 10. Jahrhundert arbeitet und lehrt hier der Begründer der Algebra, Mohamed Ben Musa al-Khorezmi. Ein Vorläufer des Kopernikus, Abu Raihan Muhammad Ibn Ahmed al-Biruni, entwirft das erste heliozentrische Weltsystem und erforscht die Rotation der Erde, Abu Ali Ibn Sina, Dichter und Philosoph, legt hier die Grundlagen für eine therapeutische und kognitive, für die Entwicklung der Medizin wesentliche Theorie.

Die Zivilisation, deren Wiege in Usbekistan stand – ihre Architektur, ihre Wissenschaften, ihre Dichtung –, breitet sich mit dem Ende des 14. Jahrhunderts quer über die Kontinente aus. Tamerlan (auch Timur genannt) erobert die Türkei, Afghanistan, Mesopotamien, Nordindien, den Westen Chinas und ganz Zentralasien. Er zerschlägt die mongolische Vorherrschaft, eint den Orient. Aber sein Reich bricht – wie das Karls des Großen fünf Jahrhunderte früher –, von Nachfolgemachtkämpfen erschüttert, zusammen. Nur ein einziger seiner Nachkommen, sein Enkelsohn Babur, gewinnt an Bedeutung und fördert die Verbreitung der usbekischen Kultur. Auf dem indischen Subkontinent mit seiner Hauptstadt Delhi gründet er ein Reich, das erst zu Beginn des 19. Jahrhunderts von den Engländern zerstört wird.[26]

In der großartigen Moschee Tilla-Shaik von Taschkent befindet sich in der Bibliothek, die 40.000 Abhandlungen birgt und mehr als 5.000 Handschriften mit kostbaren Miniaturmalereien, der kufisch geschriebene Koran von Samarkand, ein handgeschriebenes Zeugnis des Kalifen Omar, auf Rentierhaut, aus den Jahren 644-656.

Vier Muftis lenken das geistige und teilweise auch materielle Schicksal (da sich die Kirchengerichte ebenso mit

Erbangelegenheiten, Scheidungen usw. beschäftigen) der 37 Millionen Muslime der UdSSR.

Es gibt in der UdSSR vier „muslimische Verwaltungsbezirke": Die Muslime von Sibirien werden von Ufa in Bachkirie aus verwaltet. Die Führung des Nordkaukasus befindet sich in Majachkola in Daghestan, die des Südkaukasus in Baku in Aserbaidschan. Der Mufti von Usbekistan residiert in Taschkent.

Heute ist der Mufti von Taschkent der einflußreichste und erste unter den vier Muftis der UdSSR. Er ist ein energischer Mann in den Fünfzigern, mit lebhaften Augen, schwarzem Schnurrbart und schwarzem Haar, ein anerkannter Theologe, der den komplizierten Namen Shamsuddinkhan Ibn Ziyauddinkha Ibn Ishan Babakha trägt. Sein Rivale ist der Mufti vom Südkaukasus, Sheikul Islam Pasha Zade.

Ich erinnere mich an einen tropisch heißen Nachmittag im Herbst des Jahres 1985 in Taschkent. In der Nähe der wunderbaren Moschee von Tilla-Shaik im Herzen der Innenstadt, wo die Handschriften des Kalifen Omar aufbewahrt werden, erhebt sich eine *madrasa* (muslimische Universität) aus dem Jahre 1530. Hier sind über Jahrhunderte die Mullahs und Imame ausgebildet worden. Sie waren dazu auserwählt, die Provinzen Sinkiang, Nordindien und Afghanistan zu missionieren. Heute drängen sich in den düsteren, mit feinem Blattgold und Edelhölzern ausgeschmückten Sälen Studenten aus Jordanien, Syrien, Zentral- und Ostasien und aus dem Irak. Die *madrasa* befindet sich im hinteren Teil eines Gartens, in dem Rosen und wilder Wein üppig blühen. Zum Hauptportal gelangt man auf labyrinthisch verschlungenen schmalen Pfaden. Sie werden unterbrochen von Bögen und Gitterwerk, an denen sich Rosensträucher mit prächtigen rosa, roten, gelben und weißen Blüten emporranken. Außerordentlich mild ist die Stimmung, Brunnen bezaubern, der starke Duft der Rosen ist betäubend. Ab und zu erfüllen die Stimmen der

betenden Studenten die Luft. Kosmopolitische *madrasa*!
Perser, Pakistani, Kirgisen, Chinesen, Koreaner, Tataren
sowie Türken laufen mir hier über den Weg.[27]

Meine beiden Begleiter vom Zentralkomitee, ein Russe
und ein Usbeke, in Hemdsärmeln, schweißüberströmt, tragen weite Hosen, von Hosenträgern gehalten, und trotz
der Septemberhitze aus irgendeinem obskuren Grund den
obligatorischen Filzhut der Apparatschiks. Die Studenten
kreuzen unseren Weg mit gesenkten Augen, ohne uns an-
zuschauen. Die beiden Apparatschiks teilen mein Erstaunen. Eine letzte Wegbiegung, ein letzter überschatteter
kleiner Platz mit einem Perlmuttbrunnen, und wir stehen
vor dem reichverzierten Portal der *madrasa*. Auf der
Freitreppe erwartet uns, umgeben von seinen sechs Assistenten, der Kadi (muslimischer Richter) Shaikh Abdulga-
ni Abdullah, ein kleiner rundlicher Mann, gewandt und
lebhaft. Seine kleinen interessierten Augen hinter dicken
Brillengläsern sind in ständiger Bewegung. Während er
sich zu uns hinunterbeugt, um uns zu begrüßen, läßt sein
Turban einen glänzenden kahlen Schädel ahnen. Er trägt
ein herrliches Gewand aus gelber und grüner Seide, ein
orangefarbenes Hemd und mit goldener Stickerei verzierte
Pantoffeln. Gemessen an dem Respekt, den meine Begleiter, die Dienerschaft, die Assistenten und die vorüberge-
henden Studenten ihm zollen, handelt es sich wohl um
einen angesehenen Mann. Man versichert mir später, daß
seine Freitagspredigten vom Rundfunk weit über die
Grenzen der UdSSR hinaus verbreitet werden. Der Mann
ist sympathisch, ihm fehlt dieses salbungsvolle Gebaren
der anderen großen Gestalten der offiziellen Kultur, denen
ich im Laufe meiner Reise anderswo begegnet bin. Der
Kadi gefällt mir. Wir werden durch die marmorverkleide-
ten Gänge zum zentralen Salon gebeten: Unter einer kost-
bar geschnitzten Decke setzen wir uns auf seidene Diwane
rund um einen niedrigen Tisch, an der Seite des Kadis seine sechs Assistenten, neben mir meine gewohnten Beglei-

ter. Seidenteppiche in Tausenden von Blautönen bedecken den Boden.

Der Kadi erkundet zunächst das Terrain: Nach usbekischer Sitte befragt er mich lang und breit über meinen Gesundheitszustand, über meine Familie und meine Reiseeindrücke. Seine kleinen, unruhigen schwarzen Augen beobachten mich ständig mit großer Aufmerksamkeit. Ich erwidere seine Höflichkeit: Der Kadi berichtet mir jetzt von seiner siebenten Reise nach Mekka. Er hat sie heil überstanden. Dann stimmt er in feierlichem Ton, den Blick gesenkt, das übliche Propagandalied an: „Hier gibt es keine Probleme. Die Muslime Transkaukasiens sind ebenso glücklich wie die aus Zentralasien. Die kommunistische Partei und die Regierungen der Teilrepubliken pflegen mit den religiösen Autoritäten die bestmöglichen Beziehungen." Der Kadi bemerkt mein Gelangweiltsein. Er beschließt, vorsichtig die Tonart zu wechseln. Zwischen dem ausländischen Besucher und dem Kadi beginnt ein subtiles Spiel.

Der klassische Dialog in einem totalitären Regime. Der Kadi, seine sechs anwesenden Assistenten, meine beiden Begleiter vom Zentralkomitee und ich selbst, wir alle wissen, was hier gespielt wird! Jedermann weiß, daß die von den Kommunisten auf die bürgerliche Gesellschaft in Zentralasien ausgeübte Macht zu einem guten Teil eine fiktive ist. Man weiß ebenso, daß die religiöse Praxis in allen Schichten der Bevölkerung schnell um sich greift, daß sich die Bewohner vom Land – und zunehmend auch die der Städte – mit ihren Problemen lieber an die Imame, Mullahs und Kadis wenden, als an die Funktionäre des Staates und der Partei, daß der benachbarte iranische Rundfunk eifrig gehört wird, daß der sowjetische Krieg gegen die Mudjaheddin Afghanistans so unpopulär ist, daß Moskau usbekische Regimenter zurückziehen mußte und daß schließlich China, wo sich zahlreiche Usbeken aufhalten (meist Verwandte der Bewohner des sowjetischen Us-

bekistans) und wo der Zustrom usbekischer Reisender ununterbrochen anhält, die Parteibürokraten zutiefst beunruhigt. Trotz alledem wird die völlig frei erfundene Sicht der
Realität, wie sie die offizielle Propaganda vorschreibt,
während unserer Unterhaltung peinlich genau respektiert!
Meine beiden anfänglich sehr nervösen Begleiter entspan-
nen sich. Der Russe schlummert friedlich in einer Ecke
des Diwans, während sein usbekischer Kollege zwei Rot-
kehlchen mit den Augen verfolgt, die sich auf dem Fen-
stersims balgen. In den lebhaften Augen des Kadi, die sich
hinter ständig beschlagenen dicken Brillengläsern verbergen, entdecke ich einen Anflug von Sympathie. Der Kadi
bemerkt, daß ich verstehe. Er ist mir für meine Zurück-
haltung dankbar. An diesem Nachmittag stellen wir alle
neue Rekorde auf in doppelzüngiger Sprache, im vorneh-
men Lügen und in freiwilliger Blindheit.

Ich frage:
– Wächst der Glaube in Ihrem Land?
– Er nimmt zu!
– Warum?
– Weil die Bevölkerung sich vermehrt!
Ich:
– Wie viele Geistliche gibt es unter Ihren Richtern?
Der Kadi:
– Sehr viele. Ich kenne ihre Zahl nicht, weil es in man-
chen Moscheen fünf oder sechs gibt.
Stolz fügt er hinzu:
– Sie sprechen alle Arabisch und predigen freitags.
Ich:
– Ihre Beziehungen zu den Schiiten des Iran?…
Der Kadi:
– Wir sind Sunniten in Usbekistan. Abgesehen von den
Ismailiten in den Bergen des Pamir, nicht weit von hier,
sind die Schiiten aus dem Kaukasus die einzigen Schii-
ten, die wir kennen.
– Und China?

- 1986 haben wir mit unseren Brüdern in China Kontakt aufgenommen, da einige unserer Gläubigen dort Familie haben.
- Alle diese Leute hier, die, seit der Morgen graut, geduldig vor der *madrasa* aufgereiht warten, wer sind sie?
- Es sind Gläubige, die beim Religionsgericht vorstellig werden wollen.
- Haben sie kein Vertrauen in die sowjetische Justiz?
- Wie können Sie dergleichen denken?
- Ich versuche zu begreifen ...

Der Kadi:
- Die Leute lieben die *Scharia*!

In zarten blauen Porzellantassen serviert man uns den Tee, Tabletts mit Früchten werden gereicht. Der Kadi und seine sechs Assistenten sitzen sehr entspannt auf den seidenen Diwans. Mein russischer Begleiter verläßt für einige Augenblicke den Raum. Der Kadi neigt sich zu mir.
- Sie kommen aus Genf, nicht wahr? Kennen Sie Said Rahmdan?

Ich kenne ihn. Wir wechseln einige schnell gesprochene Wörter mit gesenkter Stimme ..., bis der Russe zurückkehrt.

Der außergewöhnliche Said Rahmdan ist Chef des Islamischen Zentrums von Genf und der nach Europa geflüchtete, wichtigste Führer der Muslim-Bruderschaft. Er ist der Schwiegersohn des Begründers und ersten Oberhauptes der Bruderschaft, Hassan El-Banah, der 1949 in Kairo ermordet wurde.

Es ist sehr heiß. Quietschend drehen sich die Ventilatoren. Die Unterhaltung geht zu Ende.

Über die schmalen Pfade, die durch den duftenden Garten führen, begeben wir uns zu der Moschee. Im Hof drängt sich eine riesige bunte Menschenmenge. Ich ziehe meine Schuhe aus und lausche der melodiösen Predigt des Imam von Tilla-Shaikh, ohne zu verstehen.

Ein anderer Ort mit anderen Erinnerungen. Januar 1986. Vom Erzbischof Pitirim eingeladen, verlassen wir früh am Morgen, noch bei Dunkelheit, das Hotel Sowjetskaja. Der frische Schnee, strahlend weiß im Licht der Straßenlaternen, knirscht unter den Reifen der schweren schwarzen Tschaika-Limousine des Erzbistums. Ein junger Priester hat neben dem Chauffeur Platz genommen. Siebenundsechzig Kilometer glatte, vereiste und verschneite Straßen quer durch die nördlichen Vororte der Metropole, entlang nicht endender Häuserreihen des sowjetischen sozialen Wohnungsbaus, vorüber an Stadien und Kiosken durch die friedlichen Landschaften des russischen Landes. Einige Holzhäuser tauchen hin und wieder im dichten Flockenwirbel vor uns auf.

Zagorsk! Die nahe Moskau gelegene theologische Akademie der orthodoxen russischen Kirche ist tatsächlich eine Festung, die im 13. Jahrhundert gegen die Tartaren erbaut worden ist. Ein Zufluchtsort des Glaubens. Im Innern der hohen Umwallung dichtgedrängt Türme und Gräben, von Fallgattern geschützt. In den niedrigen Gebäuden befinden sich mehrere Klöster und die Schlafsäle der Akademie. Goldene Kuppeln mit dem orthodoxen Kreuz krönen die Glockentürme der Kirchen, die in den Himmel emporragen. Eine bleiche Sonne erhebt sich über dem Schnee. Auf den Pfaden, in den Gärten blinken jetzt Tausende von Sternen. Von den Dachschrägen lösen sich Schnee- und Eisbrocken und fallen mit donnerndem Getöse in die Gemüsegärten. Der Weihnachtsmorgen bricht an. Von überallher, aus Moskau und aus den umliegenden Dörfern treffen Familien, Scharen junger Leute, Beamte, Angestellte, Intellektuelle und Bauern in überhitzten Autobussen hier ein, um an der Zeremonie teilzunehmen. Unter dem Gewölbe des großen Festungstores von Zagorsk zieht ein dunkler Strom schweigsamer Männer, Frauen und Kinder, warm eingehüllt, ununterbrochen durch den Park in Richtung des Platzes. Er ist bereits schwarz von

202

Menschen, füllt sich unaufhaltsam bis hin zur uralten Kirche des Heiligen Sergeij Radoneschskij. Aus dem Innern der Kathedrale steigen die Lieder zur Geburt Christi in den Morgen empor.

Bedeutet die Kampagne des Atheismus, die am 24. November 1986 angekündigt wurde, einen Angriff Gorbatschows gegen die Religionen? Die langen Reihen muslimischer Gläubiger, die an jedem Werktag vor der *madrasa* und dem Gericht des Kadi von Taschkent warten, und die Scharen von Christen, die sich am Weihnachtstag in Zagorsk drängen, verurteilen diese Kampagne zum Scheitern. Sie bezeugen das totale Unverständnis, das die kommunistische Macht und die religiösen Gemeinschaften bis zum Jahr 1990 in Opposition zueinander gebracht hat.

IV
Kuba: Santeiros gegen Kommunisten

Betrachten wir das Beispiel Kuba: Nahezu 70% der 10 Millionen Kubaner sind afrikanischen Ursprungs. Wie in zahlreichen anderen Gesellschaften der afrikanischen Diaspora der beiden Amerikas hat sich auch hier eine der verschiedenartigen Kulturen der Deportierten mit besonderer Energie durchgesetzt: die lucumi-Kultur (synkretistischen Ursprungs, jedoch in starkem Maße yoruba-bestimmt). Ihr gelang es, die entwurzelten Völker auf eine gewisse Weise zu einigen. Die afrikanische Initiationsgemeinschaft von Kuba nennt sich *cabildo*, die Würdenträger der Gemeinschaft *santeiros*. Die zentrale Institution des Initiationsritus, der Legitimitätsnachweis, ist der *tambor de fundamento*.[28] Es gibt unzählige *cabildos* in Kuba: Während der September- und Oktobermonate dröhnt in den Vororten von Havanna, Trinidad, Santiago und Santa Clara an-

203

läßlich der großen rituellen Zyklen der lucumi-Kosmogonie die Trommel. Vor den *terreiros*, Häusern aus unverputztem Zement oder notdürftige Barackenbauten, drängen sich Tausende von Männern, Frauen und Kindern, Mestizen, Schwarze und hin und wieder auch Weiße. Mit dem Boden gleichsam verwachsen lauschen sie den Trommelschlägen, klatschen rhythmisch in die Hände, verfallen in Trance und beschreiben endlos die *ronda* der Götter, die zur Erde niedergestiegen sind.

Die Führer der kommunistischen Partei, des Staatsrates und der Regierung werden nicht klug aus dem *cabildo*: Als gute Marxisten stehen sie der außergewöhnlichen Vitalität und glanzvollen Wiedergeburt der uralten kulturellen Bewegungen der großen afrikanischen Völker völlig wehrlos gegenüber. Für sie beruht die lucumi-Religiosität auf kompensatorischer Irrationalität, das bedeutet: Opium des Volkes. Die religiösen Bedeutungsinhalte bewahren und verewigen für diese Kommunisten die doppelte Welt des Imaginären und des Realen, des Erwünschten und des Erlebten. Sie sind für diejenigen, die mit ihnen umgehen, wie auch für die, die sie über sich ergehen lassen, Ursache der Entfremdung und Trübung des Bewußtseins. Folglich sind sie zu bekämpfen.

Die kubanischen Kommunisten sind in Theorie und Praxis ernsthafte und geschulte Leute, die von einem orthodoxen Marxismus-Leninismus beeinflußt werden.

Seit dem Sieg der Revolution, 1959, ist Kuba von Grund auf umgestaltet worden: Tausende von Schulen und Krankenhäusern, von Wohnkooperativen sind entstanden. Das elendige Leben der schwarzen Subproletarier hat sich verändert, ihre Demütigungen haben ein Ende: Im sozialen und wirtschaftlichen Bereich sind phantastische Fortschritte erreicht worden. Sie leben endlich wie Menschen. Trotz dieser sozialen Fortschritte, trotz der radikalen Veränderungen der materiellen Lebensbedingungen sind ihre Kosmogonien, ihre Riten, kurz, ist ihr konsequentes Festhalten an den traditionellen Göttern nicht verschwunden. Im Gegenteil! Vor den erstaunten Augen der ungläubigen Parteifunktionäre erleben die afrikanischen Kulturen eine offenkundige Wiedergeburt.

Die Verständnislosigkeit führt zu Spannungen, Spannungen verursachen Konflikte. Für diese sehr zahlreichen Widersprüche und dieses radikale gegenseitige Unverständnis zwischen Kommunisten und *santeiros* lassen sich einige sekundäre Gründe aufführen: Die schwarzen Subproletarier vom Lande (Zuckerrohrschneider oder Tagelöhner von den Tabakplantagen usw.) und die schwarzen Arbeiter und Arbeitslosen aus den Städten haben nur in geringer Zahl am Befreiungskrieg (1956-1959) teilgenommen. Die aufständische Bewegung, die Fidel Castro anführte und die am Morgen des 26. Juli 1953 die Militäranlagen von Santiago angriff, ist eine Bewegung, die von Weißen ausging. Sie setzte sich aus Studenten, jungen Angestellten, Angehörigen freier Berufe und Handwerkern zusammen. Auch der von Frank Païs und Celia Sanchez im November/Dezember 1956 organisierte Aufstand von Santiago wird von Frauen und Männern getragen, die denselben Klassen des Mittelstandes und des weißen Bürgertums entstammen. Nur vier der 81 Guerilleros, die sich 1956 auf der *Granma* eingeschifft haben, sind Afro-Kubaner. Der Befreiungskrieg beginnt in der Anfangsphase im Januar 1957 mit den Kämpfen rund um den Bauernhof von Epifanio Diaz (Sierra Maestra). Die Befehlsgewalt wird bis zu den unteren Dienstgraden von Männern und Frauen ausgeübt, die alle aus den bereits erwähnten Schichten stammen. Die gleiche ethnische und soziale Zusammensetzung läßt sich auch bei den vier Guerilla-Kolonnen feststellen, die (im August 1958) von der Sierra aufbrechen, um strategisch wichtige Positionen zu besetzen und im Zentrum und im Westen des Landes ihren Kampf zu führen: Bis auf eine Kolonne werden alle von Weißen kommandiert. Seit 1959 sind diese Revolutionäre an der Macht.

Und hier zeigt sich der Widerspruch: Trotz der Tatsache, daß die Mehrheit der kubanischen Bevölkerung afrikanischen Ursprungs ist, bekleiden die Afro-Kubaner dennoch nur in Ausnahmefällen Führungsposten in der Verwaltung, der Diplomatie, im stehenden Heer, im Staatsrat oder in der Partei. Carlos Moore macht für diesen Tatbestand einen unbewußten, diskriminierenden Rassismus verantwortlich, der allen führenden Kreolen-Eliten Lateinamerikas zu eigen sei.[29] Wir sehen uns, nach Moore, etwas „Unausgesprochenem" in der kubanischen Politik gegenüber, einem rassistischen Erbe, das von den galicischen, kastilischen und katalanischen Vorfahren der gegenwärtigen Führer herrührt.[30]

Trotz ihres Einflusses, den sie gegenwärtig auf die französischen intellektuellen Kreise ausübt, und trotz der universitären Bürgschaft (Robert Jaulin), die ihr gewährt wird, glaube ich nicht, daß die These Moores zutreffend ist. Die Gründe für die offensichtliche Gleichgültigkeit der kubanischen Revolutionäre gegenüber dem „schwarzen Problem", vor allem in den Jahren 1953 bis 1966, sind meiner Meinung nach gleichzeitig komplexer und einfacher.

Zunächst der Bereich der komplexeren Gründe: Die jungen Revolutionäre von der Moncada (1953) waren in erster Linie Humanisten, Nationalisten und Demokraten. Sie wollten nicht nur der unerträglichen Tyrannei Batistas ein Ende bereiten, sondern ebenso der Kolonisierung ihres Vaterlandes durch den nordamerikanischen Staat und die nordamerikanischen Finanzgesellschaften. Viele Texte Fidel Castros und Abel Santamarias aus der Zeit von 1953 legen Zeugnis ab von der demokratischen, patriotischen und humanistischen Gesinnung der jungen Revolutionäre. Es sind die Erfahrungen, die sie bei der Führung des revolutionären nationalen Krieges in den Jahren 1956-1958 gewonnen haben, sowie und vor allem die Ausübung der Staatsgewalt in einem belagerten Land, das ab 1959 und vermehrt ab 1961 (Landung der Söldnertruppen in der Schweinebucht, Bombardierung Havannas durch die amerikanischen B 52 Bomber) ständig von seinem mächtigen Nachbarn im Norden angegriffen wird, die ihre Überlegungen weiter vorangetrieben haben. Sie verwandelten die idealistischen und humanistischen Revolutionäre in informierte, überzeugte und konsequente Marxisten. Die ethnische Frage aber – das heißt, die Frage nach dem Beitrag, den die großen Kosmogonien der traditionellen afrikanischen Gesellschaften für die Revolutionsprozesse geleistet haben – gehört zum *Ungedachten* des Marxismus. Bis zum Jahr 1966 zumindest haben die revolutionären kubanischen Führer die synkretistischen Besonderheiten ihrer nationalen Kultur ganz einfach nicht wahrgenommen. Ausgehend von Hypothesen operierten sie mit Hilfe analytischer Schemata, die der reinsten marxistisch-leninistischen Orthodoxie entsprachen, jedoch untauglich waren, den vielgestaltigen kulturellen Realitäten und der sozialen, intellektuellen und kosmogonischen Genealogie der heterogenen ethnischen Gruppen, die ihr Volk bilden, Rechnung zu tragen.[31]

Der andere Grund für die geringen Zahlen von Afro-Kubanern in den Führungsinstanzen der Administration und des stehenden Heeres (nicht der Milizen) sowie im Politbüro und im Zentralkomitee der Partei scheint mir „einfacher" und banaler zu ein.

Die kubanische Revolution ist eine der seltenen Revolutionen der Welt und der Geschichte, die – zumindest bis jetzt – weder eine massive politische Säuberungsaktion noch eine blutige Eliminierung historisch relevanter Kader erfahren hat. In dieser Hinsicht hat die kubanische Revolution nichts mit der Französischen Revolution von 1792 noch mit der bolschewistischen von 1917 gemein. Die Männer und Frauen, die den revolutionären Befreiungskrieg 1956 eröffneten, sind dieselben – von einigen wenigen Ausnahmen abgesehen –, die 1959 siegreich in Havanna einzogen und die seitdem die Macht in Partei und Staat innehaben.[32] Eine außergewöhnliche Beständigkeit und ein erstaunlicher Zusammenhalt der Führungsmannschaft! Eine rührende, gleichsam zwanghafte Treue zeigt Fidel Freundschaften gegenüber, die in den dunklen Stunden des Untergrundes gewachsen sind, bisweilen auch eine übertriebene Anhänglichkeit, da heute manchmal Leute verantwortliche Schlüsselpositionen des Staates und der Partei einnehmen, die ihr Mandat nur sehr unvollkommen erfüllen. Vor der Revolution wurden die Afro-Kubaner in ihrer großen Mehrheit jedoch gesellschaftlich derart diskriminiert, daß nur sehr wenige von ihnen in der Lage waren, sich den geheimen Zellen der Bewegung des 26. Juli anzuschließen. Im Gegensatz zu den Vereinigten Staaten oder Südafrika hat es in Kuba niemals ein mittleres oder kleines schwarzes Bürgertum gegeben. In dieser weit zurückliegenden Epoche führte der überwiegende Teil der Schwarzen ein schmerzvolles, ausgesetztes Dasein als landwirtschaftlicher Wanderarbeiter (auf den Zuckerrohr-, Tabak- und Kaffeeplantagen usw.) oder als städtische Dienerschaft, ganz ähnlich dem Leben, das Marx dem europäischen *Lumpenproletariat* im ausgehenden 19. Jahrhundert zuweist. Unter ihnen konnte wahrlich kein revolutionäres politisches Bewußtsein spontan geboren werden.

Die Treue zu den im Untergrund und während des nationalen Revolutionskrieges geknüpften Freundschaften und die bereits angedeutete Beständigkeit der Führungsgruppe stehen heute im klaren Widerspruch zum allgemeinen sozialen, wirtschaftlichen und intellektuellen Aufstieg der ehemaligen Subproletarier. Zweifellos haben die Afro-Kubaner bis jetzt am meisten von den sozialen Neuerungen profitiert (kostenloser Gesundheitsdienst, allgemeines Schulwesen, Nahrungshilfe, ländliche Wohnungen usw.). In den Führungsinstanzen des Staates und der Partei haben die auf diese Weise geförderten Afro-Kubaner jedoch immer noch keine verantwortlichen Posten gefunden, die ihnen aufgrund ihrer Fähigkeiten und ihrer Anzahl rechtmäßig zukommen müßten.

Wie unter jedem anderen revolutionären Regime dauert der Klassenkampf in Kuba an. Er hat sich vielleicht mit den fortschreitenden sozialen Eroberungen verstärkt, welche die ehemaligen unterdrückten Klassen in dem Maße realisieren, wie die verschiedenen Drei- und Fünf-Jahrespläne zur Entwicklung in Kraft treten. *Der cabildo von Kuba spielt heute die Rolle einer Klassenideologie.* Der *cabildo* ist Ausdruck der fundamentalen Forderung der Afro-Kubaner, anerkannt zu werden in ihrer nicht zu reduzierenden Identität und ihrem legitimen politischen Streben im Schoß einer Nation, deren kulturelle Wurzeln in drei Kontinenten zugleich stecken.

Ich fasse kurz zusammen: Die bolschewistische Revolution (und ihr entfernter Erbe Gorbatschow) und die kubanische Revolution geraten in gleicher Weise auf Abwege: Ihr Umgang mit der Religion, der überlieferten Manifestation der kulturellen Identität der Völker, die sie regieren, scheint mir in beiden Fällen absurd, untauglich und dumm zu sein. Mit gewaltsamen Polizeikampagnen kann man die religiösen Äußerungen nicht ausrotten. Die Kommunisten sehen in der Religion nur einen Trost in der elendigen Lage, unter der die Menschen leiden, die die Revolution aber überwinden kann. Allein, die Religion ist noch etwas ganz anderes: Sie ist die einzige Waffe (vielleicht eine unwirksame, aber eine mit Daseinsberechtigung) gegen die Angst vor dem Tod, die – unsichtbar und beständig – den meisten Menschen innewohnt.

V
Die Chouans[33] der Tropen

Der Schatten der Jakobiner

Die Dritte Welt ist heute von vielen Vendées überzogen.
Ein sonderbares Phänomen, das mich immer wieder in Erstaunen versetzt: Hier gibt es Menschen unter den ärmsten, erniedrigtesten und ausgebeutetsten der Erde, die
hartnäckig die Mittel zu ihrer Befreiung zurückweisen. Sie
bekämpfen bis zum Tode die Gesetze, die sie doch befrei-
en sollen. Sie geben ihr Leben, um gegen die neue Autorität, die ihr Bestes will, Widerstand zu leisten. In
Frankreich nimmt dieses Phänomen gegen Ende des 18.
Jahrhunderts beunruhigende Formen an: das Département
Vendée erhebt sich zuerst. Doch schon bald breitet sich
die Revolte aus, erreicht die Bretagne, Anjou, Poitou,
schließlich den Norden, das Elsaß und gewisse Regionen
des Massif Central. In der Vendée triumphiert indessen im
Frühling und Sommer des Jahres 1793 der Aufruhr. Die
erste große Schlacht gewinnen die Vendéer am 19. März
nahe bei Châtomay; sie fangen hier die Kolonne General
Marcés ab und vernichten sie teilweise (2.300 Soldaten, 8
Kanonen). Dieser hatte von der Revolutionsregierung
Weisung, die revoltierenden Bauern zwischen La Rochelle
und Nantes niederzuwerfen. Dann entfesseln sich Kräfte,
die alles vernichten, die Repression regiert vom Dezember
1793 bis zum Sommer 1794. Der Terror der Armeen des
Konvents kulminiert in den Massakern von Savenay und
Mans und den furchtbaren Heldentaten von Turreau und
Carrier. Bonaparte vollendet 1800 auf „professionelle"
Weise das, was sich – schon! – die Wiederherstellung des
Friedens nennt.
    Zum Aufstand der Chouans führen ganz bestimmte
Gründe. In der Zeit von 1791 bis 1793 erleiden die Vendée

210

sowie andere Regionen einen Schock nach dem anderen: Rapider Anstieg der Steuern, Verbreitung von Assignaten, wiederholte Übergriffe auf Personen und Güter durch die Nationalgarden, Verhaftungen und häufig Folterung von Priestern, Gegner der Revolutionsmacht, die in den Dörfern traditionell hohes Ansehen genießen.

Hinzu treten zwei Ereignisse, die für viele Bauern – tiefgläubige Katholiken und Monarchisten – unerträglich sind: die Hinrichtung des Königs in Paris und die vom Konvent für den März 1793 erzwungene Aushebung von 300.000 Menschen.[34]

In Lateinamerika und im heutigen Afrika gibt es zahlreiche „Chouannerien": Die Mapuche-Indianer, denen die spanischen Eindringlinge ihr Land im Süden des Bio-Bio raubten und die von Kolonisten allmählich in die unwirtlichen Täler der Anden zurückgedrängt werden, lehnen dennoch die Gesetze zum sozialen Aufstieg und die Agrarreform ab, welche die Regierung der Unidad Popular von Salvador Allende seit 1971 in Angriff genommen hatte. In Angola erheben die Ovimbundu, ein großes Bauernvolk aus dem Osten und Süden des Landes, die Waffen gegen die Revolutionsregierung von Luanda. Die im November 1975 proklamierte Unabhängigkeit stößt bei ihnen auf Ablehnung. Sie bekämpfen die Autoritäten und Gesetze der Volksrepublik, obwohl diese emanzipatorisch sind, und verbünden sich mit Südafrika. Bis zum heutigen Tag führen sie einen blutigen Kampf gegen die FAPLA (Forças Armadas Populares de Libertação de Angola), der das gesamte Land in einen offensichtlich ausweglosen Bürgerkrieg stürzt. In Nicaragua befinden sich die Miskito-Indianer seit 1979 in Auseinandersetzung mit der sandinistischen Führung in Managua. Im folgenden werden wir die Miskito-Chouannerie detaillierter analysieren.

Die radikale Neuerung, mit der die revolutionären Nationalisten Lateinamerikas und Afrikas am Ende eines Volksbefreiungskrieges oder eines komplizierten Emanzipationsprozesses, wie dem Chiles, konfrontiert werden, liegt in den Erfordernissen selbst, die den Ausbruch des Kampfes, der von den am meisten benachteiligten Klassen der Gesellschaft geführt wird, betrieben haben. Dieser Kampf kann nur die Abschaffung der Klassen und des ethnozentrischen Bewußtseins fordern, also einen egalitären nationalen Aufbau der Gesellschaft.[35]

Der nationale Aufbau verbindet sich zwangsläufig mit dem sozialistischen Aufbau. Die aus diesem Kampf entstandenen Staaten der Dritten Welt sehen sich folgender doppelten Aufgabe gegenübergestellt:

1. Sie müssen die Anerkennung ihrer Souveränität durch die anderen Staaten erreichen, ihre Grenzen konsolidieren und verteidigen, einen verbindlichen Rechtsraum und die Institutionen der Macht schaffen, den öffentlichen Frieden garantieren und ein neues Wirtschaftssystem organisieren.

2. Das zweite dringende Gebot ist die Einigung der zivilen Gesellschaft in einer brüderlichen, egalitären und freien Nation, in der den zahlreichen Ethnien und Gruppen des Territoriums, die früher vom öffentlichen Leben ausgeschlossen waren, eine nationale Existenz garantiert wird.

Der politische Sieg der Revolutionäre verhindert weder die Unterwerfung des befreiten Landes unter die Gesetze des allgemein verbreiteten kapitalistischen Marktes, noch, daß es sich in die internationale Arbeitsteilung einfügt oder sich den ungleichen terms of trade beugt. Beim Aufbau dieser neuen brüderlichen, egalitären Nation – die im Frieden die Versprechen einlöst, die sie den Ärmsten im Kampf gegeben hat – trifft man auf zahlreiche Schwierigkeiten. Wir wollen hier die wichtigsten anführen: Zunächst zeigt sich die Schwierigkeit, ein Nationalbewußtsein zu schaffen. Am Parameter ihrer revolutionären Wünsche orientiert, müssen die Revolutionäre auf Gebieten eine Nation, einen Staat schaffen, in denen es vor ihnen nur ausländische Handelsniederlassungen, Rümpfe von zerrütteten traditionellen Gesellschaften, Bidonvilles, Kolonial-

212

plantagen und von Hunden bewachte Bergwerksenklaven gab. Sie müssen dort, wo die fremde Besatzermacht nur Stammeszwist, kolonialen Katholizismus und Assimilationsideologie hinterließ, ein unabhängiges Nationalbewußtsein schaffen, das von einem Wissen gespeist wird, das den autochthonen Praktiken entstammt.

Gleichzeitig sollen Elend, Ungerechtigkeit, Arbeitslosigkeit, endemische Krankheiten und Hungersnot überwunden werden. Beseitigen muß man ebenso die Ausbeutung der einen durch die anderen bis hin zu der Unterwürfigkeit, die diese in den Köpfen der Ausgebeuteten voraussetzt. Zeit kostet Menschenleben: Die Elendsviertel müssen abgerissen werden, der Analphabetismus muß bekämpft werden. Wohnungen, Krankenhäuser und Schulen müssen entstehen. Neue Systeme autozentrierter Produktion, die den dringendsten sozialen Bedürfnissen der Bevölkerung entsprechen, sollen die Kolonialplantagen und die Wirtschaftskreisläufe ersetzen, die sich an der Bedürfnisbefriedigung des Auslands orientierten. Ob es sich um die nationale Verteidigung oder um den wirtschaftlichen und sozialen Aufbau handelt, an Schwierigkeiten mangelt es nicht. Das historische Erbe, das die Kolonisatoren in Afrika oder die Kompradorenoligarchien in Lateinamerika hinterließen, ist ganz besonders kümmerlich: sehr wenige Kader, Analphabetentum, unzulängliche Infrastruktur. Zu der Entfremdung der Individuen und zu der mangelnden kulturellen Eignung, Führungspositionen einzunehmen, was die Instrumentalität der wirtschaftlichen Entwicklung gebietet, treten die verheerenden Auswirkungen des Krieges. Der nationale Aufbau vollzieht sich nicht in Freiheit, er ist von äußeren Feinden umringt und von Sabotage im Innern bedroht.

Im 15. Jahrhundert hat Ludwig XI., König von Frankreich, in Europa die Grenzen seines Königreiches abgesteckt. Er eroberte ein Staatsgebiet und schuf die ersten Institutionen der Zentralgewalt, was ihm die Anerkennung als großer, bedeutender Monarch einbrachte. Er legte die unerläßlichen Grundlagen für den Aufbau der zukünftigen französischen Nation. So wie Ludwig XI. im 15. Jahrhundert, so müssen die revolutionären Nationalisten heute vorrangig Grenzen abstecken und verteidigen, ein Staatsgebiet erobern, eine Wirtschaft organisieren, eine verbindliche Rechtsordnung aufstellen und die Institutionen einer Zentralgewalt ins Leben rufen. Die aus dem revolutionären Kampf zur nationalen Befreiung hervorgegangenen neuen Staaten (Angola, Mosambik, Nicaragua usw.) erleben heute praktisch alle militärische Angriffe gegen ihre Grenzen oder diplomatische Anfechtungen ihrer Land- und Seegrenzen. Vergessen wir dabei nicht, aus welchem fernen Mittelalter die neuen Staaten stammen, die aus dem Sieg der revolutionären Bewegungen der beiden Amerikas (Zentral- und Südamerika) und Afrikas geboren wurden.

Vor 1979 war Nicaragua faktisch weder ein Staat noch eine Nation. Es war der Privatbesitz einer Oligarchenfamilie. Sie besaß 40% des kultivierten Landes und mehr als die Hälfte der Industriebetriebe und der Banken des Landes. Dem Volk gegenüber verhielt sie sich wie ein Latifundienbesitzer des ausgehenden Römischen Reiches angesichts der anonymen Masse seiner Sklaven. Einige multinationale Bergwerksgesellschaften und nordamerikanische Bananengesellschaften regierten ihre Enklaven auf Miskito-Boden entlang der Atlantikküste vollkommen autonom. In El Salvador verwalteten von 1821 bis 1975 vierzehn Familien Land und Menschen und beuteten sie aus. Aus ganz anderen Gründen – im wesentlichen lag es wohl an der schwachen Durchschlagskraft des portugiesischen Kolonialismus und an seinem archaisch-merkantilistischen Charakter – hatte die Fremdherrschaft Länder wie Angola und Mosambik – riesige, von zahlreichen Völkern bewohnte Gebiete – bis 1974 ohne integrierte Staatsstrukturen hinterlassen. In Mosambik lebten vor 1974: 250.000

Weiße, und zwar im Süden und in der Bucht von Beira. Aber jenseits des Sambesi im Makondeland und in Tete gab es keinerlei Verwaltung, die es verdient hätte, diesen Namen zu tragen. Vom Fluß bis zur Grenze Tansanias erstreckte sich die *terra incognita*. Keine Staatsgewalt entfaltete hier ihre Aktivitäten. Mosambik existierte unter der Kolonialverwaltung so gut wie gar nicht. Es bestand aus Handelsniederlassungen am Indischen Ozean (Beira, Lourenço Marques, Pemba), Häfen und Eisenbahnnetzen für den Export von Bergbauprodukten aus Swaziland, Südafrika und Rhodesien nach Europa. Das Volk? Ein Mosaik von Stämmen, die sich oft feindlich gesonnen waren. Die weißen Herren schürten diese Gegnerschaften sorgsam. Angola erlebte ein ähnliches Schicksal: Cabinda war eine Erdölenklave in den Händen amerikanischer Gesellschaften, Luanda ein Atlantikhafen. Die Diamantenfelder im Zentrum wurden völlig autonom von der südafrikanischen Gesellschaft De Beers verwaltet. Die Eisenbahn im Tal von Benguela, im Besitz englischen Kapitals, transportierte Kupfer, Uran und Mangan aus dem Inneren der Provinz Shaba (ehemals belgisch) und aus Sambia (ehemals englisch) zum Meer. Auf den südlichen Hochebenen schließlich hatte die koloniale Landwirtschaft durch ihren am Export orientierten Anbau von Marktkulturen Tausende von afrikanischen Bauern von ihrem Grund und Boden verjagt. Die unendlichen Weiten im Osten, wo die Ovimbundu leben, die Gebiete am Kunene, das Massiv und die Wälder von Demba, Gegenden mit der dreifachen Ausdehnung Portugals, rechneten kaum zum „nationalen" Territorium. Ebenso verhielt es sich in Guinea und auf den Kapverden. In Guinea-Bissau waren die Bauern von Boé, von Futa und vom Hochtal des Cacheu vor 1969 niemals in den Genuß einer Gesundheits- oder Sozialfürsorge gekommen. Von diesem Jahr an ließen sich auf Einladung der PAIGC niederländische und schwedische Ärzte in den ersten befreiten Zonen nieder. Von den zwölf Inseln des kapverdischen Archipels wurden in Wirklichkeit nur São Tiago, São Vincente und Sal von der Kolonialmacht verwaltet.

In diesem Zusammenhang stellt sich eine weitere Frage: In den meisten Ländern der Dritten Welt regieren dieselben Männer und Frauen, die den nationalen Befreiungskrieg geführt haben – von wenigen Ausnahmen abgesehen –, nach dem Sieg den Staat. Ihre psychologischen Reflexe, die Form menschlicher Beziehungen, die ihnen zu eigen sind, ihre Visionen von der Welt bleiben dieselben. Anders ausgedrückt: Sie lenken den Staat auf gleiche Weise, wie sie den Kampf geführt haben. Es gibt jedoch nicht sechsunddreißig Methoden, Krieg zu führen. Die Parolen, die die Kriegsführung beherrschen, heißen: Disziplin, Zwang, Hierarchie. Laufen diese Aktionsmethoden nicht Gefahr, auf die Staatsmacht überzugehen? Wiederholen wir es: Die Personen, die gestern die Bewegung geführt haben, sind dieselben, die heute die Staatsmacht verwalten. Weder ihre psychologischen Reflexe noch ihre Kommandogewohnheiten verändern sich wie durch ein Wunder innerhalb weniger Monate. Um so mehr, als diese Reflexe und diese Aktionsweisen die Bedingung zum Überleben über Jahre, manchmal Jahrzehnte des Krieges bestimmt haben, wo der kleinste Verstoß gegen Befehle mit Niederlage, ja mit dem Tod bestraft wurde.

Ein letztes Problem: Alle Befreiungsbewegungen der Dritten Welt sind zwangsläufig (durch die Macht der Ereignisse) ultrajakobinische Bewegungen.[36] Im Dezember 1956 fuhren 81 Kämpfer an Bord der *Granma*, achtzehn überlebten die ersten Kämpfe und erreichten die Sierra Maestra. Rund 700 Guerilleros zogen am 6. Januar 1959 in Havanna ein. Am 19. Juli 1979, als Managua eingenommen wurde, zählte die Sandinistische Befreiungsfront kaum mehr als 450 Führer und Kader, die über eine wirkliche militärische und politische Ausbildung verfügten. Heute bilden sie das Gerüst des neuen Staates. Im

August 1974 landeten 33 Kommandanten der PAIGC –
nicht einer mehr! – auf der Insel Sal. Sie übernahmen die
Macht im Archipel der kapverdischen Inseln und errichteten eine neue Republik. Als die portugiesische Besatzungsmacht 1975 abzog, setzte sich die MPLA nur aus ca. 3.000
Männern und Frauen zusammen – Überlebende der Massaker, aus Gefängnissen und dem Widerstand –, die eine
solide militärische und politische Bildung besaßen. Die
gleiche Situation erlebte man in Mosambik, nachdem die
FRELIMO die Offensive des Generals Kaulza de Arriaga
zerschlagen hatte, den Sambesi überquerte und den Truppen der kolonialen Besatzungsmacht eine empfindliche
Niederlage beibrachte. 1974 zählte die FRELIMO kaum
mehr als 400 ausgebildete Kader: diese bekleiden heute
sämtliche Schlüsselstellungen des Staates. In der gleichen
Lage befand sich auch Bissau: 1.500 Männer und Frauen
kehrten im September 1974 aus den Wäldern, aus Conakry und aus Zinguinchor zurück. Berücksichtigt man
außerdem die Sabotageakte und den „Ostrazismus", denen sich diese Männer und Frauen von seiten der ehemaligen Kolonialmächte und der Vereinigten Staaten ausgesetzt sehen, so wird man die Gettomentalität, das Trauma, umzingelt zu sein, das die Führer der neuen Staaten
so oft beherrscht, besser begreifen. Der ultrajakobinische
Charakter ihrer Bewegung und ihr Trauma, Belagerte zu
sein, beeinflussen ganz natürlich ihren Führungsstil an der
Spitze der Regierung. Für uns Europäer, die wir die politische Führung dieser Männer und Frauen, welche wie
durch ein Wunder Genoziden und Massakern entkamen,
mit so viel Arroganz und oberflächlicher Meinung beurteilen, drängt sich eine Schlußfolgerung auf: Wir müssen un-
beugsam gegen Prinzipien, nachsichtig aber gegenüber den
Menschen sein. Diese Haltung kann das Urteil, das wir
über die Staaten der Dritten Welt fällen, verbessern hel-
fen.

Die Miskitia-Vendée

Seit fünf Jahrhunderten leben die Miskito in den rauhen
Bergen, den Wäldern und den steil zum Atlantik abfallen-
den Hügeln der Küste Zentralamerikas. Wie viele sind sie
heute insgesamt? Den Quellen zufolge schwanken die Zahlen erheblich. Sie selbst versichern durch den Mund ihres
wichtigsten Dichters, Ernesto Scott Lackwood, in Nicaragua mehr als 200.000 zu sein (und zwar in der bewaldeten
Region der Gebirge zwischen Bluefields und dem Rio Coco); 60.000 im südlichen Honduras[37]; einige Zehntausende
verloren und verstreut im hügeligen Innern Nicaraguas,
südlich und östlich von Bluefields im Grenzgebiet zu Costa Rica. Ein grauer trüber Himmel, häufig Nebel und
starke Regenfälle, der Boden ist schwarz und fett: das
Land der Miskito ist fruchtbar. Sümpfe, zahllose Flüsse,
Lagunen, Meeresarme und Buchten sichern die Versorgung mit Krustentieren und Fischen. Die Miskito leben
von der Jagd, vom Fischfang, von Produkten einer noch
unentwickelten Landwirtschaft und vom Holzfällen. Über
aufgeweichte Wege laufen schwarze Schweine. Die Häuser
in den Dörfern sind überwiegend auf Pfählen errichtet
worden. Rund um diese Holzhäuser liegen Mais- und Hir-
sefelder und Gemüsegärten. Die Miskito sind eines der
abgeschiedensten Völker, der Kontakt mit Fremden hat
sie kaum berührt. Sie besitzen eine der geschlossensten,
der *reichsten* und dauerhaftesten Kulturen ganz Amerikas.
Zwei wesentliche Gründe erhellen diese Situation. Der erste: die Entfernung zu den kolonialen Invasionsrouten. Im
Frühjahr 1524 erreichte Fernando Cortez mit seinem
Trupp baskischer, kastilischer, andalusischer und galici-
scher Eroberer den Golf von Fonseca. Auf ihrer Route
gen Süden überqueren sie niemals die Zentral-Kordilleren.
Noch heute wird jeder sandinistische Offizier oder Regie-
rungsbeamte aus Managua von den Miskito mit der Bezeichnung „Spanier" belegt, in der leichte Verachtung mit-

schwingt. Auf dem zentralamerikanischen Isthmus sind Völker von den europäischen Eindringlingen gnadenlos massakriert worden. Die karibischen Indianer sind praktisch verschwunden. Die Ramo und die Sumo von Nicaragua sind heutzutage nur noch einige tausend arme Teufel, ohne klare Identität, ohne große Hoffnung und ohne Erinnerungen. Die Miskito hingegen besitzen eine Identität, eine Sprache und eine Dichtung, die sich sehr komplex und subtil äußern. Sie sind sich ihrer Geschichte bewußt und stolz auf ihre Einzigartigkeit.

Der zweite Grund: Miskitia (Land der Miskito) gegenüber, einige hundert Meilen von der Steilküste entfernt, lagert im Karibischen Meer die Insel Jamaika. Jahrhundertelang war sie Hauptzuckerlieferant des Britischen Empire. Die Arbeitskräfte? Von der königlichen Marine und den königlichen Schwarzhändlern zwangsverschleppte schwarze Sklaven. Nur, diese Lasttiere Ihrer Majestät gebärdeten sich besonders rebellisch und aufsässig. Eine Sklavenrevolte folgte der anderen: Es gab kollektiven Aufruhr, der auf die gesamten Regionen übergriff, oder Fluchtversuche einzelner Cimarron-Neger. Die Aufständischen, die die Repressionen überlebten und sich auf Flößen und notdürftig zusammengezimmerten kleinen Booten retten konnten, erreichten endlich die Küste von Miskitia. In den indianischen Gemeinschaften fanden sie Aufnahme und Hilfe. Auf diese Weise bevölkerte sich Miskitia langsam mit Menschen vieler Rassen während vier Jahrhunderte andauernder Verfolgung durch die Sklavenhalter. Heute ist die Mischung in kultureller Hinsicht vollständig, die Miskito sprechen, wenn sie eine zweite Sprache können, kreolisches Englisch. In ihrer eigenen Sprache finden sich zahlreiche Begriffe, die dem Kreolisch der Schwarzen Jamaikas entlehnt sind.[38]

Ihre äußere Erscheinung ist sehr anziehend: Die Miskito sind gutmütige Menschen mit dunkelbrauner Hautfarbe, schwarzen lebhaften Augen und schwarzem Haar. Die ho-

219

hen Wangenknochen und die leicht geschlitzten Augen, diese indianischen Charakteristika vermischen sich in ihrem Gesicht mit negroiden Zügen: fleischige Lippen, eine breite Nase und strahlende Zähne. In den Miskito vereint sich außergewöhnliche Vitalität mit dem Eigensinn und der unerschöpflichen Geduld der Indianer.

Als ein Volk mit unglaublicher Widerstandskraft haben die Miskito die unterschiedlichsten und mitunter unvorhersehbare Katastrophen über sich ergehen lassen müssen: Die englischen und dann die amerikanischen Kolonialgesellschaften haben während des 18. und 19. Jahrhunderts und zeitweise auch im 20. Jahrhundert ihre Wälder zerstört. Die britische Flotte und bald auch die der Vereinigten Staaten haben sich bei den Miskito mit besonders resistenten und seltenen Baumhölzern versorgt. Die ökologische Katastrophe folgte: Endlose Küstenebenen sind praktisch ausgeplündert, entblößt worden und haben sich heute in Steppen verwandelt.

Eine andere Geißel, die dieses Volk schlug: *die Iglesia Morava*, die moravische Kirche. In Böhmen und Mähren erhoben sich im 14. und 15. Jahrhundert Bauern und Bürger gegen die parasitäre Aristrokatie der Bischöfe, Herzöge und des Kaisers. Jan Hus, ein tschechischer Intellektueller, wurde ihr Prophet und Führer. Ein unvergleichlicher Gelehrter, Reformator, Vorgänger von Luther, Zwingli und Calvin, führte er den Disput über die Lehrmeinungen der Kirche gegen das Legat Papst Alexander V. beim Konzil von Konstanz. Aber Kaiser Sigismund ließ Hus trotz des von ihm unterzeichneten Passierscheins verhaften. Nach Folterung und Verurteilung wurde er an einem trüben Morgen des Jahres 1415 verbrannt. Sein Denkmal schmückt heute den Hauptplatz von Prag.

Die Hussiten verließen den Boden des Deutschen Reiches in Europa, wo man sie grausam gepeinigt hatte und schwärmten in die gerade eroberten Kolonien Amerikas aus. Jedoch auch dort trafen sie auf einen schrecklichen

Feind: Von den heiligen Vätern der Inquisition wurden sie gefoltert, verbrannt und massakriert. Deshalb zogen sie sich in sehr einsame Regionen zurück, in sehr unzugängliche, wie die Miskitia. Dort errichteten sie ihre Kirche, eine schrecklich reaktionäre.[39]

Ich erinnere mich der Sonntage in diesen Gemeinschaften im Norden von Puerto Cabezas, an den niedrigen Himmel, an das Licht, das stark und weiß war, wenn es durchdrang. In langer Reihe gehen die Miskito hintereinander auf die Holzkirche am Rande des Dorfes zu. Die Männer an der Spitze des Zuges tragen Filzhüte auf ihren Köpfen und unbeholfen gebundene Krawatten unter dem gestärkten Kragen eines weißen, abgetragenen Hemdes, an den Füßen Lackschuhe – das düstere und altertümliche Gewand des Kleinbürgers aus Böhmen. Gedankenvoll ist ihr Blick, hinter ihnen gehen die Frauen und Kinder. Den Kopf der Frauen ziert ein kleines rundes, kunstvoll gewebtes weißes Tuch, das auf dem Kranz ihrer schwarzen Zöpfe befestigt ist. Sie tragen lange Strümpfe und Kleider in gedeckten Farben. Ihre Augen sind stets zu Boden gesenkt.

Sie unterwerfen sich den Pfarrern (meist Miskito), die heute die gleiche totale Macht ausüben wie früher die Kaziken.[40] Dieser Zug schnürt einem das Herz zusammen. Die obere Kirchenleitung befindet sich in einem klimatisierten Wolkenkratzer in Oklahoma. Sie besteht ausschließlich aus weißen amerikanischen Bischöfen und Pastoren.

Juli 1979: Nach 18 langen Jahren eines Befreiungskrieges und mehr als 50.000 Toten ziehen die Überlebenden der Sandinistischen Befreiungsfront in das befreite Managua ein. Drei Studenten, Carlos Fonseca, Tomas Borge und Sylvio Majorga hatten die Front 1961 in einem Vorort von Tegucigalpa gegründet. Sie stammten aus der weißen intellektuellen Schicht des iberischen Kleinbürgertums von der Pazifikküste (Majorga war gebürtiger Mexikaner). Im

Augenblick des Sieges waren praktisch alle Kader Weiße iberischen Ursprungs, Marxisten oder Katholiken – Miskito keine. Im Gegensatz zu dem, was sich anläßlich des ersten Befreiungskrieges (1926-1933) abgespielt hatte, als Augusto Cesar Sandino, selbst ein Indianermischling, zahlreiche Indianer für sich gewinnen konnte, waren die Miskito in dem Krieg von 1961-1979 weitgehend unbeteiligt geblieben. Ihr Gebiet konnte allerdings von Managua aus bis 1981 nicht über eine Straße erreicht werden. Die Region der Atlantikküste umfaßt ca. 56% des Staatsgebietes, 72.000 km^2.

Warum konnten diese Mißverständnisse und damit diese Konflikte zwischen einer der bewunderungswürdigsten revolutionären Bewegungen der Dritten Welt, der FSLN, und einer der beklagenswertesten Populationen Latein- und Zentralamerikas, den Miskito, entstehen?

Es gibt zahlreiche komplexe Gründe dafür. Der erste: das kulturelle, mentale gegenseitige Unverständnis, das tief in den beiden gegnerischen Geschichten verwurzelt ist. Der zweite: die Fehler, die die sandinistische Führung – oft in gutem Glauben – an den Miskito begangen hat. Beispiele:

24. Dezember 1981, *Natividad roja*, Blutrote Weihnacht. Die südkoreanischen und südvietnamesischen Söldnertruppen und israelische und nordamerikanische Berater führen die Bataillone ehemaliger somozistischer Gardisten in den Dschungel am Rio Coco. Sie vernichten hier die Miskito-Gemeinschaften, die Bergbaulager, die Sägewerke und die traditionellen Kooperativen. Ihr Ziel: Einen Teil des nicaraguanischen Territoriums zu „befreien", dort eine Regierung auszurufen, um dann die im benachbarten Honduras postierten nordamerikanischen Interventionstruppen „um Hilfe zu rufen". Der Plan des Pentagon scheitert. Jedoch hinterlassen die Massaker an den Miskito und die wirtschaftliche Zerstörung ihre blutige Spur im Dschungel.

Die Regierung in Managua reagiert: Sie startet einen militärischen Gegenangriff, schafft die Militärregion Zelaya-Norte, bewaffnet Miskito-Milizen und deportiert Zehntausende von Familien ins Innere des Landes. Fern ihrer Heimatregion und fern der Grabstätten ihrer Vorfahren werden die Deportierten in settlements untergebracht. Ihre Namen? Sasha, Sumubila Columbus, Wasminona, Santo Tomas de Umla und vor allem Tasba Pri, das allein 10.000 umgesiedelte Personen beherbergt. Ein tiefes psychologisches Unglück für die Miskito, trotz der Kliniken, der Schulen, Barackenbauten und Kooperativen, welche die Sandinisten und die kubanischen Experten für sie errichten. Ein weiterer Fehler: Das große Vorhaben der Sandinisten ist die Landreform. In einem Land, so groß wie ein Viertel der Fläche Frankreichs, in welchem 3 Millionen landlose Kreolen wohnen, die seit der Zeit der spanischen *encomienda* (16. Jahrhundert) von Latifundienbesitzern ausgebeutet wurden, bedeutet die Landverteilung an besitzlose Bauern eine Revolution. Diese Landreform, die für die große Mehrheit der Nicaraguaner eine unschätzbare Wohltat darstellt, erweist sich für die Miskito als Mißgriff. Schon in grauer Vorzeit war ihr Land Gemeinschaftsland. Die sandinistischen Kommissare, die Ingenieure vom Institut der Landreform und die Geometer treffen nur auf stumme Feindseligkeit und Sabotage. Die Feierlichkeiten zur Verteilung individueller Eigentumsrechte schlagen um in Aufruhr. Die Sandinisten kehren mit Soldaten zurück, es nützt nichts. Eher sterben die Miskito, als das Land der Vorfahren zerstückelt zu sehen.

Die Vendée mitten in Zentralamerika! Die Sandinisten versuchen den Miskito-Clans und anderen indianischen Clans eine neue Organisation aufzuzwingen. Ihre frisch aus Managua eingetroffenen Kommissare mit olivgrünen Uniformen, brandneuen Toyotas und Kalaschnikows gründen die MISURASATA (Abkürzung von „Miskito, Sumo, Ramo Sandinista Unidad"). Das Ergebnis? Die beiden einflußreichsten Führer, Steadman Fagoth und Brooklyn Rivera, streben unverzüglich die Spaltung an! Die Ereignisse überstürzen sich. Die beiden Chefs dieser indianischen Vendée fliehen aus dem Land und überqueren den Rio Coco. Mit ihnen ziehen etwa 20.000 junge Leute bis in den Dschungel im Süden von Honduras. Seitdem führen sie einen mörderischen Krieg gegen die sandinistische Armee und die Milizen; einen Krieg, den die Geheimdienste der Vereinigten Staaten finanzieren, zu dem sie die Waffen liefern und den sie praktisch in der Hand haben.

Mir fällt ein Sonntag in Puerto Cabezas, dem Haupthafen (15.000 Einwohner) im Norden der Miskitia ein; sintflutartig fällt der Regen, es ist der 22. Juli 1984. Klapprige Lastwagen bringen seit dem frühen Morgen aus den umliegenden Gemeinschaften Männer, Frauen und Kinder in ihren anachronistischen Sonntagsgewändern. Die Fischer von der Lagune von Krukira kommen mit ihren Familien zu Fuß. Vom nah am Fluß gelegenen Sägewerk von Lemlaya, wo die Arbeiter in malerisch auf Pfählen erbauten Häuschen wohnen, nähert sich eine Flotte von Kanus, Flößen und alten Kähnen, an der Spitze die Fahne der moravischen Gemeinde.

In dem riesigen Lagerhaus des Hafens von Puerto Cabezas, in welchem ehemals die transnationalen angelsächsischen Holz- und Harzgesellschaften ihre Waren stapelten, ist eine Tribüne errichtet worden. Hinter einer langen Holztafel (hoch über ihr das Porträt Sandinos mit dem traurigen Lächeln und dem abgetragenen Schlapphut), nehmen die sandinistischen Führer von Zelaya Norte auf schönen Kolonialsesseln Platz, requiriert in den örtlichen Wohnsitzen ehemaliger somozistischer Notabeln.

Anwesend sind u.a. William Ramirez, der Militärkommandant der Zone, ein sympathischer Mann, dessen Korpulenz beeindruckend ist, ehemaliger Wirtschaftsstudent und Held des Befreiungskrieges; Mira Cunningham, selbst

Miskito, eine kleine Frau, Ärztin, von auffallender Intelligenz. Mira ist wie durch ein Wunder dem Tode entkommen. Am Tag der *Natividad roja* wurde sie von den „Contras" gefangengenommen, verschleppt, in einem Lager in Honduras vergewaltigt, gefoltert und, für tot gehalten, liegengelassen. Unter den Folterknechten befand sich ein junger Mann ihres Clans. In der Nacht nimmt er sie bei sich auf, pflegt sie und begleitet sie in einem Achttagemarsch durch den Dschungel bis zum ersten sandinistischen Posten.

In der riesigen Halle eine schweigsame, ernste Menge von unzähligen sonntäglich gekleideten Miskito. Sie sitzen auf den Holzbänken, stehen vor den Fenstern oder drängen sich in der Öffnung der großen Flügeltüren. Der Grund für diese Versammlung? Die Gründung einer neuen autonomen Organisation, die sich ausschließlich aus Miskito zusammensetzt und von ihnen geführt wird: die MISURA.

Ein moravischer Pfarrer eröffnet die Versammlung mit einem endlosen Gebet in Miskito. Dann steigen Hymnen empor. Auf der Tribüne begleitet ein Orchester aus Banjos, Trommeln und Trompeten die ein wenig schleppenden melancholischen Melodien der moravischen Psalmen. Und erneut ein Gebet, erneute Anrufung und Segnung. Danach wird die Musik fröhlicher, rhythmischer, das ist die traditionelle Musik der Miskito-Feste. Die Trompeten schmettern kräftiger, die Banjos geraten außer Rand und Band. Der Saal verwandelt sich in ein wogendes Meer brauner Köpfe, die sich im Rhythmus der Trommeln hin- und herbewegen. Faszinierende, fremdartige Musik: eine Mischung aus karibischem Kalypso und bayrischem Walzer. Drückende Hitze unter dem Wellblechdach, durch die geöffneten großen Türen erblicke ich das Meer, sehr nah, grau-braun, bewegt.

Einige Offiziere, die auf dem Kragen ihres olivgrünen Hemdes das Abzeichen der ehemaliger Guerillakommandanten, den Pflasterstein[41], tragen, sitzen neben William Ramirez, dem der Schweiß in Strömen rinnt. Er wird jetzt sprechen. Ein Mann von überschwenglichem Temperament, jovial und warmherzig, nimmt sich nun schrecklich zusammen. Er artikuliert langsam (auf spanisch), wägt jedes Wort, forscht in den Gesichtern, nimmt zurück, wählt ein anderes Bild, kommt auf ein Argument zurück, beginnt erneut ... Er bewegt sich wie auf einem zugefrorenen See – wie dick die Eisschicht ist, weiß er nicht. In jedem Augenblick kann er einbrechen und in den Fluten versinken. Ramirez erklärt das in Managua erarbeitete neue Integrationsprogramm für die Miskito. Die Erklärung dauert länger als zwei Stunden. Am Ende ein tiefes Schweigen. Die einzigen, die frenetisch Beifall klatschen, sind einige Miskito-Milizsoldaten und die Leibgarden der Kommandanten in den ersten Reihen. Ich befinde mich hinten im Saal. Die Indianer auf der ganzen Welt verfügen über eine einzigartige Gabe: Sie verstehen es, ungewöhnlich aufmerksam zuzuhören, ohne daß ihr Gesicht auch nur die geringste Emotion, die geringste identifizierbare Reaktion verrät.

Mira Cunningham erhebt sich: Sie erläutert in Miskito, was der Spanier von jenseits der Kordilleren soeben erklärte. Sie tut das mit singender, modulationsreicher Stimme. Mira bringt den Saal zum Lachen, dann zum Applaudieren. Die Atmosphäre entspannt sich. Kleine Kinder, die gerade noch weinerlich flennten und die ihre Mütter nervös zum Schweigen bringen wollten, fangen jetzt vor Freude an zu lachen und zu kreischen. Die Zuhörer brummen ihre Zustimmung, mitunter werden auch Proteste laut.

Draußen wiegen sich die Palmen im sanften Mittagswind. Die sandinistischen Soldaten in ihren breitkrempigen Schlapphüten sind mit ihren Kalaschnikows neben zwei schwarzen Tanks aus der Zeit Somozas postiert, welche sich bereits am Rande des Verfalls befinden. Die Soldaten haben den Auftrag, die Versammlung zu schützen und nähern sich nun den geöffneten Türen. Sie hören zu und lachen, so daß man ihre strahlendweißen Zähne sieht. Sie sind sechzehn und siebzehn Jahre alt, ihre Köpfe sind voller schwarzer Locken, einige schäkern ein wenig mit den jungen Miskito-Mädchen, die klugerweise ganz nah an den Türen sitzen. Aber diese Annäherungsversuche scheitern, die Pfarrer wachen.

Mira spricht immer noch mit starker Überzeugungskraft. Sie sieht mit aller Deutlichkeit die Zukunft des Miskito-Volkes an der Seite der Revolution. Sie fordert die Alten und die Jungen heraus, richtet Fragen an den einen oder anderen Pfarrer, an die Frauen, die antworten. Allmählich geht das Meeting in ein Palaver über. 16 Uhr: Die Sitzung wird vertagt. Jeder will essen, die Menge verteilt sich in den Dünen am Meer, man findet sich in Gruppen zusammen und beginnt, die Bündel mit Proviant auszupacken.

Die wenigen Fremden werden in den „Night Club" eingeladen, einen Holzbau nahe dem einzigen Hafenkai. Ein geräumiger Saal mit erotischen Zeichnungen im chinesischen Stil, die Wände in sanftem Grün. Von der Decke hängen rote Lampions, rot sind ebenfalls die tiefen Sofas, die Holztische schwarzlackiert. Es ist das ehemalige Bordell der Somoza-Garnison in Puerto Cabezas. Die Küche ist exzellent, gebackene Bananen, Hühnchen und Reis, dazu wunderbarer Palmwein.

Bei Einbruch der Dunkelheit wird die Arbeit wieder aufgenommen. Während der langen Pause haben geheime Zusammenkünfte stattgefunden. Die verschiedenen Gemeinschaften stellen ihre Delegierten für das Komitee der neuen Organisation MISURA vor. Mira neigt den Kopf, notiert die Namen, bisweilen lächelt sie, hin und wieder verdüstert sich ihr Blick auch. Mit der einen oder anderen Wahl der Ältesten oder Pfarrer ist sie unzufrieden, trägt dennoch auch diese Delegiertennamen ein. Ramirez und die sandinistischen Offiziere sagen kein Wort. Von der Mauer herab lächelt Sandino zurückhaltend mit seinen melancholischen, traurigen Augen. Die Revolutionäre sehen sich einem Volk gegenüber, das sie nicht kennen. Sie ahnen jedoch dessen Stärke und unzerstörbaren Lebenswillen.

Die Mitternacht rückt heran. Das Orchester ist gegangen, von sehr fern dringt die Musik der Banjos herüber, die Kinder sind längst eingeschlafen. Die Nachtkühle weckt die Lebensgeister der Ältesten wieder, und leidenschaftlich setzen sie das Palaver fort.

Die „Contras" greifen normalerweise nachts vom Meer her an. Der Flugzeugträger *Kennedy* der Kriegsmarine der Vereinigten Staaten ist an der Grenze der Hoheitsgewässer postiert. Der amerikanische CIA rüstet die Söldner mit kleinen Schnellbooten aus, die flach durch die Wellen brausen und die nur auf sehr kurze Entfernung entdeckt werden können. Ihr Name: „Piranhas", wie der Fisch des Amazonas, der für den Menschen – kommt er ihm zu nahe – todbringend sein kann. Im Gebüsch an der Küste hocken Wachposten und suchen unaufhörlich mit den Augen das Meer ab.

Der Geruch von Hunderten schwitzender Körper, von schwarzem Tabak und Pfannkuchen macht benommen. Trotz der Ventilatoren, die unermüdlich unter der Decke knarren ... ich gehe hinaus. Das Firmament ist übersät von Milliarden flimmernder Sterne, wie ein Triumphbogen wölbt sich die Milchstraße über Puerto Cabezas. Ich laufe zum Meer hinab. Eine Stimme aus dem Dunkel der Büsche hält mich auf: „Pst! *Compañero* – por aquí?" Der junge, ausgesprochen liebenswürdige Miskito-Milizsoldat schickt mich zum Lagerhaus zurück, hier ist Militärbereich. Und außerdem ist die Versammlung noch nicht beendet. Jedermann muß Geduld zeigen bis zur sandinistischen Hymne, die regelmäßig alle öffentlichen Versammlungen überall in Nicaragua beschließt. Ich gehe wieder hinauf, ein wenig beschämt. Ich fühle mich unvergleichlich glücklich.

Wird MISURA das gleiche Schicksal erleiden wie MISURASATA? Wird diese neue sandinistische Organisation, dazu bestimmt, den sozialen Aufstieg und die nationale Integration der Miskito zu fördern, ebenso zerbrechen wie die vorangegangene? Machen sich ihre gewählten Führer eines Tages mit den Waffen, dem Geld und den Fahrzeugen, die ihnen die Revolutionsregierung geliefert hat, aus dem Staub? Oder ist im Gegenteil die zentralamerikanische Vendée damit zuende? Die Chouans mit den Schlitzaugen und dem dunklen Teint, werden sie ihre eigenen Belange begreifen, sich der Revolution anschließen und an der Seite der Sandinisten ein pluriethnisches Nicaragua gegen die Söldnertruppen Reagans verteidigen? Auf welche Art und Weise werden die alten und sehr bewunderungswürdigen Werte dieser Mischlinge schwarzer Sklaven und präkolumbischer Indianer der nationalen Integration widerstehen? Werden sie untergehen? Oder werden sie sich im Gegenteil verwandeln, in ihrer Bedeutung verändern, eine Renaissance erleben und noch hervorragender und stärker werden? Verfügen die Sandinisten über die intellektuellen, politischen und militärischen Mittel, um mitten im Krieg die absolute Autonomie, die unausrottbare Einzigartigkeit dieser kleinen braunen Menschen zu respektieren, die in der strategisch wichtigsten Zone des ganzen Landes wohnen? Werden die beiden verfeindeten Völker, die auf demselben Isthmus leben, 450 Jahre nach dem Einfall Cortez', die Geduld, die Kraft, den Willen und die Intelligenz aufbringen, sich in ein und derselben unabhängigen, freien Nation zu vereinen? Oder sind Zusammenstoß, Vernichtung, die Katastrophe das Ende des Abenteuers? Auf alle diese Fragen wird allein die Geschichte Antwort geben.

1990 verlor die Sandinistische Front der nationalen Befreiung die Präsidentschaftswahlen, die Contra wurde demobilisiert. Die neue Präsidentin Violetta Chamorro bildete eine konservative, antisandinistische Regierung.

Anmerkungen zum 3. Teil

1 Henri Lefebvre, Norbert Guterman, *la Conscience mythifiée*, Paris, 1979

2 Seit 1956 nennt sich diese Kirche offiziell Orthodoxe Kirche Äthiopiens, ihr Patron bleibt jedoch der Heilige Markus von Alexandria.

3 Alan Hobben, *Land Tenures among the Amhara of Ethiopia*, Chicago, University Press, 1973; Mesfin Wolde Mariam, *Rural Vulnerability to Famine in Ethiopia*, 1958-1977, Vikas Publishing House und Universität von Addis Abeba, 1984.

4 Juli 1973, mein erster Aufenthalt in Addis Abeba.

5 Zur Datierung der äthiopischen Ereignisse verwende ich den Gregorianischen Kalender. Äthiopien lebt – selbst nach der Revolution – nach dem Julianischen Kalender. Das Jahr 1987 entspricht z.B. in Äthiopien dem Jahr 1980.

6 Ich verdanke Jean-Claude Guillebaud wertvolle Auskünfte über diese ersten Aufstandsbewegungen. Er hat für *Le Monde* von den hier beschriebenen Ereignissen an Ort und Stelle berichtet. Ebenso hilfreich waren mir die Informationen von Muse Tegegne, meinem Assistenten in der Soziologieabteilung der Universität Genf, der selbst an manchen dieser Zusammenstöße teilgenommen hat.

7 Muse Tegegne, *La Révolution éthiopienne*, Genf, 1984; René Lefort, *La Révolution hérétique*, Paris, 1981; Fred Hallyday und M. Molyneux, *The Ethiopian Revolution*, London, 1981; David und Marina Offaway, *The Ethiopian Empire in Revolution*. London, 1978.

8 335 km befahrbare Straße liegt zwischen Addis Abeba und Gimma, der Hauptstadt der Provinz.

9 1975 veröffentlicht der Derg die *land-proclamation*, die alles Akkerland denen zuteilt, die den Boden bearbeiten. Ein Detail: Der Derg schafft auf gleiche Art und Weise Gesetze wie der Kaiser!

Die kaiserlichen Erlasse wurden nach einem Trommelwirbel von einem Herold auf dem Platz vor dem „Menelik"palast verkündet. Der Derg verzichtet auf Herold und Trommelwirbel, behält für seine Gesetzesvorstellung jedoch den Begriff „Proklamation" bei.

10 Unter den sowjetischen Autoren gibt es dennoch einige seltene Ausnahmen. Vgl. z. B. Yuri Popov, *L'Économie politique marxiste et les Pays en voie de développement*, Moskau, 1977.

11 Grazziani entkommt ein zweites Mal dem Tod, aber der Ritual-Säbel Zerays tötet fünf faschistische Offiziere.

12 1985 ist Mengistu Präsident des Derg und Generalsekretär der WEP. Kassa ist Botschafter bei der UNO in Genf.

13 Vgl. Anfang 4. Teil.

14 Beispiel: Nach den Zahlen der UNESCO fiel der Prozentsatz der Analphabeten in Äthiopien zwischen 1976 und 1986 von 93% auf 34%.

15 Mengistu Haile Mariam, ist mütterlicherseits Oromo, väterlicherseits Amhare.

16 Die 14 Provinzen des Landes werden ab 1987 von 24 Verwaltungsregionen und fünf autonomen Regionen ersetzt.

17 Amnesty international gibt keine genauen Zahlen, bringt aber zahlreiche Beispiele für Folter. Vgl. Amnesty international, *Ethiopia: political imprisonment and torture*, London, Juni 1986. Seit dieser Zeit gibt es Teilamnestien, von dem Derg verfügt.

18 Bericht des Provisorischen Militärischen Verwaltungsrates (Derg), Addis Abeba, 1987.

19 Die Wähler (alle Männer und Frauen über 18 Jahre) hatten in jeder *kebelle* (Stadtviertelgemeinschaft), in jedem Dorf die Wahl zwischen drei Kandidaten, die Liste wurde von der WPE, den Berufsorganisationen und den erwähnten Massenorganisationen (Bauernvereiniung, Frauenunion) erarbeitet. Der Begriff „shengo" bezeichnet die Dorfversammlung im Oromo-Land.

20 Als das Zweite Vatikanische Konzil Latein als Liturgiesprache verbot, waren zahlreiche Katholiken aus dem Wallis unzufrieden. Jahrhundertelang hatte ihnen diese magische, unbekannte und unverständliche Sprache Ruhe gewährt. Sie blieb untrennbar mit der Feier verbunden. Heute kommentieren manche Priester anstelle der Predigt die Tagesereignisse in französischer Sprache. Der Zauber ist gelöst.

231

21 Karl Marx, *Zur Kritik der Hegel'schen Rechtsphilosophie*. Ausgewählte Schriften, München, 1962.

22 ebd.

23 ebd.

24 Alexandre Benningsen, C. Lemercier-Quelquejay, *L'Islam en Union soviétique*, Paris, 1968.

25 Michail Gorbatschows Rede vor den Kadern der Kommunistischen Partei Usbekistans in Taschkent am 24.11.1986. Zit. von AFP nach *Prawda Vosloka*.

26 Das Buch von Henri Alleg, *L'Etoile rouge et le Croissant vert*, Ed. Messidor, 1985, schildert diese Geschichte. Vgl. auch Jean-Paul Roux, *Histoire des Grands Moghols. Babur*, op. cit. S. 282.

27 Die sowjetisch-muslimischen Studenten wollen ihrerseits ihren Doktor an der Universität Al-Azhar in Kairo machen. Praktisch gibt es in allen Sowchosen und Kolchosen, in jedem Dorf, in jedem Weiler der Usbekischen, Tadschikischen, Kasachischen, Kirgisischen und Aserbaidschanischen SSR (Sozialistischen Sowjetrepublik) einen Mullah.

28 *Tambor de fundamento*: die große Trommel, die im Zentrum des *terreiro* aufgestellt wird und die nur bei einer Initiation oder der Einweihung eines *santeiro* erklingt.

29 Carlos Moore, *Cuba castriste et l'Afrique noire*, 1959-1979. *Fondements ethnostrategiques d'une politique étrangère interventionniste*, Universität Paris-VII, 1983.

30 Fidel und Raoul sind die Kinder eines Emigranten aus Galicien mit Namen Angel Castro.

31 Seit 1966 zeichnet sich eine Entwicklung ab: Bei der Konferenz der drei Kontinente von Havanna im Januar des Jahres knüpfen die kubanischen Führer oft sehr enge persönliche Kontakte zu einer Reihe von Kämpfern der bewaffneten Befreiungsbewegungen Afrikas. Ihre Sicht vom historischen Ursprung, von der sozialen Funktion und der symbolischen Zusammensetzung der großen afrikanischen Kosmogonien auf dem Kontinent und in der Diaspora ist zum Teil unterschiedlich.

32 Die erwähnerswertesten Ausnahmen: Camila Cienfuegos, verschollen bei einem Flugzeugabsturz 1959; Che Guevara, 1967 in Bolivien ermordet; Celia Sanchez, 1979 an einer Krankheit gestorben; Haydée Santamaria, gestorben.

33 Anmerkung der Übersetzerin: Chouans – königstreue Gegner der
französischen Revolution. Benannt nach dem Decknamen eines
Führers – Jean Chouan, vom lautmalerischen „chat-huant" =
Waldkauz, dessen Ruf das Erkennungszeichen der Chouans war.

34 Jean-Clement Martin, *La Vendée et la France*, Paris, 1987.

35 Ich nehme hier einige der bereits in *Gegen die Ordnung der Welt*
(Befreiungsbewegungen in Afrika und Lateinamerika), Peter Hammer Verlag, Wuppertal, 1985, begonnenen Analysen wieder auf.

36 Ich spreche hier genau gesagt nur von der Befreiungsfront, von ihren Führern, ihren Kadern, ihren Vorkämpfern. Es versteht sich
von selbst, daß die Front mit fortschreitendem Kampf die Zustimmung einer wachsenden Zahl von Leuten gewinnt, daß sie Massenorganisationen schafft und fähig wird, Streiks zu organisieren,
um dann in der letzten Phase Hunderttausende von Menschen in
den offenen Aufstand zu schicken.

37 Die genaue Zahl der Miskito-Flüchtlinge, die aus Nicaragua stammen, und die der in Honduras geborenen Miskito? Noch 1987 di-
vergieren die Quellen: Die CONARE (nationale honduranische
Flüchtlingskommission), Abraham Garcia Turcio hat den Vorsitz,
gibt eine Zahl von 30.000 an. Die Hälfte – an den Ufern der Flüsse Morocon und Dursuna siedelnd – erkennt der Hohe Flücht-
lingskommissar der UNO an.

38 Vgl. die Miskito-Grammatik, die die Forscher des Centro de inve-
stigaciones y documentacion de la Costa atlantica aufgestellt haben unter der Leitung von Scott Lackwood, *Miskitu Bila Aisanka
Grammatica Miskita*, Managua, 1985.

39 Im 19. Jahrhundert nimmt die Kirche den Namen Moravische
Kirche an, von der Herkunftsgegend von Jan Hus (Böhmen-Mäh-
ren).

40 Traditioneller indianischer Häuptling.

41 Ein roter und ein schwarzer Pflasterstein, Symbol der Straßen-
kämpfe unter Somoza, bei denen die sandinistischen Jugendlichen
mit herausgerissenen Pflastersteinen gegen die überbewaffnete Nationalgarde kämpften.

VIERTER TEIL

LEBEN UND TOD
DES THOMAS SANKARA

Wenn die Unterdrückung zunimmt
Werden viele entmutigt
aber sein Mut wächst.

Er organisiert seinen Kampf
Um den Lohngroschen, um das Teewasser
Und um die Macht im Staat.
Er fragt das Eigentum:
Woher kommst du?
Er fragt die Ansichten:
Wem nützt ihr?

Wo immer geschwiegen wird
Dort wird er sprechen
Und wo Unterdrückung herrscht und von Schicksal
die Rede ist
Wird er die Namen nennen.
(...)

Wohin sie ihn jagen, dorthin
Geht der Aufruhr ...

Bertold Brecht
Lob des Revolutionärs

I
Die Revolutionäre

Thomas Sankara starb wie Salvador Allende: Er wurde
von autochthonen Militärs ermordet, die vom Ausland gesteuert waren.[1]

Langsam versinkt die rote Sonne der Regenzeit hinter den
Palmen des eingefriedeten Grundstücks der Villa „Entente" in Ouagadougou. Eine Handvoll niedriger Häuser
und eine Konferenzhalle aus grauem Beton und Glas sieht
man hinter den Schranken. Hibiskussträucher mit leuch-
tend blauen Blüten und Flammenbäume säumen die Pfade
und bedecken teilweise die Fassaden. Warm ist es und die
Luft sehr mild an diesem zur Neige gehenden Tag. Es ist
Donnerstag, 15. Oktober 1987, 16 Uhr 30: Eine Kolonne
von Kleinwagen – schwarze Renault 6 – verläßt die Asphaltstraße, biegt auf die rote Erdstraße und in das um-
friedete Grundstück ein. Im Saal soll die außerordentliche
Sitzung des Nationalen Revolutionsrates von Burkina
stattfinden.

Die Mörder lauern in den ersten Häusern im Hinterhalt,
ganz nah bei der Eingangsschranke und in den Büschen
längs des Pfades. Eine Granate zerfetzt den ersten Wagen.
Paulin Bamouni, der Pressechef des Präsidenten, und
Frédéric Ziembe, juristischer Berater, sind auf der Stelle
tot. Sankara und neun Wachsoldaten gelingt es, in einen
nahegelegenen Pavillon zu flüchten. Flach auf den Boden
gedrückt, versuchen sie einen Gegenangriff. Aber der Pavillon ist umzingelt, eine Handgranate fliegt ins Innere.
Sankara – verwundet – sagt: „Es ist unnütz. Sie suchen
mich." Er erhebt sich, ruhig, wendet sich der Tür zu. Eine
Kalaschnikowsalve zerreißt seinen Körper. Die Mörder
belagern den Pavillon, schießen auf alles, was sich bewegt.[2]

236

Für manche der Schwerverwundeten dauert der Todes-kampf lange, für Sankara länger als vierzig Minuten. Sein Blut vermischt sich mit dem roten Staub des Weges.

Bei Einbruch der Dunkelheit endlich sammeln die Mör-der ihre Opfer ein. Militärlastwagen bringen sie in das östliche Viertel von Ouagadougou auf den Friedhof von Dagnien. Die Körper werden in ein Gemeinschaftsgrab geworfen. Die ganze Nacht hindurch und während der folgenden Tage und Nächte defilieren Tausende Männer, Frauen, Jugendliche, Kinder, Beamte, Bauern und Stu-denten schweigend mit tränenüberströmten Gesichtern und in ohnmächtiger Wut am Rande der Grube vorüber.

Hatte Sankara seine Ermordung geahnt, aufgrund eines seltsamen warnenden Vorgefühls? Wir waren uns zuletzt am 12. September 1987 anläßlich der Proklamation der Äthiopischen Republik in Addis Abeba begegnet. Am Abend diskutierten wir in seiner Residenz über das Schicksal Che Guevaras, der vor zwanzig Jahren in den Bergen von Higuieras in Bolivien ermordet worden ist. Plötzlich fragte mich Sankara: „Wie alt war Che, als er starb?" Ich antwortete: „39 Jahre und 8 Monate." Sanka-ra nachdenklich: „Ob ich dieses Alter jemals erreichen werde? Ich zweifle ..." Sankara wäre im Dezember 1987 38 Jahre alt geworden.

Das Experiment Sankaras und seiner Kampfgenossen ist einzigartig in Afrika und in der Dritten Welt. Die Ermor-dung dieses außergewöhnlichen Menschen ist eine Tragö-die für Afrika.

Der vierte Teil dieses Buches handelt von diesem Experi-ment, das so brutal unterbrochen wurde: Der Versuch weitreichender kultureller und sozialer Reformen, den Thomas Sankara und seine Genossen während der kurzen Zeit ihres öffentlichen Wirkens (1983-1987) unternommen haben – zum Aufbau einer „neuen Gesellschaft".

Im vierten Teil dieses Buches werden sämtliche in den vorangegangenen Teilen aufgestellten Hypothesen einer

Realitätsprüfung unterzogen. In einem ersten Kapitel (das in Wirklichkeit das zweite Kapitel des vierten Teils ist) analysieren wir die grundlegenden Werte, die Strukturen und die zentralen Bedeutungen der großen afrikanischen Kosmogonien, die in Burkina präsent sind. Ein notgedrungen schematisches Kapitel, da es darin vor allem darum geht, die organisatorischen Prinzipien der traditionellen Gesellschaften herauszustellen und nicht die von den Menschen im Zustand reger Kulturaneignung erlebten Widersprüche. Das daran anschließende Kapitel ruft die Erinnerung an die Revolution vom 4. August 1983 wach. Das Vorhaben Sankaras war ehrgeizig: Er wollte die kollektive Erinnerung von ihren klassenspezifischen Sedimenten befreien, die Grundwerte einer jeden der großen Kosmogonien wieder einsetzen, die traditionellen Hierarchien aufbrechen und die Werte dem neuen Kollektivbewußtsein einfügen, um die Mobilisierung der Erzeuger für eine schnelle Entwicklung der ökonomischen Kräfte des Landes zu ermöglichen. Das letzte Kapitel vergegenwärtigt den Kampf zwischen den wiederbelebten und den neuen Werten, die die revolutionären Avantgarden zum Einsatz bringen wollten. Und es zeichnet noch einmal die symbolischen Bedeutungen, Verhaltensweisen und Strategien nach, welche durch die alten ethnischen Hierarchien verboten wurden.

Wer war Thomas Sankara? Er kam am 21. Dezember 1949 in Yako, zwischen Kaya und Ouahigouya gelegen, im Mossi-Königreich Yatenga zur Welt. Seine Mutter Marguerithe war eine Mossi, sein Vater Joseph war ein Fulbe (Peul). Thomas war das dritte von zehn Kindern; 1949 war sein Vater, ehemaliger Kolonialsoldat, Aushilfskraft bei der Post. Die Familie führte das mühselige Leben des städtischen Proletariats.

Die Persönlichkeit Sankaras ist von einem merkwürdigen Paradoxon geprägt: Er war gefühlvoll, extrovertiert, debattierfreudig, bis zum Äußersten konzentriert, wenn er überzeugen wollte, lachte gern, liebte Musik und Feste und endlose Abende, er war gesellig und zu gleicher Zeit ein verschwiegener und einsamer Mann, fast verschlossen.

Ich betone: Da Sankara weder ein „richtiger Mossi" noch ein „richtiger Fulbe" war, wurde er schon sehr früh gezwungen, sich selbst hinsichtlich seines eigenen Handelns und seiner eigenen Überzeugungen zu definieren.

Mehrere afrikanische Führer teilen eine solche Herkunft: Patrick Lumumba entstammte keiner der großen homogenen Ethnien des Kongo, er ist ein Mutetela. Diese „Mischrassen"-Ethnie ist durch die Feldzüge der Sklavenhändler-Armeen des Sultans von Sansibar über das ganze Kongo-Becken versprengt worden. Ein anderes Beispiel: Kwameh N'Krumah gehört der kleinen, unbedeutenden und von den Angehörigen des Aschanti-Reiches und der Ewe-Königreiche verachteten Ethnie der Nzima an.

Eine eigene Identität zu finden, wird für den jungen Knaben schon sehr früh zu einer schwierigen Aufgabe. Denn wenn die feudalen Mossi, Aristokraten des Königreichs und Herren von Grund und Boden, diesen Sohn eines Fulbe schief ansehen, so akzeptieren die Fulbe selbst ihn auch nicht als einen der ihren. Eine Anekdote. Moussa Diallo, einer seiner engen Freunde und Kampfgenossen, Kommandeur des in Bobo-Dioulasso stationierten Regiments, erzählte mir lachend folgenden Vorfall: Bei der Einweihungsfeier für einen Bewässerungsstaudamm in der Region von Dori führt Sankara, gefolgt von Diallo, den Zug an. Am Abend wird eine Delegation von Fulbe-Häuptlingen bei Diallo vorstellig. Diallo ist ein reinblütiger Fulbe. Die Fulbe-Häuptlinge machen ihm vehemente Vorwürfe: „Moussa, wie kannst du *hinter* diesem Typ, der nicht einmal ein richtiger Fulbe ist, einhergehen?"

Als einfacher Kolonialsoldat aus Volta und „freiwilliger" Kämpfer des französischen Reiches durchlief der Vater die klassische Laufbahn eines afrikanischen Soldaten im Dienste Frankreichs. Eine äußerst zweideutige Karriere:

Treu der Trikolore und überzeugt von der Überlegenheit des weißen Mannes (zumindest akzeptierte er die Unterwerfung unter die Macht der Weißen als eine unabwendbare Tatsache), diente dieser Vater Frankreich in Afrika, Europa und in Asien. Er unterdrückte seine Brüder und vertrat die Order der Herren in drei Kontinenten. Aus dem Militärdienst entlassen, wurde er wie tausend andere Unglücksgefährten einer dieser städtischen Proletarier, die sich so durchlavierten und von kleinen Gelegenheitsarbeiten lebten.

Thomas Sankara wuchs umgeben von seinen Schwestern und Brüdern im Schatten dieses geliebten Vaters auf. Lehnte er sich gegen den Vater auf? Nein. Jedoch revoltierte er gegen das System, das aus diesem aufrechten, ehrlichen und mit seinen Nachbarn solidarischen Mann einen Komplizen der herrschenden Kolonialmacht gemacht hatte.

Zwei Anekdoten, die mir Sankara selbst erzählt hat, veranschaulichen diese Aussagen. Die erste:

Thomas Sankara, zehnjährig, geht in Gaoua zur Schule. Der Direktor der Schule heißt Vignon, er hat einen Sohn namens Patrick. Dieser erhält zu Weihnachten ein wunderschönes Fahrrad. Thomas, ein armes Kind, würde es für sein Leben gern einmal ausprobieren. Er schmeichelt dem kleinen Patrick, liest ihm jeden Wunsch von den Augen ab, trägt ihm die Schultasche, nichts fruchtet. Patrick weigert sich, ihm seine schöne Maschine zu leihen. Dann hat Thomas es satt, er entreißt ihm das Fahrrad und startet zu einer Rundfahrt auf den rotstaubigen Pisten der Gegend. Patrick heult, alarmiert seinen Vater, dieser ruft die Polizei. Menschenjagd. Der kleine Sankara wird gefaßt und verprügelt. Sein Vater wird ins Gefängnis gesteckt.

1960, das Jahr der Unabhängigkeit. Thomas ist Schüler des Lycée Ouezzin-Coulibaly in Bobo-Dioulasso. Im Schulhof wird die Fahne Obervoltas gehißt. Die französischen Schüler reißen sie herunter und verbrennen sie. Von

Sankara angeführt, gehen die schwarzen Schüler mit Stökken auf sie los. Krawall, Schreie … weiße Polizisten greifen ein. Thomas' Vater, den man für die „Missetaten" seines Bengels verantwortlich macht, wird verurteilt und wandert ins Gefängnis.

Als Sankara mir diese Geschichten erzählte, schien es mir, als wäre er mit der Tatsache, daß sein Vater jedesmal im Gefängnis endete, nicht so ganz unzufrieden. Lieber würde er sich an einen Vater erinnern, den die Weißen eingesperrt hatten, als an einen, der der fremden Flagge diente.

Im politischen Bewußtwerdungsprozeß Sankaras gibt es zwei wichtige Stationen. Zunächst Madagaskar: Von 1970 bis 1973 ist er Schüler der Militärakademie von Antsirabé. Die Zeiten sind aufregend. Das neokoloniale Regime des alten Tsirana, ein Kazike aus den Reihen der SFIO, den das Mutterland eingesetzt hatte, wird Opfer eines Volksaufstands und stürzt. Überall flackert Empörung auf. Dieses vielschichtige Land, Erbe einer tausendjährigen Geschichte, hat den Siedepunkt erreicht. Nachts diskutiert Sankara mit seinen Mitschülern aus ganz Afrika die am Tag beobachteten Ereignisse. Langsam bildet sich ein politisches Bewußtsein. Gründliche Lektüre begünstigt diesen Prozeß. In sein Tagebuch schreibt Sankara: „Ein Militär ohne politische Bildung ist lediglich ein Verbrecher, der Gewalt ausübt."

1978 wird Sankara nach Marokko geschickt: von Januar bis Mai nimmt er an einem Lehrgang des Ausbildungszentrums der Fallschirmspringer teil. In Rabat werden ihm das entsetzliche Elend des Volkes und der beleidigende Luxus der führenden Klassen bewußt, die Perversion des neokolonialen Regimes, die Leiden und die Verzweiflung, in welche die gewissenlosen Satrapen die Ärmsten ihrer Landsleute stürzen.

Zurück in Ouagadougou, Ende 1978, wird Sankara zum Kommandanten der Kommandoeinheiten ernannt. Nun beginnt die überlegte, methodische Arbeit des Revolutionärs. Er nimmt diskret mit jenen Kameraden Kontakt auf, die ähnlich wie er persönliche Erniedrigung erlebten und deren politische Erfahrungen den seinen sehr nahestehen. Dokumentierte Bestandsaufnahme der Widersprüche, der Funktionsstörungen des politischen Systems und der Wirtschaftsstruktur des neokolonialen Staates. Wiederholte Versuche, Bündnisse mit den kommunistischen und sozialistischen Oppositionsparteien und mit den Gewerkschaften zu knüpfen, scheitern.

In dieser ganzen Zeit nimmt die institutionelle Karriere Sankaras und seiner Kameraden ihren Fortgang: Sie praktizieren den „Entrismus" im reinsten leninistischen Stil. Sankara wird Staatssekretär im Informationsministerium. 1982: Seine offensichtliche Intelligenz und seine Popularität verleiten die neokolonialen Führer zu einem folgenschweren Fehler. Jean Baptiste Ouedraogo ernennt Sankara zum Premierminister. Kaum hat er sein Amt angetreten, macht er sich nach Neu-Delhi auf, wo sich im Januar 1983 die Staats- und Regierungschefs der blockfreien Länder versammeln.

In Neu-Delhi hinterlassen seine Rede in der Plenarsitzung und seine Interventionen im Ausschuß – hier äußert sich bereits dieses explosive Gemisch von volkstümlicher Pädagogik, afrikanischer Erzählweise und begrifflicher Analyse, welche später das Bestechende seiner Reden ausmachen – einen nachhaltigen Eindruck. Fidel Castro, der amtierende Präsident der Bewegung, lädt ihn eines Abends in seine Villa ein. Diese Begegnung markierte einen Wendepunkt im Leben Sankaras, und zwar in mehrfacher Hinsicht: Sankara entdeckt die völlige Übereinstimmung der Forderungen und der Wünsche nach Befreiung unter den Völkern der Dritten Welt. Er fühlt sich anerkannt und ermutigt durch einen Revolutionär, der dank seiner außergewöhnlichen Geduld den Würgegriff des Elends in seinem Land sprengen konnte.

Ich erfahre zwei Jahre später in Havanna, welch starken Eindruck Sankara bei Fidel Castro hinterlassen hat ... Carlos Raffael Rodriguez, Erster Vizepräsident des Kubanischen Staatsrates, ein subtiler Beobachter von Rissen und bedrohlichem Krachen in der Dritten Welt, berichtete mir von dieser Nacht in Neu-Delhi.

Eine weitere Folge der Konferenz von Neu-Delhi: Die westlichen Geheimdienste – insbesondere der französische – beginnen, sich genauer für diesen jungen Hauptmann zu interessieren, der äußerst gebildet, sehr intelligent und zu unabhängig im Geist ist. Guy Penne, Berater in Sachen afrikanische „Neokolonien" im Elysée, macht eine Blitzreise nach Ouagadougou. Ouedraogo, der seinem mutterländischen Vormund nichts verweigern kann, versteht den Wink: am 17. Mai wird Sankara verhaftet.

Drei Tage nach der Verhaftung Sankaras und nach seiner Überführung ins Militärlager von Dori, am 20. und 21. Mai, explodiert Ouagadougou: Die Studenten von der Universität, die Sekundarschüler und die kleinen Beamten dringen, geführt von der LIPAD (Ligne patriotique pour le développement) und der ULC (Unité et lutte communistes), in die Hauptstadt ein und fordern die Freilassung des Hauptmanns. Aus allen Vororten und aus den umliegenden Dörfern nähern sich die Arbeiter, die Arbeitslosen und die ambulanten Händler auf ihren Mofas, auf von Eseln gezogenen Karren, mit dem Fahrrad, zu Fuß oder in klapprigen Autobussen dem Zentrum. Die Straßenjungen von Kouluba und Nab Raaga und die Prostituierten von Zagoera und Bilbamili treten den Gendarmen trotzig entgegen. Die einflußreiche CSV (Confédération syndicale voltaique) ruft zum Generalstreik auf. In Pô organisiert Blaise Campaore, der als einziger unter den Kameraden Sankaras der Verhaftung entgangen ist, den Widerstand. Jean-Baptiste Ouedraogo regiert nicht mehr. Die Macht gehört der Straße. In der Nacht des 4. August endlich stürzt die Volksbewegung im Verbund mit den Soldaten

Campaores Ouedraogo und übernimmt in Ouagadougou die Macht. Der befreite Sankara stellt sich an die Spitze des Nationalen Revolutionsrates (CNR).

Die Kraft und die Ausstrahlung der Sprache Sankaras, worauf sind sie zurückzuführen? Der Mann war kein Intellektueller. Seine wirtschaftlichen Überlegungen waren nicht selten summarisch, manchmal auch irrig. Er war kein umwerfender Redner: seine Stimme trug wenig, seine Sprechweise war unregelmäßig, der Ton der Stimme leicht schulmeisterlich und monoton. Jedoch sein Denken war ein *initiatorisches* Denken. Es wurde von tiefer Erfahrung genährt, und die Intuitionen bestimmten es stärker als die Ideen. Sankara formulierte die ununterdrückbaren Werte des gedemütigten Menschen, der seine Befreiung anstrebt: soziale Gerechtigkeit, Toleranz, Wechselseitigkeit, gegenseitige Ergänzung und Würde. Diese Werte fordert er ein.

Zweifelsohne bestand zwischen seinen Worten und der verworrenen Hoffnung, die Millionen von jungen Afrikanern hegten, ihren Wünschen nach einem Leben in Würde und ihrer Ablehnung jeder Form von Demütigung, eine breite Übereinstimmung. In diesem Stadium äußerster Zerrüttung, in dem sich das heutige Afrika befindet – korrupte Statthalter und blutrünstige Tyrannen richten es zugrunde –, suchen die Völker ein Licht in der Finsternis, das ihnen den Weg weisen kann. *Sankara war diese Flamme.*

Oktober 1983: In ihrer ersten großen Erklärung zur Außenpolitik bezieht die Regierung Sankara Stellung zu Nicaragua, für den Befreiungskampf der Frente Farabundo Marti in Salvador und der Polisario in der Westsahara und gegen die amerikanische Invasion in Grenada. Drei Tage später ersucht Sonderbotschafter Walker, Gesandter und ständiger Vertreter Präsident Reagans in Ouagadougou, um eine Audienz. Vor dem Schreibtisch Sankaras stehend, verliest er eine diplomatische Note: „Burkina versteht nichts von der Situation in Zentralamerika. Es ist zu weit entfernt. Sollte seine Regierung jedoch fortfahren, sich in die Angelegenheiten Zentralamerikas einzumischen, so sähe sich die Regierung der Vereinigten Staaten gezwungen, sämtliche Abkommen über Zusammenarbeit und alle Hilfsprogramme für dieses Land noch einmal zu überprüfen." Schlicht und einfach eine Erpressung. Ausgeübt von der militärisch, politisch und wirtschaftlich ersten Macht gegen das neuntärmste Land unseres Planeten. Sankara hört zu, erhebt sich und sagt: „Ich habe verstanden. Ich danke Ihnen." Er öffnet die Tür. Walker geht.

Aufgrund eines merkwürdigen Zufalls des diplomatischen Terminkalenders sollte Burkina drei Monate später (am 1. Januar 1984) nichtständiges Mitglied des Sicherheitsrates der Vereinten Nationen werden. Es besetzte diesen Posten gemäß dem Reglement für sechs Monate. Während dieser sechs Monate stimmte Burkina beständig mit Nicaragua und gegen die Vereinigten Staaten.

Mit dem gleichen Elan verurteilt Sankara öffentlich die, wie er sie bezeichnet, „skandalös ungenügende" Hilfe der UdSSR an die Sahelländer.

Oktober 1986 in Moskau: Sankara beendet seinen ersten offiziellen Besuch in der Sowjetunion. Im Novostni-Zentrum hält er die übliche Pressekonferenz eines Staatschefs ab. Wie gewöhnlich suchen die sowjetischen Journalisten nach der Identifizierung und der Verbindung des afrikanischen Revolutionsprozesses mit dem Staatsstreich Lenins im Jahre 1917. Sie bedrängen Sankara mit Fragen. Sie lauern auf das kleinste Zeichen einer möglichen Assimilation. Sankara durchschaut das Spiel augenblicklich. Auf jede Frage gibt er ausführlich Antwort. Umständlich lobt er mit ernster Stimme die Oktoberrevolution, den Marxismus-Leninismus, den proletarischen Internationalismus und die letzten Vorschläge Gorbatschows. Dann hält er plötzlich inne. Der Schalk lacht ihm aus den Augen, und fröhlich sagt er: „Eure Revolution verdankt dem Winter viel ..., aber bei uns gibt es keinen Winter."

Ein eigensinniger Unabhängigkeitswille. Ist das ein wenig „realistischer" Wunsch für ein kleines Land? Gewiß! Und dennoch bewunderungswürdig.

Ismail Kadare schildert in einem Epos den heldenmütigen Befreiungskampf der Ilyrer – Vorfahren der heutigen Albaner – gegen die Hohe Pforte der Osmanen im 15. Jahrhundert an der Küste der Adria. Über Skanderbeg und seine Gefährten sagt er: „Sie ertragen die minimalste Fremdherrschaft so schlecht, daß sie sich mutig wie Tiger den Wolken entgegenstrecken, die über ihren Köpfen vorüberziehen und hochspringen, um sie zu zerreißen."[3] Thomas Sankara und seine Gefährten waren solche Männer.

Besser wahrscheinlich als irgend jemand sonst in Afrika begriff Sankara, daß sich diese Unabhängigkeit durch die *kulturelle Befreiung* verwirklichen läßt. Die bedeutenden kollektiven Erinnerungen der traditionellen Gesellschaften sind der Schoß, aus dem die neue Identität erwächst. Doch diese Erinnerungen und die Hierarchien, die sie legitimieren, sind von den Kolonial- und Neo-Kolonialmächten ausgenutzt, pervertiert, von ihrem Ziel abgeleitet und in den Dienst einer Politik der Ausbeutung und der Klassenteilung gestellt worden. Seit 1982 prangert Sankara die überkommenen Häuptlinge heftig an: „Diese Kräfte der Finsternis, die unter dem Deckmantel des Übersinnlichen und der Tradition das Volk ausbeuten!"[4] Ferner attackiert er die als „überkommene Häuptlinge verkleideten Ausbeuter."[5]

Das letzte Kapital des vierten Teils beleuchtet die Folgen des Aufeinanderprallens der neuen Werte, welche die Revolutionäre geschaffen haben, und der traditionellen Hierarchien, die versuchen, ihre unwandelbaren Privilegien auf den pervertierten Werten aufzubauen. Fürs erste aber betrachten wir jetzt nacheinander die wichtigsten traditionellen Gesellschaften Burkinas.

II

Die kollektiven Erinnerungen

Das Polen Afrikas

Burkina Faso (274.000 km^2, 8 Millionen Einwohner) birgt
sehr viele alte und komplexe Zivilisationen. Es erstreckt
sich vom südlichen Saum der Sahara bis zu den Ausläu-
fern der dichten Feuchtwälder, die sich bis zum Golf von
Guinea hinziehen. Das zentrale Sahelplateau ist ein trok-
kenes, staubiges und armes Gebiet – hier ist das alte Mos-
si-Reich anzusiedeln. Im wüstenartigen Norden nomadi-
siert entlang dem Niger und seinen Nebenflüssen zwischen
sonnenverbrannten Büschen und von Ziegen geplünderten
Dornensträuchern das Herrenvolk der Tuareg (ihre Sprache: das Tamaschek). Sie haben ihre Vasallen, die Bella.
Auf dem Markt von Gorom-Gorom und an den Wasser-
stellen treffen sie auf die schweigsamen und mißtrauischen
Fulbe-Hirten. Im Süden sind die Landschaften von einer
faszinierenden Schönheit und Milde: Flammenbäume und
Hibiskus säumen die Straßen von Bobo-Dioulasso. Die
Mandingo-Zivilisationen schufen hier eine Gesellschaft
von Händlern, Handwerkern, Kameltreibern, Militärs, Intellektuellen und Bauern, die eine starke Vitalität auszeichnet. Die großen Handelsrouten kreuzen sich hier, sie
verbinden die Städte Malis und Nigers mit den Märkten
Ghanas, der Elfenbeinküste und Nordnigerias. Karawa-
nenzüge der Yoruba-, Ewe-, Aschanti- und Bambara-
Händler durchquerten noch vor kurzer Zeit dieses Land.
Heute ersetzt Telex die Träger und die Kamele. Die Diula
kaufen ihre Waren heute frei Hafen in Abidjan, Lagos
oder Accra.

Die Märkte von Ougadougou, Bobo-Dioulasso und
Ouahigouya quellen über von feingewirkten Lendenschur-
zen, von Schmuck aus getriebenem Gold, von Woll- und

Kamelhaardecken, die in kräftigen Rot-, Schwarz- und Gelbtönen gefärbt oder bestickt sind, von Gewürzen, von Gri-Gris und Amuletten. Überall im Süden sind die Menschen auf den Märkten von ansteckender Fröhlichkeit, auf den Märkten im Norden hingegen schweigsam und ernst. Neun Monate im Jahr zeigt der Himmel ein durchscheinendes Blau, und am Abend versinkt die Sonne mit loderndem Feuer in der tropischen Dämmerung. Über die Pisten der Hochebene führen die jungen Fulbe in endlosen Zügen die ausgezehrten Gestalten der Zebus mit ihren schweren Hörnern. Die Hitze, die in der Winterzeit (ich wage nicht, Regenzeit zu sagen, seit einigen Jahren sind Regenwolken und Regengüsse selten!) erträglich ist, wird in der Trockenzeit stickig schwül und drückend. Ockergelb ist die Farbe des Zentralplateaus. Riesige Baobabs, auf denen die Geier hocken, erheben sich aus der Savannenlandschaft. An der Steilstufe von Bamfora bricht die Hochebene plötzlich ab, Flüsse stürzen in Kaskaden zu Tal. Die Felswände von Bamfora markieren die südliche Grenze des Burkinalandes.

Die Mossi repräsentieren mehr als die Hälfte der Gesamtbevölkerung, die Fulbe-Hirten und die Tuareg-Clans mit ihren Vasallen, den Bella, weniger als 20%. Etwa 6% der Burkiner sind Diula-Bauern und Händler.

Die Sprachen dieser drei Völker-Gruppen – d.h. das More, das Ful (Peul), das Diula – werden in den Schulen gelehrt; sie sind die regionalen Verkehrssprachen des Landes. Das More ist bei weitem die am häufigsten gesprochene Sprache in Burkina. Französisch ist die Sprache weniger, die Sprache der Beamten, einiger Intellektueller und des Militärs. Schon auf dem Markt von Ouagadougou braucht der Fremde einen Dolmetscher.

Weitere Zivilisationen erstrecken sich in anderen Teilen des Landes: Die Senufo- und Bobo-fing-Kulturen findet man in den westlichen Ebenen, dort, wo die Savanne in Wald übergeht. Die Kulturen der Lobi, der Bobo-Ulé, der

Gurunsi und der Bisa, die oft gleichzeitig in zwei Staatsgebieten präsent sind (wie in Burkina und der Elfenbeinküste, in Burkina und Ghana, in Burkina und Togo), herrschen in den südlichen Regionen des Landes vor. In den Savannen des Ostens entfaltet sich der Lebensraum der großen Zivilisation der Gurma. Die Samo-, Kurumba- und Marko-Kulturen sind in den wüstenartigen Gegenden im Norden und Nordosten verwurzelt.

Von Juli 1889 bis Juni 1899 verwüsteten der Infanteriehauptmann der Marine Voulet und Chanoine, Oberleutnant der Spahis, an der Spitze der „Zentralafrika"-Kolonne die Zentralplateaus. Sie steckten die Hütten in Brand, töteten Mensch und Tier und errichteten überall dort, wo sie vorüberzogen, eine Herrschaft des Schreckens.[6] In der Zeit seines Kolonie-Daseins ist Obervolta so oft geteilt und zerstückelt, so oft sind seine Grenzen verschoben worden, daß man es das „Polen Afrikas" nannte. Bis 1919 unterstand Obervolta einer Militärregierung. 1919 wurde es der Kolonie Ober-Senegal-Niger einverleibt. 1920 beschließt Paris, eine getrennte Kolonie zu schaffen: Der französische Kolonial-Gouverneur richtet sich einige hundert Meter vom Palast des *mogho-naba* der Mossi entfernt in Ouagadougou ein. Man zieht Grenzen zu Niger, zum Sudan, zu Ghana, der Elfenbeinküste, Togo und Dahomey. Zwölf Jahre später ein Knalleffekt! Obervolta verschwand ganz einfach von der Landkarte. 1947: Wiederherstellung der Kolonie Obervolta.

Das französische Kolonialreich zwang seinen Vasallen eine rigorose Arbeitsteilung auf: Ubangi-Schari, Kongo und Tschad produzieren Baumwolle. In Senegal führt die Kolonialverwaltung den Anbau von Erdnüssen ein, an der Elfenbeinküste werden Kakao und Kaffee produziert, in Gabun Holz usw., und was erzeugt Obervolta? Nichts von alledem, oder vielmehr, das kostbarste Gut: Menschen. Das Reich schöpfte Obervoltas Potential an Arbeitskräften aus: Hunderttausende von Arbeitern wurden für die weißen Plantagenbesitzer der Elfenbeinküste ausgehoben, und auch die Kolonialarmee führte dort Razzien durch. Frankreich benutzte die Menschen Obervoltas als Kanonenfutter in seinen Kriegen in Europa und in den Kolonien.

In *Terre d'ébène* schrieb Albert Londres: „Wir kommen im Mossi-Land an. In Afrika ist es als Menschenreservoir bekannt: drei Millionen Neger. Jedermann bedient sich hier wie an einem Brunnen mit Wasser."[7]

Am 4. August 1984 ändert sich der Name des Landes: seit Beginn der Eroberung hatte es Obervolta geheißen. Als die Portugiesen einen Fluß „entdeckten", der in einem weiten Bogen den Sahel und dann Ghana durchzog und den Forschern die Rückkehr zur Küste ermöglichte, nannten sie ihn „*Rio da Volta*", Fluß der Rückkehr (heute gibt es drei Flußläufe, die diesen Namen tragen: der Schwarze, Weiße und Rote Volta). Anläßlich des ersten Geburtstages der Revolution ändert Sankara den Namen: Burkina Faso vereint ein Diulawort (*Faso*) mit einem Morewort (*Burkina*). Es bedeutet: „Land der rechtschaffenen Menschen."

Die Söhne des Hengstes

Hier nun der Entstehungsmythos der Mossi: In den Wäldern im Norden von Ghana lebte ein König mit Namen Gambaga. Eines Tages machten er und sein Volk sich auf zu den Savannen im Norden – die Prophezeiungen eines Wahrsagers hatten sie dazu getrieben. Gambaga nun hatte eine sehr schöne und außergewöhnlich mutige Tochter. Ihr Name war Poko. An der Seite ihres Vaters ritt sie an der Spitze des endlosen Zuges gen Norden. Eines Morgens entfernte sie sich vom königlichen Lager. Ein feuriges Pferd entführte sie in einen großen Wald. Die von ihrem Vater zu ihrer Verfolgung ausgesandten Männer konnten

250

nichts ausrichten: es gelang ihnen nicht, dieses Pferd zu bändigen. Alsbald verloren die Reiter Poko aus den Augen. Am neunten Tag ihres Umherirrens begegnete die Prinzessin einem Elefantenjäger mit Namen Riaé vom Stamm der Mande. Mit Herkuleskräften schwang sich dieser auf das wilde Pferd und zähmte es. Er ließ Poko von dem völlig ruhigen Reitpferd heruntersteigen und trug sie in seinen Armen zu seiner Lagerstatt. Sie liebten sich. Aus dieser Begegnung entsprang ein Sohn: Ouedraogo (was im heutigen More *Hengst* bedeutet).

Zwanzig Trockenzeiten folgten auf zwanzig Regenzeiten. Verzweifelt über den Verlust Pokos zogen Gambaga und sein Volk immer wieder am Rand des großen Waldes hin und her. Eines Morgens sahen sie einen Reiter – schön wie der Tag und stark wie ein Löwe – auf sich zukommen auf einem wilden Pferd. Es war Ouedraogo. Gambaga erkannte seinen Enkelsohn und vertraute ihm die Führung seines Volkes an. Unter der Führung des jungen Kriegers wurden die Mossi-Reiter unbesiegbar: Sie eroberten alle Savannengebiete jenseits des Waldes und unterwarfen ein Volk nach dem anderen. Die Dogon entgingen als einzige ihrem Wüten, sie konnten sich in das Felsengebirge von Bandiagara flüchten.

Der Gründungsmythos berichtet über eine Anzahl nachprüfbarer Ereignisse: Das Ursprungsland der Mossi liegt im Norden des heutigen Ghana. Noch heute beeindrucken die ungewöhnliche Vitalität des Mossi-Volkes, die symbolische Kraft seiner Kosmogonie, der Zusammenhalt und die Beständigkeit seiner sozialen Strukturen. Im Lauf der Jahrhunderte haben die Mossi praktisch allen großen Invasionen siegreich widerstanden, die über die afrikanische Sahelzone hinweggefegt sind. Die Songhai-Armeen, die Mande-Eroberer und die großartigen Fulbe-Reitervölker sind durch die militärische Strategie, die äußerst geschickte Taktik und den Kampfesmut der Mossi-Reiter geschlagen worden. Ebenso stark war der kulturelle Widerstand:

251

Der Islam, der mit dem beginnenden 15. Jahrhundert tief in die Region vordringt, scheitert mit seinen Bekehrungsbestrebungen. Erst als die Europäer am Anfang des 20. Jahrhunderts Handelsrouten in der Region absteckten, breiten sich die islamischen Sendboten auf Mossi-Boden aus. Ungewöhnlich mutet folgendes an: Die verbündeten Völker der Mossi „partizipieren" an jenem Entstehungsmythos. Ein Beispiel: die Gurma. Ihr heldenhafter Gründer heißt Diaba Lompo. Aus den Chroniken von Timbuktu erfahren wir, daß ein Diaba Lompo zu Beginn des 13. Jahrhunderts die Gurma-Armeen kommandiert hat, er soll von 1204 bis 1248 gelebt haben. Im Mossi-Mythos wird Diaba Lompo als Lieblingscousin Ouedraogos dargestellt.

Der Mythos „erklärt" ebenfalls die Staatsgründungen, welche die Mossi im Verlauf des 14. bis 16. Jahrhunderts vorgenommen haben: Die Söhne Ouedraogos gründen insbesondere die Reiche Zandoma, Ouagadougou und Yatenga. Alle diese Staaten besitzen eine strukturierte, rigide Verwaltung. Auf den folgenden Seiten mehr darüber. Dank ihrer isolierten Lage, weit weg vom Meer und „geschützt" durch die dichten und undurchdringlichen Wälder im Süden und die öden Weiten der Sahara im Norden, sind diese Mossi-Staaten erst Ende des 19. Jahrhunderts von den Expeditionskorps der Französischen Republik besiegt worden. Wer oder was schützt diese Staaten? Die bemerkenswert gut organisierten Reiterarmeen. Sie operieren in Einheiten, die auf der magischen Zahl 333 basieren. Ihre Mobilität, Schnelligkeit und Wendigkeit haben die weißen Offiziere, die in Saumur und Saint-Cyr ausgebildet wurden, in Schrecken versetzt.

Wie ist die Struktur eines Mossi-Staates beschaffen? Es ist eine komplexe, sehr hierarchische Struktur: Analogien zu europäischen Regimen gibt es nicht, denn die Mossi-Staaten enthalten gleichzeitig feudale und autoritäre sowie streng demokratische Elemente. An der Spitze der

Hierarchie steht der *mogho naba*. *Naba* bedeutet Herr und *mogho* Universum. Seine Macht ist kosmisch, in politischer und militärischer Hinsicht. Er verkörpert die Sonne auf Erden, Gott und Kaiser in einer Person. Er herrscht über das Universum, über alles, was in ihm lebt. Am Hof des *mogho naba* üben die Minister die alltägliche Macht aus.

Auf dem Land, d.h. überall außerhalb des Hofes, liegt die Macht in den Händen zweier historisch verankerter Aristokratien, die unterschiedliche Funktionen innehaben. Zunächst die *teng-naba*: Diese Mossi-Aristokratie übt die politische und militärische Macht aus, mobilisiert das Volk für die Verteidigung, spricht Recht und lenkt das soziale Leben. Dann die *tingsoba*: Hier komplizieren sich die Dinge. Die *tingsoba*, die gemeinhin die Herren der Erde genannt werden, sind die Nachkommen verschiedener seßhafter Völker, die von den Mossi-Reitern unterworfen worden waren. Ihre einzigartige Bindung an die Erde ist so alt, daß sie sich in grauer Vorzeit verliert. Obwohl sie die Nachkommen besiegter Häuptlinge sind, besitzen sie ein Wissen, das sich den Mossi nicht offenbart (und noch weniger den europäischen Forschern!). Sie organisieren die Feldarbeiten, setzen den Zeitpunkt der Aussaat fest, rufen die speziellen Erdgötter an und sichern durch ihre Riten und Gebete die ständige Produktion der Nahrungsmittel.

Ich unterstreiche die ganz und gar besondere Situation der Herren der Erde: Trotz ihrer beachtlichen Macht gehören sie nicht zur Garde der Politiker. Sie bekleiden keinerlei Amt im Staat, und dennoch fürchten die Bauern sie und gehorchen ihnen. Warum? Weil sie die einzigen sind, die es verstehen, mit den Gottheiten der Erde zu sprechen, deren Wünsche zu erraten und somit reiche Ernten und die Fruchtbarkeit der Frauen zu garantieren.

Als die Mossi-Reiter vor sieben Jahrhunderten die zentralen Hochebenen erreichten, den Widerstand der seßhaften Bauern brachen und deren Häuptlinge unterwarfen, wagten sie es allerdings nicht, die Herren der Erde anzurühren. Wer konnte wissen, ob die Gottheiten der Erde sich nicht geweigert hätten, andere Gesprächspartner zu akzeptieren? Auf jeden Fall war das Risiko groß: Wenn die Götter es jemals abgelehnt hätten, Verbindungen mit den neuen Herren zu knüpfen – den Mossi in diesem Fall –, dann wären nicht nur die Autochthonen, sondern gleichermaßen die Neuankömmlinge an Hunger gestorben! Ein zu gewagtes Spiel! Die *mogho naba* und die Aristokraten zogen vor, es nicht zu spielen.

Noch heute hüten die Herren der Erde eifersüchtig das Geheimnis ihrer privilegierten Verbindungen mit den Göttern, die unter der Erde wohnen. Vor Beginn der alljährlichen Landarbeiten führen sie komplizierte Opferrituale durch, umschreiten die Felder. Wenn neue Verwandte sich auf dem Boden der Vorfahren niederlassen, gestalten sich die Zeremonien, die der Herr vornimmt, als endlos und für die Neuankömmlinge als sehr kostspielig. Sind diese Zeremonien zur Besänftigung der Gottheiten jedoch erst einmal vollbracht, dann sichern sie den gerade niedergelassenen Bauern, ihren Familien und ihren Nachkommen ein praktisch unbegrenztes Nutzungsrecht (aber nicht das Recht auf Eigentum). Innige Bande bestehen zwischen den Menschen und der Erde, zwischen einer Sippe und bestimmten Feldern, bestimmten einzelnen Bäumen, die bei jeder Hochzeit, jedem Begräbnis und bei jeder Geburt erneut bestätigt werden müssen. Und immer führt der Herr der Erde die Zeremonie an, in einen weißen Mantel gehüllt, das rote Käppchen auf dem Kopf und in der rechten Hand den geschnitzten Herrscherstab.

Kehren wir noch einmal zurück. Diese beiden aristokratischen Klassen unterschiedlicher geschichtlicher Provenienz – politische Gouverneure und Verwalter des Staates einerseits und Herren der Erde andererseits – sorgen für den täglichen Gang der Dinge und die übliche Führung des Landes. Indessen gibt es bei den Mossi weitere Klassen von Adligen, die durch ihre politische Verflechtung und die Funktionen, die sie ausüben, die Kompliziertheit der sozialen Schichtenbildung erhöhen. Die *dhimbissi* sind Aristokraten, die sich ihre verwandtschaftliche Beziehung zum *mogho naba* zunutze machen können; sie sind gewissermaßen die Männer und Frauen des dynastischen Adels. Die *nabissi* dagegen sind die Nachkommen, die Verwandten der politischen Führer gemäß Mossi-Erbrecht. Die *nakombsé* schließlich bilden die umfangreiche Klasse der Mossi-Adligen: Ihr soziales Prestige ist bemerkenswert, da sie im allgemeinen auf Grund ihrer Verdienste und ihrer Klugheit *nakombsé* geworden sind (oder durch die Verdienste und die Weisheit eines Vorfahren).

Auf den ersten Blick scheinen wir daher einer der rigidesten, der am subtilsten abgestuften Gesellschaftsstrukturen Afrikas gegenüberzustehen. Ein falscher Eindruck! Denn dieses komplizierte Gebäude ist außergewöhnlich flexibel. Der erstbeste Bauer kann *naba* werden, das heißt Diener des Staates.[8] Er kann dem Rat des Herrschers beitreten. Er kann – je nach Begabung, Geschicklichkeit und der unerläßlichen rituellen und kosmogonischen Unterweisung – „Ministerpräsident" des Reiches werden.

Der gleiche Widerspruch findet sich in der Organisation des Hofes, der höchsten Instanz des Landes. Eine strengere Etikette als am Hof des Kaisers von China reglementiert die Hofhaltung. Jeder Schritt, den der Kaiser macht, jede Geste, die Farbe seiner Kleidung, die Länge seines Gewandes, sein Aufenthaltsort, seine Höflichkeitsformeln, seine familiären und funktionellen Beziehungen, die Worte, die er an bestimmten Tagen und in bestimmten Stunden des Tages sprechen mag, sind minuziös geregelt. Gleichzeitig jedoch wird der *mogho naba*, die Sonne auf Erden und Ursprung allen Lebens, auf eine „*urdemokrati-*

sche" Weise gewählt! Stirbt ein Herr des Universums, so präsentiert sich der älteste Sohn des Verstorbenen als erster dem Hof und den Wahrsagern, die den Auftrag haben, den Nachfolger zu ernennen. Danach erscheinen die anderen Söhne, dann die nächsten männlichen Anverwandten und zum Schluß alle anderen Kandidaten. Die Wahlversammlung wählt frei. Ihre Kriterien? Die moralische Integrität, die Charakterstärke, die Gelehrsamkeit, der Mut, der Gesundheitszustand und die Fähigkeit des Kandidaten zu Mitgefühl und zu Geselligkeit.

Die ausschlaggebenden Kriterien für die Nachfolge, die ich soeben aufgeführt habe, sind offensichtlich diejenigen, die die Tradition bestimmt. Faktisch wird der *mogho naba* nämlich wie jeder x-beliebige Staatschef in welchem Land unseres traurigen Planeten auch immer gewählt: auf Grund von Intrigen, Tricks, Strategien und Allianzen, die oft auf gemeine, mörderische, unerbittliche Weise zwischen verschiedenen Gruppen abgewickelt werden. Übrig bleibt jedoch, daß die Verfahren nicht übereinstimmen mit denen der reinen dynastischen, absolutistischen Erbfolge und daß, wer auch immer es sei, der einfache Bauer mit einbegriffen, sich eines Tages als Herr des Universums wiederfinden kann.

Eine der eindeutigsten Zeremonien, bei der man am besten einige der wesentlichen Werte der Mossi-Kulturen begreifen kann, ist der sogenannte „Scheinaufbruch", der angebliche Weggang des *mogho naba*.

Freitag, 23. Dezember 1983. In einem kleinen Hotel neben der großen Moschee im Zentrum von Ouagadougou sickert erstes Tageslicht durch die metallenen Fensterläden. Es ist kurz vor sechs Uhr morgens. Der Himmel ist blaßblau, transparent, die Luft trocken. Im Hof laufen Hühner in alle Richtungen auseinander. Rund um einen niedrigen Tisch drei Haussa-Händler bequem in ihren Korbsesseln. Sie trinken ihren morgendlichen Kaffee, diskutieren mit leisen Stimmen. Sie tragen die kleine bestickte Kappe aus weißem Gewebe, die lange Djellabah, makellos weiß, Ledersandalen. Der sorgfältig geschnittene schwarze Bart und der düstere angespannte Blick verraten die Männer des Glaubens. Ein unversöhnlicher, fanatischer Glaube, sagen die Mossi. Sie bemerken beunruhigt, wie sich die Anhänger der fundamentalistischen Sekte der Harruda entlang der Eisenbahnlinie Abidjan–Niger und auf den Märkten der Region ausbreiten. Unter einem Vordach in einer Ecke des Hofes sind bereits Wäscherinnen bei der Arbeit. Mit zurückhaltenden Stimmen singen sie leise vor sich hin ... halten plötzlich inne, stoßen die Aluminiumwaschschüsseln aneinander und lachen laut auf. In der staubigen Straße reiht sich Bettler an Bettler. Die hohen Glasfenster der Moschee reflektieren die ersten Sonnenstrahlen. Dem roten Lateritboden entsteigt ein dichter Morgennebel. Er bleibt in den nackten Ästen der Baobabs hängen.

Im Osten erhebt sich die Sonne in den Himmel, eine flammendrote, runde, leuchtende Scheibe.

Schwatzende Kinder, Bauern mit ihren runden, konischen Hüten aus geflochtenem Stroh, die unter dem Kinn mit einem roten Lederriemen befestigt sind und die mich seltsamerweise an die Kopfbedeckung der Reisbauern Südchinas erinnern, und Frauen mit auffallend farbenprächtigen Schürzen bewegen sich in einem langen Zug auf den Palast des Herrn des Universums zu. Was für ein Palast! Abgeschirmt hinter einer Reihe von Eukalyptusbäumen im grau-grünen Laubkleid erhebt sich, eingefriedet von einer Trockenziegelmauer, ein Ensemble niedriger Gebäude im scheußlichsten Kolonialstil, graue Zementkuben. Das „Haus der Ahnen", eine Hütte voller kleiner Statuen und Fetische, die Seele der Mossi-Nation; Lagerräume und Speicher; Zeremonienhäuser und Verwaltungsbüros; die Hütte der Frauen. Ein wenig abseits jedoch, durch das vergitterte Portal aus rostigem Eisen gut sichtbar, der weiträumige und schöne Privatwohnsitz des Kaisers. Hier befindet sich, flankiert von zwei holzgeschnitzten Löwen, der Thron.

In diesem Dezembermonat 1983 ist derjenige, der im Mossi-Land alle traditionellen Gewalten ausübt und in seiner Person die Kräfte und Wunder der Sonne birgt, ein junger Mann von 25 Jahren, der erst vor kurzem die Nachfolge seines vergifteten Vaters angetreten hat. Man beschreibt ihn mir als einen Menschen, den die moderne Welt interessiert. Er ist gebildet und bestrebt, Reformen durchzuführen – jedoch scheitert er an der strengen und zwingenden Etikette des Hofes. Sie lähmt ihn, engt ihn ein und macht ihn zutiefst unglücklich. Der junge Herr des Universums wird peinlich genau und eifersüchtig von den einflußreichen Ministern, Wahrsagern und Würdenträgern, die ihm die vorangegangene Regierung vererbt hat, überwacht. Einige dieser Minister sind gefürchtet wegen ihrer Fähigkeit, Intrigen zu knüpfen, die Bauern auszuplündern und Güter anzuhäufen, die immer riesiger werden. Die beiden Studenten von der örtlichen Universität, die mir als Führer zugewiesen sind, sprechen voller Respekt vom ersten dieser Minister. Sie bescheinigen ihm eine rasche Intelligenz, Hartnäckigkeit, intime Kenntnis des Landes, psychologisches Einfühlungsvermögen in die menschlichen Schwächen, Charakterstärke und die Brutalität eines echten Staatsmannes.

Die Menge wächst. Sie breitet sich über einen mächtigen Erdwall aus, gesäumt von einer Reihe Baobabs von unbestimmbarem Alter, 300 Jahre, 500 Jahre? Die Auskünfte variieren. In den hohen gewaltigen Kronen der Bäume sitzen auf den krummen Ästen wartend Geier. Mit ausgebreiteten Flügeln strecken sie ihre nackten Hälse der aufgehenden Sonne entgegen. Die Spitzhüte der Bauern bilden ein Ehrenspalier für einen Verrückten in Lumpen mit verstörtem Blick, der tänzelnd die Menge durcheilt, wobei er unentwegt heisere Laute ausstößt. Ärmlich gekleidete Wächter drängen die Jungen und Mädchen mit ihren langen Stöcken zurück. Ein respektvolles Murmeln, in dem sich Furcht und Stolz mischen, durchläuft die Menge: Von einer nahegelegenen Kaserne traben die Reiter der kaiserlichen Garde heran auf ihren Pferden im roten Ledergeschirr, die Sättel geschmückt mit kleinen Spiegeln und kunstvollen Schmiedearbeiten. Sie bieten einen Anblick, der einem den Atem verschlägt: Die hochgewachsenen herrlichen Burschen – die meisten noch sehr jung – tragen eine Rüstung aus wattierter Baumwolle. Ihre Köpfe bedecken Helme, von kupfernem Blattwerk gekrönt; über ihre Rüstung haben sie eine rote Tunika geworfen, die mit kleinen gelben, blauen und grünen Stoffdreiecken benäht ist. Ich muß an das Gewand eines Harlekins denken. Ihren Pferden sind die gleichen Tuniken aufgelegt. Die Reiter tragen hölzerne Lanzen mit Metallspitzen, in denen Sonnenstrahlen sich brechen und wie Lunten aufflammen.

Es scheint, als ob die Reiter wie unter einem Sternenregen vorrücken. Sie galoppieren rund um den Platz. Ein gellender Schrei ihres Kommandanten. Wie erstarrt bleiben die Pferde jäh stehen. Das Ehrenspalier kreist den Erdwall ein, wobei es die Menge von einer weiten Fläche zurückdrängt, von dem heiligen Bezirk, in dem alsbald die Würdenträger des Hofes, einer nach dem anderen aus dem Inneren der Umfriedung kommend, erscheinen werden. Ein seit Jahrhunderten stets gleichbleibendes Zeremoniell bestimmt die Ankunft des Hofes. An der äußeren Grenze des Halbkreises die *fulsé*, die Schnitzer der Mossi-Masken, Handwerker im Dienst des Palastes. Sie stellen kleine Statuen auf den Boden, zeigen hölzerne Zepter und kleine geschnitzte Stühle. Die kaiserlichen Weber, sie stammen aus der Soulgho-Region, breiten an bestimmten Stellen des Platzes rote Decken und Teppiche aus erlesenen Wollstoffen aus. Schließlich noch die Schuhmacher: Auf den Teppichen und Decken arrangieren sie vor den geschnitzten Stühlen zeremoniös die ledernen, mit Spiegeln und metallischem Schmuck verzierten Kopfpolster.

Endlich kommen die Würdenträger: weiße Bubus, bordeauxrote Hosen, das weiße Käppchen sitzt akkurat auf ihren Köpfen. Grauhaarig sind die meisten, sie strahlen Würde, Macht und zuweilen Arroganz aus. Sie schreiten gemessen einher, im vollen Bewußtsein ihrer außerordentlichen Wichtigkeit.

Die aufmerksame Menge steht dichtgedrängt mit Blick auf die östliche Mauer des Palastes.

Die Würdenträger ordnen sich in kleinen Gruppen an verschiedenen Stellen des heiligen Bezirks, manche setzen sich auf kleine Holzstühle, andere wieder lassen sich mit untergeschlagenen Beinen direkt auf den Teppichen nieder. Sie wählen ihre Plätze gemäß der ihnen zukommenden Bedeutung. Die weniger wichtigen Höflinge richten sich bei den Pferden ein, die regungslos dastehen und warten. Die Musiker und Sänger umgeben sie, aufrecht, die Instrumente an die Brust gedrückt. Ein wenig weiter die Wahrsager, näher zur Mauer die Minister, schließlich, etwa 50 Meter von der Umfriedung des Palastes entfernt, bilden die unmittelbaren Milglieder der Herrscherfamilie und die Generäle eine kleine Runde.

Die Topographie des Platzes ist kompliziert: Die Menge drängt sich in einem Halbkreis entlang der Baobabs mit Blick auf die Ostmauer des Palastes. In der Mitte dieser gekälkten Mauer befindet sich eine kleine Öffnung, von wo aus ein mit Zweigen überwölbter Gang wie ein Tunnel zum Innern der Umfriedung führt, neben der Öffnung ein Turm, schließlich noch ein kleines Haus aus gestampftem Lehm, weiß und rund, mit einem Strohdach, das an die Mauer angebaut ist.

Der Morgen ist klar, und man spürt die verhaltene Ungeduld und feierliche Erwartung.

Ein Griot erhebt sich mitten auf dem Platz und beginnt einen monotonen Gesang. Hinter der Umfriedungsmauer hallt ein anderes Lied aus dem tiefsten Labyrinth der überdachten Gänge wider. Es herrscht äußerste Span-

260

nung: die Menge richtet sich auf. Hunderte von Kindern, die bis vor wenigen Augenblicken noch aufgeregt lärmten, halten plötzlich in ihrem Spiel inne und flüchten sich zu ihren Müttern.

In dem dunklen Schatten des Ganges in der Mauer taucht ein Palastsoldat auf, mit Kegelhut, weitem, indigofarbenem Waffenrock, Pluderhosen, zusammengeschnürt bis zur halben Wade. Über seiner Brust kreuzen sich zwei Patronengurte, in der Hand trägt er ein altertümliches Gewehr und ein Säckchen mit Schießpulver. Er pflanzt sich vor der Öffnung auf, die Füße fest in den Boden gestemmt, den Blick zur Sonne erhoben. Wie hält er nur das Licht aus? Ich weiß es nicht ... Er lädt sein Gewehr, einen Vorderlader, zielt auf die Sonne und schießt. Der Schuß zerreißt die Stille. Die aufgeschreckten Geier auf den Baobabs schlagen wütend die Flügel auf und nieder. Kinder brüllen vor Angst, Hunde bellen.

Mit feierlichem Schritt bewegen sich die acht Minister vorwärts. Die alten Männer schreiten aufrecht wie Soldaten bei der Parade. Ihre makellosen Bubus bilden weiße Flecken auf der roten Erde. Ihre bestickten Sandalen stehen ausgerichtet nebeneinander auf den Zeremonienteppichen. Sie gehen barfuß. Jeder hält in seinen ausgestreckten Händen ein kostbares Schwert mit schmaler Klinge und juwelenbesetztem Knauf. Der *kamsora-naba*, der Premierminister, erster unter den Dienern des Dieners des Universums, geht seinen sieben Kollegen einige Schritte voraus. Hinter der Mauer ertönt erneut ein Lied, klarer und kraftvoller jetzt.

Die Minister schreiten voran, bis sie die Höhe des Lagers der Fürsten, der Vertrauten, erreichen und stehenbleiben. Nun erheben sich auch diese und geschlossen bewegt sich der Zug auf das dunkle Loch zu. Hinter der Mauer kommt das Lied näher.

Ungefähr dreißig Meter von der Einmündung des Ganges entfernt halten die Fürsten sowie die Vertrauten und

261

die Minister an. Der *kamsora-naba* neigt leicht den Kopf. Die höchsten Würdenträger knien nebeneinander nieder, den Blick zur Mauer gewandt.

Aus dem inneren Gang tritt der Herr des Universums heraus, ein purpurner Fleck auf der weißen Mauer, einige Schritte hinter ihm ein einzelner Diener. Vor der kleinen Hütte an der linken Seite des Platzes sind nun die Trommeln aufgestellt: Die Musikanten schlagen mit ihren bloßen Händen in zusehends schneller werdendem Rhythmus auf die gespannten Felle der Trommeln.

Die Priester, deren Hals, Brust und Hüften von gris-gris und von Tüchern jeder Art umschlungen sind, wiegen sich sanft von links nach rechts, von rechts nach links im Rhythmus der Trommeln. Der *kamsora-naba* wendet sich dem Kaiser zu, begrüßt ihn ausführlich, öffnet die Arme und schließt sie wieder, hebt und senkt seinen Kopf. Der *mogho-naba* in seiner einfachen purpurnen Tunika, die, ohne irgendwelche Insignien, zur Erde fällt, bleibt gelassen. Der Diener hinter ihm erwidert die Huldigungen. Dann wendet sich der Herr langsamen Schrittes, ohne auch nur einen Blick auf die Aufteilung des Platzes, auf seine Armee, die Menge der Untertanen, die Baobabs und die Geier oder auf die Sonne am Himmel zu werfen, der kleinen, an die Umfassungsmauer gebauten Rundhütte zu. Er stößt die niedrige Tür auf und verschwindet darin.

Die Erregung der Menge hat ihren Höhepunkt erreicht. Die Trommelspieler schlagen wie besessen auf ihre Instrumente ein. Die Würdenträger haben sich erhoben, diskutieren, bewegen sich hierhin, dorthin. Die Gruppen vermengen sich. Die mit aufgehender Sonne so sorgfältig inszenierte Hierarchie löst sich auf. Sie gerät in dem Maße in Unordnung, wie der Vormittag fortschreitet, die Hitze zunimmt und der Herr des Universums es ablehnt, zu seinen Untertanen zu sprechen. Jeder spürt, daß ernste Dinge, eine Gefahr im Anzug sind.

Plötzlich ein Schrei, dann ein Schuß, hinter der Mauer vernimmt man das Wiehern eines Pferdes. In der Maueröffnung erscheint ein Diener, barfüßig. Er hält die Zügel eines prachtvollen schwarzen Hengstes, ohne Geschirr, ohne Sattel. Ein Strick dient als Zaum.

Knarrend öffnet sich die Tür der kleinen Rundhütte. Der *mogho-naba* tritt heraus. Verblüffung und Erstaunen breiten sich aus. Er hat sein Amtsgewand, die purpurne Tunika, abgeworfen und trägt einen einfachen weißen Bubu, wie ihn jeder Würdenträger des Hofes, jeder wohlhabende Kaufmann und reiche Bauer tragen könnte. Er geht barfuß, seinen Kopf bedeckt die kleine weiße Kappe. Totenstille senkt sich über den Platz. Alle Anwesenden sind wie erstarrt, wie in einen Alptraum versunken. Der Herr des Universums nähert sich dem Hengst. Mit einer Hand auf die Schulter seines Dieners gestützt, sieht es so aus, als ob er den Fuß hebt, um auf das Tier zu steigen. Ein leichter Wind bewegt die Zweige der Eukalyptusbäume, die an manchen Stellen über die Mauer bis auf den Platz ragen. Der heilige Bezirk hat sich während der langen Zeit, die er der Sonne ausgesetzt war, in einen Schmelzofen verwandelt. Hitze und Angst lassen Schweißtropfen über die Gesichter der Menschen rinnen. Wortlos verfolgt die Menge jede Geste des *mogho-naba* mit ihren Blicken. Der Fuß hebt sich höher. Jeder bangt dem Augenblick entgegen, da der Mann im weißen Bubu sich mit einer letzten Anstrengung auf den Hengst schwingen wird, die Zügel ergreift, aufbricht und verschwindet …

Ganz plötzlich kracht, wie ein Gewittersturm im Monat August in den Bergen meines Landes, der Donner los, läßt Himmel und Erde erbeben. Frauen, Männer und Kinder vermeinen, das Ende der Welt sei nah, und beschwörend wenden sie sich an die weißgekleidete Gestalt, bitten um Vergebung, höhnen, flehen.

Ein Moment der Unbestimmtheit. Der *mogho-naba* setzt den Fuß auf die Erde zurück, zieht seine Hand von der

Schulter des Dieners. Zum ersten Mal betrachtet er die Menge. Endlich scheint er die Trommelschläge wahrzunehmen, den Klang der Balaphone und das Gewirr von Stimmen, die zu ihm hochsteigen wie das Brausen des Ozeans unter dem Sturm.

Für einige Augenblicke verharrt die weiße Gestalt neben dem Hengst, wenige Schritte von der Rundhütte entfernt. Die Fürsten, Minister, Generäle, Wahrsager und Griots eilen hinzu, werfen sich zu Boden, küssen der weißen Gestalt die Füße. Der Herr des Universums wendet sich langsam ab. Ich sehe ihn von hinten. Ein weißer Fleck auf der roten Erde. Er entfernt sich mit schleppenden Schritten, wie ein Besiegter. Das schwarze Loch in der Mauer verschlingt ihn.

Seit das Universum existiert und der *mogho-naba* die Erde mit Leben erfüllt und sie fruchtbar macht und ebensolang, wie das Volk der Mossi besteht, findet jeden Freitag die gleiche, unwandelbare, wiederholte, schreckliche und zugleich erfreuliche Zeremonie statt.

Das Szenario? Ein uralter Bericht, der unbestritten an eine Begebenheit erinnert, die vor Urzeiten geschah: Eines Tages bittet die Lieblingsgemahlin den Herrn des Universums um die Erlaubnis, sich zu ihren Eltern begeben zu dürfen und versichert, unverzüglich zurückzukehren. Der Tag vergeht, die Nacht auch, dann ein weiterer Tag, eine weitere Nacht. Rasend vor Sorge fragt er die Wahrsager um Rat. Die Stunden verrinnen. Die geliebte Frau ist immer noch nicht zurück. Am Ende der Woche, Freitag, bei Sonnenaufgang, wirft der Herr des Universums seine purpurne Toga ab, zieht seine goldenen Sandalen und seine Kappe aus. Er hat begriffen, daß die Frau nicht zurückkehren wird. Von Leidenschaft heimgesucht und von Eifersucht gequält, ist er wie jedermann, allen gleich.

In einen einfachen Bubu gekleidet und barfüßig läßt er sein Pferd herbeiführen. Er schleicht sich aus der Umfriedung. In einer Hütte versteckt, wartet er auf einen günsti-

264

gen Augenblick. Jedoch wird er niemals die Savanne erreichen, nicht einmal die ersten Baobabs, die ihren Schatten
auf die Umfriedungsmauer seines Palastes werfen. Das
Volk ertappt ihn bei seiner Flucht.

Die Sonne? Er ist sie. Der Ursprung allen Lebens, die
Fruchtbarkeit der Frauen, der Tiere und des Bodens? Wie
könnte man ohne den *mogho-naba* überleben? Wie der
endlosen Nacht entfliehen? Das Volk bittet ihn demütig,
verflucht ihn, erfleht sein Mitleid.

Ergriffen und besiegt fügt sich der Herr des Universums.
nimmt seine Bürde auf sich, bleibt. Der Mensch ist nichts,
die Gemeinschaft alles. Eifersucht, Leidenschaft und Liebe
zerreißen ihn. Er kehrt in den Palast zurück. Dank seiner
Rückkehr schöpft das Universum wieder Atem. Der uralte
Zyklus der Jahreszeiten und der Generationen kann seinen
Lauf nehmen.

Alles, was ich soeben gesagt habe, bezieht sich auf die
sichtbare Struktur des Staates. Versunken im Dämmer-
licht eines geheimen und unterirdischen Lebens und nur
bei seltenen Gelegenheiten (z.B. Beerdigungsfeiern) an der
Oberfläche der Gesellschaft auftauchend, gibt es ein ver-
wickeltes soziales Geflecht, das dem Fremden praktisch
unbekannt bleibt. Das sind die verschiedenartigen *Geheimgesellschaften der Mossi*, genannt die „Masken"-Gesell-
schaften. Sie zähmen die Gottheiten, rufen sie an und ma-
nipulieren sie. In dem einfältigen eurozentrischen Katalog
religiöser Ausdrucksformen figurieren die Mossi als Animisten. Zwei Kräfte bekämpfen sich beharrlich: die Götter
des Guten, die *kingirsi*, auf der einen Seite, und die Geister des Bösen, die *kinkir-wese*, auf der anderen. Ein
Machtkampf der Götter, dessen Opfer nicht selten die
Sterblichen sind: aus diesem Grunde brauchen sie Schutzgeister. Sie, die an jede Sippe gebunden sind, heißen *tingane*. Man muß annehmen, daß diese *tingane* nicht sehr wirkungsvoll sind. Denn die Mossi-Bauern übergeben einen
guten Teil ihrer Einkünfte den Geheimgesellschaften. Die-

se gelten als Treuhänder eines rituellen Wissens, welches die Mißgeschicke, die die Kämpfe zwischen den Göttern für gewöhnlich hervorrufen, lindern kann. Einige dieser Gesellschaften sind mehr oder weniger bekannt: Die *nyonyosé* bringen mit sehr komplizierten Riten leistungsfähige Wahrsager und Heiler hervor. Die *poese* lassen es regnen. Die *singa* bilden eine Geheimgesellschaft, die über die Jagd herrscht. Die Gesellschaft der *usando* ist wirksam bei der Bekämpfung der unheimlichen Tierwelt, die man im Mossiland die „Seelenfresser" nennt: Zauberer und Unholde, die fähig sind, ihn zweifach zu verschlingen, ihn von innen her zu zerstören, seine Seele zu stehlen und seinen Körper krank zu machen. Die Riten der *wsando*-Priester sind das einzig bekannte Heilmittel gegen die „Seelenfresser". Der Bauer zahlt dafür einen hohen Preis.

Die Mossi sind eine Clan-Gesellschaft (lineage): Eltern leben mit ihren Kindern und Tieren in kleinen versprengten Weilern, wo sich die Hütten und Hirsespeicher und die Ställe um den Fuß eines Baobabs drängen. Die erwachsenen Söhne werden nahe bei den Hütten der Eltern Wohnung nehmen und dort ihre Hütte errichten. In der traditionellen Gesellschaft beanspruchen die Adligen den Boden für sich. Viele Familien besitzen kein Land. Deshalb emigrieren unzählige Junge zu den entlegenen Gegenden des Südens, an die Elfenbeinküste. Hier arbeiten heute mehr als eine Million Mossi auf den Kakaoplantagen und in den Häusern von Privatleuten. Auf diesem unermeßlich großen Plateau gibt es heute keine unerschlossenen Gebiete mehr. Selbst das unwirtlichste, öde Buschland hat einen Besitzer.

Ebenso mangelt es der traditionellen Gesellschaft an einem Weiderecht. Die einflußreichsten Familien lassen ihre Ziegen und Pferde auf dem besten Land weiden. Die Dorf-Gesellschaften, wie sie z.B. bei den Mande, Samo und Bobo vorkommen, sind in starkem Maße egalitäre Gesellschaften: man lebt unter Nachbarn. Nichts dergleichen bei den Mossi: *Die sippengebundene Gesellschaft ist eine nicht-egalitäre Gesellschaft* (lineage). Der Vater befiehlt den Söhnen, die Frauen gehorchen den Männern. In einem kleinen begrenzten Raum – gerade eben dem des familiären Weilers – entwickelt sich eine rigide Schichtenbildung, eine schwerfällige Hierarchie. In ihrer Unwandelbarkeit erzeugt sie Hoffnungslosigkeit. Die Mossi besitzen übrigens auch kein Wort für „Dorf"! Auf die Frage nach ihrem Wohnort antworten der Mossi-Bauer und seine Frau, die sich auf dem Weg zum Markt befinden, stets das gleiche: *„tenga"* (tenga bedeutet Erde: ich wohne auf der Erde).

Erst wenn der junge Mossi auf die dreißig zugeht, hat er Anspruch auf seine erste Ehefrau. Sein erstes Kind wird er in der Regel durchschnittlich mit 31 Jahren haben, und mit 62 Jahren wird er Großvater. Auf diese Weise wird er die Kontrolle über die Arbeitskraft der Nachkommenschaft des Stammes bis zu seinem Tode ohne weitere Investition als die der Heirat beibehalten.

Ungefähr 60% der jungen Leute zwischen 18 und 35 Jahren befinden sich heute außerhalb ihres Landes. Sie sind vor allem auf die Plantagen und in die Bidonvilles der Elfenbeinküste emigriert und sind zu mehr als 80% Junggesellen.

Ich möchte noch auf eine besondere Institution hinweisen, und zwar auf die der *Schenkung von Frauen*: In der gesamten Hierarchie, durchgängig von oben nach unten, herrschen und wirtschaften die Männer mit Hilfe von Frauen. Die Aristokratie der *nakomse*, der politischen Chefs in den Landregionen, von der wir schon sprachen, *herrscht durch die Frauen*. Das Oberhaupt ist derjenige, der die Frau schenkt. Mit diesen Gaben verschafft er sich eine Anhängerschaft. Der zuverlässige Verbündete oder der treue Diener erhält mehrere Frauen. Eine junge und schöne Frau begründet auf diese Weise ein Verhältnis der Ergebenheit und der Treue, das zur Grundlage für die

Macht des Führers wird. Der Chef kann jedoch auch beim geringsten Anzeichen schwindender Treue des Vasallen oder Verbündeten die geschenkte Frau wieder zurückfordern. Die Bauern überlassen ihre Töchter dem Chef, freiwillig als Teil einer Verhandlungsstrategie oder eben auch gezwungenermaßen. Ein Sprichwort der Mossi sagt: „Sobald ein Häuptling eine Frau anschaut, gehört sie ihm." Unverblümter kann man das Mächteverhältnis, das zwischen dem Bauern und dem Chef herrscht, nicht offenbaren.[10]

Zwischen den Sippen-Linien besteht ein komplexes System *verschobener Kompensierung*: die Linie A gibt Linie B ein Mädchen, und die Tochter dieses Mädchens kommt zur Linie A zurück. Diese verschobene Kompensierung unterscheidet sich von der Frauengabe an den Chef. Dem Chef bringt der Bauer ein Opfer, dessen Kompensierung auf bloßem Zufall beruht, ungewiß und gewagt ist und zudem abhängig von einer Vielzahl zusammenhängender Elemente. Ein weiteres Bild: Wenn der Chef einem Vasallen oder Bauern ein Mädchen gibt, fordert er, daß die Tochter dieses Mädchens zu ihm zurückkehrt. Auf diese Weise füllt sich das Reservoir des Chefs an Frauen beständig von selbst. Über den *nakomse*, die in den Landgebieten herrschen, waltet der Hof: der von Ouagadougou, von Yatenga u.a. In der traditionellen Gesellschaft beliefern die Chefs den Hof mit Frauen und erhalten als Gegenleistung Gunstbezeigungen. Es gab z.B. kurz vor der Revolution im Palast des *mogho naba* von Ouagadougou ungefähr 350 Ehefrauen, die Sklavenfrauen nicht eingeschlossen.

Noch vor zehn Jahren widmete der Mossi-Bauer circa 70% seiner Arbeitszeit der eigenen Nahrungsmittelproduktion, dem Anbau von Hirse für den Eigenbedarf. 30% seiner Zeit opferte er für gemeinschaftliche Produktion, für den Handel und den Anbau des roten Sorghums. Heutzutage setzt er praktisch seine gesamte Arbeitszeit für die Produktion ein, die der Eigenversorgung dient.

Die Mossi-Bauern führen ein *risikoreiches Dasein*. Aber sie meistern es mit ungeheurer Ausdauer. Erste Lösung: Vermehrung der Dungproduktion. Die Herden düngen den Boden mit ihren Exkrementen. Überall bleibt querfeldein ein Weg offen, damit die Herden (welche oft Fulbe-Hirten gehören oder ihnen anvertraut sind) an den nächstgelegenen Tümpel gelangen können. Jedoch nehmen die Weideflächen in der Savanne ab, unaufhaltsam. Deshalb müssen künstliche Weideplätze geschaffen werden, das heißt, man muß für Heu sorgen. Doch in der Regenzeit trocknet nichts ... Die einzige Lösung stellt die intensive Landwirtschaft dar. Nur reicht aber aus den erwähnten Gründen der Dung der Tiere nie aus, deshalb müßte man Dünger importieren. Dafür wiederum fehlt das Geld. Die Produktion sinkt.

Trotz ihres schrecklich harten täglichen Existenzkampfes sind die Mossi keine wiederkäuenden Introvertierten oder professionellen Verzweifelten! Heiterkeit und Fröhlichkeit erfüllen sie. Auf den Märkten sorgen das Gewirr unzähliger Stimmen, Scherze und Lieder und vergnügte Diskussionen für lebhafte Stimmung. Das Vertrauen in das Leben, die Freude am Dasein und eine stete Neugier auf die Welt und ihre Geschöpfe lassen die Mossi ihre Tage nicht nur ertragen, sondern machen sie interessant und fortwährend heiter.

In der Trockenzeit finden zahlreiche vergnügte, lärmende Feste statt: Sobald die Sonne sinkt, dröhnen die Trommeln und rufen die Männer, Frauen und Kinder von den umliegenden Weilern herbei. Man schenkt Hirsebier aus (stark, dickflüssig – für mich ungenießbar!). Als typisches Festmahl werden Bohnen serviert. Hirsefladen kreisen. Soßen gibt es reichlich, sie sind derart stark gewürzt und gepfeffert, daß ich mir jedesmal die Zunge verbrenne. Zuerst tanzen die Männer unter sich, in der Runde, dann mischen sich die Frauen darunter. Eine nach der anderen löst sich für einige Augenblicke von der Gruppe, stürzt sich bis zur Erschöpfung in ein atemberaubendes Solo, bricht in Lachen aus und begibt sich wieder in die Runde. Die Kinder sperren Mund und Augen auf, voller Bewunderung für ihre älteren Schwestern, für ihre Mütter und Väter, die so gut tanzen und deren Körper ihre Freude am Leben zum Ausdruck bringen.

Wie jedes kluge Volk praktizieren die Mossi, wenn nötig, prophylaktisch den *übertriebenen Verbrauch*. Eine außergewöhnlich gute Ernte? Die Bauern sind die ersten, die instinktiv mißtrauisch werden. Die gute Ernte ist die Quelle zukünftiger Probleme. Die aus der Stadt herbeieilenden Beamten und Militärs werden mißgünstig sein, werden neue Steuern erfinden und irgendeinen Vorwand suchen, um die Arbeit und das Leben der Bauern noch ein wenig mehr auszubeuten. Dann ist es doch besser, sogleich auf der Stelle alles das zu konsumieren, was man verschlingen kann. So gesehen hat das Fest eine eminent soziale und verständliche Funktion: Die Hochzeiten vervielfachen sich nach guten Ernten. Die Initiationszeremonien der jungen Knaben und Mädchen, die das Pubertätsalter erreicht haben, werden in einem verkürzten Rhythmus durchgeführt. Sogar die Begräbnisfeierlichkeiten profitieren von diesem prophylaktischen Konsum in Zeiten guter Ernten: Sie dauern länger, und üppigere und umfangreichere Opferungen als zu normalen Zeiten finden statt. Und da ein Weiler nicht für sich allein feiern, essen und trinken kann, denn das kränkt die Götter und schmälert das eigene Vergnügen, lädt es die Sippen der Region unter seinen Baobab ein. Zu Zeiten einer guten Ernte ruft die Trommel praktisch jeden Abend. In solchen Zeiten führen die Mossi ein intensives gesellschaftliches Leben!

Die Heiterkeit der Fulbe (Peul)

Die Nomadenkulturen der burkinischen Sahelzone sind sehr vielgestaltig und vital. Da sind zunächst die Fulbe.

Dieser große Verbund verschiedener Völker, deren gemeinsamer, weit zurückliegender Ursprung wahrscheinlich in Ägypten liegt, faßt semitische Hirtenfamilien zusammen. Vor mehreren Jahrtausenden haben diese den Oberlauf des Nil verlassen, die äthiopischen Hochebenen überquert und dann die Sahara, um endlich den Sahel und die Ufer des Niger zu erreichen. Auf den Höhlenwänden des Hoggar, in der Zentralsahara, befinden sich Wandmalereien, die aus der sogenannten Rinderhirtenperiode stammen. Sie zeigen eine Ethnie, deren Frauen Helmschmuckfrisuren tragen, so wie es heute noch Sitte bei den Fulbe ist. Diese Malereien – und damit auch der kurze Aufenthalt der Fulbe in der Sahara – datieren aus dem Jahr 3500 v. Chr.[11]

In jener weit zurückliegenden Epoche war die Sahara grünendes Land. Wie Ströme von Wasser breiteten sich die Fulbe zunächst über die Hügel des Futa Toro aus, dann im Futa Djalon und zu guter Letzt in den Steppen des Sahel am oberen Niger, um San, Mopti und Dori herum. Die ersten Fulbe-Staaten tauchen erst um die Mitte des 15. Jahrhunderts auf: Es sind damals sehr stark strukturierte, militärisch organisierte und streng gegliederte Theokratien, Emirate. Aber bei den Fulbe ist nichts einfach: Zunächst empfiehlt es sich, zwischen den Fulbe-Nomaden und Fulbe-Halbnomaden (die uns in diesem Kapitel vor allem interessieren) einerseits und den seßhaften, urbanisierten Fulbe andererseits zu unterscheiden. Ferner haben die Fulbe im Verlauf ihrer sehr langen Geschichte zahlreiche Rassenvermischungen erfahren. Da sie die verschiedensten Ethnien zu assimilieren und zu integrieren vermochten, haben sie sich allmählich durch die Jahrhunderte mit den unterschiedlichsten kulturellen Gütern angereichert. Die seßhaften Fulbe sind heutzutage sehr stark islamisiert und häufig Anhänger einer kompromißlosen Orthodoxie. Bei den Nomaden sieht es anders aus: Obschon Überbringer der Botschaft aus Mekka quer durch die Weiten der Sahara und des Sahel, so bleiben die Fulbe-Hirten dennoch, auch wenn sie sich zum Gebet auf einer einfachen Matte auf dem Boden niederlassen, an ihre vorislamischen Religionen und Anschauungen gebunden. Ihre Halsketten und Geschmeide, ihre Ohrringe, Frisuren und Kleidung sind überladen von gris-gris jeder Art, die von alters her auf den Märkten oder bei einzelnen Wahrsagern oder Marabuts gehandelt werden. Die Hirten glauben steif und fest an die *djinnedji*, die Schutzgeister. In keiner Familie wird eine Entscheidung getroffen, ohne vorher den Magier, den *soukouniabé* um Rat gefragt zu haben. Ein komplizierter Synkretismus bestimmt das geistige Leben der Fulbe. Zweifacher Schutz ist besser als einfacher![12] Die bekannten Geister der Fulbe und die Versprechen des Islam versorgen die Nomaden mit doppeltem, wirksamem Schutz. Der Seelenfrieden und die gewöhnliche Heiterkeit der Fulbe sind beeindruckkend. Ein einziger Fulbe-Zweig lehnte beharrlich den Islam ab: die Bororo-Nomaden. Sie fühlten sich leidenschaftlich ihren altüberlieferten Glaubensanschauungen verbunden.

Heute nomadisieren die Fulbe von Mauretanien bis zu den Kamerunbergen. Sie bewegen sich in Familiengruppen. Zum überwiegenden Teil ziehen sie Zebus auf, große Rinder mit einem Fetthöcker auf dem Widerrist und mit schönen, langen, lyraförmigen Hörnern. Sie praktizieren gleichzeitig das Herdenwandern und den Ackerbau. Die Fulbe sind schlanke, hochgewachsene Männer und Frauen, für gewöhnlich sehr schön, mit hellem Teint, feinen Zügen, selbstsicher. Die Männer wechseln die Weidegründe zu Fuß, wobei sie ihre Herden umkreisen, elegant den Holzstab über die Schultern gelegt. Ihr Schritt ist von unglaublicher Leichtigkeit, sie scheinen unaufhörlich wie Regentropfen vom Boden abzuprallen.

Die Familien ziehen mit Minimal-Gepäck (Kein Vergleich zu der aufwendigen Lagerausrüstung der Tuareg!).

Die Alten werden begraben, wo sie sterben. Ein kleiner Haufen weißer Steine markiert ihr Grab.

Das Leben der Fulbe ist hart. Eine Anzahl von Spielen trägt dazu bei, den Mut und die Ausdauer der jungen Männer zu entwickeln. Ein Spiel, das insbesondere bei den Bororo verbreitet ist: Ein Jugendlicher streckt seine Arme nach vorne aus, seine Hände umklammern einen Stock. Er singt. Ein anderer schlägt ihm heftig auf die Rippen. Der geschlagene junge Mann singt, singt immer kräftiger, um seinen Schmerz zu unterdrücken. Kein Klagelaut kommt über seine Lippen. Der andere schlägt und schlägt ... dann werden die Rollen getauscht. Zwischen den beiden Jugendlichen wächst gegenseitige Achtung und Bewunderung.

Dieses Stockspiel wird in bestimmten Gegenden sehr stark ritualisiert. Diejenigen, welche diese Probe gemeinsam durchgestanden haben, werden in zukünftigen Zeiten Brüder sein und sich als solche verhalten. Aufgrund von Riten – wie z.B. des gerade von mir beschriebenen Ritus – entstehen „künstliche" Familien.

So oft habe ich bedauert, dem Pfingstwunder in Jerusalem nicht beigewohnt zu haben, als die Feuerzungen vom Himmel herabstürzten und sich auf den Köpfen der Gaffer niederließen, wobei ihnen die – unschätzbare! – Gabe verliehen wurde, alle Sprachen zu verstehen. Ich wünschte mir sehnlichst, das Ful (Fulani, Pular) verstehen zu können! Denn die Fulbe sind ein Volk außergewöhnlicher Dichter und Sänger. Ihre Kultur ist keine Sachkultur wie die der Mossi (wenn auch die bemalten Kalebassen der Fulbefrauen mit Recht in der gesamten Sahelzone berühmt sind), sondern eine Wortkultur, das Wort, das in langem, epischem, monotonem Sprechgesang zitiert oder zum Klang der *wolla*, einer kleinen einsaitigen Gitarre, gesungen wird. Die einsamen Hirten singen nahe bei ihrer Herde, aber verloren in der Grenzenlosigkeit der

Steppe die Legenden, Erzählungen und Träume ihres Volkes.[13]

Anläßlich großer Feste – fast alle sind dem muslimischen Kalender entliehen: Mouloud (Maulid), Korka (Ramadhan), Tafaske (Tabaski) – werden veritable Opern in Szene gesetzt. Mit Hilfe eines Holzstäbchens oder des Fingers bemalen die jungen Leute ihre Gesichter, ziehen rot-ockerfarbene Linien von der Stirn bis zur Nasenspitze, die violett abgesetzt werden. Sehr stark werden die Augen geschminkt: rote Linien, die von weißen Punkten hervorgehoben werden, die Lippen dagegen werden violett gemalt. Das ganze Gesicht wird mit einer fettglänzenden Okkerfarbe grundiert.

Bei diesen Festen zeigt sich die Schönheit der Frauen: Um die Knöchel tragen die jungen Mädchen breite Kupfer- oder Silberreifen. Sie sind deutlich zurückhaltender geschminkt als die Männer. Ihre zarten und sinnlichen Körper sind eng in lange bestickte Tücher gewickelt. Auf ihrem Kopf tragen sie einen eckig gefalteten Seidenschal. Der Mann tanzt um die Frau herum: In ausdrucksvoller Mimik offenbart er sein Verlangen und seinen Willen, sie zu verführen. Die Fulbe sind außergewöhnliche Schauspieler! Schmachtende Blicke, krampfhaftes Lächeln, unaufhörlich moduliert er seine Stimme: sie miaut, donnert, singt, erstirbt in einem zarten klagenden Ton oder bricht in pathetische Verse aus. Diese Erzähler-Tänzer-Schauspieler durcheilen auf meisterhafte Weise die ganze Skala von Scherz, Ironie. Sarkasmus und poetischer Lüge.

Die jungen Mädchen verfolgen die angestrengten Verführungsversuche ihrer Begleiter amüsiert und zurückhaltend mit ihren schwarzen Augen, ohne ein Wort zu sagen. geheimnisvoll und scheinbar desinteressiert.

Der Tag der großen Versammlung bietet dem Fremden die Gelegenheit, zumindest einen Teil der komplizierten Schichtenbildung dieses Volkes zu entdecken. Jede „Kaste", das heißt jede Handwerkergruppe, pflegt ihren eigenen Tanz. Tanz ist übrigens dafür ein schwacher Ausdruck. Der Ritus verwandelt die Aktivitäten der Kasten in bühnenreife Stücke, er bringt sie zur vollen Entfaltung und wertet sie auf. Der *fidiowailoubve* ist das Schauspiel der Schmiede. In Sprüngen, Schlägen und weitausholenden Gebärden wird die Begegnung des Feuers mit dem Eisen dargestellt. Die Kunst der Bildhauerei wird vorgeführt, das heißt für die Anwesenden „sichtbar" gemacht durch den *fidiolaoubé*, die Zeremonie der Holzhandwerker. Die Weber tanzen den *mabo*. Er erklärt alles über die Anfertigung des Gewebes, die Gestaltung eines Kleidungsstückes und die Gewandung einer schönen Frau.

Eigentlich sind jedoch überhaupt keine Feste vonnöten, um die Schönheit, die Eleganz und die Heiterkeit der Fulbe zu würdigen. In der Regenzeit tragen die Hirten, wenn sie es sich leisten können, den kurzen dunkelblauen Bubu aus Wollstoff, den sie über eine kurze weite Hose geworfen haben. Ein Dolch macht sie wehrhaft. Ihre Frauen sind gewöhnlich mit einem kurzen schwarzfarbenen Schurz bekleidet, der in Wirklichkeit in einem sehr dunklen Indigo eingefärbt ist. Hin und wieder lösen sie sich von der Familiengruppe, um einen weiter entfernt lebenden Verwandten zu besuchen oder zum Markt zu gehen, dann legen sie sich einen zweiten Schurz im gleichen Farbton über Haare und Schultern. Das außergewöhnlichste Schauspiel, das man in Burkina erleben kann, ist ein Zug der Bororo-Fulbe. Die Männer tragen dabei den großen geflochtenen Strohhut in Kegelform, oft schmücken ihn Straußenfedern. Man nennt ihn *malfari*.

Eine weitere große Nomadenkultur in Burkina ist die der Tuareg und ihrer Diener, der Bella.

Woher stammen die Tuareg? Ptolomäus, Geograph in Alexandria, der zwischen 126 und 141 schrieb, und noch andere Quellen aus dem 6. Jahrhundert unterrichten uns wie folgt: Die Wandalen gründen in Nordafrika vorübergehend ein Reich. Der Kaiser von Byzanz, Justinian, erobert die Bucht von Karthago im Jahr 537 zurück. Die byzantinischen Chroniken weisen auf dieses sonderbare Volk hochgewachsener Menschen mit heller Hautfarbe hin. Sie sind furchteinflößende Krieger und leben in der Stadt der Garamanten im Fezzan. Dann setzt die Ausbreitung der Araber ein. Die Garamanten, die Ahnen der Tuareg, weichen in den Süden zurück. Sie verwandeln die Bergmassive der Zentral-Sahara, des Hoggar- und Tassiligebirges in wahrhafte Festungen. Die höchste Erhebung des Hoggargebirges ist der Tahat mit 3.300 Metern Höhe, eine majestätische, rätselhafte Bergwelt! Die Tuareg ziehen mit ihren endlosen Karawanen von Kamelen und Ziegen, mit ihren farbenprächtigen Zelten und ihren umfangreichen und streng hierarchisch aufgebauten Clans von der libyschen Sahara bis nach Burkina. Sie haben jeder Bergspitze, jedem Tal, jeder Schlucht und jeder Oase des riesigweiten Gebietes einen Namen gegeben und haben sie mit Legenden belegt.

Wie gelang es ihnen, ihre kollektive Identität in einem solchen Maße zu bewahren? Die Kraft und die Subtilität und der außerordentliche symbolische und materielle Reichtum ihrer Kultur, dazu die Organisation ihrer Wirtschaft und die Arbeitsteilung unter den Clans (die sich bis vor kurzem auf die Arbeitskraft schwarzer Leibeigener stützten) geben die Antwort. Aber darüber hinaus stellten das Tassili- und das Hoggar-Gebirge uneinnehmbare Zufluchtsorte dar. Erst im Jahr 1934 konnte das kolonisierende Frankreich eine dauerhafte Vereinbarung mit den Tuareg-Chefs abschließen.

Das Klassensystem der Tuareg beruht im wesentlichen auf Blutsbanden. An der Spitze der sozialen Pyramide steht die aristokratische Klasse der Imaggaren (auch Imochar genannt). Sie sind Krieger und völlig unberührt von jeglicher Rassenkreuzung. Ihre Hautfarbe ist hell, ihre Gesichtszüge sind markant, die Nasen lang und schmal. Diese Herrren berühren niemals ein Werkzeug. Handarbeit? Sie verabscheuen sie! Ihr Geschäft sind die Kamele und Pferde. Sie sind sehr bewanderte Viehzüchter und gehen erstaunlich umsichtig mit ihren Tieren um. Ihnen gelingt es in der Regel, eine Herde auch unter den schlimmsten Bedingungen zu erhalten und auch wieder aufzubauen. Ich werde gleich einige Ausnahmen von der Regel beschreiben.

Unterhalb dieser kriegerischen Aristokratie rangieren die freien Menschen, sie sind die Vasallen der Erstgenannten. Nicht selten lassen sich in ihren Gesichtern Spuren einer Rassenmischung erkennen. Ihr Name: die Imraden.

Die Basis der Pyramide bildet die Klasse der Iraduellen: sie faßt Handwerker, Sklaven und Gefangene zusammen. Diese Diener – rechtlos in den Tuareg-Versammlungen – übernehmen den Ackerbau (auf gepflegten Feldern nahe der Wassertümpel gedeiht Gerste), grobe Hausarbeit (Auf- und Abbau der Zelte) und Tag- und Nachtwache bei den Herden. Die Klasse der Beherrschten ist tatsächlich ziemlich buntscheckig zusammengewürfelt: u.a. gehören ihr die Bella an. Einige Fachleute halten sie für eine Sonderethnie. Es sind keine Sklaven. Jedoch bleibt ihnen in der Tuareg-Gesellschaft jeglicher Einfluß versagt. Ihre Abkunft ist in verschiedenen Sahel-Ethnien zu suchen. Die Tuareg haben eine kleine Schwäche: Sie beherrschen in Vollendung die Kunst des schnellen Raubzuges. Die Tuareg-Krieger stürzen sich in einem Überraschungsangriff auf ein Lager, das sie zufällig oder bei ihren Erkundungsritten gesichtet haben, plündern und verwüsten es. Mit ihren langen ziselierten Schwertern, die mit Versen aus dem Koran geschmückt sind, mit ihren Gewehren und Dolchen schüchtern sie ihre Opfer ein, führen sie zu ihren Lagern und machen aus ihnen lebenslängliche Gefangene. Doch die Bella rekrutieren sich aus der Schicht der befreiten Sklaven.

Zuletzt die Handwerker. Mit ihren kunstvoll hergestellten Erzeugnissen tragen sie Wesentliches zur Tuareg-Gesellschaft bei. Ich erinnere mich an Abende, die ich bei den Familien der Schmiede verbracht habe. Der Vater und die Söhne kauern vor dem Feuer und schmieden geduldig, sie hämmern und wenden Schwerter, die sie mit feinen Klingen versehen, und Dolche, die für die Herren bestimmt sind. Die Frauen servieren grünen Pfefferminztee, der so stark duftet, daß einige Tropfen genügen, um einem den Schlaf einer ganzen Nacht zu rauben! Mit weit geöffneten dunklen Augen verfolgen die Kinder voller Bewunderung die Bewegungen ihrer Väter, Onkel und älteren Brüder. Eine Atmosphäre ruhiger Heiterkeit und stillen Glücks herrscht in den Schmieden der Tuareg. Ausgeschlossen vom politischen und militärischen Leben der Gesellschaft wie jene und ebenso gestraft mit der dummen Verachtung der Herren, fertigen andere Handwerker Reisesäcke an, Kamelsättel, Waffenfutterale, Sandalen mit vielfarbigen Schnürsenkeln, die Agadeskreuze in Silber, die großen Dolche in ihren Scheiden, die man am linken Unterarm trägt, verzierte kupferne Vorhängeschlösser für die großen Lederbeutel, gravierte Silberanhänger oder lederne Kopfkissen mit geometrischen Mustern.

Die Handwerker aller Sparten sind häufig aus sexuellen Beziehungen zwischen kriegerischen Aristokraten oder freien Männern und Bella-Frauen hervorgegangen, Beziehungen von kürzerer oder längerer Dauer. Ihr Herkunftsname ist *malem*.

Angesichts der Tuareg-Gesellschaft bleiben die Begriffe der westlichen Soziologie oftmals wirkungslos. Die zahlreichen europäischen Autoren, die Analogien in der Produktionsmethode und in der feudalen Schichtung der Gesellschaft zu sehen glauben, irren sich gründlich. Zunächst einmal: Die Produktionskraft „Erde" spielt bei den Tuareg praktisch keine Rolle. Zum anderen ist das Vasallentum jederzeit übertragbar oder zumindest von gleichwertigen Hierarchien korrigierbar.

Die Handwerker – am Tag verachtet – werden des Nachts gefürchtet. Sie allein beherrschen die vier Grundstoffe: das Metall, das Feuer, die Haut der Tiere und das Holz. In dieser elementaren Welt wohnen die *djimouns*, machtvolle Geister ohnegleichen. Ich finde diesen Glauben, diesen terrorisierenden Aberglauben der kriegerischen Adelsklasse sehr schön: Die Schönheit einer ziselierten Klinge, die im Schein des Feuers erstrahlt, die geheimnisvollen Muster einer Kamelhaardecke und die schillernden Farben eines Reisesacks aus Zebuleder können nur übernatürlicher Herkunft sein. Ein Mensch, der in der Lage ist, solche Wirkungen hervorzurufen, kann nur von Geistern inspiriert sein, von ihnen geführt und ausgerüstet werden. Die Imaggaren fürchten die *djimouns*, diese Furcht wird jeden Tag bestätigt: Ein kriegerischer Aristokrat oder ein freier Mann wird immer einen weiten Bogen um eine Schmiede machen, selbst wenn er glänzend bewaffnet ist. Auf Reisen nimmt er einen Umweg in Kauf, um zu vermeiden, allzu nah an der Werkstatt eines Holzschnitzers, eines Lederhandwerkers, des Deckenwebers oder des Zeltherstellers vorbeigehen zu müssen. Diese Orte sind Wohnstätten der Geister. Alle Handwerker begleiten ihre Arbeit mit den typischen Liedern ihres jeweiligen Gewerbes. Der Targi (Sing. von Tuareg), der auf seinem Kamel nah am Lagerplatz einer Handwerkerfamilie vorüberreitet, verstopft sich die Ohren und wendet den Blick ab: Die Gefahr? Der böse Blick könnte ihn treffen und seine Frau unfruchtbar werden.

Zuweilen sind die *malem* seßhaft und fühlen sich einem Tuareg-Clan verbunden, der sie zu bestimmten Gelegenheiten aufsucht. Hin und wieder schließen sich Vereinzelte auch einer wandernden Tuaregfamilie an. Sie sind für gewöhnlich durchweg armselige Muslime und haben nur unzureichende Kenntnisse über diese Lehre. Das überlieferte

Erbe vorislamischer Signa und Werte, die vor der Konvertierung bestanden, läßt sich aus den Ornamenten der reichverzierten Tabakdosen (kleine schmale Behälter, in denen der Targi seinen schwarzen Tabak aufbewahrt) ablesen oder findet man in den schmückenden Mustern der Decken und Schwertscheiden. Mit den geometrischen Formen und den Versen islamischer Tradition vermischen sich sonderbare Figuren, Symbole, die Gesichter andeuten, welche aus den Tiefen der Zeit auftauchen.

Die Gastfreundschaft der Tuareg wird für jeden, wer auch immer vorüberzieht, in ihren ausführlichen und komplizierten Annäherungszeremonien spürbar. Befindet man sich jedoch erst einmal in der unmittelbaren Nähe der Zelte oder sogar inmitten des Lagerplatzes, dann ist der Empfang warmherzig, man lächelt, und man unterhält sich dank der Hilfe eines Dolmetschers sehr angeregt und immer interessant. Auf dem Kupfertablett werden die rituellen drei Gläser dampfenden Tees serviert.

Die Familie setzt sich aus einer relativ begrenzten Anzahl von Personen zusammen: einem Zeltchef, in der Regel der Älteste, dem Großvater, Vater oder Onkel der anwesenden Frauen, den jungen Männern, Mädchen, Kindern und Sklaven.

Die Tuareg sind eine Gesellschaft mit matriarchalischer Tradition.

Die sehr stolzen Frauen spielen eine zentrale Rolle in der Organisation der Familie. In ihren Gesten und Blicken liegt der Ausdruck einer totalen Freiheit. Hier gibt es kein niedergedrücktes, furchtsames, aufs Wort gehorchendes Wesen, wie man es in vielen anderen traditionellen Gesellschaften Burkinas findet. Die Targi-Frau wählt sich ihren Ehemann frei. Sie duldet keine andere offizielle Ehefrau an ihrer Seite, sie trennt sich von ihm, wie sie will.

Eine Frau, die sich ihre Freiheit wieder nimmt und das Lager verläßt (gewöhnlich mit all ihren Kindern), erhält einen besonderen sozialen Status: Sie wird eine *ahsis*, wörtlich eine Frau, ledig aller Bande und mit demselben Anspruch wie alle Ehefrauen geehrt.

Das Leben der Fulbefrauen ist schwer, ermüdend und hart. Die *ahais* oder Targi-Ehefrau hingegen kennt diese Sorgen nicht. Sie partizipiert an keiner Arbeit. Sie überwacht und führt das Kommando, wenn das Lager aufgebaut wird und wenn die Zelte wieder abgebrochen werden. Sie beaufsichtigt das Verladen der Zelte und der Haushaltsgegenstände, der Decken, der Tabletts usw. auf den Rücken der Kamele und Esel der Karawane. Alle anstrengenden Arbeiten, die Vorbereitung der Mahlzeiten und die Sorge für die Kinder obliegen den Bella-Frauen.

Die *ahsis* und die Ehefrauen sind die wirklichen Wächterinnen der Tradition. Sie verfügen oftmals über großes Wissen und eine künstlerische und literarische Bildung. Die Geschichte ist überreich an Legenden und an großen Dichterinnen, deren epische Lieder sich von Lager zu Lager, von Generation zu Generation fortpflanzen. Warm eingehüllt in ihre Decken, lauschen die Männer in der kalten Nacht des Sahel rund um das Feuer dem Vortrag oder dem monotonen Gesang ihrer Frauen. Sie auch sind es, die die überlieferte Sprache und die bilderreiche Schrift des Volkes, die man *tifinar (Tifinagh)* nennt, bewahren und lebendig erhalten.

Die Frauen spielen die *imzad*, eine mandolinenförmige Violine mit einer einzigen Saite. Die Ehrerbietung, die die traditionelle Politik rät, einer Frau zu erweisen, besteht darin, die große Zahl ihrer Bewunderer aufzurufen! Je zahlreicher die Bewunderer, desto geehrter fühlt sich die Frau. Diese Ehre wiederum fällt auf ihren Ehemann und auf das gesamte Lager zurück. Mit silbernen Schließen halten die Frauen ihre indigofarbenen Wollkleider und Tuniken zusammen. Wenn sie singen, bewegen sie ihre biegsamen Körper in den weiten Gewändern auf sehr sinnliche Weise. Die Erzählungen, epischen Gedichte und

Lieder der Frauen drehen sich immer um zwei Themen. Sie scheinen jeden Targi bis zur Zwangsvorstellung zu beschäftigen: Mut, Krieg, Heldentum und Charakterstärke einerseits, Leidenschaft und Liebe andererseits.

In den vergangenen zehn Jahren traf ich zu wiederholten Malen und unter sehr verschiedenen Umständen Würdenträger des Tuaregvolkes: Im Oktober 1984 wurde ich im Wilajet von Tamanrasset von Hadj Moussa Akalmoukh, dem Bruder des letzten herrschenden *amenokal* (Oberhaupt) der Tuareg, im Hoggar empfangen. An seiner Seite zwei weitere Würdenträger, die – bisweilen mit großer Mühe – erträgliche Beziehungen zwischen den Autoritäten der algerischen Republik und der Tuareg-Föderation der algerischen Sahara aufrechterhalten: Abdelkrim Touhami, Präsident der Wilajet-Versammlung, und Ahmed Bakous, In-Salah-Abgeordneter in der algerischen Volksversammlung. Die intellektuelle Großzügigkeit, die Gastfreundschaft und der praktische Beistand von Hadj Moussa Akalmoukh haben mir Wege zu wertvollen Informanten und Quellen der Tuareg-Tradition gewiesen. Sie ließen mich über das Buchwissen hinaus Zusammenhänge über das Funktionieren der Tuareg-Zivilisation und ihrer Werte begreifen.

Ein anderer Ort, eine andere Begegnung: Januar 1984 im Nordosten Burkina Fasos. Unter dem riesigen, hundertjährigen und von trockenen Lianen überzogenen Tamarindenbaum am Ufer der brackigen Gewässer des Beli-Flusses spricht Frebi Ag-Baï, der Chef der Ti-n-Akof-Fraktion mit kaum hörbarer Stimme über das Unglück seines Volkes. Seine Bauern haben während der Winterzeit keine Ernte einbringen können. In den Lagern erschöpfen sich die letzten Vorräte, die Tiere sind fast verdurstet.

Der Tuareg-Chef in seinem weiten blauen Gewand, das Gesicht bis zur Hälfte mit einem Schleier vermummt, trägt, wie das ganze Gefolge, das Schwert an der Seite. Er spricht Tamascheck mit einem jungen Fulbe, der an seiner Seite sitzt. Der Fulbe übersetzt ins Mossi. Und unser Dolmetscher, der uns seit Ouagadougou begleitet, gibt uns die Worte des Targi ausführlich in französischer Sprache wieder. Der Tuareg-Chef redet bereits seit mehr als einer Stunde. Seine Söhne, Enkel und Diener hocken in respektvoller Entfernung um ihn herum, das Schwert griffbereit, den Rücken dem Fluß zugewandt. Frebi Ag-Baï herrscht über eine komplexe Gesellschaft von mindestens 10.000 Seelen, die in normalen Zeiten an diesem Nebenfluß des Nigers nomadisieren, in einem Gebiet des Sahel, das sich von Gorom-Gorom (Burkina) über Ansongo (Mali) bis nach Tera (Niger) ausdehnt. Tausende von Zebus – der Stolz der Tuareg! – sind schon verendet, andere wurden geraubt, wieder andere sind mit ihren Bella-Hirten gen Süden zur Elfenbeinküste, nach Togo und Nigeria gezogen. Frebi Ag-Baï hat keine Nachrichten von den Herden, die schon seit Oktober unterwegs sind und versuchen, die Brunnen und Märkte im Süden zu erreichen. Am weißen Himmel färbt sich die Sonne rot, der Abend naht. Frebi Ag-Baï läßt einen Hammel für uns herbeiführen. Seine Köche schlachten ihn unter dem Baum, zerteilen ihn und braten die Stücke. Ag-Baï und sein Gefolge entfernen sich. Da der magere Hammel nicht alle Anwesenden sättigen kann, schlagen sie es aus, mit uns zu essen.

III
Der Zusammenstoß

Unsere Arme sind Zweige, mit Früchten überladen,
Der Feind schüttelt sie.
Er schüttelt uns, Tag und Nacht;

Und um uns leichter und unbekümmerter
plündern zu können,
Legt er nicht mehr unsere Füße in Ketten,
Sondern die Wurzel unseres Geistes,
Meine Geliebte.

Nazim Hikmet

Das Elend

Ehe wir uns eingehender mit dem schwierigen, schwer
vorauszusehenden, von überraschenden Siegen und uner-
warteten Niederlagen gekennzeichneten Kampf beschäftigen, den Thomas Sankara und seine Kampfgenossen vier
Jahre lang gegen die uralten traditionellen Hierarchien des
Landes führten, müssen wir die neo-koloniale Gesellschaft
in ihrer Gesamtheit betrachten. Die bourgeoisen und militärischen Kompradorenklassen, die zahlenmäßig nicht
ins Gewicht fallen, wirtschaftlich jedoch fast allmächtig
sind, wurden von dem Kolonisator geschaffen und an Ort
und Stelle belassen, als er das Land verließ. Seit der Unabhängigkeit hatten sie sich der traditionellen Strukturen
bedient, um ihre Privilegien zu wahren und sich das Monopol der politischen Macht zu sichern.

1986 beträgt die nationale durchschnittliche Lebenserwartung in Burkina für beide Geschlechter 41 Jahre, die
der auf dem Land lebenden Frauen nur 33 Jahre. Es leben
aber nahezu 80% der Menschen in ländlichen Gebieten.
Das Dasein einer Frau und eines jungen Mädchens ist äußerst hart. Die aufeinanderfolgenden Dürrezeiten haben
den Desertifikationsprozeß, der infolge zahlreicher Eingriffe des Menschen und klimatischer Veränderungen ein-
setzte, noch verstärkt und zerstören auf diese Weise das
Gleichgewicht eines ohnehin fragilen Ökosystems. Die
Entwaldung ländlicher und städtischer Gebiete ist zu
einem allgemeinen, alarmierenden Phänomen geworden.
Von der 274.200 km^2 großen Fläche des Landes sind 1986

15.000.000 ha bewaldet. Seit 1980 nimmt der Waldbestand jährlich um ungefähr 250.000 ha ab. 1985 betrug der Bedarf an Brenn- und Nutzholz 5.300.000 m³, und die jährliche Produktion belief sich auf 3.500.000 m³, ein Defizit also von 1.800.000 m³.

Burkina Faso ist das neuntärmste Land der Welt. Betrachtet man das Pro-Kopf-Einkommen auf der Liste, die die Weltbank 1990 veröffentlichte, rangiert Burkina Faso an 161. Stelle.

Aufgrund von Inkompetenz und Korruption der sich ständig ablösenden Regierungen, die vom ehemaligen Mutterland überwacht, kontrolliert und kulturell beherrscht wurden, ist Burkina heute noch von Wunden bedeckt. Es ist fast völlig seiner Industrien beraubt. Die Akkerböden sind – mit Ausnahme jener im Süden des Landes – zum größten Teil arid, schwer zu kultivieren und wenig fruchtbar. Nur 25% des Kulturlandes werden effektiv ausgenutzt. Der Hektarertrag beim Getreide beläuft sich auf 540 kg, während es in Frankreich 4.883 kg pro ha sind! Noch 1986 waren nur 20% der Kinder im schulpflichtigen Alter eingeschult. Es gibt in Burkina über 7.000 Dörfer, jedoch nur 1.300 Schulen. 1985 fehlten 18.000 Lehrer aller Stufen. Allein für die sechste Klasse standen z.B. nur 3.300 Plätze zur Verfügung, während 1985: 22.000 Kinder theoretisch in die sechste Klasse hätten überwechseln müssen. Die Außenhandelsbilanz ist ständig defizitär. Das in der Ebene westlich von Bobo-Dioulasso angebaute Zuckerrohr liefert 18% teureren Zucker als Importzucker.

Ein Rückblick auf die jüngste Geschichte des Landes ist unumgänglich: Am 11. Dezember 1958 wird die Erste Republik von der zahlenmäßig unbedeutenden Kompradorenbourgeoisie, die ihre Entstehung dem Kolonisator zu verdanken hat, ausgerufen. Zwei Jahre später, am 5. August 1960, erlangt sie ihre Unabhängigkeit. Ihr erster und einziger Präsident, der sehr korrupte Maurice Yameogo, wird 1966 von den einflußreichen Gewerkschaften Burkinas und dem unzufriedenen Volk gestürzt. Präsident der Zweiten Republik ist Sangoulé Lamizana, ein alter, gutmütiger General, ein Relikt der Kolonialarmee. 1977 wird die Dritte Republik ausgerufen: Lamizana wird durch relativ freie Wahlen in seinem Amt als Präsident bestätigt. Aber seine Amtsführung ist katastrophal: Die Lebenshaltungskosten steigen, in der Stadt und auf dem Land sinkt die Kaufkraft, Streiks brechen aus, Repression und Korruption greifen um sich. Am 25. November 1980 übernimmt Oberst Saye-Zerbo mit Hilfe junger Offiziere und Unteroffiziere die Macht, unterstützt auch von den Gewerkschaften, deren führender Kopf Soumane Toure ist, und der Front Progressiste Voltaique (FPV), die der international anerkannte Historiker Joseph Ki-Zerbo leitet. Sehr rasch jedoch steckt die neue Macht in der Sackgasse. Es kommt zum Bruch mit den Gewerkschaften. Am 7. November 1982 wird Saye-Zerbo gestürzt. Jean-Baptiste Ouedraogo, ein farbloser Militärarzt, tritt die Nachfolge an.

Am 4. August 1983 gelangt die Volksbewegung unter Führung von Sankara an die Macht. Fast unverzüglich beginnt er, weitreichende soziale, wirtschaftliche und kulturelle Reformen in die Wege zu leiten, welche ihn in Widerspruch zu den uralten traditionellen Hierarchien bringen.

Die Frau ist die Zukunft der Menschheit

In allen menschlichen Gesellschaften und insbesondere im Afrika südlich der Sahara besitzen die Frauen eine ungewöhnliche Macht: Sie sind die Bewahrerinnen der Gründungswerte der Gesellschaft und die Hüterinnen des geheimsten Wissens der Menschen. Von Generation zu Generation eines Volkes übertragen sie seine Identität. Die Frauen sind es auch, die das nicht ritualisierte und damit tiefere kollektive Erinnern bergen. Sie sind es, die Leben geben, die dafür sorgen, daß es fortdauert auf Erden und sich entfaltet. Sie sind das Reservoir, der Hort symbolischer Güter. Die Tuareg sagen: „Im Augenblick des Todes spricht jeder Mensch den Namen seiner Mutter aus." Und Charles Aznavour, ein subtiler Beobachter der Psychologie des Menschen in der merkantilen Gesellschaft, singt in einem seiner schönsten Chansons:

Was mich der Blick der Frauen lehrt,
Eisen und Feuer vermögen nichts dagegen ...

Diese Macht wird zugleich bewundert und gefürchtet. Aimé Césaire, der Dichter der Diaspora, trägt diese Doppelsinnigkeit vor:

Ihr habt Frauen berührt,
Ihr habt an Felsen geschlagen
Der Felsen wird stürzen
Er wird euch zerschmettern.[14]

Die kulturelle Befreiung eines Volkes und die tiefgreifende und entscheidende Veränderung der Denkweisen geschehen durch die Frauen. Thomas Sankara hatte das begriffen.

In Burkina, wie auch sonst überall in der Dritten Welt, ist die Frau die Proletarierin unter den Proletariern, die Unterdrückte unter den Unterdrückten, die Sklavin unter den Sklaven.

Bei fast allen Völkern Burkinas sorgt die Frau ganz allein für die Ernährung und Erziehung der Kinder bis zum Alter von sieben Jahren. Mit ihren eigenen minderjährigen Kindern und denen, die ihnen die Sippe anvertraut hat, bilden die Frauen eine geschlossene Gemeinschaft. Einen einzigen (ganz und gar relativen) Schutz genießen sie: Die Schwangerschaften liegen weiter auseinander, weil für die Dauer von zwei Jahren, d.h. während der Stillzeit des Babys, jede sexuelle Beziehung untersagt ist.

Die wirtschaftliche Diskriminierung trifft die Frauen besonders hart. Betrachten wir die Situation bei den Mossi: Das Ackerland gehört im allgemeinen dem Dorfkollektiv.

Vor der Revolution lag die Verwaltung des Bodens, d.h. seine Verteilung, der Schutz, die Grenzsteinsetzung usw., in der Verantwortung des Herrn der Erde. Später werden wir etwas über die neuen Verwaltungsmethoden erfahren. Jedoch ist die Verwaltung des Landes nur dann eine wichtige Angelegenheit, wenn in der Nachbarschaft noch unerschlossene Gebiete vorhanden sind. In den übervölkerten Regionen des Mossi-Plateaus ist das offensichtlich nicht der Fall. Die Überlassung des Bodens kann genehmigt werden, der Verkauf niemals. Jede Sippe besitzt ihr Land seit der Ankunft des ersten Vorfahren in dieser Region. Der Sippenchef – nicht zu verwechseln mit dem Familienchef – verteilt das sippeneigene Land je nach den Bedürfnissen und abhängig von der Arbeitskraft unter den verschiedenen Mitgliedern auf.

In ihrem Beitrag zu dem Gemeinschaftswerk *Femme et Développement en Afrique de l'Ouest*[15] (Frauen und Entwicklung in Westafrika) unterscheiden Joséphine Ouedraogo und Jean-Pierre Ouedraogo drei wesentliche Kategorien von Kulturland im Mossigebiet:

Das *Gartenland* besteht aus kleinen Parzellen, welche direkt um den überlassenen Grund und Boden herum liegen. Man baut hier Mais, rotes Sorghum, Erdnüsse und bisweilen auch kleinwüchsige Hirse, Gemüse und Blätter für Soßen an. Dieser Boden liegt niemals brach: er wird mit Tierdung und Haushaltsabfällen gedüngt. Die Erzeugnisse der Gartenfelder werden vor denen der Buschfelder verbraucht; in den Monaten August und September, wenn die Nahrungsmittelvorräte sich erschöpfen, greift man auf sie als Reserve zurück.

Das *Buschland* liegt in gewisser Entfernung vom Dorf und nimmt größere Flächen ein. Für gewöhnlich baut man hier ein oder zwei verschiedene Produkte an (rotes und weißes Sorghum, kleinwüchsige Hirse, manchmal auch Baumwolle). Die Buschfelder werden ununterbrochen bis zur völligen Auszehrung bewirtschaftet. Die Ertragssenkungen nach zehn- oder fünfzehnjähriger Nutzung zwingen die Bauern, die Böden ebenso lange als Brache liegen zu lassen. Dieses System langer Brachen ist in den Regionen möglich, wo man noch über unerschlossene Räume verfügt. Auf dem Mossiplateau dauern die Brachzeiten nur drei bis fünf Jahre, in manchen Gebieten ist dieses System wegen Überbevölkerung ganz verschwunden.

Die *Felder der Niederungen* sind die ertragreichsten, jedoch nicht so zahlreich wie die vorhergenannten. Auf ihnen werden Reis- und Gemüsepflanzen sowie Obstbäume angebaut.

Es ist selbstverständlich, daß die Frau bei der Zuteilung der Böden durch den Sippenchef immer nur die entlegensten und unfruchtbarsten erhält. Ein übliches Bild in Burkina: Lange Reihen von Frauen setzen sich bei Tagesanbruch auf den Pisten in Bewegung, das Kleinste haben sie in einem Tuch auf ihre Hüfte gebunden, die anderen Kinder trippeln neben ihnen her. Auf der Schulter tragen sie die Hacke und einige Vorräte und in der freien Hand einen Wasserkrug. Mit gebeugten Rücken, eine neben der anderen, arbeiten sie stundenlang auf den Feldern unter glühender Sonne, sie jäten Unkraut, ziehen Rinnen für die Bewässerung, graben um und pflanzen.

Die Frauen sind weitgehend wirtschaftlich autonom. Wir stellten gerade fest: Sie sorgen selbst für den Unterhalt ihrer Kinder bis zum Alter von sieben Jahren. Alles, was sie für sich selbst kaufen wollen – Schurze, Sandalen, Schmuck, aber auch Medikamente und Küchengeräte usw. – zahlen sie selbst. Die Frauen besitzen ihr eigenes Feld, im Mossiland liegt seine Größe durchschnittlich zwischen 0,25 und 1,0 ha. Die Frau verfügt über ihren eigenen Etat. Sie stellt selbst Karite-Butter (vom Karite- oder Schibutterbaum) und Hirsebier her. Wenn sie durch ein Wunder einen Überschuß produziert, verkauft sie ihn auf dem Markt. Allein, sie muß auch viel zum Familienbudget beitragen: Der Mann bringt Getreide und Fleisch, die Frau den Rest. In den Regionen, wo sich die „kolonialen"

Plantagen ausbreiten, deren Produkte für die Geldwirtschaft bestimmt sind (z. B. Baumwolle), steuert die Frau im gleichen Maße ihre Arbeitskraft bei wie der Mann.

Ihre Haushaltsautonomie hat die Frau teuer bezahlt: Ein Bericht von Orstom (Abidjan) zeigt an, daß die durchschnittliche tägliche Arbeitszeit der Männer zwischen 15 und 60 Jahren im Jahresmittel 5,6 Stunden beträgt, die der Frauen das Doppelte.

Die Fron des Wasserholens. Die Frauen müssen für die Familie das Wasser holen. Die jährlichen Niederschläge betragen 1986 in Burkina 300 mm im nördlichen Teil des Sahel, erreichen 1.000 mm im äußersten Südwesten und bewegen sich zwischen 700 und 900 mm im Zentrum und im Westen des Landes.

Die ungünstige räumliche und zeitliche Verteilung des Regens und die geographischen und geologischen Gegebenheiten des Territoriums bilden die Ursache für die geringen Reserven an Oberflächen- und Grundwasser.

Zu dieser Situation kommt das Phänomen der Dürre hinzu. Sie setzte um 1970 ein, wütete im Norden und dehnt sich nun fortschreitend über das gesamte Territorium aus. Diese Erscheinung ist nicht neu. Sie zeigte sich in der Vergangenheit immer wieder. Die um 1970 auftretende Dürre bekam mehr und mehr den Charakter eines permanenten Zustands. Ihre Auswirkungen auf die Umwelt sind fatal, und die Ökologie ist in einem solchen Maße gestört, daß eine Rückkehr zu einer normalen ausgewogenen Situation wenig wahrscheinlich ist.

Eine Untersuchung, die man in der Region Tikare im Mossiland (50.000 Bewohner, 22 Dörfer) gemacht hat, weist darauf hin, daß die Frauen kein Wasser mehr unter einer Entfernung von 20 km von ihren Hütten finden.

Eine weitere Bürde, die den Frauen auferlegt wird, ist die des Holzsammelns. Die Entwaldung der städtischen und ländlichen Bereiche, die ebenso auf menschliches Eingreifen wie auch auf die klimatischen Veränderungen zurückzuführen ist, erschwert ihre Aufgabe sehr. Wo soll sie das Holz zum Kochen finden? Vor 100 Jahren noch waren die mittleren und südlichen Landstriche Burkinas von Wäldern bedeckt. Inzwischen haben sich die Zentralplateaus, wo die meisten Bauern leben, in eine graue Steppe verwandelt, in der nur einige hundertjährige Baobabs stehen, trockene Büsche und kleine Sträucher, von der Sonne verbrannt und von den Ziegen heimgesucht. Täglich müssen die Frauen trockene Zweige finden, Wurzeln oder einen Baumstumpf ausgraben für das abendliche Feuer. Täglich begeben sie sich auf den langen Weg der Holzsuche, tragen dann auf ihren gebeugten Rücken müde und erschöpft die schweren Lasten.

Der Familienchef, der auf seinen Feldern Marktkulturen wie Baumwolle, Zuckerrohr usw. anpflanzt, tritt der Frau nicht viel Bargeld ab. Deshalb muß sie sich ganz allein durchschlagen, um Geld aufzutreiben, das sie für die Bekleidung ihrer minderjährigen Kinder, für Medikamente, für Lehrmittel und für ihre eigene Kleidung benötigt. Sie fertigt die Kleidung für die ganze Familie; doch dafür muß sie Stoffe kaufen. Die meisten Frauen verbringen deshalb einen Großteil der Nacht damit, Hirsebier zu brauen, Gerichte vorzubereiten oder Reis zu schälen, um dann alles am nächsten Tag auf dem Markt zu verkaufen; außerdem bieten sie Handwerksartikel, Cola, Gewürze und seltener auch Holz an.

In Burkina eine Familie durchzubringen, ist häufig ein dramatisches Abenteuer. Die sanitäre Versorgung, insbesondere der kleinen Kinder, die von der Frau aufrecht erhalten wird, ist prekär. Mehr als 60% der Todesfälle im Jahr 1986 gehen zu Lasten der ansteckenden Krankheiten. Die Kindersterblichkeit ist folgenden Faktoren zuzuschreiben:

– Der ungenügende Schutz im Geburtshilfesektor und im Bereich der Gesundheitsvorsorge für Mütter und Kin-

der hat eine steigende Sterblichkeitsrate bei Müttern (6,5%) zur Folge;
- die Protein-Energie-Mangelernährung ist besonders schwerwiegend während der Entwöhnungsphase;
- Infektionskrankheiten, wie Infektionen der Atemwege, Masern, Meningitis;
- parasitäre Krankheiten, wie Malaria und Bilharziose;
- Magen–Darmerkrankungen, genauer: Diarrhöen.

Als weitere Faktoren der Sterblichkeit zählen:
- gesundheitsschädigende Umweltfaktoren; außerordentlich unheilvoll wirkt sich der geringe Prozentsatz hygienisch einwandfreier Latrinen aus (1986: 38% in städtischen Bereichen, kaum 5% in ländlichen Bereichen);
- unzureichende Trinkwasserversorgung, vor allem in ländlichen Gebieten;
- unzulängliche sanitäre Infrastrukturen: nur 56% der Bevölkerung befinden sich höchstens 5 km von einem Gesundheitsposten entfernt, der häufig auch nur über rudimentäre therapeutische und diagnostische Mittel verfügt.[16]

Im Sahelgürtel ist das Erwerbsleben der Frauen oftmals nur ein endloser Kreuzweg. Ich könnte die Beschreibungen, die Beispiele vervielfachen, doch ich nenne nur noch ein einziges, vielleicht das schlimmste: die Knechtschaft des Stampfers.

Hirse ist das Grundnahrungsmittel im Sahel: Hirsebrei, Hirsefladen, je nach Familieneinkommen mit ein paar Hühnerknochen, -flügeln oder -schenkeln garniert, ein wenig Gemüse und bisweilen ein Stück gebratenes Ziegenfleisch. Die Hirsekörner zu feinem Mehl zu zerstampfen, ist eine langwierige Arbeit. Für eine Frau, auf der die Verantwortung für eine große Familie lastet, die sich am späten Nachmittag, wenn die goldene Sonne mit unglaublicher Sanftheit das Land überflutet, im Hof zu der Hauptmahlzeit versammelt, ist die Arbeit mit dem Stampfer eine unter sehr vielen anderen und ungemein kräftezehrend. Sie muß bis zu 14 Stunden stampfen.

Das hier beschriebene Frauendasein kennt natürlich auch Ausnahmen, doch sind sie selten. Die Frauen der in Lohn stehenden Kleinbourgeoisie (meist Ehefrauen von Beamten) in der Stadt arbeiten erheblich weniger. Oft wälzen sie sogar fast alle Arbeit auf Hausmädchen ab, die so gut wie gar nicht entlohnt werden. Die Ehefrauen der Feudalherren sind, in der Stadt wie auf dem Land, ein besonderer Fall: schmuckbehangen, hochmütig und faul machen sie sich die Hände nicht schmutzig. Beständig umgibt sie eine Schar von Dienstmädchen, die sie ankleiden, kämmen, pflegen, ihnen Wasser bringen, die Küche besorgen und das Haus in Ordnung halten. Die Augustrevolution hat – leider – an diesem Tatbestand nicht viel geändert.

Montag, 23. Februar 1987: im kleinen weißen Büro von Joséphine Ouedraogo, einer 34jährigen, schönen jungen Frau, studierte Soziologin. Jahrelang war sie Leiterin der Untersuchungen der Behörde zur Nutzbarmachung der Täler der drei Voltaflüsse (AVV). Von 1983 bis 1987 bekleidete sie das Amt der Ministerin für Familie und nationale Solidarität in der Sankara-Regierung. Wir diskutieren über die neue Familiengesetzgebung.

Joséphine Ouedraogo hält plötzlich inne: „Kein Gesetzbuch wird den Kindern das Glück zurückbringen können! Wir tun, was wir können: Diese tausend und abertausend verlassenen Kinder, die in unseren Straßen umherirren, wir versuchen, sie einzusammeln, ihnen zu essen zu geben. In Ouagadougou sind zwei Häuser eingeweiht worden, doch täglich kommen neue ..." Ministerin Ouedraogo spricht unvermittelt mit kalter Wut. Noch ein Mythos, der zerplatzt wie eine Seifenblase! Die Europäer haben die Gewohnheit, diese kleinen Schwarzen mit den erstaunten, großen Augen, die von sanften Frauen in farbenprächtigen Tüchern auf ihre Rücken gebunden werden, rührselig zu betrachten. Glückliche Kinder in Afrika, von allen gehätschelt und geliebt ... Ein grausamer Irrtum! Zahlen enthüllen erbarmungslos die Wirklichkeit. Sehr viele Frauen auf dem Land haben ganz einfach nicht die Zeit, sich um jedes ihrer Kinder zu kümmern. Solche Kinder schlafen dann in den Feldern, ziehen über die Straßen, hängen sich an einen Lastwagen, versuchen ihr Glück in der Stadt, legen sich, eingehüllt in schmutzige Pappen, im Schutz eines Schuppens zum Schlafen nieder und ernähren sich von Abfällen.

Thomas Sankara, der Staatschef von Burkina, sagte am 27. Februar in seinem sonnenüberfluteten, schmucklosen Büro im Palast zu mir: „Wievielmal haben meine Brüder und ich nicht die Mülleimer des Hotels Indépendance von Ouaga durchwühlt, um uns zu verpflegen!"

Seit 1983 hatte die Volksmacht beeindruckende Erfolge zu verzeichnen: In jenem Jahr lag die Kindersterblichkeitsrate – die höchste der Welt – bei 187 Todesfällen pro 1.000 Lebendgeborene, 1986 war sie auf 167 gefallen. Ein Prozentsatz, der immer noch zu den höchsten der Welt gehört, aber ein Prozentsatz, der im Sinken begriffen ist. Ein Beweis, daß die massiven Maßnahmen im Hinblick auf Säuglinge und Kleinkinder langsam Früchte tragen. Zwei Millionen Kinder sind 1986 gegen fünf weitverbreitete Geißeln Afrikas (Kinderlähmung, Tetanus, Masern usw.) geimpft worden. Fortschritte hat es in den letzten drei Jahren auch im Schulbereich gegeben: nur 23% der Kinder zwischen 7 und 13 Jahren gingen unter dem neokolonialen Regime in die Schule; heute (erstes Trimester 1987) sind es 31%. Dessenungeachtet stellt sich die Situation der Kinder zum Zeitpunkt des Mordes und des Sturzes der Volksregierung als sehr dramatisch dar.

Jede soziale Veränderung vollzieht sich über die Frauen, sowohl die kollektiven Veränderungen der herrschenden sozialen Werte als auch der tiefere, verborgene Wandel der individuellen symbolischen Motivationen und Beziehungen.

In der Schlacht, die sich vor kurzem in Burkina abspielte, standen sich die überlieferten Werte der traditionellen Gesellschaften, die über Jahrhunderte hinweg den Geist der Menschen beherrscht hatten, und die neuen Symbole, Zeichen und Motivationen gegenüber, welche die Revolutionsmacht versuchte, dem Kollektivbewußtsein einzupflanzen.

Der Kampf dieser beiden Kulturen, der sich im Innersten der Menschen vollzog, ist mit soziologischen Untersuchungsmethoden nur schwer meßbar. Indessen spielten die Frauen auf beiden Ebenen – sowohl auf der der kollektiven Auseinandersetzung als auch auf der der inneren Erschütterung – eine entscheidende Rolle. Paul Claudel hat diese Tatsache instinktiv begriffen. In seinem *Journal* schrieb er: „Um den Menschen sich selbst zu entreißen, bis auf die Wurzeln, um ihm Geschmack am anderen zu geben, diesem Geizhals, diesem Harten, diesem Egoisten, um ihn zu veranlassen, dieses andere entsetzlicherweise sich selbst vorzuziehen, bis zum Verderben von Leib und Seele, gibt es nur ein probates Mittel: die Frau."

Ende Februar, spät in der Nacht: Sankara übergibt mir 29 Seiten eines getippten Manuskripts, das, von handgeschriebenen Korrekturen überdeckt, fast unleserlich geworden ist. Es handelt sich um die Rede, die er am 8. März, dem Weltfrauentag, bei einem Massenmeeting im Stadion von Ouagadougou halten soll. „Da fehlt noch der Schwung, das ist noch kraftlos! Könnten Sie das noch einmal durchgehen, mir vielleicht ein paar schlagende Argumente eingeben?" Und, wie um sich zu entschuldigen, mich um diesen kleinen Gefallen gebeten zu haben, fügt er hinzu: „Sie verstehen, ich habe meine Schwester sterben sehen ... im Elend. Ich kann den Leidensweg, den meine Mutter gegangen ist, nicht vergessen."

Die Revolutionsregierung versuchte, zwei Maßnahmenkataloge auf den Weg zu bringen, die beide darauf zielten, die Existenz der Frauen von Grund auf umzugestalten:

1. Der Kampf gegen die soziale Entfremdung und den psychologischen Druck: die Zwangsehen, das System der Mitgift, der Verkauf junger Mädchen, die Polygamie.
2. Der Kampf gegen die rituellen Verstümmelungen des weiblichen Körpers: die Beschneidung, die Infibulation.

Zur großen Überraschung der Revolutionäre rief jede dieser Strategien den erbitterten Widerstand eines Teils der Frauen hervor!

Das Familiengesetz, dessen Erlaß mehrmals angekündigt war, wurde wiederholt überarbeitet. Ein erster Entwurf entwickelte sich aus Diskussionen, die in allen Stadtviertelkomitees sämtlicher Orte und in jedem Komitee der über 7.000 Dörfer geführt wurden. Eine nationale Kodifizierungskommission sammelte alle Vorschläge. Dann ging der zweite Entwurf noch einmal an die Basis zurück und löste erneut endlose Debatten aus! Als die Volksregierung gestürzt wurde, befand sich das Gesetz immer noch im Planungsstadium.

Betrachten wir nun nacheinander die beiden Maßnahmenkataloge, die die Revolutionsregierung vorgeschlagen hatte, um der Ausbeutung, der Diskriminierung und der Verstümmelung der Frauen ein Ende zu bereiten.

1. Der erste Maßnahmenkatalog wollte die Polygamie, die Zwangsehe, den Verkauf junger Mädchen und das Mitgiftsystem abschaffen. Ich beginne damit, die Vorschläge der Regierung wiederzugeben, so wie sie in dem Gesetzentwurf formuliert waren. Danach werden wir uns mit den Widerständen, den Protesten und Widersprüchen, die sie hervorriefen, auseinandersetzen.

Artikel 287
Die Monogamie wird als legale Form der Ehe eingeführt mit der Absicht, die volle Entfaltung der Eheleute zu fördern und gegen die sozio-ökonomischen Zwänge und die feudalen Vorstellungen anzukämpfen.

Artikel 288

Andere Formen der Verbindung als die, welche im vorliegenden Gesetz vorgesehen ist, insbesondere die herkömmlichen Ehen und die religiösen Ehen, haben keine juristischen Folgen.

Artikel 289

Die Ehe beruht auf dem freien und bewußten Willen des Mannes und der Frau, einander zu heiraten. Infolgedessen sind verboten:
- die Zwangsehen, besonders die Ehen, welche durch die Familien bestimmt werden, und solche, die aufgrund des Gewohnheitsrechts den überlebenden Gatten zwingen, einen Verwandten des Verstorbenen zu heiraten;
- eine Heirat aus Gründen der Rasse, der Kaste, der Hautfarbe oder der Religion zu verhindern oder sich ihr zu widersetzen.

Artikel 290

Die Kinder genießen die gleichen Rechte ohne jede Ausnahme und ohne Unterschied oder Diskriminierung aufgrund ihrer Herkunft.

Artikel 293

Das Mindestalter für einen Ehekontrakt ist bei Männern 20 Jahre, bei Frauen 17 Jahre; Ausnahmen von dieser Altersregelung werden nur aus schwerwiegenden Gründen von einem Zivilgericht gewährt. Diese Ausnahmeregelung gilt in keinem Fall für Männer unter 18 und Frauen unter 15 Jahren.

Artikel 300

Die Gewährung einer Mitgift in Form von Bargeld, Naturalien oder Dienstleistungen ist illegal.

Artikel 301

Keiner der Ehegatten kann eine zweite Ehe eingehen vor Auflösung der ersten.

Artikel 303

Die Ehe zwischen Verwandten in auf- und absteigender Linie und Verwandten derselben Linie ist verboten.

Artikel 304

In der Seitenlinie wird die Ehe verboten:

- zwischen Halbgeschwistern väterlicherseits oder mütterlicherseits;
- zwischen Onkel oder Großonkel und Nichte oder Großnichte;
- zwischen Vettern und Basen 1. und 2. Grades.

Artikel 305

Die Ehe in der Seitenlinie zwischen Verwandten bis zum 3. Grad ist verboten, sofern die Person, die diese Verwandtschaft geschaffen hat, nicht gestorben ist.

Hinter dieser trockenen und langweiligen juristischen Sprache zeichnen sich erhebliche soziale Konflikte ab, ein Umsturz bislang gültiger Werte. In der Tat wird hier das ganze Gebäude der traditionellen Gesellschaft von Grund auf angegriffen.

Mehr als 80% der Bevölkerung Burkinas leben auf dem Land. In allen Zeiten werden aber im ländlichen Milieu die Ehen arrangiert. Schon in früher Kindheit sind die jungen Mädchen Gegenstand harter und verwickelter Verhandlungen zwischen den Sippen- und Familienchefs. Mittels der Frauen werden komplizierte Bündnisse geknüpft. In der traditionellen Gesellschaft spielt die Mitgift eine äußerst wichtige Rolle: Der Verkaufspreis einer Frau gestattet es, das Vermögen einer Familie zu vermehren. Oder aber, im Gegenteil, er stürzt die Familie in Armut, die die Frau kauft. Doch ist diese Verarmung von kurzer Dauer: Die gekaufte Frau wird Kinder in die Welt setzen, sie wird selbst in Haus und Hof und auf den Feldern der Käuferfamilie arbeiten – und zwar hart! Sie wird auf diese Weise Reichtümer schaffen, die produktive Arbeitskraft vermehren und wird selbst Mädchen gebären, die ihrerseits gegen Mitgift an andere Familien verkauft werden. Die Mitgift wird ausgesetzt als Bargeld, vorwiegend jedoch in Rindern, Ziegen, bestimmten Mengen an Stoff usw.

Tiefgreifende Reform: Im Gesetzentwurf Sankaras sind arrangierte Ehen verboten. Der Mann wählt seine Frau frei nach Belieben, ebenso die Frau ihren Mann. Komplizierte Verhandlungen zwischen Familien- und Sippenchefs haben ein Ende. Schluß mit der kostspieligen Mitgift! Vom stummen, untätigen und fügsamen Objekt wandelt sich die Frau zum aktiven Subjekt ihrer eigenen Geschichte. Die terroristische Bevormundung des Vaters, des älteren Bruders oder des Onkels hört auf.

Auch im Hinblick auf die Scheidung wiegt die Reform schwer: Sie kann entweder durch ein Volksgericht oder im gegenseitigen Einvernehmen vollzogen werden. Die mißhandelte Frau kann mit ihren minderjährigen Kindern fortgehen, wie und wann sie will, und in ihre Stammfamilie zurückkehren, ohne daß diese Familie eine übermäßig hohe Entschädigung zahlen muß. Im Verhältnis des Paares zueinander waltet wirtschaftliche und juristische Gleichheit. Die Allmacht des Mannes und sein totalitärer Einfluß auf die Frau schwinden. Die Frau wird zu einem freien, geachteten und erwachsenen Wesen.

Eine weitere Erschütterung erfahren die Verwandtschaftsbeziehungen: Die Verwandtschaftsgrade sind zu respektieren. Bei den herkömmlichen Verhandlungen sind die Regeln des Inzestverbotes oft verletzt worden. Die Artikel 303 bis 306 des Gesetzentwurfes untersagen Verbindungen zwischen Verwandten in aufsteigender Linie und Nebenlinie bis zum dritten Grad. Ein Ende der ehelichen Vorherrschaft alternder Onkel, die ihre minderjährigen Nichten heiraten.

Als Fundament jedes neuen ehelichen Gebäudes wird die Monogamie vorgeschlagen.

Wie aber liefen die Dinge in Burkina? Sehr schlecht! Im Vorwort dieses Buches sprach ich davon, daß die Schlacht zwischen den überlieferten und den neuen Werten in den Gesellschaften der Dritten Welt und vornehmlich in den afrikanischen noch unentschieden ist. Das Burkina Sankaras bildet da keine Ausnahme. Eine leidenschaftliche, ständig sich verändernde Schlacht, in welcher der Voluntarismus der Revolutionsregierung oftmals an der traditionellen Denkungsart scheiterte, die härter und widerstandsfähiger als Stein zu sein schien.

Zunächst die Monogamie: Sie galt als absolute Priorität bei den Revolutionären. Joséphine Ouedraogo: „Die Frauen wollen die Monogamie nicht ... wir haben Probleme damit. Die sehr bewußten und entschiedenen Kameradinnen der UFB (Union des femmes du Burkina) und der CDR (Comités pour la Défense de la Révolution) machen uns Vorwürfe ... sie sagen daß wir von ihrer Situation nichts begreifen."

Die Vorkämpferinnen der UFB verteidigen die Polygamie? Meine Überraschung war riesengroß. Jedoch verstand ich nach und nach im Verlauf meines Gesprächs mit Joséphine die unentwirrbare Komplexität der Situation. Die Polygamie ist im ländlichen Milieu eine weitverbreitete soziale Struktur. Den in hohem Maße ausgebeuteten, mit produzierenden Aufgaben überlasteten Frauen, den vielbeschäftigten Hausfrauen, die eine Schwangerschaft nach der anderen austragen, verschafft die Polygamie Vorteile. In einem polygamen Haushalt verteilen sich die häuslichen Plackereien auf drei oder vier Frauen. Die einzige Waffe der Frauen, mit der sie gegen ihre Erschöpfung ankämpfen, ist das Abwechseln in der Hausarbeit. Ein weiterer Vorteil des polygamen Systems: Der Ehemann ist weniger flatterhaft, betrügt seine Frau(en) weniger. Die Frau lebt in einer größeren affektiven Stabilität und in wirtschaftlicher Sicherheit. Der Ehemann wagt es nicht, von einem Augenblick zum anderen das Haus zu verlassen und die Gemeinschaft aufzukündigen. Die Polygamie schafft der Frau Freiräume. Diese Freiräume kompensieren zur Genüge die Entfremdung, die dieses Ehesystem hervorruft.

Wie mir eine Bäuerin bestätigte: „Wenn es auf dem Hof vier Frauen gibt, können wir die Aufgaben untereinander aufteilen." Eine kleine Verschnaufpause, einen größeren Abstand zwischen den Schwangerschaften, eine fragile Illusion von Freiheit gewährt das polygame System.

Aus den genannten Gründen kann die Polygamie *nicht auf ein bloßes Generationsproblem reduziert werden*: Männer und Frauen aller Altersstufen halten an ihr fest (oder seltener: lehnen sie ab). Ein Beispiel, nämlich das der Familie meines Freundes Theodore Konseica. Er ist der Sohn des Dorfchefs von Pissi im Distrikt von Sapone. Sein Vater Tibo hatte 20 Frauen; 71 Kinder wohnten seiner Beerdigung bei. Der 29jährige Theodore ist Inspektor bei den PTT (Post/Telefon) in Ouagadougou, er ist monogam und Vater eines Kindes. Sein 34jähriger Bruder, Tibos Nachfolger als Dorfchef, ist dagegen polygam und hat 5 Frauen. Theodores Frau ist 28 Jahre alt und bekämpft die Polygamie leidenschaftlich. Die älteste der fünf Frauen seines Bruders ist erst 22 Jahre alt. Sie verteidigt das polygame System.

Das alles mit einem Federstrich abschaffen? Viele Frauen – und darunter die bewußtesten – wollen es nicht.

Man lehnt sich gegen die Ministerin für Familie und nationale Solidarität auf. In einem bestimmten Augenblick der Unterhaltung erhebt sie sich, geht in den Nachbarraum und kehrt mit einem dicken, abgegriffenen Buch wieder: der 11. Band einer *Gesamtausgabe von Marx/Engels*, eine sowjetische Ausgabe in französicher Sprache. Sie öffnet das Buch und reicht es mir. Im flackernden Lampenlicht entdecke ich die von ihrer Hand mit Anmerkungen versehenen, unterstrichenen und kommentierten Seiten zu der Heiligen Familie. Dieses Werk wurde von dem jungen Karl Marx in Zusammenarbeit mit Friedrich Engels während ihres ersten Exils in Paris redigiert und 1845 veröffentlicht. Ich lese die roteingerahmte Seite, die mir die Ministerin zeigt:

„Ist das junge Mädchen nicht eine ausgestellte Ware für den, der über den ausschließlichen Erwerb und Besitz derselben verhandeln will? ... Ebenso wie in der Grammatik zwei Negationen eine Bejahung ergeben, kann man sagen, daß beim ehelichen Handel zwei Prostitutionen eine Keuschheit einbringen ..."

„Die Wandlung einer Geschichtsepoche läßt sich immer in Zusammenhang mit der fortschreitenden Befreiung der Frauen ermessen, weil sich hier, in der Beziehung zwischen Mann und Frau, zwischen dem Starken und dem Schwachen der Sieg der menschlichen Natur über die Brutalität am klarsten zeigt. Der Grad der weiblichen Emanzipation ist der natürliche Maßstab für den Grad der allgemeinen Emanzipation (...)"

„Die Herabwürdigung des weiblichen Geschlechts ist ein wesentlicher Zug sowohl der Zivilisation als auch der Barbarei, mit dem einzigen Unterschied, daß die zivilisierte Ordnung jedes Laster, das die Barbarei auf natürliche Weise praktiziert, zu einer zweideutigen und heuchlerischen Lebensform erhebt ... *Niemand ist härter bestraft als der Mann angesichts der Tatsache, daß die Frau weiterhin in der Sklaverei gehalten wird.*"

Joséphine Ouedraogo schweigt eine Weile, dann fragt sie mich mit eindringlicher, fast verzweifelter Stimme: „Marx und Engels haben recht, nicht wahr?"

Sicher haben sie recht, diese alten Propheten des Jahres 1845! Das ändert jedoch nichts an der Angelegenheit: 1987 wollen Zehntausende von Frauen in Burkina die Monogamie nicht!

Denkweisen entwickeln sich langsamer, als Gletscher wandern. Trotz avantgardistischer Reden, trotz all der endlosen Diskussionen in den Vierteln, den Versammlungen und Dörfern, trotz Tausender von Volksversammlungen, von Broschüren, Radiosendungen und Kursen zur Bewußtseinsveränderung, die die UFB organisierte, ist die Zwangsehe 1987 immer noch die Regel.

Doch man beachte: Die sahelische Ehe hat nichts gemein mit der Institution gleichen Namens der jüdisch-christlichen Zivilisation. Die afrikanische Ehe kreist beinahe ausschließlich um die Fortpflanzung, um die Kinder. Vorstellungen von Ehebruch, von körperlicher Treue usw. sind den Männern und Frauen der großen sahelischen Zivilisationen fremd. Die Fortpflanzung der Familie, die Fruchtbarkeit und die Fortdauer des Lebens auf Erden sind ihre zentralen Anschauungen. Ein Beispiel: Bei den Gurunsi im Süden des Landes muß eine Frau vor der Heirat einem Kind das Leben geschenkt haben, eine Frau kann nicht verheiratet werden – selbst wenn das Bündnis zwischen den beiden beteiligten Familien seit langem beschlossene Sache war –, wenn sie nicht bereits ihre Fruchtbarkeit unter Beweis gestellt hat. Bei den Dagari, einem anderen großen Bauernvolk aus Faso, verläßt die Frau einmal im Jahr den heimischen Herd für eine Woche, um vorübergehend mit einem freigewählten Liebhaber zusammenzuleben. Bei denselben Dagari gibt es auch eine andere Sitte: Wenn der Ehemann wegzieht, muß er selbst seinen Vertreter bestimmen. Kehrt er dann nach Jahren der Arbeit auf den Plantagen der Elfenbeinküste oder Ghanas nach Hause zurück, werden die Kinder, die während seiner Abwesenheit geboren wurden, als die seinigen anerkannt. Kurzum: In praktisch allen sahelischen Zivilisationen bereitet die sexuelle Freiheit der Frau kaum ein Problem. Der Ehebruch ist ein unbekannter Begriff. Das Kind allein zählt.

Diese schöne und berechtigte Wunschvorstellung wird nicht von jedermann geteilt: Namentlich die kleinbürgerlichen Gesellschaftsklassen der Städte, die durch den jüdisch-christlichen Einfluß Schaden genommen haben und die von den katholischen und protestantischen Missionaren indoktriniert wurden, praktizieren auf dieselbe Art und Weise repressive Ehebeziehungen wie die Europäer. Die Jungfräulichkeit ist für sie ein ebenso unveränderlicher Wert wie die angebliche Treue. Der geringste Verstoß gegen diese beiden Tabus führt zu schrecklichen Dramen. In diesen bürgerlichen und kleinbürgerlichen Klassen des städtischen Beamtentums regiert die fröhlichste Heuchelei: Die Frauen werden mit dem Zwang zur Keuschheit schikaniert. Die Männer praktizieren außereheliche Beziehungen ohne das geringste Verantwortungsgefühl, auch nicht gegenüber den Kindern, die, auf diese Weise empfangen, nicht anerkannt werden. Die Prostitution floriert. In den meisten muslimischen Hausständen ist gleichermaßen die repressive, heuchlerische Ehe die Regel. Wie die jüdisch-christliche Religion, so weitet auch der doktrinäre, seinem Ursprung entfremdete Islam sein freiheitsberaubendes Regime über die Frau aus.

Einige Monate nach dem Sieg der Revolution sind im ganzen Land revolutionäre Volksgerichte zur Versöhnung (TPRC) geschaffen worden. Es handelt sich um eine bemerkenswerte Einrichtung, welche die alten Traditionen des dörflichen Palavers mit den neuen, von der Avantgarde formulierten Ansprüchen der Rechtsprechung zu vereinen trachtet. Die Frauen und Männer des Dorfes wählen ihre Gerichtsabgeordneten für die Dauer einer Sitzungsperiode. Jeder, der über 16 Jahre alt ist, kann abstimmen.

Die TPRC setzen sich aus einem Präsidenten, einem Vizepräsidenten und zwei Richtern zusammen. Ihre Wahl vollzieht sich auf folgende Weise: Am Tag der Wahl tritt die Dorfversammlung zusammen. Jeder kann als Wahlkandidat auftreten. In der Mitte des Platzes wird ein Stück Baumstamm aufgestellt. Die Kandidaten steigen der Reihe nach auf den Stamm. Der Präsident der Versammlung fragt die Menge: „Kennt Ihr diesen Mann (diese Frau)? Streitet er (sie) sich mit seinen (ihren) Nachbarn?" Wenn irgendeiner aus der Menge dem Kandidaten etwas vorzuwerfen hat, antwortet dieser. Ist die Antwort nicht überzeugend, muß er vom Stamm heruntersteigen. Seine Kandidatur wird abgewiesen. Wenn alle Kandidaten geprüft worden sind, schreitet der Versammlungspräsident zur Wahl. Die übriggebliebenen Kandidaten werden in

304

einer Reihe nebeneinander auf dem Platz aufgestellt. Der Präsident fordert sodann die Leute auf, sich hinter den Kandidaten ihrer Wahl aufzureihen. Die vier Kandidaten, hinter denen im Gänsemarsch die meisten Personen stehen, sind gewählt. Unter sich bestimmen sie dann den Präsidenten und seinen Stellvertreter.

Das Gericht tritt vor den Dorfbewohnern zusammen, die sich unter dem großen Baobab mitten auf dem Platz eingefunden haben. Lebhafte, endlos scheinende Palaver, hin und wieder von Schreien, Gelächter und kleinen individuellen Dramen unterbrochen. In Nord und Süd, in Ost und West des Landes wohnte ich diversen TPRC-Versammlungen bei.

Die Versammlungen, die ich im Land der Gurunsi erlebte, hinterließen unauslöschliche Erinnerungen in mir. Die Gurunsi sind ein sehr fröhliches, faszinierendes Volk mit explosivem Temperament. Sie bewohnen den äußersten Süden des Landes zu beiden Seiten der Grenze mit Ghana und leben – in Faso ist das eine seltene Ausnahme – in verhältnismäßigem Überfluß. Ihre Savanne ist fruchtbar, ausgedehnte Wälder grenzen an ihre Felder. Außerdem erstreckt sich auf ihrem Gebiet ein großer Nationalpark mit Löwen, Elefanten, Warzenschweinen, Gazellen und Büffeln.

In Nasinga haben kanadische, englische und amerikanische Forscher eine „Game Ranch", einen Beobachtungs- und Forschungsposten eingerichtet. Sechzehn Zoologen, Biologen usw. führen minuziöse Untersuchungen über Migrations- und Ernährungsgewohnheiten, über sexuelle Bräuche und über die sozialen Hierarchien bei den großen Raubtieren, den Elefanten und allen anderen Tiergattungen durch. Manche dieser Forscher verbringen Jahre damit, die Elefantenherden zu beobachten und die Ergebnisse dem Computer einzuspeisen. Andere wiederum schleichen den Löwen nach, und einige verfolgen Tag und Nacht die Herden von Gazellen und Warzenschweinen.

Nicht zuletzt gibt es dort weltweit bekannte Schlangen-, Spinnen- und Krokodilspezialisten.

Die Gurunsi profitieren beträchtlich von der Aktivität dieser Männer und Frauen der Wissenschaft, die leidenschaftlich ihrem Metier ergeben sind. Sie fühlen sich zu einer Mission berufen: die bedrohte Fauna Afrikas zu retten. Von ihnen bezahlte, ausgebildete und bewaffnete Wächter machen Jagd auf die zahlreichen Wilderer und Jäger, die es auf Elfenbein und seltene Felle abgesehen haben und die aus Nigeria, Ghana und bisweilen sogar aus Europa nach Burkina kommen. Schüsse hallen wider in den Nächten, Hinterhalte werden gelegt, Kämpfe finden statt. Es gibt regelmäßig Tote, auf beiden Seiten. Jedoch kann man mit Resultaten aufwarten: Aus einem Umkreis von mehreren hundert Kilometern strömen die großen Raubtiere und die Wiederkäuer in den Park von Pô. Selbst den erfahrensten Zoologen gelingt es nicht, dieses eigenartige Phänomen zu erklären – die Elefanten, Gazellen, Löwen und Krokodile fühlen sich hier in Sicherheit. In dem 800 km^2 großen Park laufen sie nicht Gefahr, durch eine Falle verstümmelt oder gefangen zu werden. All die anderen Tiere in der weiten Savanne erfahren davon. Auf welchem Wege? Niemand weiß es. Tatsache ist, daß die Tiere im Umkreis von mehreren hundert Kilometern nach hierher aufbrechen. Der Zustrom dauert ununterbrochen an.

Im Laufe eines einzigen Vormittags im Februar 1987 begegneten mir im Park von Pô drei Elefantenherden, dunkel glänzten ihre Körper. Zwischen vierzehn und einundzwanzig Tiere zählte jede Herde. Wir waren bereits seit sechs Stunden unterwegs, als der Fährtensucher uns durch ein kaum hörbares Pfeifen ein Zeichen gab. Das, was ich in fünfzig Metern Entfernung vor uns in den hohen Gräsern für Felsen hielt, waren tatsächlich Elefanten in völliger Regungslosigkeit. Das wachhabende Leittier hielt sich etwa 20 Meter von der Herde entfernt. Drei kleine Elefanten wurden von den erwachsenen Tieren schützend umgeben, riesige Tiere mit großen Ohren und strahlendweißen, mächtigen Stoßzähnen. Eine Stunde später sollte sich das Schauspiel wiederholen: Auf einer Pfadbiegung entdeckten wir eine neue Herde, ihre dunklen, massigen Körper überragten Büsche und Bäume. Die dritte Begegnung wäre um ein Haar tragisch ausgegangen: Die Sonne stand schon hoch. Wir waren am Ende unserer Kräfte, schwitzten wie die Galeerensklaven, die Augen fielen uns vor Erschöpfung zu. Wir schleppten uns hinter dem Führer und dem Wächter her, die unentwegt mit der Leichtigkeit von Gazellen voranschritten. Plötzlich hörte der Grasbewuchs auf, vor uns ein Tümpel, Schilfrohr umgab ihn. Gegenüber auf der anderen Seite, kaum dreißig Meter lagen zwischen uns, eine prächtige Herde von ungefähr zwanzig Tieren. Das Wachtier stand ein wenig abseits. Die Mütter begossen ihre Kleinen mit gewaltigen Wasserfontänen aus ihren Rüsseln. Auch die anderen Tiere tauchten ihre Rüssel in den Tümpel, saugten das brackige Wasser ein, hoben den Rüssel und duschten sich mit kräftigem Strahl. Wie tausend Sterne blinkten die Tropfen auf ihrer glänzenden schwarzen Haut.

Die Elefanten schienen ebenso überrascht wie wir. Mein Sohn und der Fährtensucher erstarrten, ich zitterte vor Angst, in größtem Erstaunen. Im Bruchteil einer Sekunde nahmen die Elefanten Kampfposition ein. Ihre Gruppe zerstob, dann stellten sie sich in einer Phalanx uns gegenüber. Wie Schirme waren ihre riesigen Ohren zu beiden Seiten des Kopfes aufgestellt. Wütend stampften sie mit ihren Vorderbeinen auf den Boden. Ihre heiseren Schreie stiegen wie unheilverkündender Donner in den Mittagshimmel. Nur ein schmaler, flacher Tümpel, einige umgestürzte Baumstämme, ein Termitenhügel und das Gras trennten uns von ihnen. Wir liefen um unser Leben.

Die angelsächsischen Wissenschaftler wissen nun mit ausreichender Genauigkeit über das ökologische Gleichgewicht der Region Bescheid. Da die Tümpel nicht mehr genügen, alle Tiere zu tränken und der Boden nicht alle Herden zu ernähren vermag, verwandeln sich die Zoologen in Jäger und strecken die überzähligen Tiere nieder. Das Fleisch wird danach in den Gurunsidörfern verteilt. Dank dieser guten Zusammenarbeit zwischen den Forschern der Game Ranch und den autochthonen Bewohnern hat sich die Ernährungslage letzterer verändert. Kwashiorkor, Anämie und alle anderen Krankheiten, die mit Mangelernährung zusammenhängen, sind im Gurunsiland beinahme völlig verschwunden.

Die Versammlungen der TPRC im Gurunsiland sind regelrechte Unterrichtsstunden, wahrhafte Forschungsstätten der Soziologie. Werfen wir zunächst einen Blick auf die Sitzungen, die sich mit Gefühlskonflikten befassen. Beispiel: Eine Frau flieht mit ihrem Liebhaber. Ihre eigene Familie und die ihres Ehemannes sagen sich von ihr los und zeigen sie beim TPRC an. Die Angelegenheit ist äußerst ernst: Zwischen den beiden Familien hat sich ein Bündnisbruch ereignet. Ende der ersten Episode. Nach einigen Tagen, seltener nach einigen Wochen, kehrt die Frau in das Dorf zurück. Erneute Einberufung der Gerichtsversammlung, und wiederum dauern die Palaver einen Tag, eine Nacht und manchmal sogar mehrere Tage. Die TPRC sind nicht dafür geschaffen, um zu bestrafen oder zu verurteilen. Gemäß afrikanischer Tradition besteht ihre Funktion darin, die Konflikte beizulegen. Wutausbrüche, Schreie, Beleidigungen … dann wird diskutiert. Man geht noch einmal endlos sämtliche Fakten durch. Scharen von Kindern folgen mit großen erstaunten Augen dem Schauspiel. Langsam dann verlieren die Schreie an Intensität, die Darlegungen präzisieren sich, der Lärm läßt nach. Man beginnt zu verhandeln, der Frau wird verziehen, und man gibt sie ihrem Ehemann zurück. Ihr Vater, ihr Onkel oder ihr großer Bruder, Chef der Familie, aus der sie stammt, legt ihr die Hand auf die Stirn, desgleichen der Chef der Familie des Ehemannes. Das Bündnis ist wieder hergestellt. Man bringt Hirsebier, und jedermann trinkt. Die Schatten werden lang, der Abend bricht an. Jeder ist müde, die Kinder sind schon längst auf ihren Matten eingeschlafen. Die Frau zieht wieder in ihr Heim ein, der Frieden kehrt ins Dorf zurück, und das Leben nimmt seinen Lauf.

Andere Sitzungen laufen viel dramatischer ab, wie zum Beispiel folgende: An einem Morgen bei Tagesanbruch werden die Bewohner eines Gurunsidorfes durch laute Schreie geweckt. Ein Vater fand beim Aufstehen die Schlafstatt seiner Tochter leer. Eilig versammelt sich das TPRC. Der Vater spricht: „Meine Tochter ist dreizehn Jahre alt. Sie ist in dieser Nacht von Untel entführt worden. Finden Sie sie wieder!" Ich erfahre, daß das Mädchen seit langem einer verwandten Familie versprochen war. Treibjagd im Busch, Stunden vergehen. Beim Einbruch der Dunkelheit findet man das Mädchen im Gras versteckt. Aber den Geliebten nicht. Man führt sie zurück. Unter Tränen bittet das Mädchen seinen Vater mit gesenktem Kopf zitternd um Verzeihung. Dieser bringt sie in die Hütte. Einige Tage vergehen.

Eines Morgens kehrt der Liebhaber wieder, ein großgewachsener junger Mann von etwa 30 Jahren, schlank und tätowiert. Er erscheint vor der Hütte des Präsidenten des TPRC und verlangt die Einberufung der Versammlung. Mit unerschrockener Stimme beruft er sich auf den Erlaß Nr. 85/405 des Nationalen Revolutionsrates.[17] Er sagt: „N. ist siebzehn Jahre alt. Der Alte will seine Tochter verkaufen. Ich bitte um ein Urteil des Gerichts. Sie liebt mich. Ich liebe sie. Ich will sie heiraten. Die Zwangsehe ist in Burkina verboten." Palaver, Dispute, Proteste der beiden betroffenen Familienchefs (die Famile, aus der das Mädchen stammt, und die, welcher das Mädchen versprochen wurde). Der junge Mann gibt nicht nach. Er würdigt das Mädchen keines Blickes. Die Versammlung erklärt nach ausführlichen, spitzfindigen Erörterungen, daß das Mädchen im heiratsfähigen Alter ist. Mit siebzehn Jahren eher als mit dreizehn ... Der Präsident erhebt sich hinter seinem Holztisch, desgleichen der Vizepräsident und die beiden Richter, zwei Frauen. Alle Dorfbewohner einschließlich der Kinder haben sich in einem Halbkreis vor ihnen aufgestellt. Schwer lastet die Stille. Mit feierlicher Stimme gibt der Präsident, ein Greis von stattlicher Statur in seinem prachtvollen weißen Bubu mit der Kappe auf dem Kopf folgendes bekannt: „Die Zwangsehen sind von jetzt ab in Faso verboten." Zum ersten Mal wendet er sich an das junge Mädchen, das sich, am ganzen Leibe zitternd, langsam mit nackten Füßen, hübsch und sehr zerbrechlich in seinem blauen Schurz dem Tisch nähert. Die Sonne steht schon hoch am Himmel. Selbst die auf den Bäumen hockenden Geier sind verstummt, erwarten den Urteilsspruch. Mit strenger Stimme fragt der Präsident: „Was willst du machen? Dem jungen Mann folgen oder nach Hause zurückkehren?"

Die Antwort versteht sich von selbst. Zum ersten Mal hebt das junge Mädchen ihr hübsches, tränenüberströmtes Gesicht. Lange schaut sie den Präsidenten und die Richterinnen an. Dann dreht sie sich um und wendet sich mit langsamen, zaghaften Schritten der Gruppe von Männern, Frauen und Kindern zu, die in der Mitte des Halbkreises steht. Sie kehrt zu ihrem Vater zurück. Zwischen Tradition und Liebe wählt sie die Tradition. Ohne einen Protest und ohne einen Blick geht der junge Mann fort. Die Versammlung zerstreut sich.

Betrachten wir nun den zweiten Maßnahmenkatalog: Maßnahmen, die gegen die physische Verstümmelung der Frau kämpfen.

An den Mauern der Städte, in den Warteräumen aller Ministerien, an den Türen der Sanitätsposten im Busch – kleine weiße Rundhäuser mit Strohdächern, gekennzeichnet mit dem roten Kreuz – überall klebte ein Plakat. Eine schöne, junge afrikanische Frau schreitet in einen weißen Bubu gehüllt mit einem weißen Turban auf dem Kopf einher. Auf der Höhe ihres Unterleibs ein riesiger großer Fleck. Blutstropfen rinnen aus der Wunde, fallen auf die Erde. Kein Text ergänzt das Bild. Große Worte sind nicht vonnöten. Jeder versteht selbstverständlich die Botschaft: Das Plakat ruft zum Kampf gegen die sexuelle Verstümmelung auf.

Die erste kontinentale Untersuchung über die Beschneidung datiert aus dem Jahr 1980. Man verdankt sie der Minority Rights Group von London; sie wurde mit der Nummer 47 unter den Berichten dieser Organisation veröffentlicht. Die Karte in diesem Bericht zeigt, daß die Beschneidung (in der einen oder anderen Form) bei fast allen Frauen im Länderkomplex des sahelischen Afrika praktiziert wird. Burkina bildet da keine Ausnahme. Die Einführung zum ersten Fünfjahresplan von Burkina (1986-1990) räumt dem Kampf gegen die Beschneidung einen vorrangigen Platz ein.

Was ist Beschneidung? Die mehr oder weniger vollständige Entfernung der äußeren weiblichen Geschlechtsorgane. Es gibt drei wichtige Beschneidungsformen, die alle in verschiedenen Abstufungen in Burkina praktiziert werden. Die sanfteste und bei weitem am seltensten angewandte Methode besteht in der Entfernung der Klitoriseichel. Die verbreitetste ist die Klitorisektomie: das heißt die Entfernung eines Teils der Klitoris oder der ganzen Klitoris und der kleinen Schamlippen. Bisweilen werden auch die inneren Wände der großen Schamlippen ausgeschnitten. Jede Art Schneidwerkzeug dient zur Ausführung dieser Eingriffe: Küchenmesser, Rasierklingen (oft rostig), Holzklemmen, der angespitzte Schaft eines Schilfrohrs, Nadeln, Finger- oder Fußnägel oder ein Stück Glas. Die brutalste und radikalste Form der Beschneidung heißt Infibulation (vom Lateinischen *fibula* = Spange, Klammer). In manchen Regionen wird sie „sudanesische Zirkumzision" genannt. Die Sudaner selbst nennen sie „pharaonische Zirkumzision". Sie besteht in der Entfernung der Klitoris, der kleinen Schamlippen und eines großen Teils der großen Schamlippen an ihren Innenseiten. Nach vollzogenem Eingriff näht man die Geschlechtsöffnung zu. Die Vaginalöffnung wird auf das Minimum reduziert: Sie behält nur den Durchmesser eines Bleistiftes. Diese Öffnung ist gerade groß genug, um das Menstruationsblut und Urin abfließen zu lassen. Die Techniken variieren: Stiche mit Hilfe von Dornen, Ausbrennen mit einem Stück Holz, um die so angeschwollenen großen Schamlippen nähen zu können, schließlich Nähen mit einem Faden. Das Ziel ist dabei immer das gleiche: der fast totale Verschluß der Vulva bis zur Hochzeitsnacht. Der Ehemann ist es, der die Geschlechtsöffnung wieder einreißt. Er beginnt mit seinem Finger, die Öffnung zu erweitern. Oft gelingt es ihm nicht, und er muß auf eine Frau des Clans zurückgreifen, die Expertin im Zerreißen der zugenähten Schamlippen ist. Alle diese Leiden erträgt das junge Mädchen vor seinem ersten sexuellen Kontakt. Jedoch gibt es noch Schlimmeres: Für jede Entbindung muß die für den sexuellen Kontakt gedehnte Öffnung noch mehr erweitert werden. Nach jeder Geburt wird das Geschlechtsteil wieder zugenäht.

Die Schäden, die die verschiedenen Beschneidungsformen an Leib und Seele der jungen Mädchen anrichten, sind entsetzlich: Die burkinischen Ärzte – 1987 sind es für das ganze Land 200 – weisen in einem gemeinsamen Bericht von 1985 darauf hin, daß eine unbestimmte Anzahl der jungen Mädchen wenige Stunden nach der Beschneidung an Tetanus stirbt, an Dermoidzysten leidet oder den Verstand verliert aufgrund der erlittenen Qualen und des operativen Schocks.

Die Beschneidung ist gebunden an die Initiation der jungen Mädchen und der jungen Männer. Indes hat sie nichts, absolut nichts mit der Zirkumzision der Jungen zu tun: Diese Zirkumzision ist eine prophylaktische Maßnahme, eine Hygienevorkehrung, die nicht im geringsten die sexuelle Potenz noch die Genußfähigkeit oder die physische oder moralische Integrität der Jungen antastet. Die Beschneidung der jungen Mädchen hingegen in all ihren Erscheinungsformen ist eine unerträgliche Verstümmelung. Sie zielt darauf ab, die Frau der männlichen Herrschaft zu unterwerfen und ihre Fähigkeit, sexuelle Lust zu empfinden, zu reduzieren. Sie setzt sie psychischen Traumata und tödlichen Infektionen aus.

Die Beschneidung und die Zirkumzision sowie alle weiteren Abschnitte der Initiationszeremonie der jungen Leute können sich je nach Zivilisation von einigen Tagen bis zu einigen Wochen hinziehen. Bei den Gurma im Südwesten des Landes dehnen sich die Initiationsfeierlichkeiten über fünf Wochen aus und geben Anlaß für ein kostspieliges und fröhliches Volksfest.

Bei manchen Völkern Burkinas ist die Beschneidung nicht an die Initiation geknüpft: Sie kann auch, wie zum Beispiel bei den Mossi, im Alter von wenigen Monaten oder von zwei oder drei Jahren stattfinden. Bei den Fulbe wird sie mit beginnender Pubertät, mit dreizehn Jahren vollzogen. Bei den islamisierten Völkern Burkinas fanden die Forscher eine einheitliche Rechtfertigung für die Klitorisektomie oder die Infibulation vor: Es geht darum, das sexuelle Verlangen der Frau zu vermindern und, verbunden damit, sich einer wachsenden Treue zu vergewissern. Ein altes und völlig absurdes Macho-Argument, das in zahllosen muslimischen (oder koptischen Gesellschaften, die vom muslimischen Einfluß geprägt sind) Gesellschaften zieht.[18] Die bedeutenden traditionellen Gesellschaften der Lobi und der Gurma, die an den Grenzen zur Elfenbeinküste und zu Ghana leben, bringen eine mythologische, sehr viel interessantere und überlegtere Erklärung: Ihre Kosmogonien bejahen (wie viele andere Systeme afrikanischer Selbstinterpretation) die gemeinsame hermaphroditische Natur der Frau und des Mannes. Das bedeutet, daß bei den Frauen Charakteristika des männlichen Geschlechts und bei den Männern Charakteristika des weiblichen Geschlechts vorhanden sind. Diese „weibliche" Präsenz könnte beim Mann die Form der Vorhaut der Eichel übernehmen. Bei der Frau nimmt die „maskuline" Präsenz die Gestalt der Klitoris an. Damit eine Frau vollkommen Frau wird und der Mann ein richtiger Mann, muß einerseits die Klitoris und andererseits die Vorhaut der Eichel eliminiert werden. Dieser Mythos vom Hermaphroditischen rührt von weither: Die ägyptischen Pharaonen glaubten an die bisexuelle Natur der Götter, den männlichen und den weiblichen Geist, die auf die Geschlechtsorgane begrenzt waren. Damit sich das junge Mädchen in die Gesellschaft der Frauen einfügen kann, muß es von allem, was an das männliche Organ erinnert, befreit werden. Umgekehrt wird ein junger Mann erst Krieger, Jäger, Pflanzer, kurz: ein männliches, mutiges und starkes Wesen, wenn er beschnitten ist. Jedes der beiden Geschlechter muß den Anteil beseitigen, der vom anderen in ihm steckt.

Man sollte den alten Frauen (im allgemeinen die Großmütter oder Großtanten der jungen Mädchen), die die Beschneidung durchführen, Gerechtigkeit widerfahren lassen: Sie handeln nicht aus obskurem Aberglauben, unbewußtem Sadismus oder aus Lust an der Macht, sie sind vollkommen davon überzeugt, daß ein junges Mädchen nicht zu einer Frau wird ohne die Entfernung der äußeren Geschlechtsorgane. Halluzinative Inversion der Dinge: Das, was in Wirklichkeit eine demoralisierende Verstümmelung der Frau ist, erscheint in der Kosmogonie der Lobi, Gurma u.a. als eine Bedingung für die Entfaltung der Frau! Andererseits wird die Bewahrung der physischen, psychischen und sexuellen Integrität des jungen Mädchens von den Frauen, den Bewahrerinnen der Tradition, als bedauernswertes Gebrechen empfunden.

314

Ich habe Thomas Sankara niemals so zornig gesehen wie damals, als er von der Beschneidung sprach und den Leiden, den Gebrechen und den Todesfällen, die sie verursacht. Für ihn und für seine Freunde verkörperte sie das Schlimmste und das Grausamste in der afrikanischen Tradition und das, was am wenigsten zulässig sein dürfte. Dennoch wurde die Kampagne gegen die Beschneidung mit unendlicher Bedachtsamkeit durchgeführt. Ein erneuter Beweis für die Intelligenz der burkinischen Revolution. Jeder Dogmatismus hätte sich in der Tat bei dieser Sache katastrophal ausgewirkt. Die Instrukteure des Familienministeriums, die Mitglieder der CDR, die 200 Ärzte des Landes, die Verantwortlichen der Sanitätsposten und die Krankenschwestern gingen dabei sehr behutsam vor. Hören wir die Ärzte (aus dem erwähnten Bericht): „Die Rechtfertigungen für die Beschneidung sind doppelsinnig. Die Tatsache, daß sie meist in einem Komplex von Riten auftritt, die mit der Fruchtbarkeit zusammenhängen, zwingt zu äußerster Vorsicht. Mit der einfachen Denunziation des Phänomens liefe man Gefahr, Mentalitäten zu verletzen und mit einem Mißerfolg zu enden." Die Familienministerin, die mit der sexuellen Aufklärungskampagne in den Schulen und mit der Informationskampagne in der Öffentlichkeit betraut war, sagt: „Jede Aktion auf diesem Gebiet sollte sehr fortschrittlich sein, und eine Informationskampagne muß jeden polemischen Charakter vermeiden." In ihren Massenkampagnen, ihren Rundfunkkollegs, ihren Gesetzen und Meetings forderte die Revolutionsmacht die unverzügliche und gründliche Abschaffung der Beschneidung. Die Praxis verlief jedoch sehr viel anders: Da die Männer und Frauen der Regierung die traditionellen Würdenträger nicht vor den Kopf stoßen konnten, suggerierten sie diskret sanftere Beschneidungsmethoden, wie zum Beispiel die Entfernung der Klitoriseichel anstelle der Klitorisektomie oder der Infibulation. Auf diese Weise wurde die Kosmogonie respektiert und der rituelle Formalismus der

Initiationszeremonie nicht verfälscht. Ein anderer diskreter Rat: Wenn ihr nicht auf die Beschneidung verzichten wollt oder könnt, sterilisiert zumindest die Rasierklingen, damit der Tetanus vermieden wird. Noch eine weitere Direktive: Verstümmelt die jungen Mädchen nicht in der Trockenzeit, wartet auf die Winterzeit, die Infektionen werden seltener sein und weniger gefährlich verlaufen. Gegen eine Gruppe von Leuten startete man allerdings einen Frontalangriff: Im städtischen Milieu laborieren Matronen (nicht ausgebildete Hebammen), die von sich behaupten, übernatürliche Kräfte zu besitzen und die (in Ouagadougou) 1.000 Francs CFA pro Beschneidung verlangen. Logischerweise drängen sie zur Beschneidung und verdienen viel Geld. Diese Matronen wurden öffentlich und heftig in den Versammlungen der CDR der verschiedenen Stadtviertel denunziert.

Ich erinnere mich an eine Unterhaltung mit dem Chef einer linksradikalen Fraktion des Nationalen Revolutionsrates (ich verschweige seinen Namen, um ihm nicht noch mehr Probleme zu schaffen, als er schon mit seiner Familie hat!). Dieser unnachgiebige Führer, Vater zweier junger Mädchen, sagte mir: „Ich wage nicht, meine beiden Töchter in den Ferien zu meiner Mutter zu schicken. Übrigens ebensowenig zu meiner Schwiegermutter. Sie würden ganz sicher beschnitten zurückkehren."

Das Sehnen nach Geschichte

Régis Debray: „Die Menschen brauchen einen Sinn für Geschichte, vergleichbar dem *Orientierungssinn der Zugvögel*. Welcher Art die gegebenen Verhältnisse auch sein mögen, der Mensch kann sich nicht mit einem Dasein ohne fixe Idee oder Utopie zufriedengeben. Ein Volk ist in erster Linie ein Gedächtnis."[19]

Thomas Sankara und seine Kameraden des CNR gehörten zu der Generation junger afrikanischer Führer, die in den Jahren ihrer Ausbildung eine doppelte Perversion beobachtet hatten. Die erste ist die der schnell wachsenden Korruption, des Verfalls und des Verlustes der Glaubwürdigkeit der meisten Regime, die aus der Entkolonisierung der sechziger Jahre entstanden sind. Nahezu überall im franko- und anglophonen Afrika hat der Souveränitätstransfer durch das Mutterland amoralische Führungsklassen oder neokoloniale Regierungen entstehen lassen, die ihre parasitäre und kostspielige Lebensführung mit dem Gewinn finanzierten, den sie den Bauern aus der Tasche gezogen hatten. Nahezu überall ist der Kolonialpakt intakt geblieben: Die Plünderung landwirtschaftlicher Ressourcen und der Bodenschätze sowie die extreme Ausbeutung der autochthonen Arbeitskräfte durch das mutterländische Finanzkapital haben sich seit der Unabhängigkeit in Senegal, an der Elfenbeinküste, in Gabun, in Kamerun, in Kenia, im Sudan, in Mali und anderen Ländern intensiviert. In allen diesen Ländern wird die große Masse von fürchterlichstem Elend, von Erniedrigung und von Verzweiflung heimgesucht. Der bürokratische Staat, der einen übersättigten und weitgehend unfähigen Beamtenapparat unterhält, ist zum Feind der städtischen Arbeiter und der Bauern geworden. Die Amtsvillen, die Mercedeslimousinen der Minister, die prunkvollen Botschaftsgebäude und die ganze lächerliche Gilde profitgieriger (autochthoner und ausländischer) Höflinge, mit denen sich so viele Staatschefs umgeben, sind mit den Tränen, dem Schweiß und oft genug mit dem Blut der Allerärmsten bezahlt worden. Von einigen sehr wenigen Ausnahmen abgesehen, existiert nirgendwo im franko- oder anglophonen Afrika eine demokratische nationalistische Volksregierung, die diesen Namen verdient. Ich habe bereits von den katastrophalen Folgen gesprochen, welche diese Situation für die bürgerliche Gesellschaft nach sich zieht (vgl. 2. Teil, Kapitel 3: „Die Schiffbrüchigen der Kultur"). Die Aktionen Thomas Sankaras und seiner Freunde wurden direkt von der Empörung über diese unerträgliche kontinentdeckende Lage beeinflußt.

Eine zweite Tatsache erklärt die Radikalität und die unnachgiebige Kraft der burkinischen Revolution: Mehrere derzeitige Regierungen versuchen, den Bankrott ihres Projekts durch eine konfuse marxistische, zur Linken neigende Wortklauberei zu verschleiern. Das sozialistische Gebrüll dieser Regierenden erstickt die Klagen, das Murren der Beherrschten. In manchen Ländern des tropischen Afrika sind „marxistische" und „leninistische" Einheitsparteien an der Macht. Heranwachsende ohne Arbeit, Kinder ohne Schule und unterernährte Männer und Frauen gehen (gesenkten Blickes) an den Mauern vorüber, auf denen in schreienden Farben die Parolen zur „antiimperialistischen" Mobilisierung prangen. Von allen öffentlichen Gebäuden lächeln Marx und Engels oder Lenin herab. Statuen aus Erz oder Marmor, welche die ausländischen Helden einer Revolution rühmen, die niemals stattfand, beherrschen die öffentlichen Plätze. Selbst Joseph Désiré Mobutu, ehemaliger belgischer Polizeibeamter, Mörder Lumumbas, einer der reichsten und am meisten korrumpierten Männer unseres Planeten, versteigt sich zu „sozialistischer" Kritik. In dem bis zum letzten Platz gefüllten Stadion von Kinshasa, vor einer von nordkoreanischen Geheimdienstlern überwachten Menge erteilt er seinen müden Untertanen Lektionen in „afrikanischer Demokratie". Die Diplomaten und – leider! – auch zahlreiche Intellektuelle aus Ost und West applaudieren diesen Lügen höflich.

Etymologisch ist das Wort Demokratie auf zwei griechische Wörter zurückzuführen: *demos*, Volk, und *kratei*, Macht. C.B. Papadimitriou, ein subtiler Analytiker der zeitgenössischen politischen Rede, weist darauf hin, daß eine leichte semantische Verschiebung genügt, um den Begriff in sein genaues Gegenteil zu verkehren. Setzt man den Nominativ in den Genitiv und das Verb in den Infinitiv, so erhält man: *demou kratein*, die über und gegen das Volk ausgeübte Macht.[20]

Im dritten Teil dieses Buches haben wir eine besondere Tragödie der Entkolonisierung analysiert: Die vorherrschende mutterländische Kultur liefert den Beherrschten die fiktiven Waffen ihrer Befreiung. Sie transportiert ihre eigene Negation. Der Marxismus-Leninismus, der aus den proletarischen Kämpfen des Mutterlandes geboren wird, kann in den alten Nomaden- und Bauerngesellschaften herzlich wenig bewirken. Sich des Marxismus-Leninismus, der eurozentristischen Negation bedienen zu wollen, um die entfremdende mutterländische Kultur zu zerstören, hieße, voller Illusionen an die autochthone kulturelle Befreiung zu glauben.

Zu Zeiten Thomas Sankaras gab es in Burkina keine marxistisch-leninistische Partei. Es gab keine Einheitspartei. Es gab überhaupt keine Parteien! Sankara schauderte bei dem Gedanken an die Diktatur des Proletariats, vor allem vor jener in Afrika verbreiteten, die als Deckmantel für eine unumschränkte und grausame Tyrannei einiger wortgewandter Potentaten dient. Die Errichtung der politischen Basisdemokratie und die Organisation der kulturellen Wiedergeburt sowie der kulturellen Autonomie bildeten in Burkina komplizierte, langsame und widersprüchliche Entwicklungsprozesse.

Seit August 1985 *wurden zwei Strategien in die Wege geleitet*. Die erste war die Schaffung einer *„Volkswirtschaft"*. Die Parole der Revolutionäre: zwei Mahlzeiten und zwei Liter Wasser täglich für jeden Einwohner. Die Volkswirtschaft soll die beschleunigte Entwicklung der Produktionskräfte organisieren, wobei sie rigoros soziale Gerechtigkeit realisieren soll. Das unmittelbare Ziel in allernächster Zukunft ist vorrangig: das Los der Allerärmsten zu verbessern. Die zweite Strategie: Die Einführung neuer politischer Institutionen, welche die Entwicklung einer *Basisdemokratie* ermöglichen.

Die beiden Strategien enthalten Widersprüche im Wortlaut der Begriffe selbst. Man erinnere sich: 1986 betrug das jährliche Pro-Kopf-Einkommen 110 Dollar. 75% der Bevölkerung leben in – wie die Vereinten Nationen es verschämt nennen – „absoluter Armut". In einer ersten Etappe zumindest kann soziale Gerechtigkeit nur über den distributiven Weg erreicht werden: Einige Klassen werden ärmer, damit andere auf menschenwürdige Art leben können. Widersprüche gleichermaßen an der kulturellen Front: 82% der Erwachsenen sind (1986) Analphabeten. Die Bauern zu alphabetisieren bedeutet, ihnen Waffen in die Hand zu geben, mit denen sie gegen die wirtschaftliche und soziale Ausbeutung ihrer Arbeitskraft ankämpfen können. Auf der anderen Seite tötet die Alphabetisierung die mündliche Überlieferung, die wesentliche Quelle der einzigartigen Identität. Gerade in ihr liegt die Kraft der Bauern und ihr Vermögen, Widerstand zu leisten.

Che Guevara schrieb: „Die Revolutionäre sind Opportunisten mit Prinzipien." In allen zerrütteten Bereichen rücken Sankara und seine Freunde mit dem Pragmatismus von Opportunisten voran.

Betrachten wir nacheinander die beiden Strategien:

1. *Die beschleunigte Entwicklung der Produktionskräfte, der Kampf gegen das Elend*: Vor der großen Moschee aus grauem Beton in Ouagadougou sitzen aneinandergereiht die Bettler im Staub. Mit durchlöcherten Schirmen schützen sie sich gegen die Hitze der Hundstage oder mit Fetzen von Pappe und Plastik, die sie zwischen zwei Stangen befestigt haben. Verrostete Konservendosen stehen vor ihnen. Die Passanten legen ab und zu einen Kanten Brot, eine Handvoll Reis, seltener ein paar Münzen hinein. Ihnen gegenüber auf einem Holzgerüst hängt ein Plakat: „Ein Volk, das Hunger und Durst leidet, ist ein abhängiges Volk."

Eine Revolution überlebt nur, wenn sie das Elend abschafft. Eine gigantische Aufgabe in Burkina, denn die meisten Übel sind struktureller Natur. Und sie haben eine lange Geschichte. Betrachten wir sie näher: zunächst der Außenhandel. Die Verschlechterung der Handelsbilanz hängt sowohl von Mengen- als auch von Preisschwankungen ab, die sich beide nachteilig auf die Exporte auswirken können.

Während 1975 der Deckungsprozentsatz der Importe durch die Exporte 29% betrug, lag er 1983 nur noch bei 20% (1985 konnte ein leichter Aufschwung beobachtet werden).

Die Auflösung des Defizits in einzelne Bereiche trägt zum besseren Verständnis des Problems bei: Die Energiebilanz hat sich zunehmend verschlechtert, ab 1979 und 1980 mit brutaler Beschleunigung. Die Nahrungsmittelbilanz ist anhaltend negativ mit einem Tiefpunkt in den Jahren 1981-1982 aufgrund der katastrophalen Auswirkungen der Trockenheit. Zwischen 1975 und 1983 hat sich das Defizit der Industrieerzeugnisse verdreifacht. Das Defizit im Dienstleistungsbereich ist im Begriff, wegen der schwachen nationalen Transportkapazität die Exporterlöse zu überschreiten. Selbstverständlich ist die schwierige Handelslage nicht nur durch eine schwache oder mangelnde Angebotswettbewerbsfähigkeit verschuldet. Sie resultiert zum Teil auch aus Wechselkursschwankungen, die den Franc CFA in den letzten Jahren ernsthaft in Bedrängnis gebracht haben, sowie aus der ständigen Verschlechterung der Tausch-Werte in einer Größenordnung von durchschnittlich 2% jährlich zwischen 1981 und 1985.

1986 brachte die Gesamtheit der Ausfuhrgüter 22 Milliarden Francs CFA ein. Jedoch hat das Land 80 Milliarden für den Import aufgewendet. Defizit: 58 Milliarden!

Und das trotz einer Reihe radikaler Maßnahmen: Der Handel mit Luxusgütern ist praktisch verschwunden. 1986 ist kein Kraftfahrzeug – von einigen Lastwagen, Omnibussen und Renault 5 für den Sanitätsdienst abgesehen – importiert worden. Der Haushalt 1987 ist ganz genau unter die Lupe genommen worden: Jeder Beamte hat Anrecht auf drei Kugelschreiber und auf zwei rote Minen pro Jahr. Papier, Mückengifte und Schreibmaschinen sind streng rationiert. Vor 1986 stapelten sich Berge von Papier, Kugelschreibern und Füllern auf dem Markt: Brüder und gute Freunde der Beamten verkauften sie! Trotz all dieser Maßnahmen bleibt die Lage des Außenhandels dramatisch: Die Erdölpreise sind gefallen, ebenso die Baumwollpreise. Das Land produziert aber 200.000 Tonnen Baumwolle jährlich. Es gibt zwei Fabriken zur Entkernung und Reinigung der Baumwolle, eine einzige Textilfabrik. Sie verarbeitet nur 3.000 Tonnen im Jahr. 197.000 Tonnen werden auf dem freien Markt verkauft: Nach Frankreich, China und anderswohin, zu Preisen, die in einem Zeitraum von zwei Jahren um mehr als 50% gesunken sind. 1986 importiert das Land 9 Millionen Meter Stoff zu überhöhten Industriepreisen. Das Ergebnis dieses Handelsunternehmens: 10 Milliarden Francs CFA Reinverlust.

Was den Binnenhandel betrifft, sieht die Situation kaum glänzender aus: das Land muß sich mit Industrieerzeugnissen (zu 83% eingeführt) und mit Erzeugnissen aus der Landwirtschaft und Weidewirtschaft versorgen. Die Versorgung wird von zwei Strukturtypen sichergestellt, die miteinander konkurrieren:

– Eine moderne, relativ gut organisierte Struktur, die die Filialen der multinationalen Konzerne europäischen Ursprungs (Peyrissac, Cica, Brossette Valor usw.) und die ausländischen (libanesischen, syrischen) oder autochthonen Großhändler umfaßt.

– Eine heterogene Menge traditioneller Kleinhändler, Analphabeten, die die gesetzliche Regelung, der sie unterworfen sind, als administrative Fessel betrachten, worauf ihre illegalen Praktiken bei Handels- und Schmuggelgeschäften zurückzuführen sind.

Die Entwicklung des Handels trifft in Burkina auf viele Schwierigkeiten: Es ist ein Land ohne direkten Zugang zum Meer, so daß die Transportkosten die Preise der Produkte belasten. Außerdem leidet der Binnenhandel unter einer schwachen Infrastruktur und unter einer großen Anzahl von Zwischenhändlern. Diese handeln ganz offensichtlich zugunsten ihrer individuellen oder der Gruppe dienenden Interessen. Das wiederum macht den Bereich schwer kontrollierbar und belastet die Verbraucherpreise.

Die Revolutionsregierung war ebenso bemerkenswert durch das, was sie vollbrachte, wie durch das, was sie vermied! In keinem Augenblick versuchte sie, das freie Spiel des Marktes zu unterdrücken: Die sahelischen Gesellschaften sind Gesellschaften, die intensiven Tauschhandel betreiben. Selbst im kleinsten Stil spielt der Handel eine beträchtliche soziale Rolle. In der riesigen Stadt Ouagadougou (500.000 Einwohner), in Bobo Dioulasso, Kaya, Ouhigouya und Dori gibt es keine Straße, kein Gäßchen und keinen öffentlichen Platz ohne irgendwelche Verkaufsbuden, ohne Bierausschank und Reparaturwerkstätten, ohne den kleinen Lebensmittelhandel einer Familie und ohne die Getreidehändler. Jedes Dorf besitzt am Rande der Pisten eine, zehn oder zwanzig Auslagen von Händlern. Der Markttag ist ein Feiertag: Einmal pro Woche versammeln sich die Familien am Fuße des großen Baobab. Die Männer diskutieren ernsthaft, die Frauen breiten ihre Zwiebeln, Heilwurzeln, Bohnen, Gewürze, Säcke mit Hirse, Bier in Kalebassen, ihre vorbereiteten Gerichte und Blätter für Soßen auf Matten auf der Erde aus. Kinder laufen kreuz und quer, Freunde treffen sich, Nachbarn regeln Streitigkeiten. Die morgendliche Stimmung ist konzentriert, rührig: man kauft und verkauft. Gegen Mittag steigt die Sonne in den Zenit, wird weiß. Die Temperatur klettert auf 45 Grad in der Trockenzeit, auf mehr als 50 Grad in den Monaten Mai bis September. Die Leute begeben sich zur Siesta in den Schatten, sprechen leise miteinander. Gegen Ende des Nachmittags läßt die Hitze nach. Die Gewürzdüfte werden intensiver. Die Kaufleute verlassen die langen Bänke und die niedrigen Tische, gesellen sich zu den anderen, die sich um einige Blätter Salat und ein paar Gläser mit cremigem Joghurt (vor allem im Norden) eingefunden haben. Dazu ißt man kleine, aus hellem Mehl gebackene Brotbällchen. Die Unterhaltungen sind fröhlich und lebhaft, hin und wieder erschallt Lachen. Wortgefechte und wohlüberlegte Scherze beruhen in Burkina auf einer raffinierten und überlieferten Kunst. Im goldenen Abendlicht breiten sich Glück und Frieden still über die Menschen aus. Die Luft ist mild, die Geier schlafen auf den Zweigen des Baobab, Ziegen verzehren die Reste, die das Marktleben hinterließ. Als es dunkel wird, stellt man einige Petroleumlampen auf die Tische. Langsam verebben die Unterhaltungen, und dann kehrt jeder nach Hause zurück.

Für die Revolutionäre vom 4. August, diese Opportunisten mit Prinzipien, blieb die Welt des Marktes und des Wohnviertels unantastbar.

Bezüglich der Industrie galt das nicht: hier war die Situation geradezu katastrophal!

1960 bildeten etwa zwanzig Produktionsanlagen die gesamte Industrie. Zehn Jahre später war die Zahl auf dreißig angewachsen. Eine beachtliche Expansion (1967-1975) ließ ihre Zahl auf mehr als 60 ansteigen. Heute funktionieren mehr schlecht als recht etwa 50 Industrieanlagen und repräsentieren 12,6% des BIP gegenüber 40% Anteile der Landwirtschaft, der Viehzucht, des Fischfangs und der Fischzucht. 1983 beschäftigt die Industrie zwischen 8.000 und 9.000 Personen, das heißt unter 1% der aktiven Bevölkerung. Ihre Exporte sind unbedeutend: 2,8% der Gesamtausfuhr des Landes. Sie ist fast ausschließlich in Bobo-Dioulasso und in Ouagadougou konzentriert.

Die burkinische Industrie stellt Schuhe her, produziert Öl und Seife und fertigt die Bereifung für Hunderttausende von Fahrrädern und leichten Motorrädern, den üblichen Transportmitteln der Burkiner, die über ein paar Sous verfügen. Sie erzeugt Bier, stellt Baumwollstoffe her, die geschickte Schneider – im kleinsten Dorf gibt es sie – zuschneiden und aus denen sie elegante Gewänder nähen, Schurze und Bubus. Fruchtsäfte, Tomaten in Dosen, weißer Zucker und entkernte Baumwolle sind weitere Industrieprodukte.

Seit 1983 ist keine neue Industrieproduktionsanlage geschaffen worden. Die Regierung spricht schamhaft von „Rehabilitation" der bestehenden Fabriken. Eine Sisyphusarbeit! Trotz der heroischen Anstrengungen des Hauptmanns Henri Zongo, Industrieminister, und seiner Mitarbeiter sind die Ergebnisse der Gesellschaften die meiste Zeit über defizitär. Ihre Geschäftsführung ist beklagenswert.

Der burkinische Staat ist bettelarm: Seine Zolleinnahmen betrugen 1986: 20 Milliarden Francs CFA. Die Steuer? Sie bringt wenig ein, die Bürger zahlen im Schnitt 10% ihres Einkommens. Jeder Mietshausbesitzer zahlt den Gegenwert einer Monatsmiete. Regelmäßig werden dem Volk „Investitionsanstrengungen" abverlangt: 1986 zahlt jedermann 25% seines Einkommens (zusätzlich zu den Steuern) und die wenigen, die außer ihrem Arbeitslohn Prämien einnehmen (wie Soldaten auf dem Land oder gewisse Transportunterrehmer u.a.), leisten 50% ihrer Prämie. Die Regierung vermeidet möglichst unter allen Umständen, Forderungen an das ausländische Privatkapital und folglich auch an den IWF zu stellen. Das benachbarte Ghana, das der Zuchtrute des IWF unterworfen ist, agiert als abschreckendes Beispiel. Die Folge: Mangel an Investitionskapital; in Burkina gibt es praktisch keine innerstaatliche Akkumulation.

1986 war der laufende Staatshaushalt – in Westafrika beispiellos – ausgeglichen, ohne Kreditaufnahme: 87 Milliarden Francs CFA. Die Auslandsverschuldung ist relativ gering: 300 Milliarden Francs CFA. Der jährliche Schuldendienst kostet etwa 22 Milliarden. Burkinas Etat und der seiner 8 Millionen Einwohner entspricht genau dem der Stadt Genf mit seinen 156.000 Einwohnern.

Aber welche Opfer waren notwendig, um diese budgetäre Ausgeglichenheit zu erreichen? Kein Lohn durfte monatlich 150.000 Francs CFA (nämlich 3.000 FF oder 900 SF) überschreiten. Der durchschnittliche Jahreslohn betrug 1986: 90.000 Francs CFA.

Der Korruption Verdächtige wurden verfolgt wie räudige Hunde. Im Februar 1987 schuf die Regierung eine Kommission zur Prävention der Korruption (CPC), bei der jeder Minister, jeder hohe Beamte und jeder Geschäftsführer einer staatlichen Gesellschaft sein Vermögen registrieren lassen mußte. Am 20. Februar, einem Freitag, mußte der Staatschef Thomas Sankara vor der Kommission erscheinen. Sein Hab und Gut: drei klassische Gitarren, ein Motorrad, einige Bücher, Möbel, seine Kleidung und die seiner Frau und seiner Kinder, Küchengeräte, Wäsche und ein Bankkonto mit 35.000 Francs CFA. Die revolutionäre Macht zeigte sich gleichermaßen erbarmungslos gegenüber den internationalen Beamten, die auf ihrem Territorium arbeiteten und ihre Stellung mißbrauchten. Beispiel: Am 3. April 1986 verurteilte das revolutionäre Volksgericht von Ouagadougou Mohamed Diawara, ehemaliger Minister der Elfenbeinküste, Moussa Diakite, Ex-Direktor des Solidaritätsfonds und Moussa N'Gom, ehemaliger Generalsekretär der CEAO (Westafrikanische Wirtschaftsgemeinschaft) zu einer Gefängnisstrafe von 15 Jahren und zur Rückzahlung des angerichteten Schadens. Diese drei Philanthropen hatten die bescheidene Summe von 6,5 Milliarden Francs CFA aus den Organisationskassen entwendet, um sie auf Privatkonten in der Schweiz anzulegen. Trotz erheblichen Drucks aus Frankreich, der Elfenbeinküste und Gabuns verbüßen die drei Delinquenten zur Zeit ihre Strafe im Zentralgefängnis von Ouagadougou.

Ein letztes Problem, das allein die Gemeinschaftssolidarität, die tief verankert ist in der Lehre der Vorfahren, in Angriff zunehmen vermag: das physische und psychische Elend im städtischen Milieu, das eine Folge des ländlichen Exodus und der extremen Härte der ländlichen Lebensbedingungen ist. In Bobo-Dioulasso, der großen Hauptstadt der Mandingo, in Ouagadougou, Ouahigouya, Kaya, Dori und Yatenga wimmelt es von verlassenen Kindern, von Prostituierten, von Krüppeln und Bettlern. Das Ministerium für Familie und Nationale Solidarität bekämpft gewisse Verfallserscheinungen mit Erfolg: Für die Behinderten werden handwerkliche Betriebe geschaffen. Häuser für verwahrloste Kinder nehmen die in den Straßen herumstreunenden Jungen und Mädchen auf. Eine besondere Schwierigkeit bereiten die *karibus*. So nennt man die Straßenjungen, die von ihren Eltern einem Lehrer der Koranschule oder einem Marabut überantwortet wurden; der Junge erhält einige Stunden Rezitationsunterricht am Vormittag und verbringt den Rest des Tages damit, für den Meister zu betteln. Wenn er bei Einbruch der Dunkelheit nicht eine nennenswerte Geldsumme vorweisen kann, entzieht man ihm die Nahrung oder schlägt ihn grausam, manchmal sogar zum Krüppel. Die Ministerin Joséphine Ouedraogo stellte den Imamen der Moscheen diesbezügliche Fragen: Diese, erpicht darauf, daß man die Bettelei und den Islam nicht assoziiert, ergriffen Partei gegen die Marabuts. Zukünftig machen die Mitglieder des CDR, wenn ein *karibu* auf der Straße erwischt wird, den verantwortlichen Marabut ausfindig. Er bekommt eine Verwarnung. Schickt er den Knaben erneut auf die Straße, wird er mit Strafe belegt; oder sie nehmen ihm den Schüler weg und schicken ihn zu seiner Familie zurück. Wenn die Familie unauffindbar ist, kommt der kleine Bettler in das Haus für verwahrloste Kinder.

Bleiben die Scharen von erwachsenen Bettlern: blind, verkrüppelt und ohne Familie, die keine Aufnahme mehr in einer der drei Werkstätten finden können.

Ein schrecklicher Mißerfolg für die Sozialpolitik der Revolutionsmacht, jedoch ein Mißerfolg, für den sie die Verantwortung übernimmt. Der Erlaß bezüglich der Bettler ist ein Appell an die uralte Kosmogonie und ein Erinnern an ihre Handlungsanweisungen: „Ihr seht vor eurer Haustür auf der Straße die Invaliden und die Bettler. Die Regierung hat noch nicht die Mittel, um allen beizustehen. Erinnert euch an die Lehren eurer Ahnen! Helft den Bettlern, gebt ihnen, soviel ihr könnt! Achtet sie! Es sind unsere Schwestern und Brüder!"

Beim Aufbau ihrer Volkswirtschaft ließen sich die burkinischen Revolutionäre von Amilcar Cabral beeinflussen: „Wenn die Kultur die wichtige Rolle spielen soll, die ihr im Rahmen der Entwicklung der Befreiungsbewegung zukommt, dann muß sie die positiven Kulturwerte einer jeden sozialen Gruppe, jeder Klasse zu bewahren wissen. Und sie muß die *Vereinigung* dieser Werte im Sinne des Kampfes bewirken, indem sie ihnen eine neue Dimension gibt – die *nationale Dimension*. Mit einer solchen Notwendigkeit konfrontiert wird der wirtschaftliche Befreiungskampf vor allem ein Kampf ebensosehr zur Bewahrung und zum Überleben der Kulturwerte des Volkes wie auch zur Harmonisierung und Entwicklung dieser Werte in einem nationalen Rahmen."[21]

Sankara und seine Leute fürchteten eines wie die Pest: das Eindringen einer Ideologie in Burkina, die in allen Nachbarländern (und in Europa) gegenwärtig Zerstörungen anrichtet, die Ideologie der merkantilen Rationalität, der Profitmaximierung sowie der Instrumentalisierung des Menschen im Namen des Wachstums des Bruttoinlandprodukts. Bernard Tapie war kein Vorbild in Ouagadougou! Die Beweggründe, die ihre wirtschaftlichen Maßnahmen umfaßten und legitimierten, ließen sich kurz folgendermaßen zusammenfassen: Rückkehr an die Wurzeln der Tradition, Reinterpretation und Wiederauflebenlassen der überlieferten Werte; Vernichtung der Macht der Notabeln;

Befreiung der Kräfte der Solidarität, der gegenseitigen Hilfe, der Übertragbarkeit und der Freiheit, die das Fundament aller großen Zivilisationen des Landes bilden.

2. Gehen wir nun dazu über, die zweite Strategie der Revolutionsmacht zu überprüfen: die *Einführung einer Basisdemokratie*. Sie besteht in zwei sich ergänzenden Maßnahmen: Den großen traditionellen Hierarchien müssen die materiellen Instrumente ihrer Herrschaft entzogen werden. Zur gleichen Zeit sollten neue politische Institutionen geschaffen werden, die zunächst in der Lage sind, mit den ehemaligen traditionellen Autoritäten zu konkurrieren, um sie dann zu ersetzen.

Erster Schritt: Die Herren der Erde, die Fürsten, Verwalter, Führer der Reiterei, Richter und Dorfchefs sollten der Instrumente ihrer repressiven Macht beraubt werden. Bis zum Jahr 1983 mußte jede in Burkina lebende Person jährlich 100 Francs CFA an die örtliche Autorität zahlen. Auf dem Land konnten die Familienväter diese Summen meist nicht aufbringen. Folglich behielten die Dorfchefs Rinder, Ziegen, Hirse und anderes aus den bescheidenen Reserven der Bauern ein. Häufig forderten sie Frauen als Bezahlung. Konnten die Bauern ihre Schuld weder in Geld noch in Naturalien bezahlen, so wurden sie zur Zwangsarbeit auf den Feldern der Notabeln verpflichtet. Die Abschaffung dieser Kopfsteuer hatte gleichzeitig positive Auswirkungen in der Stadt. Mein Freund Theodore Konseica[22], Inspektor bei den PTT (Post/Telefon) in Ouagadougou, aus dem Dorf Pissi in der Region Sapone, sagte mir: „Vor 1983 baten mich meine Brüder, Cousins und Großcousins aus dem Dorf jedes Jahr um sehr viel Geld. Weil sie der Zwangsarbeit entgehen wollten und ihre Steuern zahlen mußten, waren sie von mir abhängig. Ich war das einzige Familienmitglied, das einen Lohn bezog. Heutzutage habe ich sämtliche Amtszulagen verloren, meinen Wohnungszuschuß, meinen Wagen. Mein Gehalt ist gesunken, dennoch lebe ich besser: Im Dorf ist die Steuer verschwunden."

Ein weiterer harter Schlag gegen die Hierarchien der traditionellen Gesellschaften: Das Ackerland sowie das Buschland wurden 1983 nationalisiert. Zur Erinnerung: In der traditionellen Kosmogonie gehört das Land den Ahnen; bei den Mossi datiert das komplexe politische Gebilde aus dem 12. und 14. Jahrhundert. Die Vorfahren der Eroberer, die in der Erde des Hochlandes begraben wurden, begründeten die Legitimität des *mogho-naba*, der Verwalter, Richter und Fürsten und die eines jeden Chefs der Provinz, des Distrikts und des Dorfes. Gleichlaufend mit der politischen Hierarchie existierte eine andere Machtstruktur, die der Herren der Erde. Geschichtlich betrachtet gehörten sie den autochthonen Bevölkerungsgruppen an, die von der Mossi-Kavallerie besiegt worden waren. Die Herren der Erde hatten keinerlei Anspruch auf Besitz, beherrschten jedoch die Fruchtbarkeitsriten und lenkten die gesamten Beziehungen der Menschen mit der Erde.

Die Dorfchefs teilten jeder Familie am Orte Land zu. Die Herren der Erde ordneten an, was dort angebaut werden sollte. Sie schrieben den landwirtschaftlichen Anbaukalender vor, führten die Fruchtbarkeitsriten durch und die Riten des Säens und Erntens, wobei sie sich jede Leistung in Naturalien, in Geld oder in Zwangsarbeit bezahlen ließen. Nachdem die Volksregierung an die Macht gekommen war, richteten die Vertreter des Landwirtschaftsministeriums ein Kataster ein. Die Böden wurden nach den Bedürfnissen der Familien neu verteilt. Die Riten fanden weiterhin statt, jedoch war niemand zu irgendwelchen Zahlungen verpflichtet.

Zweiter Schritt: der Aufbau neuer politischer Institutionen. Die Volksversammlung, die alle Bewohner des Dorfes (oder des Stadtviertels) über 16 Jahre zusammenfaßte, wurde von nun an die höchste souveräne Instanz. Die Versammlung wählte einen Dorfrat (in der Stadt einen

Rat in jedem Viertel). 20 bis 50 Dörfer schickten ihre Abgeordneten in den Departementsrat: Den Vorsitz in diesem Rat führte ein vom CNR ernannter Präfekt. Die Räte der Stadtviertel delegierten ihre Vertreter ins Gemeindebüro. 4 bis 10 Departements bildeten eine Region. Jede dieser 30 Regionen Burkinas wurde von einem Regionalrat regiert, der sich aus Abgeordneten der Departementsräte zusammensetzte. In diesem Regionalrat hatten ebenfalls die Abgeordneten der Garnisonsräte ihren Sitz. Die Militäreinheiten funktionierten nach dem Vorbild der Dörfer: Die Generalversammlung der Soldaten, Unteroffiziere und Offiziere wählte ihr Komitee, das seine Vertreter in die höheren Räte delegierte. Ebenso wie die Dörfer sicherten die Militäreinheiten über die Bearbeitung der Felder ihre Selbstversorgung. Ein vom CNR ernannter hoher Kommissar führte ohne entscheidende Stimme den Vorsitz im Regionalrat. Jede Region besaß ihre eigene Budgetautonomie, stellte ihre eigenen Beamten ein, organisierte die Märkte, kassierte die Steuer der Arbeitnehmer usw. Burkina praktizierte eine rigorose Basisdemokratie: Jedes Mitglied eines jedweden Rates konnte jederzeit von der Versammlung, die es gewählt hatte, abberufen werden. Die Macht ging von unten nach oben.

Parallel zu diesem System der Räte, die die Entscheidungen der politischen Macht bestimmten, gab es zwei weitere Strukturen: die Komitees zur Verteidigung der Revolution (CDR) und die Komitees der ministeriellen Verwaltung (CAM). Die CDR faßten in jedem Dorf, in jedem Stadtviertel die politisch sehr bewußte Avantgarde zusammen. In der Regel handelte es sich dabei um Personen – Gewerkschaftler, Lyzeumsschüler, Studenten, junge Bauern, Frauen –, die an den Erhebungen im Mai, Juni, Juli 1983 teilgenommen hatten. Sie wurden damit beauftragt, auf den Märkten und bei den großen Volkskundgebungen die neuen Werte der Revolutionsmacht zu erläutern. Die CDR befaßten sich mit sämtlichen Gemeinschaftsaufgaben: Wasserversorgung, Straßenreinigung, Sicherheit usw. Dem CAM, der zweiten parallellaufenden Struktur, gehörten Delegierte der Angestellten, der Hausmeister, Chauffeure, Beamten und Leiter eines Ministeriums an. Jedes CAM versammelte sich einmal wöchentlich: es fungierte als Kontrollorgan zur Amtsführung des Ministers. Einmal im Vierteljahr wurde die Nationalkonferenz der Delegierten aller CAM des Landes einberufen. Sie unterzog die Amtsführung jeder Regierung und jedes regionalen Exekutivkomitees einer minuziösen Kontrolle.

Die Macht der Basisdemokratie beruhte auf einem bemerkenswerten System. Nichtsdestoweniger warf es zahlreiche Probleme auf. Zum Beispiel: Man kann nicht eine 500 Jahre währende Ergebenheit in traditionelle Hierarchien mit einem Federstrich abschaffen. Bei verschiedenen Dorfversammlungen stimmten die Bauern weiterhin mehrheitlich für die Söhne, Neffen und Cousins der Herren der Erde oder des Fürsten.[23] Im Verborgenen spielten die Boten des *mogho-naba* ein kompliziertes Spiel.

Ich könnte etliche Beispiele anführen: Seit undenklichen Zeiten zollten die Bauern nach jeder Ernte den Fürsten, den Distriktchefs und den Herren der Erde Dank für die Gaben des Bodens. Mit Geschenken erneuerten die Bauern ihr Bündnis mit denen, die ganz allein um das Geheimnis der Fruchtbarkeit in der Natur wußten. Seit der Zeit der Volksregierung spielt sich ein erstaunliches Schauspiel ab: Unter den wachsamen Augen der örtlichen CDR begeben sich die Bauern in Begleitung ihrer Frauen und Kinder in einer Prozession vor die Hütte des ehemaligen Chefs. Mit gesenktem Kopf legen sie ein, zwei oder drei kunstvoll geschnitzte Holzstäbchen auf der Schwelle nieder. Diese Stäbchen ersetzen die Rinder, Ziegen und Säcke voller Hirse, die die Bauern früher als Opfergabe brachten. Ich habe lange gebraucht, um zu begreifen, was sich wirklich abspielte. Erst als ich zu einigen hohen regionalen Kommissaren ein Vertrauensverhältnis aufgebaut hatte, erfuhr ich die traurige Wahrheit: Viele Bauern kehren nachts zurück und bringen dem ehemaligen Herrn Rinder, Hühner oder Hirsebier, die sie am Tag unter den argwöhnischen Augen der CDR nicht gewagt hatten niederzulegen!

In manchen Gegenden des Landes werden auf diese Weise die ehemaligen Führungsklassen, obwohl all ihrer politischen und wirtschaftlichen Macht beraubt, weiterhin kontinuierlich von ihren ehemaligen Untertanen unterhalten. Sie lauern im Verborgenen auf ihre Revanche.

Ein anderes Beispiel, das mir vom Transportminister erzählt worden ist: Im November 1983, mitten in der grausamen Hungersnot im Sahel, erreichten die ersten mit Hilfsgütern beladenen Lastwagen der Regierung die Stadt Dori im Norden. Die CDR, die vorher die bedürftigsten Familien ausgesucht hatten, erwarteten mit den Listen in den Händen die Lastwagen. Große Überraschung! In den langen Warteschlangen entdeckte man nur die in weite schwarze Tuniken gehüllten Männer und Frauen der Bella-Ethnie. Kein Targi war anwesend, während auf den Listen die Namen zahlreicher Lagerchefs der Tuareg figurierten (von Markoi, Gorom-Gorom usw.). Der Minister ließ die Verteilung unterbrechen. Er sagte: „Jeder Familienchef erhält nur für seine eigene Familie Säcke mit Hirse. Die Sklavenarbeit ist abgeschafft." Stille herrschte auf dem Platz. Dann löste sich eine kleine Gruppe alter Bella aus der Menge, näherte sich dem Minister und sprach zu ihm: „Kamerad, mach uns keinen Ärger! Ihr seid vierzehn Tage lang hier, aber die Tamaschek (Tuareg) sind immer da!" Der Minister fügte sich, und trotz der Proteste der CDR wurde die Verteilung fortgesetzt. Am späten Nachmittag entfernten sich langsam lange Prozessionen von Eseln, mit Säcken beladen und von den Bella geführt in Richtung Savanne zu den Lagern der Tuareg.[24]

Ein letztes Beispiel: Im gesamten riesigen Land, in welchem nur 25% der Anbaufläche effektiv bebaut werden, gibt es offenkundige wirtschaftliche Ungleichheiten. Manche Böden sind fruchtbar, andere sind es überhaupt nicht. Um eine gerechte Verteilung der Nahrungsmittel zu gewährleisten, erwirkt die nationale Ausgleichskasse eine gleichmäßige Verteilung mittels der Überschußaufkäufe in den relativ reichen Gebieten und deren Wiederverkauf zu sehr geringem Preis in den armen Regionen. 1984 gibt die Kasse 140 Millionen Francs CFA frei, um in der Region von Degoudou, wo die Bobo-Oule leben und wo die Ernte außergewöhnlich reich ausgefallen ist, Getreide aufzukaufen. Hier ist ein Überschuß von etwa 20.000 t Hirse vorhanden. Die Speicher sind übervoll. Doch ein Fehlschlag! Die Bauern, eindringlich ermutigt von den ehemaligen Würdenträgern, weigern sich zu verkaufen. Eine dörfliche Versammlung nach der anderen kehrt den Aufkäufern den Rücken. In der Kosmogonie der Bobo-Oulé bedeutet der Verkauf von Nahrungsmitteln gegen Geld eine Verletzung der Tradition. Man gibt den Bettlern und man teilt mit den Bedürftigen, aber man verkauft nicht. Nahrungsmittel zu verkaufen ist eine schwere Sünde, ein Sakrileg, es widerspricht der Tradition und der Kosmogonie. Lautstarke Debatten mit den CDR, die versuchen, die störrischen Produzenten zu überzeugen. Ohne Erfolg! Den Sendboten der Regierung gelingt es schließlich, lediglich 5 Millionen Francs CFA auszugeben. Sie füllen einige Lastwagen mit Getreide und bringen die restlichen 135 Millionen Francs CFA nach Ouagadougou zurück.

In seiner *Kritischen Theorie* schreibt Max Horkheimer: „Die Sklaven schmieden ihre Ketten selbst."[25] Thomas Sankara hatte es begriffen: Die Basisdemokratie sowie die „Volks"wirtschaft können ohne eine kulturelle Revolution nicht funktionieren. Um die Macht der Würdenträger – geschickte Manipulatoren der Kosmogonie und der Riten – zu brechen, muß man zu den wahren Wurzeln der Tradition zurückkehren. Befreit von den Sedimenten der gesellschaftlichen Schichten werden die überlieferten Werte zum Schoß, aus dem eine nationale Kultur geboren wird. Die auf diese Weise geläuterte, reaktualisierte und reinterpretierte Tradition wird zum mächtigen Hebel für die kulturelle Befreiung der Menschen werden.

Bei jeder Gelegenheit hält die Revolutionsmacht die Symbole und Sinninhalte der Tradition in Ehren und hebt sie hervor. Das verblüffendste Beispiel: die Eröffnungsfeierlichkeiten zum 10. Panafrikanischen Filmfestival (Fespaco) am Samstag, 20. Februar 1987, die sich vor 700 Journalisten der internationalen Presse, vor Hunderten von geladenen Gästen und einer Menge von über 50.000 Personen im Stadion des 4. August in Ouagadougou abspielten. Bereits am frühen Nachmittag drängt sich die Menge auf den von der Sonne aufgeheizten Stufen des Stadions, eine Menge, die sich in ihre schönsten Bubus, in farbenprächtige Schurze und besticke Tuniken gehüllt hat. Die Sängerinnen vom Orchester Woya brüllen in eine überdimensionale Lautsprecheranlage. Schweißgeruch, vermischt mit den Wohlgerüchen der Gewürze und Soßenblätter, zieht durchs Stadion. Eine fröhlich-lärmende, gefühlvolle Atmosphäre herrscht. Über den letzten Reihen verkünden Plakate vor einem transparenten Himmel: „Unsere Traditionen sind unser Reichtum", „Unsere Produkte aufwerten heißt, unsere Identität bekräftigen", „Burkinisch produzieren und konsumieren für die Autarkie". 15 Uhr: Ankunft der ausländischen Gäste. Ein Spalier aus Reitern vom Hofe des *mogho-naba* empfängt uns: scharlachrot sind Kappe und Tunika, die Hosen blau. Sie tragen keine Waffen. Ein wenig weiter auf dem Erdwall, der zu den Tribünen führt, erwartet uns ein zweites Ehrenspalier: Tuareg-Krieger auf ihren weißen Kamelen in den mit Nägeln und Spiegeln besetzten Sätteln. Von hoch oben betrachten sie uns schweigend, reglos, das Schwert quer über ihren gebeugten Knien, mit gleichgültigem Blick. 16 Uhr: Die Regierung *in corpore* – 18 Minister (manche in Uniform), darunter 4 Frauen – erscheint und nimmt in Korbsesseln Platz. Thomas Sankara, ein Mann von mittlerer Statur, mischt sich lächelnd unter die Schaulustigen, seine Ankunft vollzieht sich praktisch unbemerkt. Keine der Führungskräfte wird mit den geringsten Anzeichen von Ovationen begrüßt. Heldenverehrung ist in Ouagadougou wenig gefragt. Wie jeder andere kauft der Staatchef seine Flasche Fanta beim fliegenden Händler, der durch die Sitzreihen geht. Die Zeremonie beginnt mit einem Fallschirmabsprung. Gleich riesigen bunten Vögeln schweben die Fallschirme in einem Kreis über dem Stadion. Mit gekonnten Bewegungen beschreiben diese starken muskulösen Burschen in ihren Gurten einen Bogen, schwenken die Beine hin und her und landen mitten, oder fast mitten auf einem auf den Rasen gemalten weißen Kreuz.

Der Sirius ist jetzt niedergegangen, die Sonne gleicht einer goldenen Scheibe. Der Speaker im Tropenhelm, mit weißen Kniestrümpfen, weißen Shorts und weißem Hemd kündigt den Zug der Kinder an. 51 Kindergruppen folgen aufeinander: Jede Gruppe ist in den Farben einer der Mitgliedstaaten der OAU gekleidet, jeder Gruppe flattert die Nationalflagge des geehrten Landes voran. Simbabwe, Namibia und der Afrikanische Nationalkongreß erhalten frenetischen Beifall. Die Zeremonie wird fortgesetzt. Akrobaten, Musiker, Tänzer und Tamburinspieler lösen sich ab, endlos. Jeden neuen Auftritt begleiten die Zuschauer mit enthusiastischen Kommentaren und rauschendem Beifall.

Plötzlich senkt sich Stille über das Stadion: Ganz hinten in dem riesigen Gebäude öffnet sich ein Gittertor. Die *Maskengesellschaften* ziehen ein. Ihnen voran schreiten einige Würdenträger, sehr alte Männer, auf Stöcke gestützt. Sie unterhalten sich miteinander, so als ob sie in ihrem Dorf wären, ohne die Zuschauer eines Blickes zu würdigen. Langsam drehen die Gesellschaften ihre Runde im Stadion. Ungetüme mit schwarzem Fell aus dichter glän-

336

zender Wolle aus den Samo-Dörfern, meterhohe in Holz geschnitzte Masken vom Gurma-Volk, Menschen mit nicht sichtbaren Gesichtern, die Körper unter einem einzigen Stück bordeauxrotem Stoff verborgen, die Dagari, tanzende Geister in nachtblaue Tuniken gehüllt aus den Lobi-Dörfern ... Immer wieder werden die Masken von einem Menschenaffen geführt, der auf vier Füßen vor ihnen her tänzelt ... Junge Leute, die sich in lebende Bäume verwandelt haben, verkünden das Erscheinen der Gesellschaften des Waldes. Jede Unterhaltung ist erstorben. Äußerste Spannung liegt in der Luft. Der Speaker sagt kein einziges Wort. In stummer Ehrfurcht empfängt man die Dämonen der Nacht. Jeder erkennt, verehrt und fürchtet diese Masken, die ihre Macht von den Vorfahren und Göttern herleiten. Sobald die letzte Maskengesellschaft ihre Runde vollendet hat und im Schatten des Tores verschwindet, breitet sich spürbar Erleichterung aus. Jeder atmet auf und entspannt sich. Die Lautsprecher beginnen wieder zu dröhnen. Das Orchester eröffnet einen leidenschaftlichen, wilden Reggae, wie um den Schrecken, den die Masken hervorgerufen haben, wieder auszutreiben.

Eine schöne junge Frau nähert sich dem Podium, das in der Mitte des Stadions errichtet worden ist: Bernardette Sanou, die Kulturministerin, versucht, ihre Begrüßungsrede für die ausländische Gäste zu halten. Niemand hört ihr zu. Die Jungen stürmen den Rasen. Milizsoldaten der CDR bemühen sich, sie zu vertreiben. Der Speaker brüllt in sein Mikrophon: „Burkinische Jugend, aufgestanden! Das Vaterland oder der Tod! Hört den Appell des Vaterlandes: An die Arbeit!" Die Zuhörer brechen in Lachen aus, das wie ein Donner durch das Stadion läuft. Auf den Stufen und Sitzreihen haben Tausende von Menschen zu tanzen begonnen. Die Nacht ist hereingebrochen, die Luft ist mild. Die Trommeln dröhnen. Scheinwerfer huschen über den Rasen. Niemand will nach Hause zurückkehren. Ein starkes Glücksgefühl erfüllt das Stadion.

Seit der Einführung der Basisdemokratie erlebte Burkina eine wahrhafte *kulturelle Renaissance*. Bei allen großen Völkern wurden die Zeremonien des kosmogonischen Kalenders mit viel Aufmerksamkeit und festlich begangen. Allein die ehemals sehr bestimmende Rolle der Würdenträger der traditionellen Gesellschaft wurde reduziert.

Beispiel: die Initiation im Sia(mou)-Land. Sie findet alle sieben Jahre statt und dauert einen Monat. Die letzte wurde vom 12. März bis 13. April 1986 zelebriert. Die Hauptstadt des Sia-Landes ist Orodara. Bei Tagesanbruch des 12. März werden alle jungen Leute zwischen 12 und 17 Jahren unter der Leitung der Lehrer und Hüter der Geheimnisse zu einer Lichtung abseits des Dorfes geführt. Hier richten sie ihr sogenanntes „Lager" ein. Die Initiationsriten unterliegen dem absoluten Geheimnisgebot: niemand darf sich dem Lager nähern. Alle Nahrungsmittel- und Wasservorräte werden am ersten Tag der Zeremonie an diesem abgeschlossenen Ort deponiert.

Die jungen Mädchen und Männer erfahren alles über die Gesetze, über die Mythen und Symbole, über die Geschichte, kurz über die Traditionen ihres Volkes. Sie müssen sich vielfältigen Ausdauer- und Mutproben unterziehen. Sie erhalten ihre sexuelle Aufklärung und Unterweisung. Die Übermittlung des Ahnen-Wissens vollzieht sich in einer besonderen Sprache, dem lô, dessen Anfangsgründe die Heranwachsenden in den Monaten vor ihrer Abgeschiedenheit lernen. Sie machen sich die Riten der Erde zu eigen, treten in Beziehung zu den Ahnen und werden mit den Göttern vertraut. Und vor allem führt man sie in das Geheimnis der Masken ein. Die Ältesten praktizieren das Wahrsagen, um unter den Hunderttausenden von Bäumen den einen identifizieren zu können, dessen Fasern für die Herstellung der Masken gezogen werden müssen.

Am 13. April, einem Sonntagmorgen, sind die Straßen von Ododara überflutet von Menschen. Väter, Mütter, Großeltern, Brüder, Schwestern, Cousins und Onkel der

Initiierten erwarten, alle mit kahlgeschorenen Köpfen, die Rückkehr der Initiierten. Balaphone sind auf dem Platz aufgereiht, und die Musiker stehen bereit. An ihrer Spitze das Volkskomitee und Dieudonné Bationo, der Hohe Kommissar der Region. Dann endlich trifft der Zug der Neu-Initiierten ein. Etwa 200 schwarze Masken rücken tanzend vorwärts (tatsächlich handelt es sich um hölzerne Gesichtsmasken, die Körper sind von einem langen Gewand aus schwarzen Fasern bedeckt). Beim Vorüberziehen des Zuges artikuliert jede Mutter ganz leise den Geburtsnamen ihres Kindes. Genau in diesem Augenblick werden diese Namen zum letzten Mal ausgesprochen. Von jetzt an tragen die Heranwachsenden, die nun zu initiierten erwachsenen Männern und Frauen geworden sind, neue Namen. Die geläufigsten Initiationsnamen im Sia-Land sind Tele, Krin, Kin, Dekrin usw.

Nach und nach schwindet die Atmosphäre innerer Sammlung und macht der Feststimmung Platz. Man bewundert die Masken, trinkt *bangui*, singt und tanzt, man klatscht den Balaphon-Spielern Beifall oder lauscht den Dichtern.

Als es dämmert, legen sich die Männer und Frauen des kleinen Marktfleckens trunken von Glück, Müdigkeit und von bangui auf ihren Matten unter den großen Mangobäumen zum Schlafen nieder. Die Neu-Initiierten nehmen nun ihre Masken ab und geben sie in die Hände der Hüter der Geheimnisse zurück, welche diese in einer speziell für diesen Zweck erbauten Hütte einschließen. In den kommenden sieben Jahren werden diese Masken bei allen großen Gemeinschaftsfesten und -zeremonien eingesetzt werden.

Ein letztes Mal verlassen die Neu-Initiierten den Ort. Drei Tage lang streifen sie im Busch umher, dann erhellen in der Nacht vom 15. zum 16. April Flammen den Horizont: das Lager wird verbrannt.

Noch in einem anderen Sinn waren Thomas Sankara und seine Kameraden Männer und Frauen, die tief in der Tradition verwurzelt waren. Ihre bevorzugte Waffe beim Durchsetzen ihrer Reformen oder beim Bemühen, Zögernde zu überzeugen, war die „Abendwache". Das ist eine ganz besondere Einrichtung, die dem uralten Erbe der Mossi angehört. Ihr Name ist ländlichen Gewohnheiten entliehen. Bei Einbruch der Dunkelheit lassen sich Männer und Frauen getrennt voneinander auf Holzbänken rund um ein Feuer nieder. Sie hören den Beschwerden jedes einzelnen zu, den Schilderungen einer Familienmutter, einer Legende oder Geschichte, die ein Alter erzählt, dem Gedicht eines jungen Menschen, einem Lied. Man lauscht, man diskutiert. Niemand erhebt die Stimme. Längeres Schweigen unterbricht bisweilen die Diskussion.

Manche Abendwachen ähneln gemeinschaftlichen Meditationen, so wie sie die großen Klöster im europäischen Mittelalter abgehalten haben: Lieder, Auslegungen, Anrufungen, Meinungsaustausch wechseln einander ab.

Die Menschen aus dem Sahel, ein Gemisch von Völkern, sind sittsame, zurückhaltende und oft introvertierte Menschen. Ihre Heiterkeit und ihre Lebensfreude, die bei den großen Festen so offensichtlich werden, arten niemals aus. Freudenausbrüche, sexuelle Promiskuität, Verrücktheiten oder Überschwang sind in Burkina unvorstellbar. Im Hinblick auf das kulturelle Erbe liegen Lichtjahre zwischen den schwarzen und gemischten Gemeinschaften der karibischen Völker und den sahelischen Völkern.

Ebenso himmelweit entfernt voneinander liegen die revolutionären Erziehungslehren eines Sankara und eines Fidel Castro. Jeden 6. Januar, 1. Mai und 26. Juli wendet sich Fidel auf dem Platz der Revolution vor dem steinernen Gesicht des José Marti unter der Säule, die mit dem roten Stern gekrönt ist, an eine Menge, die nur selten aus weniger als 500.000 Menschen besteht. Seine flammenden, geschickten, leidenschaftlichen Reden, hinter deren angeblicher Improvisation sich ein streng logischer Aufbau verbirgt, erweisen sich seit 26 Jahren als eine sehr wirksame Regierungsmethode. Die Menge trinkt seine Reden wie ein dürstendes Land, sie sättigt sich an seinen Worten und gerät immer wieder in taumelnde Begeisterung. Sie braucht Fidel, in ihm erkennt sie sich wieder. Und auch Fidel braucht sie, ganz offensichtlich. Der Ritus kann ununterbrochen zwei, fünf, ja sieben Stunden lang dauern.

Sankara und seine Genossen begeisterten die Menge nicht so sehr. In der Menge waren sie gleich Wassertropfen im Meer. Komplizierte Riten zur Inkarnation der Rede, Erscheinungen von Heiligen oder gemeinschaftlicher Taumel sind den Bewohnern der Savanne fremd. Die Pädagogik der Revolutionsmacht von Burkina war eher eine überlegte und zurückhaltende Pädagogik, die dem Widerspruch viel Raum gewährte. Ihr oberstes Axiom: für jeden absolute Redefreiheit. Ihre Hauptwaffe: der Rundfunk. In Ouagadougou gab es natürlich den Nationalsender (der übrigens nur eine geringe Reichweite hatte), dazu aber auch eine kuriose Einrichtung, die sich REP nannte: Radio Entrez-Parlez. Rund um die Uhr hielten die mitten in der Stadt unter schattenspendenden Mangobäumen gelegenen Studios des REP für jedermann die Türen geöffnet! Rund um die Uhr standen Techniker und Journalisten zur Verfügung: Der Passant trat ein, bat um ein Mikro, wurde auf Sendung geschaltet und sprach ... so lange und worüber er wollte. Zu den Hauptgeschäftszeiten, insbesondere in den kühleren Stunden des späten Nachmittags oder in den ersten Vormittagsstunden herrschte Hochbetrieb. Die „Sprecher" mußten sich dann eintragen, und mit der unendlichen Geduld der Afrikaner wartete jeder einsichtsvoll auf seinem Stuhl im Korridor, der zu dem einzigen Studio führte, bis er an die Reihe kam.

Im Rahmen ihrer geringen materiellen Mittel vervielfachte die Revolutionsmacht die Sendeanlagen in sämtlichen Regionen des Landes, damit die Bauern sich ausdrücken, ihre Rechte fordern und die Missetaten der Fürsten, Wahrsager, Richter und Herren der Erde usw. anprangern konnten. Es gab vier Regionalsender: Gaoua, Poura, Bam und Gassan.

95% der Landbevölkerung spricht und versteht kein Französisch. Die große Mehrheit der Menschen sind Analphabeten. Und wie dem auch sei, die vorhandene schwache Presse erreichte fast ausschließlich die Städte: die *AIB* (Burkinische Nachrichtenagentur), die Tageszeitung *Sidwaya*[26] sowie die Wochenzeitung *Carrefour africain* werden alle in französischer Sprache redigiert. Die einzige Monatsschrift in More, *Manegda*, hat nur eine Auflage von 3.000 Exemplaren und erscheint unregelmäßig.

Abgesehen davon, daß diese Sender den Bauern als Waffen dienten, um die Mächtigen am Ort zu kritisieren, erfüllten sie noch eine weitere Funktion: Über sie vollzog sich die Gesundheitserziehung, die Alphabetisierung und die landwirtschaftliche Beratung.

Ich lernte den Sender von Gaoua genauer kennen, der im Gebiet des Baumwolldreiecks zwischen dem Südwesten Burkinas, dem Norden Ghanas und der nördlichen Elfenbeinküste ausgestrahlt wird. Er sendet der Reihe nach in Lobi, Dagari, Birifor, Dian und Gan. Auf dem Gebiet der landwirtschaftlichen Unterweisung: Wann muß gesät werden? Welche Getreidesorten sollen verwendet werden? Wie soll gelagert werden? usw. leistete der Sender Erstaunliches. Vor 1985 (Datum der ersten Sendung) lag die Baumwollernte der Region unter 100.000 Tonnen. 1987 war sie auf 180.000 Tonnen angewachsen. Basil Gouassou, Soziologe und Informationsminister der Revolutionsregierung, dazu Initiator der Rundfunkprogramme berichtete mir folgendes: Bei der Versammlung der Informationsminister der CEAO (Westafrikanische Wirtschaftsgemeinschaft) 1986 in Abidjan legte er das burkinische Programm über die Einrichtung regionaler Radiosender vor, das ausschließlich in lokaler Sprache ausgestrahlt

342

wird. Bestürztes Schweigen folgte seinen Ausführungen. Dann meinten seine Kollegen: „Aber ihr seid verrückt! Was wird an jenem Tag geschehen, wenn eine Guerilla den Regionalsender besetzt? Die Aufständischen werden mit einem Schlag die gesamte Zone kontrollieren können." Basil antwortete ihnen mit entwaffnendem Lächeln: „Daran haben wir nicht gedacht ... Offen gesagt, diese Hypothese beschäftigt uns nicht sehr, denn schließlich kontrollieren die Bauernkomitees diese Stationen."

Ein weiteres Problem: In praktisch allen afrikanischen Ländern hat sich das wuchernde und oft parasitäre Beamtentum zu einer Plage entwickelt. Jean Caperon, Begründer der Soziologie in Burkina und bis zu seiner Rückkehr nach Frankreich 1986 Professor an der Universität Ouagadougou sowie Direktor des Instituts für die orale Tradition, schrieb: „In Afrika ist die Stadt die einzige wirklich herrschende Klasse."[27]

1983 gab es 38.000 Beamte. Dieser überdimensionale und reichlich unbewegliche Verwaltungsapparat ähnelte in seiner Struktur einem Berg mit seinen vielfältigen geologischen Schichtungen. Jede der neokolonialen Regierungen, die sich seit der formellen Unabhängigkeit abgelöst hatten, hinterließ ihre Schicht von Freunden, Verwandten und Anhängern. Wie konnte dieser Berg abgetragen werden? Diese Aufgabe war für die Revolutionsmacht fast nicht zu lösen: Jeder Beamte bringt mit seinem mageren Gehalt fünfzehn bis zwanzig Personen durch. Es gibt praktisch keine alternative Beschäftigung, weil im privaten Sektor oder in der öffentlichen Wirtschaft alles in allem nur ca. 30.000 Arbeitnehmer eingestellt sind. Sankara wählte einen radikalen, aber gefährlichen Weg: Die dreißig Regionen des Landes, die alle ihre budgetäre Autonomie besaßen, sollten ihre Beamten selbst einstellen. Aus der Hauptstadt wurden Beamte mit Fachwissen in den Bereichen Gesundheit, Erziehung, Straßenverkehr

343

oder Wasserwirtschaft zur Verfügung gestellt. Die administrativen Grenzen der Regionen entsprachen meistens den ethnischen Grenzen des Landes. Eine willkommene Dezentralisation: Die ethnozentrische Region erlaubte die Mobilisierung all der unerschöpflichen Kräfte, die im ethnischen Bewußtsein schlummern. Jedoch gleichzeitig auch eine gefährliche Dezentralisation: Burkina ist, wie die meisten seiner Nachbarn, von vehementen, uralten, unterschwelligen ethnischen Antagonismen durchzogen. Dadurch, daß die Revolutionsmacht die ethnischen und administrativen Grenzen zusammenlegte, nahm sie das enorme Risiko auf sich, zentrifugale Kräfte zu entfesseln.

Zum Ausgleich dieser Gefahr lancierte sie große Arbeiten von nationalem Ausmaß. Beispiel: die Eisenbahnverbindung Ouagadougou-Tambao. Diese neuerliche Schienenschlacht enthielt eine schwere historische Last: Überall in Schwarzafrika war der Bau einer Eisenbahn mit den schlimmsten Erinnerungen an Ausbeutung verbunden. Tausende von schwarzen Arbeitern sind beim Bau der Linie Abidjan–Niger ums Leben gekommen, weitere Tausende starben entlang der Strecke Dakar–Bamako. Unzählige Leichname säumen den Schienenweg Matadi–Noire–Dioli–Brazzaville. Aber dieses Mal waren es freie Männer und Frauen, die ohne Vergütung, versorgt mit einer Flasche Wasser und einigen Handvoll Reis, mit ihren bloßen Händen am endlosen Horizont der Savanne den Kampf aufnahmen. In Tambao, ca. 450 km von Ouagadougou entfernt, im äußersten semiariden Norden des Landes, schlummern reiche Mangan-, Bauxit- und Goldvorkommen. Durch die außergewöhnliche Mobilisierung der städtischen Bevölkerung (weniger der Landbevölkerung) gelang es, in einem Zeitraum von zwei Jahren (1984/85) die ersten fünfzehn Gleiskilometer fertigzustellen. Donnerstag, den 25. Februar 1987, ergriffen Thomas Sankara, Blaise Compaore und Tausende von Freiwilligen in Gegenwart von Danièle Mitterand, Jack Lang, Jean-Pierre Cot, Fela,

344

Ousmane Sembène und weiteren Gästen des Fespaco unter einer mörderischen Sonne die Schienen, Schwellen und Bolzen und eröffneten die zweite Etappe: Am Ende des Jahres sollten die Gleise die 30 km entfernte Stadt Kaya erreichen.

Welche Schlußfolgerungen sind aus der Konfrontation zwischen den Würdentragern der großen uralten Gesellschaften und der Revolutionsmacht zu ziehen? Im theoretischen Teil dieses Buches haben wir eine Reihe von Fragen aufgeworfen, für die das Experiment Sankara lebendige Beispiele liefert:

Die erste Frage: Die Beziehungen der Solidarität, der Wechselbeziehung, der gegenseitigen Ergänzung sowie der Übertragbarkeit, welche das Fundament für die meisten traditionellen Gesellschaften der Dritten Welt bilden, sind aus bestimmten materiellen Situationen erwachsen. Sie geben eine Antwort auf das Elend, auf die Angst vor dem Tod und auf den Hunger. Sie verleihen den Menschen ihre einzigartige Identität, ihre Kraft zum Widerstand und ihre Freude am Leben. Die erste Aufgabe der nationalistischen revolutionären Bewegung besteht darin, die materiellen Bedingungen der Ärmsten zu verbessern, die Produktionskräfte zu entwickeln und das Elend zu beseitigen. Wie kann bei diesem Prozeß die Instrumentalisierung des Menschen vermieden werden? Auf welche Weise ist das Beste im Menschen – seine Offenheit gegenüber dem anderen, seine unbeugsame Solidarität – zu retten, während veränderte Arbeitsverhältnisse, Produktionsmethoden und Lebensqualitäten geschaffen werden? Die Agrikultur der Brandrodung begründet die dörfliche Solidarität; die intensive, mechanisierte und leistungsorientierte Landwirtschaft läßt Konkurrenz, Auseinandersetzungen, Individualismus und die Einsamkeit entstehen. Die Revolutionsmacht in Burkina akzeptiert diese Zwangsläufigkeit nicht. In dem Maße, wie die wirtschaftliche Umgestaltung des Landes Fortschritte machte, wurden auch das Bewußtsein der kulturellen Identität, die Einbeziehung der überlieferten Werte und der traditionellen Symbole ausgebaut. Jede der großen Gesellschaften des Landes zelebrierte (mit dem Geld und der Ermutigung der Regierung) ihre glanzvollen Prozessionen der Maskengesellschaften, Initiationszeremonien, ihre Fruchtbarkeitsriten und die Inszenierungen ihrer Ursprungsmythen.

Die zweite Frage betrifft die Umwandlung der Ausbeutungshierarchien in funktionelle Hierarchien. Im Laufe von Jahrhunderten sind die Werte der Tradition pervertiert worden. Die Mächtigen allerorten und aller Zeiten haben sie vereinnahmt und für ihre Zwecke mißbraucht. Sie verkehrten sie in Instrumente zur Beherrschung und zur Ausbeutung. Nach und nach breitete sich Entfremdung in den Köpfen der Bauern aus. Die Revolutionsmacht versuchte, durch die Aufwertung der Tradition die überlieferten Bedeutungsinhalte von ihren fremdländischen Überlagerungen zu befreien. Sie bemühte sich, den originalen Sinn der Symbole wiederherzustellen. Der Würdenträger verwandelte sich vom Beherrscher zum Diener und Funktionär des Ritus zurück. Im Mossi-Land fuhren die Bauern fort, nach jeder Ernte kleine geschnitzte Stökke bei den ehemaligen Dorfchefs zu hinterlegen. Jedoch durften sie ihnen weder Geldgeschenke noch Frauen oder Rinder zukommen lassen.

Vor den Aussaaten schlachteten die Herren der Erde die Ziege, schritten die Felder ab, murmelten ihre Gebete und begossen die Furchen mit Blut. Kein Bauer war allerdings mehr verpflichtet, den Funktionären des Ritus einen Obolus zu zahlen.

Bei den Sia führten die Hüter der Geheimnisse nach wie vor die jungen Männer und jungen Mädchen zum Lager der Initiation. Die Alten betrieben die Wahrsagung und identifizierten den heiligen Baum, aus dessen Fasern man die Masken herstellte. Jedoch wurden weder die Hüter der Geheimnisse noch die Wahrsager durch die Zwangsarbeit

346

ihrer Untertanen bezahlt. Es gab fürderhin keine Untertanen mehr. Es gab nurmehr freie Bauern, Viehzüchter und Jäger, die ihre Kinder den Funktionären des Ritus anvertrauten, damit ihnen – in den durch die Tradition vorgeschriebenen Formen – das von den Ahnen angesammelte Wissen übermittelt wird.

Dritte Frage: die Zerstörung des Ethnozentrismus und der Aufbau eines Nationalbewußtseins. In diesem Zusammenhang sind die Realisierungen der Revolutionsmacht am wenigsten eindeutig. Die großen Arbeiten zum kollektiven Nutzen, die freiwillig ausgeführt wurden (Beispiel: die Bahnstrecke Ouagadougou–Tambao), veranschaulichen dieses Nationalbewußtsein. Die nationale Solidaritätskasse erlaubte es, über den Ausgleich zwischen den Regionen die Ernährungsautarkie zu realisieren. Während der unzähligen Abendwachen, die all die Jahre in den Dörfern und Stadtvierteln stattfanden, wurden die Parolen, die umfassenden Analysen und die neuen Ideen der Revolutionsregierung debattiert, kritisiert und verinnerlicht. Doch die kollektiven Erinnerungen der großen traditionellen Gesellschaften halten ein ausdauerndes Leben: Die Bobo-Oulé weigerten sich, ihren Hirseüberschuß an die nationale Solidaritätskasse zu verkaufen. Und die Bella lieferten wie eh und je unterwürfig die Getreidesäcke für ihre Herren, die Tuareg ab.

Um die Verwaltung zu dezentralisieren und zu reduzieren, hatte Sankara selbst die Karte der Regionen neu entwerfen müssen, indem er ihre Grenzen mit den überlieferten Grenzen der Ethnien in Übereinstimmung brachte. In seiner Vorstellung wurde die so heraufbeschworene Gefahr – die Verstärkung der zentrifugalen Kräfte – durch eine größere Mobilisierung der Bevölkerung kompensiert, die von diesem Zeitpunkt an unter der Führung von Beamten aus ihren eigenen Ethnien arbeiteten.

Zwei widersprüchliche Bilder tauchen vor mir auf: eines von dem Maulwurf, der unter der Erdoberfläche geduldig seine Gänge gräbt, ein anderes von einem Reiter, der über einen zugefrorenen See galoppiert. Das erste Bild ist Karl Marx entliehen, das zweite dem deutschen Dichter der Romantik, Eichendorff. Beide Bilder lassen sich ausgezeichnet auf die Situation der Revolutionsmacht anwenden. Thomas Sankara und eine Genossen des CNR und der CDR gruben unermüdlich ihre Tunnel unter die verhärtete Kruste des ethnozentrisch-partikularistischen Bewußtseins. Ihre Hoffnung: daß eines Tages die Trennwände einstürzen und im Tageslicht das neue nationale Bewußtsein in seiner ganzen Herrlichkeit aufscheinen wird.

Das andere Bild: Durch Nacht und Nebel galoppiert ein Reiter über den zugefrorenen Bodensee. Die Pferdehufe klappern über die zerbrechliche Eisschicht. Der Reiter peitscht das Tier, gräbt ihm die Sporen in die Flanken, fliegt atemlos dahin. In jedem Augenblick können Mensch und Tier in den eisigen Fluten versinken. Jenem Reiter glich Sankara.

Thomas Sankara sagte: „Man muß das Volk nicht besiegen – sondern überzeugen." Rastlos zog er von Dorf zu Dorf, von Stadt zu Stadt, diskutierte, verhandelte und überlegte – Sankara war ein wandernder Prophet.

Am Donnerstag, 15. Oktober 1987, schossen die Mörder in dem eingefriedeten Grundstück der Entente in Ouagadougou bei Einbruch der Dunkelheit einen Mann nieder, der für Millionen Menschen die Hoffnung auf ein würdigeres, gerechteres und freieres Leben verkörperte.

EPILOG
Die Revolte

Wind kommt auf – man muß
versuchen zu leben!
Paul Valéry
Le Cimetière marin

Der Kultur und der Geschichte, die sie hervorbringt, sowie den Werten, die ihr zugrundeliegen, und der Bedeutung, die Generationen ihr verliehen, stellt sich die Un-
Kultur entgegen. Diese trägt heutzutage einen Namen: die
merkantile Rationalität.

Im Vorwort haben wir die Entstehungsgeschichte und
die Wirkung der merkantilen Rationalität analysiert. Sie
versucht gegenwärtig, den Planeten zu vereinheitlichen.
Ich beschränke mich hier darauf, ihr neuestes Vorgehen
zu beleuchten.

Einige Anhaltspunkte: In den Jahren 1945 bis 1973 erlebt
die Wirtschaft der Industrieländer ein starkes Wachstum.
Sie internationalisiert sich. Sie steuert darauf hin, eine
Weltwirtschaft[28] zu werden. Ihre Industrieproduktion steigt
jährlich um 5,6%, und ihre internationalen Tauschwerte
wachsen um 7,3% pro Jahr. Zweite Etappe: 1973 bis 1981,
die erdölproduzierenden Länder profitieren von einem
plötzlichen Kaufkraftanstieg. 1973 erhöht sich der Erdöl-
preis im Verhältnis 1 zu 6: pro Barrel von 2 auf 13 Dollar. 1979 verdoppelt sich der Ölpreis: das Barrel kostet von
nun an 29 Dollar (Mitte 1986 fällt der Preis aber auf 10
Dollar zurück). Die erdölfördernden Länder sind nicht in
der Lage, all diese Kapitalien zu absorbieren. Sie legen sie
bei westlichen Banken an, die auf diese Weise enorme
Summen einlagern. Die multinationalen Banken des Westens bieten den Ländern der Dritten Welt Kredite in Milli-
ardenhöhe an, da diese unter einem chronischen Kapital-

349

mangel leiden. Die Folge: Die meisten dieser Länder richten sich auf ein Rentnerdasein ein. Die Auslandskredite finanzieren den laufenden Haushalt, seltener Pläne zur Verbesserung der Infrastruktur und fast niemals rentable Investitionen. Ganze Bereiche der einheimischen Industrie werden liquidiert. Um die Schulden zu tilgen, erhöhen die Länder der Dritten Welt die Marktkulturen und verringern die Nahrungskulturen. Unterernährung breitet sich aus: Die ausländische Nahrungshilfe schafft neue Abhängigkeiten und zerstört in zunehmendem Maße die inländische Agrikultur. Auf allen drei betroffenen Kontinenten setzt ein Prozeß ein, in welchem die lokalen, regionalen Wirtschaften allmählich von der Weltwirtschaft erstickt werden.

Das Erwachen ist grausam: Ab 1981 bleibt der Kredit aus. Die verbleibenden Kapitalien fließen in die USA. Der Welthandel geht stark zurück. Im Zentrum herrscht Krisenstimmung, der Weltmarkt macht dicht. 1985 beträgt das Weltwirtschaftswachstum nicht mehr als 2,9%. Für die ärmsten Länder bedeutet das die Katastrophe: die Auslandsschulden knebeln die Völker. Zwischen 1981 und 1985 verschlechtert sich für sämtliche 122 Länder der Dritten Welt das Verhältnis zwischen den Preisen der Exportprodukte und denen der Importgüter (terms of trade): sie verlieren drei Nettopunkte, die Industrieländer hingegen gewinnen in demselben Zeitabschnitt drei Punkte. Die Verschuldung der Völker der Dritten Welt nimmt astronomische Ausmaße an: Ende 1986 überschreitet sie die Summe von 1 Billion Dollar, was mehr als 38% des globalen Bruttoinlandprodukts dieser Völker entspricht und mehr als 140% ihrer Exporterträge.

Aufgrund der Katastrophe von 1981-1985 breiten sich die Weltwirtschaft und die Rationalität, die sie legitimiert, bis zu den äußersten Grenzen unseres Planeten aus.

Zwei Strömungen sind gleichzeitig zu betrachten: Die Lebensweise der Menschen und ihr Weltverständnis sowie die Beziehungen, welche sie untereinander und zur Natur unterhalten, werden mit den Produkten, die sie verbrauchen, weitergegeben. Die Weltwirtschaft beherrscht heute die Produktion und das Konsumverhalten der meisten Völker der Peripherie: Überall zwingt sie ihr Gesetz der Ungleichheit auf, bei den Kosten und bei der Verteilung der Arbeit, so wie es ihrer Herrschaft günstig erscheint. Und vornehmlich hält sie das Monopol des Wissens: 1990 sind 97% der gesamten wissenschaftlichen Forschung in den Industrieländern des Zentrums konzentriert. 71% der Fernsehsendungen, die in den Städten und Dörfern der 122 Länder der Dritten Welt ausgestrahlt werden, kommen aus den Vereinigten Staaten, aus Japan und zu einem geringeren Teil aus der UdSSR und aus Brasilien. 65% der in aller Welt verbreiteten Nachrichten stammen aus den Vereinigten Staaten, vier Nachrichtenagenturen – zwei amerikanische, eine englische und eine französische – kontrollieren 86% der im Laufe des Jahres 1986 verbreiteten Nachrichten. Die rasche Zunahme der Nachrichtensatelliten, die vom Kapital des Zentrums abhängt, wird gewiß dazu beitragen, diese Tendenz zur Monopolisierung der sozialen Vorstellungen zu verstärken.[29]

Zweite Strömung: Trotz der Risiken, die in Form von 1 Billion Dollar unbezahlter Schulden der Dritten Welt auf manchen multinationalen Banken lasten, ist dieser Preis, verglichen mit dem Einsatz, letztlich doch bescheiden, nämlich die endgültige Konsolidierung der neuen kolonialen Weltordnung. Der Schuldendienst zwingt die Völker der Peripherie zu unterwüfigem Verhalten, das die territorialen Wirtschaftsstrukturen und lokalen Kulturen zerstören und immer größere Massen von afrikanischen, lateinamerikanischen und asiatischen Menschen in umherirrende, entwurzelte und dekulturierte Randexistenzen verwandeln wird. Eine solche Politik kann man offensichtlich nicht im Einverständnis mit den Betroffenen realisieren: Deshalb nimmt die Zahl der blutigen Diktaturen in der Dritten Welt zwangsläufig zu. Die pluralistischen, offenen, demokratischen Gesellschaften verschwinden im Zuge ununterbrochener Maßnahmen zur Rationalisierung des Weltmarktes.

Ein sonderbares Paradoxon: Je weiter die Freiheit des Handelsaustauschs fortschreitet, desto mehr wachsen auch die Ungleichheiten und vermehren sich die repressiven Regime in der Dritten Welt. Sie vernichten die autochthonen Kulturen.

Die unverwechselbaren Identitäten sterben. Die Funktionalität des Marktes triumphiert. Die Instrumentalisierung des Menschen wird universell. Sie raubt dem Menschen seine Substanz. Als Reservearmee des multinationalen Kapitals und Rohstofflieferanten hören verschiedene Völker der Dritten Welt auf, Subjekt ihrer Geschichte zu sein, und versinken im Dunkel der Nacht.

153 Menschen werden in jeder Minute geboren, 220.000 am Tag, 80 Millionen in einem Jahr. 1990 zählt unser Planet 5,3 Milliarden Bewohner, 7 Milliarden werden es im Jahr 2010 sein, 8 Milliarden im Jahr 2020. 82% der Babys, die jeden Tag auf die Welt kommen, werden in einem Land der Dritten Welt geboren. Die meisten von ihnen sind bei der Geburt schon dem Tod geweiht.

Ein weiteres Paradoxon: Die Grenze zwischen Nord und Süd, zwischen den Herrschern und den Ausgebeuteten hat sich seit dem 16. Jahrhundert kaum verändert. Auf der einen Seite befinden sich Europa und seine Diaspora in Nordamerika, in Südafrika und im südlichen Pazifik (Japan, niemals kolonisiert, stieß Anfang des 20. Jahrhunderts zum Lager der Herrschenden hinzu), auf der anderen Seite die Gesellschaften des Südens, die heute 3,8 Milliarden der 5 Milliarden Erdbewohner umfassen und immer schwächer werdenden Widerstand leisten. Diese Ordnung ist zuallererst eine kulturelle Ordnung: Um einen Menschen instrumentalisieren, seine Arbeitskraft ausbeuten und die Reichtümer seines Landes plündern zu können, muß man zunächst seinen Geist unterwerfen.

Im Verlauf dieses Buches haben wir gesehen: Für die revolutionären Nationalisten Afrikas, Asiens und Lateinamerikas hat der kulturelle Kampf heute Priorität. Der Einsatz ist enorm. Denn wenn sie scheitern, werden sie zu Schiffbrüchigen der Kultur, zu Opfern des multinationalen Kapitalismus und seiner merkantilen Rationalität oder seiner ethnozentrischen Negation, dem Imitat des Marxismus-Leninismus, das ebenso entfremdend ist. Oder aber es gelingt ihnen, die Werte der Solidarität, der Wechselbeziehung und der gegenseitigen Ergänzung, die in den kollektiven Erinnerungen ihrer Völker verschüttet sind, zu remobilisieren, zu reaktualisieren und neu zu interpretieren, ihre eigene Identität wieder aufzubauen und daraus einen Hebel für die ökonomische Umwandlung und das beschleunigte Wachstum der Produktionskräfte zu schaffen. Dann hätten sie eine Chance, ihren fragilen lokalen politischen Sieg in dauerhafte soziale Errungenschafen zu überführen, neue unabhängige Gesellschaften aufzubauen, die fähig sind, der neuen kolonialen Weltordnung Widerstand zu leisten und ihren autonomen Weg der Entwicklung durchzusetzen.

Die Existenz eines Volkes und die eines Menschen werden nur sinnvoll und können nur als sinnschaffend begriffen werden, wenn sie sich als einen Abschnitt in einer größeren Geschichtsepoche darstellen. Die Geschichte als Wert ist wesentlich für die Kultur, für die Identität eines Volkes. Das erlebte Leben schafft Sinn, einen Sinn, der fortbesteht, der sich ausbreitet und den andere übernehmen. Die Kultur und die Geschichte vereinigen sich. Kein Volk, kein Mensch kann sein Schicksal ohne Wissen um die lange Dauer von Geschichte begreifen. Die Erinnerung ist erblich. Sie ist bedeutungsvoll als unerschöpfliches Sinnreservoir. Sie ist eine Schule der Freiheit. In *Exil* schreibt Saint-John Perse folgende Verse: „Zur dumpfen Trommel der Trauer im Mittag werden wir mehr als ein Trauergepränge geleiten, singend das Gestern, singend das Anderwärts, singend das Leiden in seiner Geburt und die Herrlichkeit des Lebens, die sich verbannt ... außer Reichweite der Menschen."[30]

Betrachten wir diesen Geschichtsbegriff etwas näher: Tatsächlich verbirgt sich hinter ihm die Trilogie: Geschichte – Erinnerung – Umsetzung. Was uns in diesem Buch besonders interessiert und was allein Kultur hervorbringt, ist die Geschichte, die zu persönlicher, zu Familiengeschichte wird. Mit anderen Worten: Geschichte, die Menschengeschichte wird.

Der Wert dieser Geschichte erweist sich in der Umsetzung: Wenn man eine Geschichte hat, kann man sich in das Fortbestehen, in die Kette von Generationen einfügen. Für denjenigen, der sich als Glied dieser Kette begreift, gibt es weder Verzweiflung noch übertriebene Angst vor dem Tod. Wer eine Geschichte hat, fühlt sich mit den anderen wirklich verbunden, mit allen Menschen, ob nah oder fern. Die erlebte Kenntnis der Geschichte schließt Rassismus und Separation aus. Menschen mit Geschichte sind wirksame Internationalisten. Sie lieben „die Herrlichkeit, die sich verbannt ... außer Reichweite der Menschen".

Die merkantile Rationalität wütet nicht nur gegen die Völker der Dritten Welt. Während die vier Reiter der Apokalypse – die Weltbank, der IWF (IMF), das GATT und der Pariser Club[31] – weitentlegene Gegenden verwüsten, macht hier in Europa die Instrumentalisierung des Menschen, seine Reduzierung auf eine reagierernde und funktionelle Zelle im Warenprozeß rapide Fortschritte. Da man uns ein klares Bewußtsein unserer Endlichkeit geraubt hat, wir keinen eindeutigen kollektiven Entwurf besitzen, den Sinn unseres Lebens nicht kennen und von unserer Geschichte abgetrennt sind, werden wir Schritt für Schritt zu Schiffbrüchigen. Wie Blinde in der Nacht suchen wir verzweifelt nach einem Wrack, einer Nußschale, einem Ruder, an die wir uns klammern können. Das

Licht, eine Hilfe kommt von der Dritten Welt. In den ärmsten Gesellschaften Afrikas, Asiens und Lateinamerikas, die sich der Logik der Akkumulation entziehen, erprobt sich das Leben ohne den Beistand von Geld und Gütern, sondern im Kontakt mit den Mitmenschen und der Natur. Die Werte des Lebens überwiegen. Zwangsläufig werden Profit- und Besitzstreben eingeschränkt. Der Sinn für das Leben in Gemeinschaft, die Solidarität unter den Menschen, die Freude an der gelebten Gegenwart und die Würde begründen den großen Reichtum dieser Gesellschaften. Zur Zeit stellen viele neue Gesellschaften der Dritten Welt unermeßliche Reservoirs an Bedeutungsinhalten dar. Die Menschen mit den leeren Bäuchen, die seit Jahrhunderten den Westen mit ihren Rohstoffen versorgen und mit ihrer Arbeit ernähren, bewahren in ihrem größten Elend einen Reichtum an Symbolen, geeignet, das Leben zu erklären und zu beherrschen. *Die Armen sind die Zukunft der Reichen.* Die Dritte Welt wird den Westen retten. Für die entfremdeten Menschen der westlichen Hemisphäre, denen man jede Lebensperspektive geraubt hat, nimmt so das Reservoir an Werten der neuen Gesellschaften in der Dritten Welt die Dimension des Heils und der Zuflucht an.

Während wir zeigten, wie die Kulturen entstehen, sich entfalten und wieder sterben, wie sie innerhalb der ärmsten Gesellschaften durch Veränderungen dem Ansturm der Ware widerstehen, versuchten wir, denen Waffen in die Hand zu geben, die hartnäckig nach einem kollektiven Sinn in ihrem Leben suchen. Zu verstehen suchen, bedeutet bereits einen Schritt zum Ungehorsam. In der westlichen Welt nähren sich Meinungsverschiedenheiten und Gewissenskonflikte aus Quellen, die im Wissen der Solidargemeinschaften, der armen Gemeinschaften liegen. André Breton, der in diesem Jahrhundert einige der spektakulärsten Schlachten gegen die kulturelle Entfremdung geliefert hat, faßt meine Worte zusammen: „Die Revolte und nur die Revolte schafft Licht, und dieses Licht kann nur drei Wege benutzen: *die Poesie, die Freiheit und die Liebe.*"[32]

Anmerkungen zum 4. Teil

1 Die Mörder wurden von Hauptmann Blaise Campaore gedungen, ein Freund Felix Houphouet-Boignys, Staatschef der Elfenbeinküste und ein privilegierter Verbündeter Frankreichs.

2 Zu Einzelheiten des Hinterhaltes siehe die Zeitung *Libération* vom 27.10.1987 (von Stephen Smith zusammengetragene Beweise) und die Zeitschrift *Jeune Afrique* vom 4.11.1987.

3 Ismail Kadare, *Les Tambours de la pluie*, Paris, 1980.

4 Thomas Sankara in einem Gespräch mit Sennen Andriamirado, in Sennen Andriamirado, *Sankara, le rebelle*, Paris, 1987.

5 ebd. auch Jean-Philippe Rapp, *Burkina Faso – eine Hoffnung für Afrika?*, Vorwort von Jean Ziegler, Zürich, 1987.

6 Jean-Francois Rolland, *Le Grand capitaine*, Paris, 1975; Michel Pierre, „L'affaire Voulet-Chanoine", in *L'Histoire*, Nr. 69, 1984.

7 Albert Londres, *Terre d'ébène, La Traite des esclaves*, Paris, 1929.

8 *naba* bedeutet auf More gleichzeitig Diener und Herr.

9 Salfo Balima, *Genèse de la Haute-Volta*, Ouagadougou, 1969.

10 Claudette Savonnet-Guyot, *État et Société au Burkina*, Paris, 1986. Von derselben Autorin „Le prince et le naba", in *Revue politique africaine*, Nr. 20, 1985.

11 Jacques Anquetil, *L'Artisanat créateur en Haute-Volta*, vor allem das Kapitel: „Les Nomades", Paris, 1979.

12 *Contes du Burkina*, zusammengetragen von Louis Tauxier, Paris, 1985.

13 P. Riesman, „La réalisation de la liberté individuelle chez les Peuls", in *Revue de psychopathologie africaine*, VI, 1970.

14 Aimé Césaire, *Und die Hunde schwiegen*, Lechte Verlag, 1956.

15 UNRISD – UN-Forschungsinstitut fur soziale Entwicklung (UN-Research Institute for social Development), Palais des Nations, Genf. Gemeinschaftliches Werk unter Leitung von Marie-Angélique Savané. Ich zitiere S. 25f.

16 Alle in diesem Kapitel angegebenen Zahlen stammen – wenn nicht anders angegeben – aus den beiden Bänden des *Premier Plan quinquennal de développement populaire 1986-1990*, Ouagadougou, 1986, Institut national de la statistique et de la démographie.

17 Jeder mündige Bürger in seinem Dorf, in seinem Stadtviertel kann die Einberufung des TPRC verlangen. Das Faszikel *La Justice populaire au Burkina*, herausgegeben vom Justizministerium, wurde in Hunderttausenden von Exemplaren verteilt. Ich habe immer wieder mit Erstaunen feststellen können, in welchem Maß die Burkiner, und in erster Linie die jungen, über ihre Rechte informiert waren und den Mut besaßen, sie angesichts der traditionellen Autoritäten geltend zu machen.

18 Vgl. Wedad Zénié, *La Face voilée des femmes d'Egypte*, Paris, 1985.

19 Regis Debray in seinem Vorwort zu *Carnets*, von Victor Serge, Paris, 1985.

20 C.B. Papadimitriou, „La liberté individuelle et l'organisation sociale sous sa forme concrète qu'on appelle la democratie", in *Revue internationale de sociologie*, Rom, 1980.

21 Amilcar Cabral, „Libération et culture", Vortrag, der bei der Einweihung des Edouard Mondlanes gewidmeten Denkmals, dem Gründer der Frelimo, in der Universität von Syrakus (im Staat New York, USA) am 20.11.1970 gehalten wurde. Der Wortlaut ist mir von Ana-Maria Cabral mitgeteilt worden, der Leiterin des PAIGC/ Stiftung Amilcar Cabral-Archivs in Praia, Republik Kap Verde.

22 Vgl. 4. Teil, 3.

23 Das gleiche Problem bei den CAM: bei den Wahlen setzte sich oft die clangebundene Solidarität gegen die freie demokratische Wahl durch.

24 Zur Erinnerung: Die Bella sind die Sklaven der Tuareg.

25 M. Horkheimer, *Kritische Theorie*, Frankfurt a.M., S. Fischer-Verlag.

26 Dieser – bescheidene! – Titel läßt sich mit „Die Wahrheit ist gekommen" übersetzen.

27 *Cahiers du Laboratoire universitaire de la tradition orale*, von Jean Caperon und Mitarbeitern veröffentlicht, insbesondere Nr. 1, Juni 1981.

28 Zur detaillierten Analyse des „Weltwirtschafts"begriffs vgl. Henri Rouillé d'Orfeuil, *Le Tiers Monde*, La Découverte, 1987.

29 Ich weise auf den bewundernswerten, schon fast verzweifelten Kampf der IPS-Nachrichtenagentur (Inter Press Service) der Dritten Welt hin, die 1964 gegründet wurde und deren Hauptsitz sich in Rom befindet. Die IPS faßt (und verteilt wieder über die Welt) die nationalen Hauptagenturen der wichtigsten Länder der Dritten Welt. Die IPS bringt ca. 66.000 Wörter täglich innerhalb 22 Stunden in spanischer Sprache in Umlauf, 9.000 Wörter in Arabisch in 3 Std. täglich, 30.000 Wörter in englischer, 9.000 Wörter in französischer und portugiesischer Sprache usw. Ein Vergleich: Die AFP (Agence France Presse) mit ihren 850 Journalisten und 2.000 Mitarbeitern verbreitet mehr als eine Million Wörter in 6 Sprachen innerhalb 24 Stunden, verteilt 30.000 Fotos jährlich, liefert ihre Nachrichten dank eines weltweiten Verteilernetzes in 150 Länder zu 7.000 Zeitungen, zu 100 Presseagenturen, zu 2.500 Rundfunk- und 400 Fernsehstationen und in mehr als 2.000 öffentliche Betriebe und Verwaltungen.

30 Saint-John Perse, „Exil", in *Das Dichterische Gesamtwerk*, München, 1978.

31 Die Weltbank, der Internationale Währungsfonds, das Allgemeine Zoll- und Handelsabkommen und der Pariser Club (die Hauptgläubiger der Schulden der Dritten Welt) sind die Garanten der neuen kolonialen Weltordnung.

32 André Breton, *Le Manifeste surréaliste*, Paris, Gallimard, Sammlung „Idées", Nr. 23.

Glossar der wichtigsten Fremdwörter

Agnostik: Sammelbezeichnung für alle philosophischen und theologischen Lehren, die eine rationale Erkenntnis des Göttlichen oder Übersinnlichen leugnen

Akkumulation: Anhäufung, Speicherung

antinomisch: widersprüchlich

autochthon: eingeboren, bodenständig, alteingesessen

Desertifikation: fortschreitende Verwüstung bisher von Menschen genutzter Räume

Dialektik: die sich in Widersprüchen bewegende Entwicklung von Geschichte, Ökonomie und Gesellschaft

endemisch: einheimisch

endogen: von innen kommend, innen entstehend

Häresie: eine von der kirchlichen Lehrmeinung abweichende Meinlung

heliozentrisch: die Sonne als Weltmittelpunkt betrachtend

hermaphroditisch: zwitterhaft

Homonym: zwei oder mehrere gleichlautende Wörter mit unterschiedlicher Bedeutung (z. B. Bank, Heide)

Initiation: Einführung; ethnologische und soziologische Bezeichnung für a) die mit besonderen Bräuchen und Ritualen verbundene Aufnahme eines Neulings in eine soziale Gemeinschaft oder b) den ebenfalls rituell ausgeprägten Prozeß des Übergangs eines jugendlichen Mitglieds einer Gesellschaft in die Gemeinschaft der „vollwertigen" Erwachsenen

Kosmogonie: a) mythische Lehre von der Entstehung der Welt und b) die wissenschaftliche Theoriebildung über die Entstehung des Weltalls

Kosmologie: Lehre vom Bau des Weltalls

Merkantilismus: Wirtschaftsform aus dem Zeitalter des Absolutismus, die die Förderung der industriellen Produktion und die Bildung und Konsolidierung von Nationalstaaten zum Programm hat

monokratisch: alleinherrschend

Obskurantismus: Bestreben, die Menschen bewußt in Unwissenheit zu halten, ihr selbständiges Denken zu verhindern und sie an Übernatürliches glauben zu lassen

Ostrazismus: altathenisches Volksgericht, das die Verbannung eines Bürgers beschließen konnte, „Scherbengericht"

Paradigma: Struktur der Faktoren und Vorstellungen, die das Vorverständnis ausmacht, das ein Wissenschaftler seinem Forschungsgegenstand entgegenbringt; vortheoretisches Modell

Phosphoreszenz: vorübergehendes Aussenden von Licht

Polyphonie: Mehr- oder Vielstimmigkeit

Positivismus: Lehre vom „Tatsächlichen", „Gegebenen"; erkenntnistheoretische und methodologische Grundhaltung, die wissenschaftliches Arbeiten auf die Erfassung und Erklärung beobachtbarer, erfahrbarer „Tatsachen" begrenzt wissen will und darum jegliche Informationen, Überlegungen und Spekulationen, die mit den jeweils zur Verfügung stehenden erfahrungswissenschaftlichen Möglichkeiten nicht bewiesen oder abgewiesen werden können, als außerwissenschaftlich erklärt

prometheisch: himmelstürmend; an Kraft, Gewalt und Größe alles überragend

Scholastik: auf die antike Philosophie gestützte, christliche Dogmen verarbeitende Philosophie und Theologie des Mittelalters (9-14. Jh.); engstirnige, dogmatische Schulweisheit

Segmentierung: Gliederung, Aufspaltung einer sozialen Gruppe, einer Rolle oder eines Handlungsbereichs

Semiotik: Wissenschaft vom Ausdruck, Bedeutungslehre

Substantialismus: philosophische Lehre, nach der die Seele eine Substanz, ein dinghaftes Wesen ist

Synkretismus: Vermischung verschiedener Religionen oder philosophischer Lehren, meist ohne innere Einheit

Tautologie: Bezeichnung, die einen Sachverhalt doppelt wiedergibt (z.B. „weißer Schimmel")

Zirkumzision: Beschneidung

Jean Ziegler

Die Schweiz wäscht weisser
Die Finanzdrehscheibe des internationalen Verbrechens
Aus dem Französischen übersetzt von Friedrich Griese
und Thorsten Schmidt. 201 Seiten. Kt.

Jean Ziegler demontiert Stück für Stück das Getriebe der internationalen
Waschanlage für Drogengeld, deren Hauptstandort heute Zürich ist.
Anhand genauer Beispiele weist er nach, daß die multinationalen
Verbrecherkartelle, die über effiziente Absatzorganisationen, moderne
Labors, professionell gedrillte Privatarmeen und über Finanzgesellschaften
verfügen, bereits im Staatsapparat selbst Fuß gefaßt haben.
Er beschreibt, wie das organisierte Verbrechen eine jahrhundertealte
Demokratie infiltriert.

Wie herrlich, Schweizer zu sein
Aus dem Französischen von Thorsten Schmidt.
306 Seiten. Kt

Jean Ziegler erzählt aus dem Leben eines Aufsässigen, eines Mannes,
der sich nie mit den Dingen abfinden wollte, wie sie waren.
Sein Held ist allerdings auch kein Heiliger, sondern jemand, der
sich neben vielen Freunden auch viele Feinde gemacht hat,
der seine Leidenschaften nicht immer im Zaum halten konnte,
der die Frauen liebt und das gute Leben.
Kurz: Jean Ziegler schreibt über Jean Ziegler.

Jean Ziegler / Uriel da Costa
Marx, wir brauchen Dich
Warum man die Welt verändern muß
Mit einem Vorwort zur deutschen Ausgabe. Aus dem Französischen
von Inge Leipold. 156 Seiten. Geb.

PIPER

DAS ALPHABET DER SONNE
Das andere Gesicht der Weltliteratur

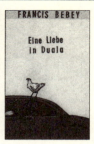

Links   Bereits in 3. Auflage! Ein großer afrikanischer Erfolg. DM 38,–
Mitte   Höhepunkt der großen Familiensaga aus Tanzania. DM 38,–
Rechts   Ein heiteres Lesevergnügen, 3. Auflage. DM 19,80

Links   Der neue Roman des großen Sängers und Dichters. DM 28,–
Mitte   Ein erzählerisches Meisterwerk aus Kenia. DM 34,–
Rechts   Ein Buschmann-Epos von unvergeßlicher Kraft. DM 46,–

Links   Einer der erfolgreichsten Romane Afrikas. DM 26,80
Mitte   Ein Afrikaner macht sich nach vielen Jahren Deutschland Luft. DM 24,80
Rechts   Ein weltberühmter „schwarzer" Frauenroman, 4. Aufl. DM 24,80

PETER HAMMER VERLAG
5600 Wuppertal 2